資治通鑑綱目

第六册

公元五零五年至公元六零七年

中国书店　　　　　　　（宋）朱熹　赵师渊 编撰　　李孝国 等　注解

图书在版编目（CIP）数据

资治通鉴纲目 /（宋）朱熹，（宋）赵师渊编著. —
北京：中国书店，2021.3
ISBN 978-7-5149-2689-7

Ⅰ. ①资… Ⅱ. ①朱… ②赵… Ⅲ. ①中国历史—古
代史—编年体 Ⅳ. ① K204.3

中国版本图书馆 CIP 数据核字（2020）第 232986 号

责任编辑：辛　　迪
策划编辑：董立平
封面设计：肖晋兴

资治通鉴纲目

〔宋〕朱熹　赵师渊 等 / 编撰　李孝国 等 / 注解

出　　版：中国书店
地　　址：北京市西城区琉璃厂东街 115 号
邮　　编：100050
发　　行：全国新华书店经销
印　　刷：运河（唐山）印务有限公司
开　　本：700 mm × 1000 mm　1/16
版　　次：2021 年 3 月第 1 版第 1 次印刷
印　　张：252.75
字　　数：3999 千字
书　　号：ISBN 978-7-5149-2689-7

定　　价：598.00 元（全十册）

第六册 目录

资治通鉴纲目

卷三十

起乙酉梁武帝天监四年、魏宣武帝正始二年，尽乙巳[1]梁武帝普通六年、魏孝明帝孝昌元年凡二十一年。

乙酉（公元 505 年）

梁天监四年。魏正始二年。

春，正月，梁置五经博士，立州郡学梁主雅好儒术，以东晋、宋、齐虽置国学，而无讲授之实，乃下诏曰："二汉登贤，莫非经术，服膺雅道，名立行成[2]。魏、晋浮荡，儒教沦歇，风节罔树[3]，抑此之由。其置五经博士，广开馆宇[4]，招纳后进，给其饩廪[5]，其射、策通明[6]者，即除为吏。"又选学生往云门山[7]，从何胤受业，命胤选经明行修者以闻。分遣博士、祭酒巡州郡立学。

梁汉中太守夏侯道迁以郡叛，降于魏。魏遣将军邢峦入汉中，遂取梁州初，梁夏侯道迁从裴叔业镇寿阳，与叔业有隙，单骑奔魏。魏王肃使守合肥。肃卒，道迁奔梁，梁以为汉中太守，复叛降魏。魏以邢峦为镇西将军，将兵赴之。峦至汉中，所向摧破。魏以峦为梁、秦二州刺史。杨集起、集义闻魏克汉中而惧，率群氐叛之，峦击破之。梁遣将军孔陵等拒魏，邢峦遣统军王足击破之，遂入剑阁。陵等退保梓潼，足又进击，破之。梁州十四郡地，东西七百里，南北千里，皆入于魏。

夏，四月，梁益州刺史萧渊藻杀前刺史邓元起。州民作乱，渊藻讨平之初，益州刺史、当阳侯邓元起乞归[8]，诏以西昌侯渊藻代之。元起营还装，粮储器械，取之无遗。渊藻恨之，又求其良马，不得，遂因醉杀之，而诬以

1　乙巳：即公元 525 年。
2　二汉登贤，莫非经术，服膺雅道，名立行成：两汉时期的读书人成为圣贤或进入仕途，莫不是通过经术之业，他们都信奉大雅之道，个个饱学，因此能立功名，成大业。
3　儒教沦歇，风节罔树：儒教衰落，风骨节操得不到树立。沦歇，衰落。风节，风骨节操。
4　馆宇：房舍，馆舍。
5　饩廪：古代官府发给的作为月薪的粮食，亦泛指薪俸。
6　通明：通晓明了。
7　云门山：古山名，位于今浙江省绍兴市柯桥区南。
8　乞归：请求辞职回乡。

反。梁主疑焉，元起故吏罗研诣阙讼之，梁主曰："果如我所量也。"使让渊藻曰："元起为汝报仇，汝为仇报仇，忠孝之道如何？"贬号为冠军将军，赠元起征西将军，谥曰"忠侯"。

李延寿[1]论曰：元起勤乃胥附[2]，功惟辟土，劳之不图，祸机先陷[3]。冠军之贬，于罚已轻，梁之政刑，于斯为失。年之不永[4]，不亦宜乎！

益州民焦僧护作乱，萧渊藻年未弱冠，议自击之。或陈不可，渊藻斩之。乃乘肩舆巡行贼垒，贼弓乱射，矢下如雨，从者举盾御矢，渊藻命去之，由是人心大安。击僧护等，皆平之。

六月，梁初立孔子庙。

秋，七月，魏统军王足攻涪城。八月，大败梁军，杀其将鲁方达等三十九人梁将军王景胤等与魏王足战，屡败。七月，足进逼涪城。八月，秦、梁刺史鲁方达等十五将战败，皆死。景胤等二十四将又败，亦死。

魏有芝[5]生于太极殿侍中崔光上表曰："气蒸成菌，生于墟落秽湿[6]之地，不当生于殿堂高华[7]之处。今忽有之，诚足异也。夫野木生朝，野鸟入庙，古人皆以为败亡之象，故太戊、中宗[8]惧灾修德，殷道以昌，所谓'家利而怪先，国兴而妖豫'者也。今西南二方，兵革未息，郊甸[9]之内，大旱逾时，民劳物

1　李延寿：唐代史学家，参与过官修《隋书》《五代史志》《晋书》，还独立撰成《南史》《北史》。
2　胥附：使疏远者相亲附，亦指亲附、亲附的人，或泛指附庸。
3　劳之不图，祸机先陷：功劳没有受到赏赐，却先陷入灾祸。
4　不永：寿命不长久。
5　芝：灵芝。
6　墟落秽湿：墟落，废墟村落。秽湿，污浊而潮湿。
7　高华：典雅华美。
8　太戊、中宗：太戊，商朝第九任君主，在位七十五年。中宗，商朝第十四任君主祖乙，在位时商朝再度兴盛。
9　郊甸：郊畿，城外郊区。

悴[1]，莫此之甚，承天育民者所宜矜恤[2]。愿陛下侧躬耸意[3]，惟新圣道，节夜饮之乐，养方富之年，则魏祚可以永隆，皇寿等于山岳矣。"于是[4]魏主好宴乐，故光言及之。

冬，十月，梁遣临川王宏、仆射柳惔率师伐魏，次于洛口。

武兴氐王杨绍先叛魏杨集起、集义立杨绍先为帝，魏遣杨椿讨之。

十一月，魏王足奔梁足围涪城，蜀人震恐，益州城戍降者什二三，民自上名籍[5]者五万余户。邢峦表于魏主曰："建康、成都相去万里，陆行既绝，而水军非周年[6]不达，一可图也。顷经刘季连、邓元起之乱，资储空竭，吏民无复固守之志，二可图也。渊藻裙屐少年[7]，未洽[8]治务，宿昔[9]名将多见囚、戮，所任皆左右少年，三可图也。蜀之所恃，唯在剑阁，今已夺其险，方轨[10]无碍，四可图也。渊藻是衍至亲，必无死理，若克涪城，必将逃走，蜀卒弩怯，弓矢寡弱，五可图也。今若不取，后图便难。况益州殷实，户口十万。比之寿春、义阳，其利三倍。若欲造取[11]，时不可失。"不从。峦又表曰："昔邓艾、钟会率十八万众，倾中国资储，仅能平蜀，所以然者，斗实力也。况臣才非古人，何宜以二万之众而希平蜀？所以敢者，正以据得要险[12]，士民慕义，任力而行，理有可克耳。臣诚知战伐危事，未易可为。自渡剑阁以来，鬓发中白。故欲先取涪城，以渐而进。若得涪城，则中分益州之地，断水陆之冲，彼外无援军，孤

---

1 悴：衰弱，疲萎。
2 矜恤：怜悯抚恤。
3 侧躬耸意：侧躬，倾侧其身，表示戒惧。耸意，立意高远。
4 于是：在此时。
5 名籍：记名入册。
6 周年：满一年，一年。
7 裙屐少年：形容只知道讲究穿戴的年轻人。裙屐，六朝贵族子弟的衣着。裙，下裳。屐，木鞋。
8 未洽：不熟悉。
9 宿昔：从前，往日。
10 方轨：车辆并行。
11 造取：攻取。
12 要险：险要之地。

城自守，何能复持久哉？臣今欲使军军相次[1]，声势连接，先为万全之计，然后图功，得之则大利，不得则自全。又，巴西、南郑相距千里，昔以统缩[2]势难，曾立巴州，以镇夷獠。梁州借利，因而表罢。彼土民望，严、蒲、何、杨，豪右甚多，文学风流，亦为不少。但以去州既远，不获仕进，是以郁快[3]，多生异图。比道迁建义之始，严玄思自号巴州刺史，克城以来，仍使行事。巴西广袤千里，户余四万，若于彼立州，镇摄华獠，大帖民情[4]。从垫江已还[5]，不劳征伐，自为国有。"魏主亦不从。先是，魏主以王足行益州刺史，既而更以羊祉代之。足闻之不悦，辄引兵还，遂不能定蜀。久之，奔梁。

巴西叛魏降梁邢峦在梁州，接豪右以礼，抚小民以惠，州人悦之。使军主李仲迁守巴西。仲迁溺于酒色，费散[6]兵储，城人斩之，以城降梁。

梁大有年米斛三十钱。

丙戌（公元 506 年）

梁天监五年。魏正始三年。

春，正月，魏邢峦讨武兴氐，灭之，置东益州[7]杨集义围魏关城[8]，邢峦使傅竖眼讨之。克武兴，执杨绍先，送洛阳。集起、集义亡走，遂灭其国，以为东益州。

魏秦、泾二州乱魏秦州屠各王法智聚众二千，推吕苟儿为主。泾州民陈瞻亦聚众称王。魏遣将军元丽讨之。

二月，魏求直言侍御史阳固上表曰："当今之务，宜亲宗室，勤庶政，

1　军军相次：让各支队伍按顺序依次前进。
2　统缩：统辖管理。
3　郁快：抑郁不乐。
4　镇摄华獠，大帖民情：统摄汉人和当地土著，大大安定民心。镇摄，统摄。帖，顺从。
5　从垫江已还：垫江以西地区。
6　费散：糜费丧失。
7　东益州：古州名，辖今陕西省汉中市略阳县一带。
8　关城：古地名，即今陕西省汉中市宁强县西北阳平关，魏晋南北朝时为川陕交通要冲。

贵农桑，贱工贾[1]，绝谈虚穷微[2]之论，简桑门无用之费，以救饥寒之苦。"时魏主委任高肇，疏薄宗室，好桑门之法，不亲政事，故固言及之。

三月朔，日食。

魏豫州刺史陈伯之叛，复归梁临川王宏为书遗陈伯之，曰："寻君去就之际，非有他故，直以不能内审诸己，外受流言，沉迷猖蹶，以至于此。主上屈法申恩，吞舟是漏[3]，将军松柏不翦[4]，亲戚安居，高台未倾，爱妾尚在。而将军鱼游于沸鼎之中，燕巢于飞幕[5]之上，不亦惑乎？想早励良图[6]，自求多福。"伯之遂自寿阳梁城[7]拥众降梁，梁以为通直散骑常侍[8]。久之而卒。

夏，四月，魏罢盐池之禁初，魏御史、中尉甄琛言："周礼，山林川泽有虞、衡之官，为之厉禁[9]，盖取之以时，不使戕贼[10]而已。虽置有司，实为民守之也。夫一家之长，必惠养子孙；天下之君，必惠养兆民。未有为人父母而吝其醢醢[11]，富有群生而榷[12]其一物者也。今县官郭护[13]河东盐池而收其利，是专奉口腹而不及四体也。天子富有四海，何患于贫？乞弛盐禁，与民共之。"录尚书事勰、尚书峦奏曰："琛之所陈，坐谈则理高，行之则事缺。古之善治民者，必污隆[14]随时，丰俭称事，役养消息[15]以成其性命。是故圣人敛山泽之货，以宽田畴之赋；收关市之税，以助什一之储。取此与彼，皆非为身，所谓资天

1　工贾：手工业和商业。
2　穷微：探究精微的道理。
3　屈法申恩，吞舟是漏：不按法律处置以申恩德，即使再大的罪过也会漏网。吞舟，能吞船的大鱼，喻罪行极大的人。
4　松柏不翦：意指祖坟安然无恙，没有被毁。
5　飞幕：随时可撤的帐幕。
6　早励良图：早日替自己谋一条好的出路。
7　梁城：古地名，位于今安徽省淮南市附近。
8　通直散骑常侍：古官名，职同散骑常侍，参平尚书奏事，并掌讽谏、侍从，位颇重。
9　厉禁：谓设卫警戒，限制出入。
10　戕贼：伤害，损害。
11　醢醢：用鱼肉等制成的酱，因调制肉酱必用盐、醋等作料，故称。
12　榷：专营，专卖。
13　郭护：保护。
14　污隆：升与降，常指世道的盛衰或政治的兴替。
15　役养消息：役使、养育互为消长。

地之产，惠天地之民也。今盐池之禁，为日已久，积而散之，以济军国，非专为供太官之膳羞，给后宫之服玩也。然自禁盐以来，有司多慢，出纳之间，或不如法。是使细民嗟怨，负贩轻议[1]，此乃用之者无方，非作之者有失也。窃谓宜如旧式。"魏主卒从琛议。

康熙御批：盐之产利甚厚，不操之自上，则豪强互相渔夺，间阎之间必纷嚣[2]多事矣。况取山泽之资以薄田畴之赋，使民力宽然有余，其为益不已多乎？若不审度时势，辄弛其禁，则南亩之农夫不获沾毫末[3]之利。而国用既绌，税敛渐加，亦必至之势也。凡为政者止求实惠及民而已，何必以美名自托哉？

魏遣中山王英督诸军以拒梁师。五月，梁取宿预[4]、梁城、小岘、合肥等城魏以中山王英为征南将军，都督扬、徐诸军事，率众十余万以拒梁军，所至以便宜从事。梁江州刺史王茂取河南城[5]，魏遣将军杨大眼击败之，追至汉水，攻拔五城。五月，梁右卫率张惠绍拔宿预，北徐州刺史昌义之拔梁城。豫州刺史韦睿攻小岘，未拔。出行围栅，魏出数百人陈于门外。睿欲击之，诸将皆曰："向者轻来，未有战备，徐还授甲，乃可进耳。"睿曰："不然。魏城中二千余人，足以固守。今无故出人于外，必其骁勇者也。苟能挫之，其城自拔。"众犹迟疑，睿指其节曰："朝廷授此，非以为饰，韦睿法不可犯也。"遂进击之，士皆殊死战，魏兵败走，因急攻之，中宿而拔，遂至合肥。先是，司马胡略等攻合肥，久未下。睿夜堰[6]肥水，舟舰继至，攻魏小城，魏将杨灵胤率众五万奄至。众惧，请奏益兵。睿笑曰："贼至城下，益兵何及？且吾益兵，彼亦益兵，兵贵用奇，岂在众也？"遂击破之。睿使军主王怀静筑城以守堰，魏攻拔之，乘胜至堤下，兵势甚盛。诸将欲还，睿怒，命取伞扇麾幢[7]，树之堤

---

1 轻议：轻声非议。
2 纷嚣：纷乱喧嚣。
3 毫末：毫毛的末端，比喻极其细微。
4 宿预：古县名，治今江苏省宿迁市东南废黄河东岸古城。
5 河南城：古地名，位于今河南省南阳市新野县北。
6 堰：堵。
7 伞扇麾幢：伞扇，两种仪仗物，均有长柄，上端分别为伞形和扇形。麾幢，官员出行时仪仗中的旗帜。

下，示无动志。魏人来凿堤，睿亲与之争，魏兵却，因筑垒于堤以自固。起斗舰[1]，高与合肥城等，四面临之，城中人皆哭。守将杜元伦中弩死，城遂溃，俘、斩万余级。睿体素羸[2]，未尝跨马。每战，尝乘板舆[3]督厉将士，勇气无敌。昼接宾旅[4]，夜算军书，张灯达曙。抚其众，常如不及，故投募之士争归之。所至顿舍[5]，馆宇藩墙[6]，皆应准绳[7]。进至东陵[8]，有诏班师。诸将以城近，恐其追蹑。睿悉遣辎重居前，身乘小舆[9]殿后，魏人服睿威名，望之不敢逼，全军而还。于是迁豫州，治合肥。庐江太守裴邃克魏羊石[10]、霍丘[11]城。六月，青冀刺史桓和克朐山、固城[12]。张惠绍进趋彭城，魏奚康生救之，惠绍兵不利。

魏以邢峦都督东讨军事。

魏骠骑大将军、冯翊公源怀卒怀性宽简，常曰："为贵人当举纲维，何必事事详细？譬如为屋，外望高显[13]，楹栋平正[14]，基、壁完牢，足矣。斧斤[15]不平，斫削不密，非屋之病也。"卒谥曰"惠"。

秋，七月，魏讨秦、泾二州，平之吕苟儿率众十余万围逼秦州，元丽击破，降之。太仆卿[16]杨椿别讨陈瞻，瞻乘险拒守。诸将或请伏兵山蹊[17]，断其出入，待粮尽而攻之。或欲斩木焚山，然后进讨。椿曰："皆非计也。自官军之至，所向辄克，贼所以深窜，正避死耳。今约勒诸军，勿更侵掠，贼必谓我

1　斗舰：大战船。
2　羸：瘦弱。
3　板舆：古代一种用人抬的代步工具，多为老人乘坐。
4　宾旅：客卿，羁旅之人。
5　顿舍：停留止息。
6　藩墙：篱落，垣墙。
7　应准绳：合乎规定。
8　东陵：古地名，位于今安徽省淮南市寿县南。
9　小舆：泛指一般小车，小轿。
10　羊石：古地名，位于今安徽省六安市霍邱县东南。
11　霍丘：古地名，即今安徽省六安市霍邱县。
12　固城：古地名，位于今山东省枣庄市辖滕州市东北。
13　高显：宏大宽敞。
14　楹栋平正：楹栋，柱与梁。平正，不歪斜。
15　斧斤：以斧子修削，亦比喻过分雕琢。
16　太仆卿：古官名，管理畜牧事务，政令仰承尚书省驾部曹。
17　山蹊：山涧。

见险不前。待其无备，然后奋击，可一举平也。"乃止屯不进。贼果出抄掠，椿复以马畜饵之。久之，阴简精卒，衔枚夜袭，斩之。二州皆平。

九月，魏邢峦击梁师，败之，复取宿预。梁萧宏逃归。冬，十月，魏征邢峦还，遣齐王萧宝寅与元英围钟离魏发定、冀、瀛、相、并、肆六州十万人以益南行之兵。梁主遣将军角念屯蒙山，萧及屯固城，桓和屯孤山[1]。魏都督邢峦遣军攻，皆走之。又败梁将军蓝怀恭于睢口[2]，进围宿预，斩怀恭。张惠绍、萧眣弃宿预、淮阳遁还。临川王宏以帝弟将兵，军容甚盛，北人以为百余年来所未有也。次洛口，前军克梁城，诸将欲乘胜深入，宏性懦怯，部分乖方[3]。魏诏邢峦与中山王英合攻梁城，宏惧，召诸将议旋师。吕僧珍曰："知难而退，不亦善乎？"宏曰："然。"柳惔曰："大众所临，何城不服，何谓难乎？"裴邃曰："是行也，固敌是求，何难之避？"马仙琕曰："王安得亡国之言？天子扫境内以属王，有前死一尺，无却生一寸！"昌义之怒，须发尽磔[4]，曰："吕僧珍可斩也！百万之师出未逢敌，望风遽退，何面目见圣主乎？"朱僧勇、胡辛生拔剑曰："欲退自退，下官当前向取死。"议者出，僧珍曰："殿下昨来风动[5]，意不在军，深恐大致沮丧，故欲全师而返耳。"宏停军不前。魏人遗以巾帼，且歌之曰："不畏萧娘与吕姥[6]，但畏合肥有韦虎。"虎谓睿也。僧珍欲遣裴邃取寿阳，宏不听，令军中曰："前行者斩！"于是将士人怀愤怒。魏冠康生驰谓中山王英曰："梁人自克梁城，久不进军，必畏我也。王若进据洛水，彼自奔败。"英曰："萧临川虽骏[7]，韦、裴[8]之属未可轻也。宜观形势，勿与交锋。"张惠绍号令严明，所至独克，军于下邳。下邳人多欲降者，惠绍谕之曰："我若得城，诸卿皆是国人。若不能克，徒使诸卿失乡里，非朝

1　孤山：古山名，位于今江苏省连云港市西南。
2　睢口：古地名，位于今江苏省宿迁市东南。
3　乖方：违背法度，失当。
4　须发尽磔：头发和胡须都竖起来。
5　风动：风疾发作。
6　萧娘与吕姥：形容萧宏和吕僧珍像女人一样。
7　骏：假借为"怡"，愚，无知。
8　韦、裴：韦睿、裴邃。

廷吊民之意也。今且安堵复业，勿妄自辛苦。"降人咸悦。会夜暴风雨，军中惊，临川王宏与数骑逃去。将士皆散归，弃甲投戈，填满水陆，死者近五万人。宏乘小船济江，夜至白石垒，叩门求入。临汝侯渊猷登城谓曰："百万之师，一朝鸟散，国之存亡，未可知也。恐奸人乘间为变，城不可夜开。"诸军闻宏逃归，亦皆引退。魏主诏英乘胜平荡东南，魏人逐北至马头[1]，攻拔之，城中粮储，悉迁之北。议者曰："魏不复南向矣。"梁主曰："此欲进兵，为诈耳。"乃命修钟离城，敕昌义之为战守之备。十月，英进围钟离，魏主诏邢峦引兵会之。峦上表曰："南军虽野战非敌，而城守有余，今尽锐攻钟离，得之则所利无几，不得则亏损甚大。且介[2]在淮外，借使束手归顺，犹恐无粮难守，况杀士卒以攻之乎？又，士卒疲弊死伤，惧无可用之力。谓宜修复旧戍，抚循诸州，以俟后举。"不听。峦又表曰："若不顾万全，直袭广陵，出其不备，或未可知。若正欲以八十日粮取钟离城者，臣未之前闻也。钟离天险，必无克状。臣宁荷怯懦不进之责，不受败损空行[3]之罪也。"魏主乃以将军萧宝寅代峦。侍中卢昶素恶峦，与侍中元晖共谮之，使中尉崔亮弹峦。峦以汉中所得美女赂晖，晖言于魏主曰："峦新有大功，不当以赦前[4]小事按之。"遂不问。晖、昶特宠贪纵，时人谓之"饿虎将军""饥鹰侍中"。晖寻迁吏部尚书，官有定价，选人[5]谓之"市曹"。十一月，梁主诏将军曹景宗都督诸军二十万救钟离。敕景宗顿道人洲[6]，俟众军俱进。景宗固求先据邵阳洲[7]尾，不许。景宗违诏而进，值风复还，上闻之曰："景宗不进，盖天意。若孤军独往，必致狼狈，今破贼必矣。"

柔然库者可汗死，子伏汗可汗伏图立改元"始平"，请和于魏，不许。

---

1 马头：古地名，即马头城，位于今安徽省淮南市寿县西北。
2 介：单独。
3 空行：白白行动，一无所获。
4 赦前：大赦天下之前。
5 选人：候选的官员。
6 道人洲：古地名，位于今安徽省滁州市凤阳县东北淮河中，其西为邵阳洲。
7 邵阳洲：古地名，位于今安徽省滁州市凤阳县东北淮河中。

魏以羊祉为梁州刺史，傅竖眼为益州刺史初，汉李势之末，群獠始出，北自汉中，南至邛笮，布满山谷。势亡，蜀人多东徙，山谷皆为獠所据。其近郡县者，颇输租赋；远者，郡县不能制。梁、益岁伐獠以自润[1]，公私利之。及邢峦为梁州，獠近者皆安堵乐业，远者不敢为寇。峦既罢去，祉及竖眼代之。祉性酷虐[2]，不得物情。獠引梁兵为寇，祉击破之。竖眼施恩布信，大得獠和。

丁亥（公元 507 年）

梁天监六年。魏正始四年。

春，三月，梁将军曹景宗、豫州刺史韦睿大败魏师于钟离魏中山王英与将军杨大眼等众数十万攻钟离。钟离城北阻淮水，魏人于邵阳洲两岸为桥，树栅数百步，跨淮通道。城中才三千人，昌义之随方抗御。魏人使其众负土填堑，严骑蹙之[3]。人未及回，以土迮[4]之，俄而堑满。冲车所撞，城土辄颓[5]，义之用泥补之，冲车虽入而不能坏。魏人昼夜苦攻，分番相代，坠而复升，莫有退者。一日战数十合，前后杀伤万计，魏人死者与城平。二月，魏主召英还，英表称必克，愿少宽假。于是梁主命韦睿救钟离，受曹景宗节度。睿自合肥由阴陵大泽行，值涧谷[6]，辄飞桥[7]以济师。人畏魏兵盛，多劝缓行，睿曰："钟离凿穴而处，负户而汲，车驰卒奔，犹恐其后，而况缓乎？魏人已堕吾腹中，卿曹勿忧也。"旬日至邵阳，梁主豫敕景宗曰："韦睿，卿之乡望[8]，宜善敬之。"景宗见睿，礼甚谨，梁主闻之，曰："二将和，师必济矣。"乃进顿邵阳洲，睿堑洲为城，去魏城百余步。冯道根能走马步地，计马足以赋功，比晓而

1　自润：自己得到好处。
2　酷虐：残酷狠毒。
3　严骑蹙之：派骑兵在后面逼近。
4　迮：压。
5　颓：倒塌。
6　涧谷：溪涧山谷。
7　飞桥：军用渡河装置，如浮桥之类。
8　乡望：有名望的同乡。

营立[1]。英大惊曰："是何神也？"景宗等器甲精新，军容甚盛，魏人望之夺气。城中知有外援，勇气百倍。杨大眼勇冠军中，将万余骑来战，所向皆靡。睿结车为阵，大眼聚骑围之，睿以强弩二千，一时俱发，杀伤甚众。矢贯大眼右臂，大眼退走。明旦，英自率众战，睿乘素木舆[2]，执白角如意以麾[3]军，一日数合，英乃退。魏师复夜攻城，飞矢雨集，军中惊。睿于城上厉声呵之，乃定。梁主命景宗等豫装高舰，与魏桥等，为火攻之计。睿攻其南，景宗攻其北。三月，淮水暴涨六七尺，睿使冯道根等乘舰击魏洲上军，尽殪[4]。别以小船载草灌膏[5]，焚其桥。风怒火盛，烟尘晦冥，死士拔栅斫桥，倏忽俱尽。道根等身自搏战，军人奋勇，呼声动天地，无不一当百，魏军大溃。英脱身走，大眼亦焚营去。诸垒土崩，水死者十余万，斩首亦如之。逐北至涉水上，英单骑入梁城，缘淮百余里，尸相枕藉[6]，生擒五万人，收其资粮、器械山积。义之德景宗及睿，设钱二十万，官赌之[7]。景宗掷得"雉"[8]，睿徐掷得"卢"，遽取一子反之，曰："异事。"遂作"塞"。群帅争先告捷，睿独居后，世尤以此贤之。诏增景宗、睿爵邑，义等受赏各有差。

　　夏，六月，梁冯翊等七郡叛，降魏。

　　秋，八月，**魏中山王英、齐王萧宝寅以罪除名**有司奏英、宝寅罪当诛，诏免死，除名为民。

　　魏以李崇为扬州刺史崇多事产业，长史辛琛屡谏不从，遂纠之。诏并不问。崇谓琛曰："长史后必为刺史，不知得上佐何如人耳？"琛曰："若万一

1　能走马步地，计马足以赋功，比晓而营立：用跑马来丈量土地，计算马的步数分配工作量，天亮城垒就建成了。
2　素木舆：还没有涂漆的木车。
3　麾：指挥。
4　殪：死。
5　灌膏：浇上膏油。
6　枕藉：物体纵横相枕而卧，言其多而杂乱。
7　设钱二十万，官赌之：拿出二十万钱，在徐州官厅上掷樗蒲赌博。
8　得"雉"：樗蒲以五木为子，有枭、卢、雉、犊、塞为胜负之彩。掷出五子皆黑，名为"卢"，是最高的采。四黑一白的称为"雉"，次于卢，其余称为"枭""塞""犊"，为杂彩。

叨忝，得一方正长史，朝夕闻过，是所愿也。"崇有惭色。

冬，十月，梁以徐勉为吏部尚书勉精力过人，虽文案填积[1]，坐客充满，应对如流，手不停笔。尝与门人夜集[2]，客求官，勉正色曰："今夕止可谈风月，不可及公事。"时人咸服其无私。

闰月，梁以临川王宏为司徒，沈约为尚书令，袁昂为仆射。

魏尚书令高肇弑其主之后于氏及其子昌时高贵嫔有宠而妒，高肇势倾中外，后暴疾[3]，殂，人皆咎高氏。然宫禁事秘，莫能详也。后所生子昌寻卒，侍御师[4]王显失于疗治，时人亦以为承高肇之意云。

戊子（公元508年）

梁天监七年。魏永平元年。

春，正月，梁定官品百官九品，为十八班，班多者为贵。

二月，梁置州望、郡宗、乡豪专掌搜荐[5]。

梁以领军萧昺为雍州刺史领军掌中外兵要[6]，宋孝建以来，制局[7]用事，与领军分兵权，领军拱手而已。及吴平侯昺在职峻切[8]，官曹[9]肃然。制局监皆近幸，颇不堪，以是不得久留中，出刺雍州。

夏，五月，梁以安成王秀为荆州刺史先是，巴陵蛮为寇，久不能讨。秀燔其林木，蛮失其险，州境无寇。

秋，七月，魏立贵嫔高氏为后高后既立，高肇益贵重用事。多变更先朝旧制，削封秩，黜勋人，怨声盈路[10]。群臣、宗室皆卑下之，唯度支尚书元匡

1　填积：聚积，累积。
2　夜集：夜里聚会。
3　暴疾：突然发病。
4　侍御师：帝王御用的医官。
5　搜荐：寻找人才向上推荐。
6　兵要：兵权。
7　制局：古官署名，职掌内府器杖、兵役的机构，主官称制局监。
8　峻切：严厉。
9　官曹：官吏办事机关。
10　削封秩，黜勋人，怨声盈路：贬官爵，罢免功勋之臣，因此怨声载道。

与抗衡，先造棺置听事，欲舆棺诣阙论肇罪[1]，自杀以谏。肇恶之。会匡与刘芳议权量[2]，肇主芳议，匡表肇指鹿为马。有司处匡死刑，诏贬其官。

梁右卫将军、竟陵公曹景宗卒谥曰"壮"。

八月，魏京兆王愉反信都，魏遣尚书李平将兵讨之魏主为京兆王愉纳于后之妹为妃，愉不爱，爱妾李氏，生子。于后召李氏入宫，棰之。魏主复以愉骄纵不法，杖之五十，出为冀州刺史。高肇又数谮之，愉不胜忿，诈称高肇弑逆，遂即帝位，立李氏为后。魏以尚书李平为都督，讨之。平军至经县[3]，夜有蛮兵数千斫营，矢及平帐。平坚卧不动，俄而自定。

九月，魏主杀其叔父彭城王勰魏高后之立也，勰固谏，不听。高肇怨之，数谮勰于魏主。京兆王愉之反，遂诬勰北与愉通，南招蛮贼。魏主信之，召勰入宴禁中，至夜皆醉，各就别所消息[4]。使左卫元珍引武士赍毒酒饮之，勰曰："吾无罪，愿一见至尊，死无恨。"珍曰："至尊何可复见？"武士以刀镮筑之，勰大言曰："冤哉，皇天，忠而见杀！"乃饮毒酒，武士就杀之。向晨，以尸归第，云王因醉而卒，谥曰"武宣"。在朝贵贱，莫不丧气，行路士女皆流涕曰："高令公枉杀贤王。"由是中外恶之益甚。

魏李平克信都，执元愉，高肇阴杀之，奏除平名京兆王愉逆战，李平破之。愉走入城，平围之。愉不能守，烧门突走。平入信都，追执愉以闻。群臣请诛愉，魏主弗许，高肇密使人杀之。魏主将屠李氏，崔光曰："李氏方妊，刑至刳胎[5]，乃桀、纣所为，酷而非法。请俟产毕，然后行刑。"从之。李平捕愉余党千余人，将尽杀之。参军高颢曰："此皆胁从，前既许之原免[6]矣，宜为表陈。"平从之，皆得免死。肇子植为济州刺史，有功当封，不受，曰：

---

1 先造棺置听事，欲舆诣阙论肇罪：自己做了一副棺材置于厅堂，准备用车把棺材运到殿上去讲论高肇的罪恶。

2 权量：权与量，测定物体大小、轻重的器具。

3 经县：古县名，治所位于今河北省邢台市广宗县东北。

4 消息：休息。

5 刳胎：剖开孕妇的肚子取出胎儿。

6 原免：赦免。

"家荷重恩，为国致效[1]，乃其常节[2]，何敢求赏？"肇及中尉王显素恶平，显弹平在冀州隐截官口[3]，肇奏除平名。初，显祖之世，柔然万余户降魏，置之高平、薄骨律[4]二镇。及太和[5]之末，叛走略尽，唯千余户在。太中大夫王通请徙置淮北，以绝其叛。诏杨椿徙之，椿言："先朝处之边徼[6]，所以招附殊俗[7]，且别异[8]华戎也。今新附之户甚众，若旧者见徙，新者必不自安，是驱之使叛也。且此属衣毛食肉，乐冬便寒，南土湿热，往必歼尽[9]。进失归附之心，退无藩卫之益，置之中夏，或生后患，非良策也。"不从。遂徙于济州。及愉作乱，皆浮河赴愉，所在钞掠，如椿之言。

　　魏郢州叛，降于梁。魏遣兵讨之魏郢州司马彭珍等叛，潜引梁兵趋义阳，三关戍主以城降梁。魏郢州刺史娄悦婴城自守，魏以中山王英将步、骑出汝南救之。

　　冬，十月，**魏悬瓠叛，降梁。**十二月，**魏复取之**魏悬瓠军主白早生杀豫州刺史司马悦，求援于梁司州刺史马仙琕。时梁安成王秀为都督，参佐咸谓宜待台报[10]，秀曰："彼待我以自存，援之宜速，待敕虽旧，非所以应急也。"即遣兵赴之。仙琕遣副将齐苟儿助守悬瓠。魏主以邢峦行豫州事，将兵击早生。峦曰："早生非有深谋大智，正以司马悦暴虐，乘众怒而作乱。民迫于凶威，不得已而从之。纵使梁兵入城，水路不通，粮运不继，亦成擒耳。早生得梁之援，必守而不走。若临以王师，士民必翻然归顺，不出今年，当传首[11]京

1　致效：效力。
2　常节：固有的节操。
3　隐截官口：隐截，偷偷地截留。官口，没入官府充当奴隶的罪犯家口或俘虏。
4　薄骨律：古地名，治今宁夏回族自治区吴忠市北古黄河沙洲上，因骏马白口骝死此，故名"白口骝"，后音转为今名。
5　太和：北魏孝文帝拓跋宏的年号，存续时间为公元477至499年。
6　边徼：边境。
7　殊俗：风俗不同的远方。
8　别异：区别。
9　往必歼尽：把他们迁到那里去，一定会使他们全部病死。
10　台报：上报朝廷后得到准许。
11　传首：传送首级。

师矣。"峦至鲍口[1]，早生遣将逆战，峦大破之，乘胜长驱至悬瓠，围其城。镇东参军成景隽杀宿预戍主严仲贤，以城降梁。时魏郢、豫诸城皆没，唯义阳一城为魏坚守。蛮帅田益宗率群蛮以附之。十一月，魏遣将军杨椿攻宿豫。命中山王英趋义阳，英以众少，累表请兵，弗许。英至悬瓠，辄与峦共攻之。十二月，齐苟儿等降，斩白早生。英乃趋义阳。

魏败梁师于义阳，复取郢州魏义阳太守辛祥与娄悦共守义阳，梁将军胡武城、陶平虏攻之。祥夜袭其营，擒平虏，斩武城，由是州境获全。论功当赏，娄悦耻功出其下，间[2]之于执政，赏遂不行。

高车败柔然于蒲类海，杀佗汗可汗。其子豆罗伏跋豆伐可汗丑奴立改元"建昌"。

己丑（公元509年）

梁天监八年。魏永平二年。

春，正月，梁主祀南郊宋、齐旧仪，祀天皆服衮冕。至是，用著作佐郎许懋说，始服大裘[3]。又以斋日不乐[4]，诏："舆驾始出，鼓吹从而不作，还宫，如常仪。"时有请封会稽、禅国山者，梁主命诸儒草封禅仪，欲行之。懋建议曰："舜柴岱宗，是为巡狩[5]。而郑引《孝经钩命决》云：'封于泰山，考绩柴燎[6]。禅乎梁甫[7]，刻石纪号。'此纬书之曲说[8]，非正经之通义也。如管夷吾所说七十二君，燧人[9]之前，世质民淳，安得泥金[10]检玉？结绳而治，安得镌文

1　鲍口：古地名，位于今河南省漯河市郾城县东南。
2　间：挑拨使人不和，离间。
3　大裘：天子祀天时所着之礼裘，为黑色羊皮制成，无纹饰，以示质朴。
4　斋日不乐：斋日禁止音乐。斋日，斋戒的日子。
5　巡狩：巡行视察诸侯为天子所守的疆土。
6　柴燎：古代祭祀仪式，烧柴祭天。
7　梁甫：古山名，又作梁父山，位于今山东省泰安市东南，西连徂徕山。
8　纬书之曲说：纬书，以神学迷信附会儒家经义的一类书。曲说，偏颇的言论。
9　燧人：即燧人氏，传说他发明钻木取火，教人熟食。
10　泥金：古代帝王行封禅礼时所用的玉牒用金缕缠住，用水银和金屑泥封，称泥金。

告成¹？妄亦甚矣。若圣主，不须封禅；若凡主，不应封禅。秦始皇尝封泰山，孙皓尝封国山，皆由主好名于上，而臣阿旨于下，非盛德之事，不足为法也。"上嘉纳之，因推演懋议，称制旨以答请者²，由是遂止。

　　魏复取三关魏中山王英至义阳，将取三关。先策³之曰："三关相须如左右手，若克一关，两关不待攻而破。攻难不如攻易，宜先攻东关⁴。"又恐其并力于东，乃使长史李华率五统⁵向西关⁶，以分其兵势，自督诸军向东关。攻之，六日而拔。进攻广岘⁷及西关，梁将马仙琕等皆弃城走。梁主使韦睿救仙琕，至安陆，增筑城二丈余，更开大堑，起高楼。众颇讥其怯，睿曰："为将当有怯时，不可专勇。"英急追仙琕，将复邵阳之耻，闻睿至，乃退。

　　梁主遣使求成⁸于魏，魏主不肯初，魏主遣中书舍人董绍慰劳叛城，白早生囚之，送建康。吕僧珍与之言，爱其文义，言于梁主。梁主遣谓绍曰："今听卿还，令卿通两家之好，彼此息民，岂不善也？"因召见，慰劳之，且曰："战争多年，民物⁹涂炭，吾是以不耻先言，卿宜备申此意。夫立君以为民也，凡在民上，岂可不思此乎？"绍还魏言之，魏主不从。

　　三月，魏侵梁雍州，梁击败之魏荆州刺史元志将兵七万侵潺沟¹⁰，驱迫¹¹群蛮。群蛮悉渡汉水降梁，梁雍州刺史、吴平侯昺纳之。纲纪皆以蛮累为边患，不如因此除之，昺曰："穷来归，我诛之不祥。且魏人来侵，吾得蛮以为屏蔽，不亦善乎？"乃受其降，命司马朱思远等击志于潺沟，大破之。

1　镌文告成：镌刻文字报告成功。
2　推演懋议，称制旨以答请者：进一步扩充了许懋的建议，把它作为圣旨答复请求封禅的人。
3　策：督促。
4　东关：古关隘名，义阳三关之一的武阳关，因位置偏东，故名东关。
5　五统：五个统军的兵力。
6　西关：古关隘名，义阳三关之一的平靖关，因位于义阳三关之西，故名。
7　广岘：古关隘名，义阳三关之一的黄岘关。
8　求成：求和。
9　民物：泛指人民、万物。
10　潺沟：古地名，位于今湖北省襄阳市北汉水北岸。
11　驱迫：驱使逼迫。

秋，九月，**魏诏太常卿刘芳造乐器**魏公孙崇造乐尺，以十二黍[1]为寸。太常卿刘芳非之，更以十黍为寸。尚书令高肇等奏："崇所造乐器，度量皆与经传不同，诘其所以，云依经文，声则不协。请更令芳依礼造成，从其善者。"诏从之。

冬，十一月，**魏主亲讲佛书，作永明、闲居寺**时魏主专尚释氏，不事经籍，中书侍郎裴延俊上疏曰："汉光武、魏武帝虽在戎马之间，未尝废书。先帝迁都、行师，手不释卷，良以学问多益，不可暂辍故也。陛下亲讲大觉[2]，尘、蔽俱开。然五经治世之模楷[3]，应务之所先，伏愿互览兼存，则内外俱周矣。"时佛教盛于洛阳，沙门自西域来者三千余人，魏主别为之立永明寺千余间以处之。处士冯亮有巧思，魏主使择嵩山形胜之地，立闲居寺，极岩壑[4]土木之美。由是远近承风，无不事佛。比及延昌[5]，州郡共有一万三千余寺。

庚寅（公元 510 年）

梁天监九年。魏永平三年。

春，正月，**梁以沈约为光禄大夫**约文学高一时，而贪冒荣利，用事十余年，政之得失，唯唯而已。自以久居端揆[6]，有志台司，论者亦以为宜，而梁主不用。

梁作缘淮塘北岸起石头，迄东冶；南岸起后渚篱门[7]，迄三桥[8]。

三月，**魏主之子诩生**诩母胡充华，武始伯国珍之女也。初入掖庭，同列[9]以故事祝之曰："愿生诸王、公主，勿生太子。"充华曰："妾之志异于诸

1　黍：计量单位名。
2　大觉：指佛。
3　模楷：楷模，榜样。
4　岩壑：山峦溪谷。
5　延昌：北魏宣武帝元恪的第四个年号，存续时间为公元 512 至 515 年。
6　端揆：指相位。宰相居百官之首，总揽国政，故称。
7　后渚篱门：古地名，故址位于今江苏省南京市西南，秦淮河上别渚。
8　三桥：古地名，位于今江苏省扬州市西南隅。
9　同列：同僚。

人，奈何畏一身之死，而使国家无嗣乎？"及有娠，同列劝去之，充华不可，私自誓曰："若幸而生男，次第当长，男生身死，所不憾也。"既而生诩。

梁主视学梁主幸国子学，亲临讲肄[1]。诏皇太子以下及王侯之子皆入学。

夏，四月，**梁制尚书、令史初用士流**旧制，尚书五都令史[2]皆用寒流[3]。至是，诏曰："尚书、五都，职参政要，总领众局，方轨[4]二丞。可革用士流，秉此群目[5]。"于是刘纳、刘显、孔虔孙、萧轨、王颙并以才地兼美，首膺[6]其选。

六月，**梁宣城郡吏作乱，吴兴太守蔡撙讨平之**宣城郡吏吴承伯挟妖术聚众，攻郡杀太守，奄至吴兴，吏民奔散。或劝太守蔡撙避之，撙不可，募勇敢[7]，闭门拒守。承伯尽锐攻之，撙出战，大破斩之。撙，兴宗之子也。

冬，十月，**魏中山王英卒。**

梁行《大明历》梁主即位三年，诏定新历。散骑侍郎祖暅奏其父冲之考古法为正，历不可改[8]。至是行之。

辛卯（公元 511 年）

梁天监十年。魏永平四年。

春，正月，**魏元会始用新舞**魏刘芳等奏："所造乐器、二舞[9]、登歌、鼓吹等已成，乞集议用之。"诏："舞可用新，余且仍旧。"

梁以张稷为青冀刺史仆射张稷自谓功大赏薄，侍宴，酒酣，怨望形于辞色。梁主曰："卿兄杀郡守，弟杀其君，有何名称？"稷曰："臣乃无名称，

---

1 讲肄：讲舍。
2 尚书五都令史：古官名，尚书省殿中、吏部、金部、左民、中兵五都令史合称，佐尚书左、右丞监督诸曹尚书、尚书郎。
3 寒流：出身寒微的人。
4 方轨：比肩，取法。
5 秉此群目：操持全盘。
6 膺：担当。
7 勇敢：勇敢的人。
8 考古法为正，历不可改：考定古法作为标准，所作历法不可以改。
9 二舞：指文、武二舞，本为周文王、武王之乐制，后代帝王亦多沿用。

至于陛下，不为无勋。东昏暴虐，义师伐之，岂在臣而已？"梁主捋其须曰："张公可畏人[1]！"乃以为青冀刺史。王珍国亦怨望，罢梁、秦刺史还，酒后启云："臣近入梁山便哭。"梁主大惊曰："卿若哭东昏，则已晚；若哭我，我复未死！"因此疏退[2]。久之，除都官尚书。是岁，梁之境内有州二十三，郡三百五十，县千二十二。是后州名浸多，废置离合，不可胜记。魏朝亦然。

魏汾州山胡反，讨平之。

三月，梁朐山叛，降魏。夏，五月，梁遣兵围朐山。冬，十二月，取之琅邪民王万寿杀太守刘晣，据朐山，召魏军。魏徐州刺史卢昶遣戍主傅文骥赴之。张稷遣兵拒之，不胜。四月，文骥遂据朐山，梁遣马仙琕围之。卢昶本儒生，不习军旅。朐山粮、樵[3]俱竭，傅文骥以城降。十二月，昶引兵先遁，诸军皆溃。会大雪，军士冻死、堕手足者过半，仙琕追击，大破之。二百里间，僵尸相属，免者什一二，收其粮畜器械，不可胜数。唯萧宝寅全军而归。卢昶之在朐山也，中尉游肇言于魏主曰："朐山蕞尔，僻在海滨，卑湿难居，于我非急，于贼为利。为利，故必致死而争之；非急，故不得已而战。以不得已之众，击必死之师，恐稽延[4]岁月，所费甚大。假得朐山，终难全守，所谓无用之田也。闻贼屡以宿豫求易朐山，持无用之地，复旧有之强，兵役时解[5]，其利为大。"魏主将从之。会昶败，迁肇侍中。肇，明根之子也。马仙琕为将，能与士卒同劳逸，衣不过布帛，居无帏幕衾屏[6]，饮食与厮养最下者同。常潜入敌境，伺知壁垒、村落、险要处，故攻战多捷，士卒亦乐为之用。

魏以甄琛为河南尹琛表曰："国家居代，患多盗窃，世祖广置主司里宰[7]，多置吏士为其羽翼，始得禁止。迁都以来，四远赴会，五方杂沓[8]，寇盗公

1　张公可畏人：张公让人感到害怕。
2　疏退：疏远。
3　樵：柴。
4　稽延：延缓耽误，迟迟不进行。
5　时解：顿时化解。
6　衾屏：衾，被子。屏，屏风。
7　主司里宰：主司，主管某项工作的官员或部门。里宰，里长。
8　杂沓：也作"杂遝"，纷乱，杂乱。

行。里正职轻任碎，多是下才[1]，不能督察。请少高其品，选下品中应迁者进而为之。"诏从之。琛又奏以羽林为游军，于诸坊、巷司察盗贼，于是洛城清静，后常踵[2]焉。

壬辰（公元 512 年）

梁天监十一年。魏延昌元年。

春，正月，梁免老、小质作[3] 梁主敦睦九族，优借[4]朝士，有犯罪者，屈法申之。百姓有罪，则按之如法，其缘坐则老幼不免，一人亡逃，举家质作，民既穷窘[5]，奸宄益深。尝有秣陵老人遮车驾曰："陛下为法，急于庶民，缓于权贵，非长久之道。诚能反是，天下幸甚。"于是诏："自今罪应质作而老、小者停送。"

魏以高肇为司徒，清河王怿为司空 高肇自尚书令为司徒，自以去要任[6]，怏怏形于言色。右丞高绰、博士封轨素以方直自业[7]，及肇为司徒，绰送迎往来，轨竟不诣肇。绰顾不见轨，乃遽归，叹曰："吾平生自谓不失规矩，今日举措，不如封生远矣。"清河王怿有才学闻望[8]，惩彭城之祸，因侍宴，谓肇曰："天子兄弟讵有几人，而翦之几尽？昔王莽头秃，藉渭阳之资，遂篡汉室。今君身曲[9]，亦恐终成乱阶。"会大旱，肇擅录[10]囚徒，欲以收众心。怿言于魏主曰："昔季氏旅[11]于泰山，孔子疾之。诚以君臣之分，宜防微杜渐，不可渎也。减膳录囚，乃陛下之事，今司徒行之，岂人臣之义乎？明君失之于上，奸

1　下才：才能低劣的人。
2　踵：跟随，继承。
3　质作：以其人作抵押并役使之。
4　优借：优待，借重。
5　穷窘：穷困窘迫。
6　要任：要职，重任。
7　自业：自持，自守。
8　闻望：声望，名望。
9　身曲：驼背。
10　录：重新审理囚犯并决定可否原宥。
11　旅：祭山。在当时，只有天子和诸侯才有资格祭祀名山大川。

臣窃之于下，祸乱之基，于此在矣。"魏主笑而不应。遂诏尚书与群司鞠理[1]狱讼，令饥民就食北方。

冬，十月，**魏立子诩为太子**魏自是始不杀太子之母。以仆射郭祚领少师。祚尝从幸东宫，怀黄𤫀[2]以奉太子。时应诏左右[3]赵桃弓深为魏主所信任，祚私事之，时人谓之"桃弓仆射""黄𤫀少师"。

十一月，梁修五礼成，行之初，齐步兵校尉伏曼容表求制一代礼乐，世祖选学士十人修五礼，丹杨尹王俭总之。俭卒，祭酒何胤、尚书令徐孝嗣、将军何佟之继掌之。经齐末兵火，仅有在者。梁初，尚书以庶务权舆[4]，议欲省之，诏曰："礼坏乐缺，宜以时修定。"于是仆射沈约等奏："请五礼各置旧学士一人，令举学古一人自助，其中疑者，依石渠、白虎故事，请制旨[5]断决。"乃以右军[6]记室明山宾等分掌五礼，佟之总其事。佟之卒，以镇北咨议伏暅代之。暅，曼容之子也。至是，五礼成，列上之，合八千一十九条，诏有司遵行。

癸巳（公元 513 年）

梁天监十二年。魏延昌二年。

春，二月，梁郁洲叛，降魏。梁讨平之郁洲迫近魏境，朐山之乱，或阴与之通。朐山平，心不自安。而青冀刺史张稷不得志，政令宽弛，僚吏颇多侵渔。郁洲民徐道角等夜袭州城，杀稷降魏，魏遣兵赴之。于是魏饥，民饿死者数万。游肇谏，以为："朐山滨海，卑湿难居，郁洲又在海中，得之尤为无用。其地于贼要近，去此闲远[7]，以闲远之兵攻要近之众，不可敌也。方今年饥

1　鞠理：审理。
2　黄𤫀：瓜名。
3　应诏左右：古官名，亦称"应诏"，为皇帝左右的亲信之职。
4　权舆：起始，萌芽。
5　制旨：天子下的圣旨。
6　右军：右军将军的省称。
7　闲远：闲静深远。

民困，惟宜安静，而复劳以军旅，费以馈运，臣见其损，未见其益。"魏主不从。遣兵未发，梁北兖州[1]刺史康绚遣兵讨平之。

闰月，**梁侍中沈约卒**梁主尝与侍中、建昌侯沈约各疏栗事[2]，约少上三事，出，谓人曰："此公护前[3]，不则羞死！"梁主闻之，怒。梁主有憾于张稷，从容与约语及之，约曰："已往之事，何足复论！"梁主怒而起，约惧，不觉。及还，凭空顿[4]于户下，因病。梦齐和帝以剑断其舌，乃呼道士奏赤章[5]于天，称："禅代之事，不由己出。"梁主大怒，谴责数四。约益惧，遂卒。有司谥曰"文"，上曰："情怀不尽曰隐。"改谥隐侯。

夏，五月，**魏寿阳大水**寿阳久雨，大水入城，庐舍皆没。魏扬州刺史李崇勒兵泊于城上，城不没者二板[6]。将佐劝崇弃城保北山，崇曰："淮南万里，系于吾身。一旦动足，百姓瓦解。吾岂以爱身而取愧于王尊[7]哉？但怜此士民无辜同死，可结筏随高，人规自脱[8]，吾必与此城俱没。"治中裴绚叛，降于梁，崇遣从弟神等讨之。绚败走，执之，绚曰："吾何面见李公乎？"乃投水死。崇表以水灾求解[9]，魏主不许。崇沉深宽厚，有方略，得士心。在寿春十年，常养壮士数千人，寇来无不摧破，邻敌谓之"卧虎"。梁主屡设反间以疑之，而魏主素知其忠笃，委信不疑。

六月，梁新作太庙。

秋，八月，**魏恒、肆二州地震、山鸣**逾年不已，民覆压[10]死伤甚众。

魏以崔光为太子少傅魏主幸东宫，以崔光为太子少傅，命太子拜之。光

---

1 北兖州：古州名，辖今山东省泰山以南汶、泗流域及鲁西平原，河南省滑县、延津、杞县以东地区。
2 栗事：关于栗子的典故。
3 护前：逞强好胜，不容许别人争先居前。
4 顿：倒下，跌倒。
5 赤章：即《赤松子章历》，后因以借指道家向天官祷告禳灾的章本。
6 板：板筑用的夹板，尺寸是固定的。
7 王尊：西汉时大臣，忠于吏事，不避艰险。
8 人规自脱：各自去求一条生路。
9 求解：请求解除自己州刺史的职位。解，解除职务。
10 覆压：倾覆，倒坍。

辞，不许。太子南面再拜，光北面立，不敢答，唯西面拜谢而出。魏太子尚幼，每出入东宫，左右乳母而已，宫臣皆不之知。詹事杨昱上言："乞自今召太子，必降手敕，令臣等翼从[1]。"从之。

甲午（公元 514 年）

梁天监十三年。魏延昌三年。

春，二月，梁主耕籍田宋、齐籍田皆用正月，至是始用二月，及致斋[2]祀先农[3]。

魏东豫州乱，讨平之魏东豫州刺史田益宗衰老，与诸子孙聚敛无厌，部[4]内苦之，咸言欲叛。魏主闻之，诏遣其子鲁生赴阙[5]，久未至。诏徙益宗为济州刺史。虑其不受代[6]，遣将军李世哲率众袭之，奄入广陵。鲁生与其弟奔关南，招引梁兵，攻取光城[7]以南诸戍。世哲击破之，以益宗还，拜光禄大夫。

冬，十一月，魏遣司徒高肇督诸军侵梁益州魏王足之伐梁也，梁主命宁州刺史李略御之，许事平用为益州。足退，梁主不用。略怨望，有异谋，梁主杀之。其兄子苗奔魏。会校尉淳于诞亦自汉中入魏，二人共说魏主以取蜀之策，魏主信之。以高肇为大都督，将步、骑十五万攻益州。游肇谏曰："今频年[8]水旱，不宜劳役，蜀地险隘[9]，镇戍无隙[10]，岂得承浮说[11]而动大军？举不慎始，悔将何及！"不从。

---

1 翼从：辅翼随从。
2 致斋：即行斋戒之礼。
3 先农：古代传说中最先教民耕种的农神，又称神农、后稷。
4 部：部下。
5 赴阙：入朝，陛见皇帝。
6 受代：官吏任满由新官代替。
7 光城：古县名，治所即今河南省信阳市光山县。
8 频年：连年，多年。
9 险隘：艰难险阻。
10 镇戍无隙：镇戍，镇守，戍守。无隙，没有缺漏。
11 浮说：虚浮不实的言辞。

梁筑淮堰[1]魏降人王足陈计，求堰淮水以灌寿阳。梁主以为然，使水工陈承伯、将军祖暅视地形，咸谓："淮内沙土漂轻[2]，功不可就。"弗听。发徐、扬民，率二十户取五丁以筑之，假康绚都督诸军，并护堰作。役人及战士合二十万，南起浮山，北抵巉石，依岸筑土，合脊[3]于中流。

魏以杨津为华州[4]刺史津，椿之弟也。先是，官受调绢[5]，尺度特长，吏缘为奸[6]，百姓苦之。津令悉依公尺，其输物尤善者，赐以杯酒，劣者亦为受之，但无酒以示耻。于是输者竞劝，更胜于旧。

魏免其侍御史阳固官魏中尉王显谓侍御史阳固曰："吾作太府卿，府库充实，何如？"固曰："公收百官之禄四分之一，州郡赃赎[7]，悉输京师，以此充府，未足为多。且'有聚敛之臣，宁有盗臣'，可不戒哉？"显不悦，因事奏免固官。

乙未（公元 515 年）

梁天监十四年。魏延昌四年。

春，正月，魏主恪殂，太子诩立魏世宗殂，侍中、中书监崔光，侍中、领军于忠，詹事王显，庶子侯刚迎太子诩于东宫。显欲须明[8]即位，光曰："天位不可暂旷[9]，何待至明？"显曰："须奏中宫。"光曰："帝崩，太子立，国之常典，何须中宫令也？"十是请太子止哭，立于东序，忠扶太子西面哭十余声止。光摄太尉，奉策进玺绶，太子跪受，服衮冕之服，御太极殿，即皇帝位。

1　淮堰：一名浮山堰，南起浮山（即今安徽省蚌埠市五河县东浮山，北临淮河），北抵巉石山（在浮山对岸，即今潼河山）。
2　漂轻：轻飘，不坚实。
3　合脊：修筑堤坝或桥梁等从两端施工，最后在中间接合，也称合龙。
4　华州：古州名，辖今陕西省黄河以西，黄龙县以南，蒲城县、华县及以东，华山以北地区。
5　调绢：作为户调的绢布。
6　缘为奸：借机作弊。
7　赃赎：退赃赎罪所上缴的财物。
8　须明：天亮以后。
9　旷：耽误，荒废。

光等与夜值群官立庭中,北面稽首称万岁。高后欲杀胡贵嫔,中给事刘腾以告侯刚、于忠、崔光。光使置贵嫔别所,严加守卫,由是贵嫔深德四人。于是悉召西伐、东防兵。广平王怀扶疾入临[1],云:"欲上殿哭大行,见主上。"众愕然,无敢对者。崔光攘衰振杖[2],引汉赵熹故事,辞色甚厉。怀曰:"侍中以古义裁我,我敢不服?"

魏侍中王显伏诛,以太保、高阳王雍,尚书令、任城王澄同总国事先是,高肇擅权,尤忌宗室有时望者,任城王澄惧不自全,乃酣饮伴狂,朝廷机要无所关豫[3]。至是,肇拥兵于外,朝野不安。于忠与门下议,以魏主幼,未能亲政,宜使太保、高阳王雍入居西柏堂省决[4]庶政,以任城王澄为尚书令,总摄[5]百揆,奏皇后授之。王显有宠于世宗,恃势使威,为世所疾,恐不为澄等所容,密谋矫皇后令,以高肇录尚书事,以显与高猛同为侍中。忠等闻之,托以侍疗[6]无效,执显于禁中,杀之。下诏如门下[7]奏,百官总已听于二王,中外悦服。

二月,魏司徒高肇伏诛魏主告哀[8]于高肇,且召之。肇还,入哭尽哀。高阳王雍与于忠密谋,伏邢豹等数人于省下,引入搤杀之,下诏暴其罪恶,削除职爵,葬以士礼,于厕门[9]出尸归其家。

魏以高阳王雍为太尉,清河王怿为司徒,广平王怀为司空。

魏尊贵嫔胡氏为太妃,废其太后高氏为尼。

魏复百官禄,蠲绵麻税魏于忠既居门下,又总宿卫,遂专朝政,权倾一时。初,高祖以用度不足,百官之禄四分减一,民税绢一匹,别输绵八两,布

1　扶疾入临:抱病入朝哭灵。
2　攘衰振杖:整丧衣举杖。
3　关豫:参与,过问。
4　省决:审查决断,裁定。
5　总摄:主管,主宰。
6　侍疗:服侍皇上治疗。
7　门下:古官署名,即门下省,宫内侍从官的办事机构。
8　告哀:报丧。
9　厕门:侧门。

一匹，别输麻十五斤，忠悉罢之。

夏，四月，梁淮堰溃，复筑之浮山堰成而复溃，或言蛟龙能乘风雨破堰，其性恶铁，乃运铁数千万斤沉之，亦不能合。乃伐树为井干[1]，填以巨石，加土其上。缘淮百里木石皆尽，负者肩穿[2]，疾疫死者相枕，蝇虫昼夜声合[3]。

魏破叛氐于沮水。

六月，**魏冀州沙门作乱，讨平之**魏冀州沙门法庆以妖幻[4]惑众作乱，以尼惠晖为妻，自号大乘。又合狂药，令人服之。父子兄弟，不复相识，唯以杀害为事。诏光禄大夫元遥讨平之。

秋，八月，**魏侍中于忠杀仆射郭祚、尚书裴植，免太保、高阳王雍，遣就第**魏尚书裴植自谓人门[5]不后王肃，以朝廷处之不高，常怏怏。表请解官隐嵩山，世宗不许。及为尚书，志气骄满，好面讥毁[6]群官。仆射郭祚冒进[7]不已，与植皆恶于忠专横，密劝高阳王雍，使出之。忠闻之大怒，令有司诬奏植、祚罪，皆赐死。忠又欲杀高阳王雍，崔光固执不从，乃免雍官，还第，朝野冤愤[8]。

魏尊太妃胡氏为太后居崇训宫。

魏以清河王怿为太尉，广平王怀为司徒，任城王澄为司空，于忠为尚书令，元乂为散骑侍郎，乂妻胡氏为女侍中乂，江阳王继之子，其妻，太后妹也。

九月，**魏太后称制，以于忠为冀州刺史，司空澄领尚书令**太后聪悟[9]，颇好读书属文。始临朝听政，犹称"令"以行事。群臣上书称"殿下"，

1　井干：用木头架成的高架。
2　肩穿：肩膀磨烂。
3　声合：轰鸣。
4　妖幻：怪异的幻术。
5　人门：人品与门第。
6　讥毁：非议诋毁。
7　冒进：才德不称而求仕进。
8　冤愤：冤屈而愤恨。
9　聪悟：聪明颖悟。

政事皆手笔自决。加胡国珍侍中，封安定公。自郭祚等死，诏令生杀皆出于忠，王公畏之，重足胁息[1]。太后既亲政，乃出忠为冀州刺史，以司空澄领尚书令。澄奏：“安定公宜出入禁中，参咨大务[2]。”诏从之。

梁攻魏西峡石[3]，**据之**梁将军赵祖悦袭魏西峡石，据之以逼寿阳。田道龙等散攻诸戌，魏李崇分遣诸将拒之。

魏以胡国珍为中书监。

冬，十月，魏夺常山公于忠、博平公崔光爵。十二月，以高阳王雍为太师、录尚书事初，魏于忠用事，自谓有定社稷之功，讽百僚令加己赏。太傅雍等议封忠常山郡公，崔光博平县公。至是尚书元昭等上诉不已，太后制[4]公卿再议。太傅怿等上言：“奉迎侍卫，臣子常职，不容以此为功。臣等前议，正以畏其威权，苟免暴戾故也。请皆追夺。”太后从之。高阳王雍上表自劾，曰：“于忠专权，生杀自恣，而臣不能违。忝官尸禄[5]，孤负恩私[6]，请返私门，伏听司败[7]。”太后不问，寻以雍为太师、领司州牧、录尚书事，与太傅怿、太保怀、侍中胡国珍同厘[8]庶政。

魏晋寿郡[9]**叛，降梁**魏益州刺史傅竖眼性清素[10]，民、獠怀之。将军元法僧代之，素无治干[11]，加以贪残，葭萌民任令宗因众心之患魏，杀晋寿太守，以城降梁，民、獠多应之。梁益州刺史、鄱阳王恢遣张齐将兵迎之。

魏太后摄行祭事太后以魏主幼，未能祭，欲代行事，礼官议以为不可。太后以问侍中崔光，光引汉和熹太后祭宗庙故事以对，太后大悦，从之。

1　胁息：敛缩气息。
2　参咨大务：参咨，参与商讨。大务，重大的事务。
3　峡石：古地名，又作硖石，位于今河南省三门峡市陕县东南。
4　制：要求。
5　忝官尸禄：忝官，愧居官位。尸禄，空食俸禄。
6　孤负恩私：孤负，辜负。恩私，恩宠，恩惠。
7　司败：泛指司法机关。
8　厘：整治，治理。
9　晋寿郡：古郡名，辖今四川省广元市一带。
10　清素：清正廉洁。
11　治干：处理政务的干才。

梁大寒，淮、泗皆冰浮山堰士卒死者什七八。

丙申（公元 516 年）

梁天监十五年。魏肃宗孝明帝诩熙平元年。

春，二月，魏攻梁硖石，克之魏遣将军崔亮攻硖石，萧宝寅决淮堰。亮攻硖石未下，与李崇约水陆并进，崇屡违期不至。胡太后以诸将不一，乃以尚书李平为行台，节度诸军。平至硖石，督李崇、崔亮等刻日进攻，无敢乖互[1]，战屡有功。梁主使将军昌义之救浮山，未至，康绚已击魏兵，却之。使义之救硖石。崔亮遣将军崔延伯守下蔡，延伯取车轮去辋[2]，削锐其辐[3]，两两接对，揉竹为絙，贯连相属，并十余道，横水为桥，两头施大鹿卢[4]，出没随意，不可烧斫。既断赵祖悦走路，又令战舰不通。义之不得进。李平部分水陆攻硖石，克外城，祖悦出降，斩之。胡太后赐亮书，使乘胜深入。平部分诸将，进攻浮山堰。亮违平节度，以疾请还，平奏处亮死刑。太后赦之，魏师遂还。

魏侍中侯刚有罪，削户三百魏中尉元匡奏弹[5]："于忠幸国大灾，专擅朝命，宜加显戮。自世宗晏驾以后，太后未亲览，以前诸不由阶级[6]，擅相拜授者，并宜追夺。"太后曰："忠已特原[7]，余如奏。"匡又弹侍中侯刚掠杀羽林。刚本以善烹调为尝食典御[8]，以有德于太后，颇专恣用事，王公皆畏附[9]之。廷尉处刚大辟，太后曰："刚囚公事掠人，邂逅致死，于律不坐。"少卿[10]袁翻曰：

1　乖互：抵触，违背。
2　辋：车轮周围的框子。
3　辐：车轮中连接车毂和轮辋的一条条直棍儿。
4　鹿卢：古时引以下棺或置井上以汲水的滑车或绞盘。
5　奏弹：上奏章检举。
6　阶级：尊卑上下的等级。
7　特原：特别的宽恕。
8　尝食典御：古官名，负责帝、后御膳的烹制及进奉，在进食前要先尝。
9　畏附：畏惧依附。
10　少卿：古官名，正卿的副职。

"邂逅，谓情状已露，隐避不引，考讯以理者[1]也。今此羽林，问则具首[2]，刚口唱打杀，挝筑[3]非理，安得谓之邂逅？"太后乃削刚户三百，解尝食典御。

三月朔，日食。

夏，四月，梁淮堰成堰长九里，下广百四十丈，上广四十五丈，高二十丈，树以杞柳[4]，军垒[5]列居其上。或谓康绚曰："四渎[6]，天所以节宣其气，不可久塞。若凿湫东注，则游波宽缓[7]，堰得不坏。"绚乃开湫东注，又纵反间于魏曰："梁惧开湫，不畏野战。"萧宝寅信之，凿山五丈，开湫北注，水犹不减，魏军罢归。水之所及，夹淮方数百里。李崇作浮桥于硖石，又筑城于八公山东南，以备城坏。

魏复封于忠为灵寿公，崔光为平恩侯。

梁围魏武兴。秋，七月，魏击败之，遂复取东益州魏元法僧遣其子景隆将兵拒张齐，齐与战于葭萌，大破之，屠十余城，遂围武兴。法僧婴城自守，境内皆叛，遣使告急于魏。魏以傅竖眼为益州刺史，赴之。竖眼入境，转战三日，行二百里，九遇皆捷，民、獠皆喜，迎拜于路者相继。张齐退保白水[8]，竖眼入州，白水以东民皆安集。魏梓潼太守苟金龙领关城戍主，梁兵至，金龙疾病，不堪部分。其妻刘氏帅厉[9]城民，乘城拒战百有余日。戍副[10]高景谋叛，刘氏斩之，与将士分衣减食，劳逸必同，莫不畏而怀之。井在城外，为梁

---

1 情状已露，隐避不引，考讯以理者：罪证已经暴露，却掩藏起来不肯招认，于是就按法律拷问他们。
2 具首：全部供认。
3 挝筑：鞭打。
4 杞柳：树木名，落叶灌木，叶子长椭圆形，花暗紫绿色，雌雄异株，生在水边，枝条可用来编器物。
5 军垒：军营周围的防守工事。
6 四渎：长江、黄河、淮水、济水的合称。
7 若凿湫东注，则游波宽缓：如果凿开水潭向东灌，那么流水就会变宽缓。湫，水潭。
8 白水：古水名，即今白水江，源出今四川省九寨沟县岷山东麓，至甘肃省文县注入白龙江。白龙江古称羌水，白水、羌水汇流后，亦称白水，又称羌水，至今四川省广元市西南注入嘉陵江。
9 帅厉：率领激励。
10 戍副：古代驻守一地长官的副职。

兵所据。会天大雨，刘氏命出公私布、绢衣服悬之，绞取水而储之。梁兵退，魏人封其子为平昌县子[1]。张齐数出白水侵葭萌。七月，傅竖眼击败之。齐走还，诸戍皆弃城走，东益州复入于魏。

九月，**梁淮堰坏**淮水暴涨，堰坏，其声如雷，闻三百里，缘淮城戍[2]、村落十余万口皆漂入海。初，魏人患淮堰，以任城王澄为大都督，勒众十万攻之。李平以为不假兵力终当自坏，既而果然。

魏诏议边镇选举法任城王澄以北边镇将选举弥轻[3]，恐贼虏窥边，山陵危迫，奏请重镇将之选，修警备之严，诏公卿议之。廷尉少卿袁翻议曰："比缘边州郡，官不择人，唯论资级[4]。或值贪污之人，广开戍逻[5]，多置帅领[6]，或用其左右姻亲，或受人货财请属[7]，皆无防寇之心，唯有聚敛之意。勇力之兵，驱令抄掠，夺为己富。羸弱老小，微解工作[8]，苦役百端。伐木芸草，贩贸[9]往还，穷其力，薄其衣，用其功，节其食，绵冬历夏[10]，加之疾苦，死于沟渎者什常七八。是以邻敌伺间，扰我疆场，皆由边任[11]不得其人故也。愚谓今后边镇郡县府佐、统军至于戍主，皆令王公以下各举所知，必选其才，不拘阶级。称职败官，所举之人随事赏罚。"太后不能用。及正光[12]之末，北边盗贼群起，遂逼旧都，犯山陵，如澄所虑。

冬，**魏作永宁寺**胡太后作永宁寺于宫侧，又作石窟寺于伊阙口[13]，皆极土

---

1 县子：古爵名，食邑为县的子爵。
2 城戍：城堡。
3 轻：轻率。
4 资级：资历和品级。
5 戍逻：边防驻军的城堡。
6 帅领：首领。
7 请属：请托。
8 工作：各种手艺。
9 贩贸：贩卖。
10 绵冬历夏：一年到头。
11 边任：边境地区的官职。
12 正光：北魏孝明帝元诩第三个年号，存续时间为公元520至525年。
13 伊阙口：古地名，即伊阙，今河南省洛阳市南之龙门。

木之美，为九层浮图¹，高九十丈，刹²高十丈。塔庙之盛，未之有也。李崇上表曰："高祖迁都垂三十年，明堂未修，太学荒废，城阙³、府寺颇亦颓坏，非所以追隆堂构，仪刑万国⁴者也。宜罢尚方雕靡⁵之作，省永宁土木之功，分石窟镌琢⁶之劳，因农之隙，修此数条，使国容严显，礼化兴行⁷，不亦休⁸哉？"太后不能用。任城王澄奏曰："昔高祖迁都，城内置寺，僧、尼各一而已。正始⁹三年，沙门惠深始违前禁，自是都城之中，寺逾五百。往者代北有法秀之谋，冀州有大乘之变，则知太和之制，非徒使缁素¹⁰殊途，盖亦以防微杜渐。况此僧徒，恋着¹¹城邑，正以诱于利欲，不能自已，此乃释氏之糟糠¹²，国典所共弃也。臣谓城内寺宜悉徙于郭外，僧不满五十者，并小从大，外州准此。"诏从之，然卒不能行。时民多绝户¹³为沙门，李瑒上言："不孝之大，无过于绝祀。岂得背礼肆情¹⁴，弃家绝养，缺当世之礼，而求将来之益？孔子云：'未知生，焉知死？'安有弃堂堂之政而从鬼教¹⁵乎？且今南服未宁，民多避役，若复听之，恐比屋¹⁶皆为沙门矣。"都统僧暹等以瑒谤佛，泣诉于太后。太后责之，瑒曰："天曰神，地曰祇，人曰鬼。传曰：'明则有礼乐，幽则有鬼神。'然则明者为堂堂，幽者为鬼教。佛本出于人，名之为鬼，愚谓非谤¹⁷。"太后不得已于暹等，罚瑒金一两。

1　浮图：佛教建筑，也专指佛塔。
2　刹：梵语"刹多罗"的简称，寺庙佛塔。
3　城阙：城门两边的望楼，也引申指宫殿。
4　追隆堂构，仪刑万国：发扬光大祖宗的基业，成为万国表率。
5　雕靡：华丽，奢靡浪费。
6　镌琢：雕刻。
7　国容严显，礼化兴行：使国家的景象威严显赫，礼仪教化大兴。
8　休：美好，美善。
9　正始：北魏宣武帝元恪第二个年号，存续时间为公元504至508年。
10　缁素：僧和俗。僧徒衣缁，俗众服素，故称。
11　恋着：依恋，贪恋。
12　糟糠：比喻废弃无用之物。
13　绝户：无后嗣。
14　肆情：放纵情怀。
15　弃堂堂之政而从鬼教：放弃光明正大的礼政去听信佛教。鬼教，旧时对佛教的侮称。
16　比屋：家家户户，常用以形容众多、普遍。
17　非谤：造谣中伤。

柔然大破高车，杀其王弥俄突柔然伏跋可汗壮健，善用兵。是岁，西击高车，大破之，执其王弥俄突，杀之，漆其头为饮器。邻国叛去者，皆击灭之，其国复强。

丁酉（公元 517 年）

梁天监十六年。魏熙平二年。

春，正月，魏制诸钱，新旧通行，巧伪者罪之魏初，民间皆不用钱。高祖始铸太和五铢钱，民欲铸者，听就官炉，铜必精炼，无得殽杂[1]。世宗又铸五铢，禁不依准式[2]者。既而洛阳及诸州镇所用不同，商货不通。任城王澄上言曰："不行之钱，律有明式[3]，指谓鹅眼、镮凿[4]，更无余禁。计河南诸州今所行者，悉非制限[5]。河北既无新钱，复禁旧者，专以单丝之缣，疏缕之布，狭幅促度，不中常式[6]，裂匹为尺，以济有无，徒成杼轴[7]之劳，不免饥寒之苦。钱之为用，贯襁[8]相属，不假度量，平均简易，济世之宜，谓为深允[9]。乞下诸方州镇，新旧诸钱，内外全好，并得通行。其鹅眼、镮凿及盗铸巧伪不如法者，据律罪之。"诏从之。然河北少钱，民犹用物交易，钱不入市。

魏考勋籍[10]魏人多窃冒[11]军功，左丞卢同阅吏部勋书，得窃阶者[12]三百余人，乃奏："总集吏部、中兵二局勋簿，对句奏案[13]，更造两通，一关吏部，一留兵

1　殽杂：掺杂，混杂。
2　准式：样式。
3　明式：明文规定。
4　镮凿：魏晋南北朝时期一种劣质小铜钱，将古钱（大钱）加以剪凿而成。
5　制限：限制。
6　疏缕之布，狭幅促度，不中常式：疏线织成的粗布，它们幅面狭窄，尺度也不足，不合常规。
7　杼轴：杼和轴，旧式织布机上负责经、纬线的两个部件，也比喻文章的组织构思。
8　贯襁：穿钱绳。
9　深允：再合适不过。
10　勋籍：记载功勋的簿籍，相当于后代的功劳簿。
11　窃冒：私下冒领。
12　窃阶者：窃取官位的人。
13　奏案：奏请查办。

局。又，在军斩首成一阶以上，令行台军司给券，当中竖裂[1]，一支付勋人，一支送门下，以防伪巧。"从之。中尉元匡奏取景明以来考簿、除书、勋案[2]，欲以按校[3]窃阶盗官之人。任城王澄曰："法忌烦苛，治贵清约[4]。御史之体，风闻是司，闻有冒勋妄阶，正应摄其一簿，研检虚实，绳以典刑[5]。岂有移一省之案，寻两纪之事[6]乎？"乃止。

三月，梁诏文锦[7]不得为人兽之形敕织官，文锦不得为仙人、鸟兽之形，为其裁剪，有乖仁恕。

魏司徒、广平王怀卒，以胡国珍为司徒。

夏，四月，梁罢宗庙牲牢[8]，荐以蔬果诏以宗庙用牲牢，有累冥道[9]，宜皆以面为之。于是朝野喧哗，以为宗庙去牲，乃是不复血食。八座乃议以大脯代一元大武[10]。寻诏以饼代脯，其余尽用蔬果。

冬，十二月，柔然遣使如魏柔然伏跋可汗遣使请和于魏，用敌国之礼。魏主引见，让以藩礼不备[11]，议依汉待匈奴故事，遣使报之。司农少卿[12]张伦上表曰："大明在御[13]，国富兵强，抗敌[14]之礼，何惮而为？且虏虽慕德而来，亦欲观我强弱。若使王人衔命虏庭[15]，与为昆弟，恐非祖宗之意也。苟事不获已，应

---

1 在军斩首成一阶以上，令行台军司给券，当中竖裂：在军队中杀敌可升一级以上的人，就命令行台的军司颁发证书，证书从中间竖着分开。
2 考簿、除书、勋案：考核的帐簿、吏部任职的文书、功劳簿。
3 按校：审查核定。
4 清约：清廉俭约。
5 御史之体，风闻是司，闻有冒勋妄阶，正应摄其一簿，研检虚实，绳以典刑：御史台的职责，在于听到传闻就可以上奏，听闻有冒取功劳、官职的人，只须取一本簿籍，调查检验真假，绳之以法便可。
6 移一省之案，寻两纪之事：取尚书省的全部案卷到御史台去审查，查找二十四年前的旧帐。
7 文锦：文彩斑斓的织锦。
8 牲牢：祭祀用的牲畜。
9 冥道：冥界。
10 以大脯代一元大武：大脯，大肉干。一元大武，祭祀用的牛。
11 让以藩礼不备：责备他们没有尽到作为藩国的礼节。
12 司农少卿：古官名，司农寺副长官，协助大司农管理租税、园苑、仓储等。
13 大明在御：圣主当政。大明，圣主。
14 抗敌：对抗，对等。
15 使王人衔命虏庭：让圣上的使者带着使命登上对方的朝堂。

为制诏，示以上下之仪，命宰臣致书，谕以归顺之道，观其从违，徐以恩威进退之，则王者之体正矣。岂可以戎狄兼并，而遽亏典礼[1]乎？"不从。

梁以冯道根为豫州刺史道根谨厚木讷[2]，行军能检敕[3]士卒。诸将争功，道根独默然。为政清简，吏民怀之。上尝叹曰："道根所在，令朝廷不复忆有一州[4]。"

魏采铜铸钱魏崔亮请于王屋[5]等山采铜铸钱，从之。是后民多私铸，钱稍薄小，用之益轻。

戊戌（公元518年）

梁天监十七年。魏神龟元年。

春，二月，梁安成王秀卒秀虽与梁主布衣昆弟，及为君臣，小心畏敬，过于疏贱[6]，上益以此贤之。秀与弟始兴王憺尤相友爱，憺为荆州，常平分其禄以给秀。秀称心受之，亦不辞多也。

夏，四月，魏司徒胡国珍卒，追号"太上秦公"国珍卒，赠假黄钺、相国、太师，号曰"太上秦公"，葬以殊礼。迎太后母皇甫氏之柩，与合葬，谓之太上秦孝穆君。谏议大夫张普惠以为"太上"之名不可施于人臣，上疏陈之，左右莫敢为通[7]。会胡氏穿圹[8]遇石，普惠乃密表曰："天无二日，土无二王。'太上'者，因上而生名也。皇太后称'令'，以系'敕'下，盖取三从[9]之道。令尊司徒为太上，恐乖系'敕'之意。比克吉定兆，而以浅改卜[10]，

1　以戎狄兼并，而遽亏典礼：因为戎狄之间发生了吞并，就立刻礼节不周全。
2　谨厚木讷：谨厚，谨慎宽厚。木讷，不善于说话。
3　检敕：告诫约束。
4　令朝廷不复忆有一州：让朝廷想不起来还有这个州。
5　王屋：古山名，位于今山西省运城市垣曲县和河南省济源市间，中条山分支。
6　疏贱：关系疏远，地位低下。
7　通：传达，使知道。
8　圹：墓穴。
9　三从：在家从父，出嫁从夫，夫死从子。
10　克吉定兆，而以浅改卜：本来已经选定好了风水好的墓穴，却因墓穴浅而不得不重新选定地点。

亦或天地神灵所以垂至戒，启圣情[1]也。伏愿停逼上[2]之号，以邀谦光之福。"太后乃集五品以上博议[3]。王公皆希太后意，争诘难普惠。普惠应机辩析[4]，无能屈者。太后不从。

魏复征绵麻税 魏尚书奏复征民绵麻之税，张普惠上疏曰："高祖废大斗，去长尺，改重秤，以爱民薄赋。知军国须绵麻之用，故于绢增绵，于布增麻，民以称、尺所减不啻[5]绵麻，故鼓舞供调[6]。自兹所税，浸复长阔[7]，百姓嗟怨，闻于朝野。宰辅不寻其本，遽罢绵麻。既而尚书以国用不足，复欲征敛。去天下之大信，弃已行之成诏，追前非，遂后失。不思库中大有绵麻，而群臣共窃之也。何则？所输或羡[8]，未闻有司依律以罪州郡；小有滥恶[9]，则坐户主，连及三长。是以在库绢布，逾制[10]者多。群臣受俸，人求长、阔、厚、重，未闻以端幅有余还求输官[11]者也。今欲复调[12]绵麻，当先正秤、尺，明立严禁，无得放溢[13]，使天下知二圣之心爱民惜法如此，则太和之政复见于神龟[14]矣。"

魏主始月一视朝[15] 张普惠以魏主好游骋苑囿，不亲视朝，过崇佛法，郊庙之事多委有司。上疏切谏，曰："殖不思之冥业[16]，损巨费于生民，近供无事之僧，远邀未然之报，未若收万国之欢心，以事其亲，使天下和平，灾害不生

1　圣情：圣人的思考。
2　逼上：僭越。
3　博议：全面详尽地讨论或评议。
4　辩析：辨别分析。辩，通"辨"。
5　不啻：无异于，不止。
6　供调：缴纳户调。
7　长阔：增长增宽。
8　羡：富余，超过。
9　滥恶：质量低劣。
10　逾制：超过规定。
11　以端幅有余还求输官：因为尺幅给多了而要求送回官府。
12　调：征收。
13　放溢：放纵，泛滥。
14　神龟：北魏孝明帝元诩年号，存续时间为公元518至520年。
15　视朝：临朝听政。
16　冥业：死后的功德。

也。伏愿淑慎[1]，威仪为万邦式，躬致郊庙之虔[2]，亲纡[3]朔望之礼，释奠成均[4]，竭心千亩[5]。撤僧寺不急之华，还百官久折之秩，则节用爱人，四海俱赖矣。"寻敕外议释奠之礼。又自是每月一陛见群臣，皆用普惠之言也。

五月，梁司徒、临川王宏有罪免，寻复其位梁司徒、扬州刺史、临川王宏妾弟杀人，匿于宏府。梁主敕宏出之，即日伏辜。南司[6]奏免宏官，梁主注曰："爱宏者，兄弟私亲；免宏者，王者正法。所奏可。"宏自洛口之败，常怀愧愤[7]，都下每有窃发[8]，辄以宏为名，屡为有司所奏，梁主辄赦之。以吴平侯昺监扬州。昺有风力[9]，为梁主所重，军国大事皆与议决。在州尤称明断，符教严整[10]。复以宏行司徒。

司马公曰：宏为将则覆三军，为臣则涉大逆，高祖贷其死罪可矣。数旬之间，还为三公，于兄弟之恩诚厚矣，王者之法果安在哉？

魏补三字石经初，洛阳有汉所立三字石经，屡经丧乱，初无损失。及魏冯熙、常伯夫为洛州，毁以建浮图，遂大颓落[11]。国子祭酒崔光请遣官守视[12]，命博士李郁等补其残缺，太后许之。会元乂、刘腾作乱，事遂寝。

秋，七月，魏河州羌反，讨平之魏河州羌却铁忽反，以源子恭为行台讨之。子恭至，严勒[13]州郡及诸军，毋得犯民一物，亦不得轻与贼战，然后示以威恩，使知悔惧。铁忽等相率降。子恭，怀之子也。

1　淑慎：贤良谨慎。
2　虔：诚敬，诚心。
3　纡：屈尊参加。
4　成均：古之大学，亦泛称官设的最高学府。
5　千亩：籍田。
6　南司：即御史中丞。南北朝时南朝御史台在尚书省之南，称南台，因称南台之长御史中丞为"南司"。
7　愧愤：羞愧愤慨。
8　窃发：暗中发动。
9　风力：气概和魄力。
10　严整：严谨，严密。
11　颓落：崩塌，残破。
12　守视：看护，守卫。
13　严勒：严加约束。

九月，魏太后胡氏弒其故太后高氏魏胡太后以天文有变，欲以高太后当之。既而暴卒，以尼礼葬之。

魏遣使如西域求佛书魏胡太后遣使者宋云与比丘[1]惠生如西域求佛经。云等行四千里至赤岭[2]，乃出魏境。又西行再期[3]，至乾罗国[4]，得佛书百七十部而还。

魏复盐禁是岁，魏太师雍等奏："盐池天藏[5]，资育[6]群生，先朝为之禁限[7]，非与细民争利。但以豪贵封护，近民齐守[8]，贫弱远来，邈然[9]绝望。因置主司，裁察[10]强弱。什一之税，自古有之，远近齐平，公私两利。及甄琛罢禁，乃为绕池之民擅自固护[11]，语其障禁[12]，倍于官司，请禁之便。"从之。

己亥（公元519年）

梁天监十八年。魏神龟二年。

春，正月，梁以袁昂为尚书令，王暕、徐勉为仆射。

魏太后始称"诏"。

二月，魏羽林、虎贲作乱，杀将军张彝魏征西将军张彝之子仲瑀上封事，求铨削选格，排抑武人，不使豫清品[13]。于是喧谤盈路，立榜大巷，克期会

1　比丘：年满二十岁，受过具足戒的男性出家人。
2　赤岭：古地名，即今青海省青海湖东日月山，唐为自陇右入吐蕃必经之地，因土石皆赤，故名。
3　再期：两整年。
4　乾罗国：古海外国名，位于今印度附近。
5　天藏：天然之府藏。
6　资育：养育。
7　禁限：限制。
8　豪贵封护，近民齐守：被豪门贵戚封占，或者被临近的百姓独占把守。
9　邈然：茫然。
10　裁察：裁断审察。
11　固护：护卫，护养。
12　障禁：围堤占夺水面并加守护。
13　铨削选格，排抑武人，不使豫清品：修订选官的法令，以限制武将，不让他们在朝中列入士大夫的清品。清品，清贵的官吏。

集，屠害其家[1]。彝父子晏然，不以为意。至是，羽林、虎贲近千人相率至尚书省诟骂，求仲瑀兄始均不获，以瓦石击省门。上下慑惧[2]，莫敢禁讨。遂至其第，曳彝捶辱[3]，焚其第舍。始均拜贼，请其父命，贼就殴击[4]，投之火中。仲瑀重伤走免，彝仅有余息，再宿而死。远近震骇，胡太后收掩[5]羽林、虎贲凶强者八人斩之，其余不复穷治。大赦以安之，因令武官得依资入选，识者知魏之将乱矣。初，燕高湖奔魏，其子谧为侍御史，坐法徒怀朔[6]，世居北边，遂习鲜卑之俗。谧孙欢，沉深有大志，家贫，执役在平城，富人娄氏女见而奇之，遂嫁焉。始有马，得给镇为函使[7]，至洛阳，见张彝之死，还家，倾赀以结客。或问其故，欢曰："宿卫相率焚大臣之第，朝廷惧其乱而不问，为政如此，事可知矣，财物岂可常守邪？"欢与司马子如、刘贵、贾显智、孙腾、侯景、尉景、蔡俊相友善，并以任侠雄于乡里。

魏以崔亮为吏部尚书。立停年格[8]时官员既少，应选者多，吏部尚书李韶铨注[9]不行，大致怨嗟[10]。乃更以崔亮为尚书。亮为格制[11]，不问士之贤愚，专以停解[12]日月为断，沉滞[13]者称其能。亮甥刘景安与亮书曰："殷、周以乡塾贡士[14]，两汉由州县荐才，魏、晋因循，又置中正，虽未尽美，什收六七。而朝廷贡才，止求其文，不取其理。察孝廉唯论章句，不及治道；立中正不考才行，空

1　喧谤盈路，立榜大巷，克期会集，屠害其家：议论和抗议之声到处都是，这些人在大街上张榜，约定集合时间，要去屠灭张家。喧谤，大声指责。
2　慑惧：恐惧。
3　捶辱：捶打侮辱。
4　殴击：殴打。
5　收掩：收捕。
6　坐法徒怀朔：犯了法被流放到怀朔服劳役。
7　得给镇为函使：得以担任镇上的信使。
8　停年格：选官制度，不问贤愚，专以年资深浅为录用标准。
9　铨注：对官吏的考选登录。
10　怨嗟：怨恨叹息。
11　格制：格局体制。
12　停解：担任职务。
13　沉滞：仕宦久不升迁。
14　贡士：向朝廷荐举人才。贡，荐举。

辨氏姓[1]。取士不博，沙汰[2]未精。舅当铨衡，宜须改张易调，如何反为停年格以限之，天下士子谁复修厉名行[3]哉？"洛阳令薛琡上书曰："黎元之命，系于长吏。若选曹唯取年劳，不简贤否，执簿呼名，一吏足矣。数人而用，何谓铨衡？"书奏，不报。后复奏："乞令王公贵臣荐贤以补郡县。"诏公卿议之，事亦寝。其后甄琛等继亮为尚书，利其便己，踵而行之，魏之选举失人，自亮始也。

魏以任城王澄为司徒，京兆王继为司空。

魏复减百官禄魏累世强盛，东夷、西域贡献不绝，又立互市，以致南货[4]，至是府库盈溢。太后尝幸绢藏[5]，命从行者百余人各自负绢，称力[6]取之，少者不减百余匹。崔光止取两匹，众皆愧之。时宗戚权幸[7]，竞为豪侈。世宗尝命宦者白整为高祖、高后凿二佛龛于龙门山[8]，皆高百尺。刘腾复为世宗凿一龛，凡用十八万二千余工而未成。太后复建寺不已，令诸州各建五级浮图，民力疲弊。诸王、贵人、宦官、羽林各建寺于洛阳，相高以壮丽。太后设会[9]施僧动以万计，赏赐左右，所费不赀，而未尝施惠及民。府库渐虚，乃减削百官禄力。任城王澄上表曰："萧衍常蓄窥觎[10]之志，宜及国家强盛，早图混一。比年公私贫困，宜节省浮费，以周急务。"太后不能用。魏自永平[11]以来，营明堂、辟雍，役者不过千人，有司复借以修寺，十余年竟不能成。起部郎源子恭上书曰："废经国之务，资不急之费，宜撤减诸役，早图成就，使祖宗有严配[12]之

1　氏姓：宗族谱系。
2　沙汰：淘汰，拣选。
3　修厉名行：修厉，尽力修行，砥砺。名行，名声与品行。
4　南货：南方所产的货物。
5　绢藏：存放绢布的府库。
6　称力：尽力。
7　宗戚权幸：宗戚，泛指皇室亲族。权幸，有权势而得到帝王宠爱的奸佞之人。
8　龙门山：古山名，位于今山西省运城市辖河津市西北，西与陕西省渭南市辖韩城市以黄河为界。
9　设会：做佛事，举行法会。
10　窥觎：伺隙图谋。
11　永平：北魏宣武帝元恪第三个年号，存续时间为公元508至512年。
12　严配：祭天时以先祖配享。

期，苍生睹礼乐之富。"诏从之，然亦不能成也。

魏陈仲儒奏律准法，不行魏人陈仲儒请依京房立准[1]以调八音，曰："夫准本以代律，取其分数，调校乐器。而调声之体，宫、商宜浊，徵、羽用清。若依公孙崇，止以十二律声，而云还相[2]为宫，清浊悉足。唯黄钟管最长，故以黄钟为宫，则往往相顺。若均之八音，犹须错采众音，配成其美。若以应钟为宫，蕤宾[3]为徵，则徵浊而宫清，虽有其韵，不成音曲。若以中吕[4]为宫，则十二律中全无所取。今依京房书，中吕为宫，乃以去灭[5]为商，执始[6]为徵，然后方韵。而崇乃以中吕为宫，犹用林钟[7]为徵，何由可谐？但声音精微，史传[8]简略，旧志准十三弦，隐间[9]九尺，不言须柱以不[10]。又，一寸之内有万九千六百八十三分，微细难明。仲儒私考，准当施柱，但前却柱中，以约准分[11]，则相生之韵，已自应合。其中弦粗细，须与琴宫相类，施轸以调声[12]，令与黄钟相合。中弦下依数画六十律清浊之节，其余十二弦须施柱如筝，即于中弦案尽一周之声，度著十二弦上[13]。然后依相生之法，以次运行，取十二律之商、徵。商、徵既定，又依琴五调[14]调声之法以均乐器，然后错采众声以文饰之，若事有乖此，声则不和。"尚书萧宝夤奏仲儒学不师受[15]，轻欲制作[16]，事遂寝。

1　立准：所定的音律标准。
2　还相：轮流。
3　蕤宾：古乐十二律中之第七律。律分阴阳，奇数六为阳律，名曰六律；偶数六为阴律，名曰六吕。蕤宾属阳律。
4　中吕：古乐十二律的第六律。
5　去灭：减弱的音。
6　执始：起始的音。
7　林钟：古乐十二律的第八律。
8　史传：史册，历史。
9　隐间：古琴的有效弦长，从岳山最高处至龙龈板上突出部分的内侧距离。
10　须柱以不：是否需要弦柱。柱，弦柱。
11　准当施柱，但前却柱中，以约准分：准应当使用弦柱，只要向前调中间的弦柱，以此确定音准的分度。
12　施轸以调声：用转弦的轸来调音。轸，弦乐器上转动弦线的轴。
13　于中弦案尽一周之声，度著十二弦上：将中弦上一周的乐音，按度数标记在十二弦上。
14　五调：古乐中平、清、瑟、楚、侧五调。
15　师受：老师所教授。
16　轻欲制作：轻率地制定音律。

秋，八月，**魏中尉元匡免，复以为平州刺史**魏中尉、东平王匡以论议数为任城王澄所夺，愤恚，复治其故棺，欲奏攻澄。澄因奏匡罪状，廷尉处以死刑。诏削官爵，而以侯刚代之。郎中辛雄奏曰："匡历奉三朝，骨鲠之迹，朝野具知，故高祖赐名曰'匡'。先帝已容之于前，陛下亦宜宽之于后。若终贬黜，恐杜忠臣之口。"乃复除匡平州刺史。

九月，魏太后游嵩高初，魏胡太后数幸宗戚、勋贵[1]之家，侍中崔光表谏曰："礼，诸侯非问疾、吊丧而入诸臣之家，谓之君臣为谑[2]。不言王后、夫人，明无适臣家之义。夫人，父母在有归宁[3]，没则使卿宁[4]。汉上官皇后将废昌邑，霍光，外祖也，亲为宰辅，后犹御武帐以接群臣，示男女之别也。愿陛下简息游幸[5]，则率土属赖，含生仰悦[6]矣。"不听。至是游嵩高，数日而还。

冬，十二月，魏司徒、任城王澄卒谥曰"文宣"。

高丽王云卒子安立。

魏汰郎官魏以郎选[7]不精，大加沙汰，唯朱元旭、辛雄、羊深、源子恭、祖莹等以才用见留，余皆罢遣。

庚子（公元 520 年）

梁普通元年。魏正光元年。

春，正月，日食。

梁左将军冯道根卒梁主春祠二庙[8]，既出宫，有司以道根讣[9]闻，梁主问中书舍人朱异曰："吉凶同日，可乎？"对曰："昔卫献公闻柳庄死，不释祭服

1　勋贵：功臣权贵。
2　谑：开玩笑。
3　归宁：已婚妇女回娘家看望父母。
4　没则使卿宁：父母不在就派大臣去问候。
5　简息游幸：简息，减少停止。游幸，帝王或后妃出游。
6　率土属赖，含生仰悦：天下归心，众生仰戴。属赖，依托，依靠。含生，一切有生命者，多指人类。
7　郎选：选任郎官的制度。
8　二庙：父和祖父之庙。
9　讣：报丧，通告某人逝世的消息。

而往哭之。道根有劳[1]王室，临之，礼也。"梁主即幸其宅，哭之恸。

　　高丽入贡于梁。

　　秋，七月，魏侍中元乂杀太傅、清河王怿，幽太后于北宫魏太傅、侍中、清河王怿美风仪，胡太后逼而幸之。然素有才能，辅政多所匡益，好学礼士，时望甚重。侍中、领军将军元乂恃宠骄恣，怿每裁之以法。卫将军刘腾权倾内外，吏部用其弟为郡，怿抑而不奏。乂、腾皆怨之，乃使主食[2]胡定自列云："怿货[3]定，使毒魏主。"魏主时年十一，信之。乂奉魏主御显阳殿，腾闭永巷门，太后不得出。怿入，乂厉声止之，怿曰："汝欲反邪？"乂曰："正欲缚反者耳！"命宗士[4]执怿。腾称诏集公卿议，论怿大逆。众畏，无敢异者。唯仆射、新泰公游肇抗言[5]以为不可，终不下署[6]。乂、腾遂杀怿，诈为太后诏，自称有疾，还政魏主，幽太后于北宫，魏主亦不得省见[7]，裁听传食[8]而已。太后不免饥寒，乃叹曰："养虎得噬，我之谓矣。"乂遂与太师、高阳王雍等同辅政，帝谓乂为姨父。乂与腾表里擅权，乂为外御，腾为内防，常值禁省，威振内外。朝野闻怿死，无不丧气，胡夷为之劓面[9]者数百人，游肇愤邑而卒，谥曰"文贞"。

　　江、淮、海溢[10]。

　　魏相州刺史、中山王熙起兵讨元乂，不克而死。弟略奔梁，梁以为中山王魏相州刺史、中山王熙，英之子也，与弟略、纂皆为清河王怿所厚，闻怿死，起兵于邺，表请诛元乂、刘腾。长史柳元章等执之，元乂遣使斩之

1　有劳：有功劳。
2　主食：古官名，主管君主膳食。
3　货：贿赂。
4　宗士：北魏时官名，宗师的僚属。
5　抗言：高声而言。
6　下署：下笔签名，同意把元怿治罪。
7　省见：探望。
8　裁听传食：只允许递送食物。
9　劓面：以刀划面。古代匈奴、回鹘等族遇大忧大丧，则划面以表示悲戚。
10　溢：水漫出来。

于邺。熙好文学，有风义[1]，名士多与之游，将死，与故知[2]书曰："太后见废北宫，清河横受屠酷[3]，主上幼年，独在前殿。君亲如此，无以自安，故率兵民欲建大义于天下。但智力浅短，旋见囚执[4]，上惭朝廷，下愧相知。本以名义干心[5]，不得不尔，流肠碎首，复何言哉！几百君子，各敬尔仪[6]，为国为身，善勖名节！"闻者怜之。熙首至洛阳，亲故莫敢视，前骁骑将军刁整独收而藏之。略亡，抵故人河内司马始宾。始宾与略转依西河太守刁双，匿之经年。时购略甚急，略惧，双曰："会有一死，所难遇者为知己死耳，愿不以为虑。"略固求南奔，双乃使从子昌送略渡江。梁封为中山王。

梁车骑将军、永昌侯韦睿卒时梁主方崇释氏，士民无不从风而靡，独睿自以位居大臣，不欲与俗俯仰[7]，所行略如平日。卒谥曰"严"。

魏以高阳王雍为丞相。

柔然杀伏跋可汗，其弟阿那瓌立。寻出奔魏，国人立婆罗门为可汗初，柔然佗汗可汗纳伏名敦之妻侯吕陵氏，生伏跋可汗及阿那瓌等六子。伏跋既立，忽亡其幼子祖惠。有巫地万，言："祖惠今在天上，我能呼之。"乃于大泽中施帐幄[8]，祀天神，祖惠忽在帐中，自云恒[9]在天上。伏跋大喜，号地万为圣女，纳为可贺敦[10]，信用其言，干乱国政。祖惠浸长，语其母曰："我常在地万家，上天者，地万教我也。"其母以告伏跋，不信。既而地万谮祖惠，杀之。侯吕陵氏遣其大臣具列等杀地万，伏跋欲诛具列。会阿至罗入寇，伏跋击之，败还，侯吕陵氏与大臣共杀伏跋，立其弟阿那瓌为可汗。阿那瓌立十日，

1　风义：风度仪态。
2　故知：老朋友，故友。
3　屠酷：杀害。
4　囚执：擒获，俘获。
5　以名义干心：出于忠义之心。
6　各敬尔仪：各自遵从你们的道德标准。
7　俯仰：举动，举止。
8　帐幄：帷帐。
9　恒：一直。
10　可贺敦：古代鲜卑、柔然、突厥、回纥、蒙古等民族对可汗正妻的称呼。

其族兄示发击之，阿那瓌战败，奔魏。示发杀侯吕陵氏。

冬，十月，**魏以汝南王悦为太尉**魏清河王怿死，汝南王悦了无恨元义之意，以桑落酒[1]候之，尽其私佞[2]。义大喜，以悦为侍中、太尉。

十一月，**魏立阿那瓌为蠕蠕王**柔然可汗阿那瓌将至，魏主使京兆王继、侍中崔光等迎之，赐劳[3]甚厚。引见置宴，置阿那瓌位于亲王之下，立为朔方公、蠕蠕王。时魏方强盛，于洛水桥南御道[4]东作金陵、燕然、扶桑、崦嵫四馆，道西立归正、归德、慕化、慕义四里，以处四方降者。及阿那瓌入朝，以燕然馆处之。阿那瓌屡求返国，朝议异同不决，以金百斤赂元义，遂听北归。

魏以京兆王继为司徒。

魏遣使如梁魏、梁始复通好。

辛丑（公元 521 年）

梁普通二年。魏正光二年。

春，正月，梁置孤独园以收养贫民也。

魏发兵纳阿那瓌于柔然，不克魏发近郡兵万五千人，使怀朔镇将杨钧将之，送柔然可汗阿那瓌返国。右丞张普惠上疏曰："蠕蠕久为边患，今革面[5]稽首，束身归命[6]，抚之可也。乃更自劳扰，兴师郊甸之内，投诸荒裔之外，救累世之勍敌，资天亡之丑虏，臣未见其可也。况今旱暵[7]方甚，干时[8]而动，其可济乎？脱有颠覆，钩之肉，其足食乎？宰辅专好小名，不图安危大计，此微臣所以寒心者也。"弗听。阿那瓌之南奔也，其从父兄婆罗门讨示发，破之。国人推婆罗门为弥偶可社句可汗。魏遣使者牒云具仁往谕之，使迎阿那瓌。具

1　桑落酒：古代美酒名。
2　私佞：私底下谄媚讨好。
3　赐劳：赏赐慰劳。
4　御道：供帝王通行的道路。
5　革面：比喻彻底悔改。
6　束身归命：束身，自缚其身，表示归顺。归命，归顺，投诚。
7　旱暵：不雨干热。
8　干时：违反时势。

仁至柔然，婆罗门殊[1]骄慢，无逊避[2]心，责具仁礼敬。具仁不屈，婆罗门乃遣大臣将兵二千随具仁迎阿那瓖。阿那瓖惧，不敢进，请还洛阳。

三月，魏元乂杀将军奚康生，以宦者刘腾为司空，京兆王继为太保，崔光为司徒魏元乂、刘腾之幽胡太后也，右卫将军奚康生预其谋，乂使之领左右。康生子难当娶侯刚女。刚子，乂之妹夫也。乂以康生通姻，深相委托，三人常俱宿禁中。康生性粗武[3]，乂稍惮之，康生亦微惧，不安。魏主朝太后于西林园，文武侍坐，酒酣迭舞[4]，康生乃为力士舞，及折旋[5]之际，每顾视太后，举手、蹈足、领首，为执杀之势，太后解其意而不敢言。日暮，太后欲携帝宿宣光殿，侯刚不可，康生曰："至尊，陛下之儿，随陛下可也。"太后自起援[6]帝，下堂去。帝前入闱[7]，左右竞相排[8]，闱不得闭。康生夺千牛刀[9]，斫之，乃得定。帝既升宣光殿，康生乘酒势将出处分，为乂所执。光禄勋贾粲给太后曰："侍官[10]怀恐不安，陛下宜亲安慰。"太后适下殿，粲即扶帝出东序，前御显阳殿，还闭太后于宣光殿。乂遂杀康生，流[11]难当。以刘腾为司空，公私属请[12]，唯视货多少，刻剥[13]六镇，岁入以巨万万计，远近苦之。京兆王继自以权位太盛，请以司徒让崔光。乃以继为太保，崔光为司徒。

秋，七月，梁以裴邃为豫州刺史邃镇合肥，欲袭寿阳，阴结寿阳民为内应。恐魏觉之，先移[14]魏扬州云："闻欲修白捺[15]故城，稍相侵逼，此亦须营

1　殊：非常。
2　逊避：退位，禅让。
3　粗武：粗鲁勇武。
4　迭舞：纷纷起舞。
5　折旋：返回，转身。
6　援：以手牵引。
7　闱：旁门，小门。
8　竞相排：争着向前挤。
9　千牛刀：锋利的刀，亦代称御刀。
10　侍官：侍中、常侍之官。
11　流：流放。
12　属请：请托。
13　刻剥：侵夺剥削。
14　移：移文，古时官府文书的一种，与牒相类，多用于不相统属的官署之间。
15　白捺：古地名，位于今安徽省淮南市东部，一说位于今安徽省合肥市长丰县北境。

欧阳，设交境[1]之备。"扬州刺史长孙稚谋于僚佐，皆曰："此无修白捺之意，宜以实报之。"录事参军杨侃曰："白捺小城，本非形胜。邃好狡数[2]，今集兵遣移，恐有他意。"稚大寤，令侃报移曰："彼之纂兵[3]，想别有意，何为妄构白捺？'他人有心，予忖度之。'勿谓秦无人也。"邃得移，以为魏人已觉，即散其兵。

　　高车击柔然，柔然可汗婆罗门降魏。冬，十月，魏分柔然为二国，以处阿那瓌、婆罗门高车伊匐击柔然可汗婆罗门，大破之。婆罗门率十部落诣凉州，请降于魏。柔然余众相率迎阿那瓌，阿那瓌乞兵送还。诏中书、门下博议，凉州刺史袁翻曰："自国家都洛以来，蠕蠕、高车迭相吞噬，始则蠕蠕授首[4]，既而高车被擒。今高车自奋[5]于衰微之中，克雪仇耻，诚由种类繁多，终不能相灭。自二虏交斗，边境无尘数十年矣，此中国之利也。今蠕蠕两主相继归诚，戎狄禽兽，终无纯固[6]之节。然存亡继绝，帝王本务。若弃而不受，则亏我大德。若纳而抚养，则损我资储。或全徙内地，则非直[7]其情不愿，亦恐终有刘、石[8]之患。且蠕蠕尚存，则高车犹有内顾之忧，未暇窥窬上国。若其全灭，则高车跋扈之势，岂易可知？今蠕蠕虽乱，部落犹众，处处棋布[9]，以望旧主。高车虽强，未能尽服也。愚谓蠕蠕二主并宜处之，居阿那瓌于东，处婆罗门于西，分其降民，各有攸属。阿那瓌所居非所经见[10]，不敢臆度[11]。婆罗门请修西海[12]故城以处之。西海在酒泉之北，去高车所居金山千余里，实北虏往

1　交境：交界。
2　狡数：狡诈的权术。
3　纂兵：调集兵力。
4　授首：投降或被杀。
5　自奋：自我奋发而欲有所为，自勉。
6　纯固：纯粹坚定。
7　直：只，仅仅。
8　刘、石：刘渊、石勒。
9　棋布：像棋子一样四处分布，形容多而密集。
10　经见：以前见过。
11　臆度：主观揣度，猜测。
12　西海：古地名，位于今内蒙古阿拉善盟额济纳旗东，一说在其北部。

来之冲要。二地沃衍[1]，大宜耕稼。宜遣一良将，配以兵仗，监护婆罗门，因令屯田，以省转输之劳。其北则临大碛，野兽所聚，使蠕蠕射猎，彼此相资，足以自固。外以辅蠕蠕之微弱，内亦防高车之畔涣[2]，此安边保塞之长计也。若婆罗门能收离聚散，复兴其国者，渐令北转，徙渡流沙，则是我之外藩，高车勍敌，西北之虞可以无虑。如其奸回反复，不过为逋逃之寇，于我何损哉？"朝议是之。乃置阿那瓌于吐若奚泉[3]，婆罗门于故西海郡。

十一月，**魏讨叛氏，不克**魏以东益、南秦氏皆反，以河间王琛为行台讨之。琛恃刘腾之势，贪暴无所畏忌，大为氏所败。

壬寅（公元 522 年）

梁普通三年。魏正光三年。

夏，四月，高车王弟越居杀其王伊匐而自立。

五月朔，日食，既。

冬，十一月，**魏行《正光历》**初，魏世宗以《玄始历》浸疏[4]，命更造新历。至是，著作郎崔光取张龙祥等九家所上历，候验[5]得失，合为一历，行之。

梁西丰侯正德奔魏，既而逃归初，梁主养临川王宏之子正德为子。及太子统生，正德还本[6]，赐爵西丰侯，怏怏不满意，常蓄异谋。是岁奔魏，魏人待之甚薄。正德逃归，梁主泣而诲之，复其封爵。

柔然王婆罗门叛魏，魏讨而执之柔然婆罗门叛魏，亡归嚈哒[7]。魏以平西长史费穆为行台，将兵讨之，柔然遁去。穆曰："戎狄之性，见敌即走，乘

1　沃衍：平坦辽阔的沃土。
2　畔涣：跋扈，专横暴戾。
3　吐若奚泉：古地名，位于今内蒙古包头市固阳县境内。
4　疏：粗略，不周密。
5　验：验证。
6　还本：出嗣宗族的养子还归本家。
7　嚈哒：古代西域国名，大月氏后裔，一说为高车别种，分布于今中亚地区阿姆河之南。

虚复出，若不使之破胆，终恐疲于奔命。"乃简精骑，伏山谷，以步兵之赢者为外营。柔然果至，奋击破之，婆罗门为凉州军所擒，送洛阳。

癸卯（公元 523 年）

梁普通四年。魏正光四年。

春，二月，柔然大饥，魏遣使抚之柔然大饥，阿那瓌率其众入魏境，求赈给。魏以左丞元孚为行台，持节抚之。将行，表陈便宜[1]，曰："蠕蠕久来强大，今自乱亡，宜因此时善思远策。昔汉宣之世，呼韩款塞，汉遣董忠、韩昌领边郡士马送出朔方，因留卫助[2]。光武时亦使中郎将段彬置安集掾[3]、史，随单于所在，参察动静。今宜略依旧事，借其闲地，听其田牧，粗置官属，示相慰抚。严戒边兵，因令防察，使亲不至矫诈[4]，疏不容反叛，最策之得者也。"不从。

三月，魏司空刘腾卒。

夏，四月，柔然王阿那瓌执魏使者，犯魏边。魏发兵击之，不及而还魏元孚持白虎幡劳阿那瓌于柔玄[5]、怀荒二镇之间。阿那瓌众号三十万，阴有异志，遂拘留孚，引兵而南，所过剽掠，至平城乃听孚还。有司奏孚辱命，抵罪。遣尚书令李崇、仆射元纂率骑十万击柔然。阿那瓌闻之，驱民北遁，崇追之三千余里，不及而还。纂使参军于谨追至郁对原[6]，前后十七战，屡破之。谨性深沉，有识量，涉猎经史。少时，屏居闾里，不求仕进。或劝之仕，谨曰："州郡之职，昔人所鄙。台鼎[7]之位，须待时来。"纂闻而辟之。崇长史魏兰根说崇曰："昔缘边初置诸镇，地广人稀，或征发中原强宗子弟，或国之肺腑[8]，

1　便宜：有利国家、合乎时宜之事。
2　卫助：保卫协助。
3　安集掾：古官名，掌安集军众。
4　矫诈：虚伪诡诈。
5　柔玄：古军镇名，北魏北境六镇之一，位于今内蒙古乌兰察布市兴和县西北。
6　郁对原：古地名，位于今蒙古国西南。
7　台鼎：古称三公为台鼎，如星之有三台，鼎之有三足。
8　肺腑：比喻帝王的宗室近亲。

寄以爪牙。中年[1]以来，有司号为'府户'，役同厮养。官婚班齿，致失清流[2]，而本来族类，各居荣显，顾瞻[3]彼此，理当愤怨。宜改镇立州，分置郡县，凡是府户，悉免为民，入仕次叙，一准其旧[4]，文武兼用，威恩并施。此计若行，国家庶无北顾之虑矣。"崇为之奏闻，事寝不报。

　　魏沃野镇民破六韩拔陵[5]反初，元乂既幽胡太后，常入值于魏主所居殿侧，曲尽佞媚[6]，帝宠信之。乂出入，恒令勇士持兵先后。时出休于千秋门外，施木栏楯[7]，使腹心防守以备窃发。其始执政，矫情自饰，时事得失，颇以关怀。既得志，遂骄愎贪吝[8]，嗜酒好色，与夺任情，纪纲坏乱。父京兆王继尤贪纵，受赂遗，请属有司，莫敢违者。牧、守、令、长，率皆贪污之人。由是百姓困穷，人人思乱。未几，沃野镇民破六韩拔陵聚众反，杀镇将，诸镇华夷之民往往响应。拔陵南侵，遣卫可孤攻围武川[9]、怀朔二镇。尖山贺拔度拔及其三子允、胜、岳皆有材勇，怀朔镇将杨钧擢度拔为统军、三子为军主以拒之。

　　冬，**魏司徒崔光卒**光宽和乐善，终日怡怡[10]，未尝忿恚。于忠、元乂用事，皆尊敬之，事多咨决，而不能救裴、郭、清河之死，时人比之张禹、胡广。且死，荐贾思伯为侍讲。帝从思伯受《春秋》，思伯倾身下士。或问曰："公何以能不骄？"思伯曰："衰至便骄，何常之有[11]？"当世以为雅谈[12]。

　　十一月朔，日食。

　　十二月，梁铸铁钱梁初唯扬、荆、郢、江、湘、梁、益用钱，交、广用

1　中年：中世，中期。
2　官婚班齿，致失清流：官方按年纪给他们婚配，以致于使他们失去士大夫的身份。
3　顾瞻：回视，环视。
4　入仕次叙，一准其旧：在入仕和升迁方面都和从前一样。
5　破六韩拔陵：古人名。
6　佞媚：谄媚。
7　栏楯：栏杆。纵为栏，横曰楯。
8　骄愎贪吝：骄愎，傲慢固执。贪吝，贪婪吝啬。
9　武川：古军镇名，北魏北境六镇之一，位于今内蒙古呼和浩特市武川县西南乌兰不浪土城梁古城。
10　怡怡：形容喜悦欢乐的样子。
11　衰至便骄，何常之有：如果我的地位衰落了也可能会骄横，这也不是绝对的事。
12　雅谈：高雅的言谈。

金银，余州杂以谷帛交易。后铸五铢钱，而民间私用古钱，禁之，不能止。乃议罢铜钱，铸铁钱。

甲辰（公元 524 年）

梁普通五年。魏正光五年。

春，三月，魏遣临淮王或督诸军讨拔陵。夏，四月，高平[1]**敕勒胡琛反。拔陵陷武川、怀朔镇。五月，或兵败绩。魏复遣都督李崇讨之**魏以临淮王或讨破六韩拔陵。四月，高平镇敕勒酋长胡琛反，攻高平镇以应拔陵。魏将卢祖迁击破之，琛北走。卫可孤攻怀朔镇经年，外援不至，杨钧使贺拔胜诣临淮王或告急。胜募敢死少年十余骑，夜伺隙溃围出，贼追及之，胜曰："我贺拔破胡也。"贼不敢逼。胜见或，说之曰："怀朔被围，旦夕沦陷。大王今顿兵不进，怀朔若陷，则武川亦危。贼之锐气百倍，虽有良、平，不能为大王计矣。"或许为出师。胜还，复突围而入。钧复遣胜出觇武川，武川已陷。胜驰还，怀朔亦溃，胜父子俱为可孤所虏。五月，或与拔陵战于五原，兵败，贼势日盛。魏主引群臣问计，尚书元修义请遣重臣督军镇恒、朔以捍寇，魏主曰："去岁李崇求改镇为州，开镇户非冀[2]之心，致有今日之患。然崇贵戚重望，器识英敏[3]，意欲还遣崇行，何如？"群臣皆以为然。乃加崇使持节、北讨大都督，命将军崔暹、广安王深皆受节度。

司马公曰：李崇之表，所以销祸于未萌，制胜于无形。魏肃宗既不能用，及乱生之日，曾无愧谢[4]之言，乃更以为崇罪，彼不明之君，乌可与谋哉？

魏秦州莫折大提反，陷高平。大提死，子念生代领其众。魏遣兵讨

---

1 高平：古军镇名，属北魏，治今宁夏固原市原州区。
2 非冀：非分的希望。
3 器识英敏：器识，气魄和见识。英敏，聪慧而有卓识。
4 愧谢：感到惭愧并认错。

之魏自破六韩拔陵反，二夏、豳[1]、凉寇盗蜂起。秦州刺史李彦残虐[2]，城内薛珍等杀之，推其党莫折大提为秦王。魏遣雍州刺史元志讨之。南秦州人亦杀刺史崔游，以城应大提。大提遣其党袭高平，克之，杀镇将、行台。大提寻卒，子念生自称天子。魏遣尚书元修义为西道行台，率诸将讨之。

秋，七月，魏将军崔暹讨拔陵，战于白道[3]，败绩崔暹违李崇节度，与拔陵战于白道，大败。拔陵并力攻崇，崇力战，不能御，引还云中。广阳王深上言："先朝都平城，以北边为重，盛简亲贤，拥麾[4]作镇，配以高门子弟，以死防遏[5]，非唯不废仕宦，乃更独得复除，当时人物，欣慕[6]为之。太和中，李冲用事，凉州土人悉免厮役[7]。帝乡旧门，仍防边戍。本镇驱使，遂隔清途[8]。自非得罪当世，莫肯与之为伍。又以或多逃逸，乃峻边兵之格[9]，镇人不听浮游[10]在外，于是少年不得从师，长者不得游宦[11]，独为匪人[12]，言之流涕。自定鼎伊洛[13]，边任益轻，唯底滞凡才[14]，乃出为镇将，转相模习[15]，专事聚敛。或诸方奸吏，犯罪配边[16]，为之指踪[17]，政以贿立，边人无不切齿。及阿那瓌背恩纵掠，发奔命追之，十五万众渡沙漠，不日而还。边人见之，遂轻中国。李崇求改镇为州，抑

1　二夏、豳：二夏，北魏夏州（治今陕西省榆林市靖边县北白城子）、东夏州（治今陕西省延安市东延河东岸）的合称。豳，豳州，古州名，因古豳国城得名，辖今甘肃省宁县及镇原县南部地。
2　残虐：凶残暴虐。
3　白道：古地名，即今内蒙古呼和浩特市西北通武川大道，自古为河套东北通往阴山以北的交通要道。
4　拥麾：挂帅。
5　防遏：防备遏止。
6　欣慕：欣羡爱慕。
7　厮役：旧称干杂事劳役的奴隶，后泛指受人驱使的奴仆。
8　清途：清贵的仕途。
9　峻边兵之格：制定了严厉的边兵制度。
10　浮游：游手好闲。
11　游宦：远离家乡在官府任职。
12　匪人：不是亲近的人。
13　伊洛：伊水与洛水流域，两水汇流，因此连称。多借指洛阳地区。
14　底滞凡才：长期不能升迁的庸碌之才。
15　模习：仿效，学习。
16　配边：把罪人或其家属流放到边远的地方。
17　指踪：发踪指示。也比喻指挥谋划。

亦先觉，朝廷未许。而拔陵为乱，此段之举，指望销平[1]。而崔暹只轮不返[2]，将士之情莫不解体[3]。今日所虑，非止西北，将恐诸镇寻亦如此，天下之事，何易可量？"书奏，不省。诏征崔暹系廷尉。暹赂元乂，卒得不坐。

　　莫折念生寇魏东益州，不克莫折念生遣其都督杨伯年等攻仇鸠[4]、河池二戍，东益州刺史魏子建击破之。东益州本氐王杨绍先之国，将佐以城民劲勇[5]，二秦反者皆其族类，请收其器械。子建曰："城民数经行阵，抚之足以为用，急之则腹背为患。"乃悉召而慰谕之，既而渐分其父兄子弟外戍诸郡，内外相顾，卒无叛者。

　　八月，梁徐州刺史成景俊拔魏童城[6]。

　　魏都督元志讨莫折念生，战于陇口[7]，败绩魏散骑侍郎李苗上书曰："凡食少兵精，利速战；粮多卒众，宜持久。今陇贼猖狂，非有素蓄[8]，其势在于疾攻，迟则人情离沮。故高壁深垒者，王师全制之策也。但天下久泰，人不晓兵，奔利不相待，逃难不相顾，将无法令，士非教习[9]，不思长久之计，各有轻敌之心。如今陇东不守，汧军[10]败散，则两秦遂强，三辅危弱，国之右臂于斯废矣。宜勒大将，坚壁勿战，别命偏裨率精兵数千出麦积崖[11]以袭其后，则汧、岐[12]之下，群妖自散矣。"以苗为统军，与别将淳于诞俱出梁、益。未至，莫折念生遣其弟天生将兵下陇。元志与战，兵败，东保岐州。

1　此段之举，指望销平：这一段时间里的举动，是希望能铲平叛乱，早获安定。
2　只轮不返：连战车的一只轮子都未能返回。比喻全军覆没。只，一个。
3　解体：比喻人心离散。
4　仇鸠：古地名，位于今甘肃省陇南市徽县西。
5　劲勇：顽强勇敢。
6　童城：古地名，亦作"僮城"，位于今安徽省宿州市泗县东北。
7　陇口：古地名，位于今陕西省陇县、宝鸡与甘肃省清水、张家川之间。
8　素蓄：平时所蓄积。
9　教习：教导，教学。
10　汧军：汧地元志的军队。汧，古地名，位于今陕西省宝鸡市陇县东南。
11　麦积崖：古地名，亦名麦积山，位于今甘肃省天水市东南，是秦岭山脉西端小陇山中的一座孤峰。
12　汧、岐：汧山、岐山。汧山，位于今陕西省宝鸡市陇县西南。岐山，位于今陕西省宝鸡市岐山县东北。

魏改镇为州东、西部敕勒皆叛魏，附于拔陵，魏主始思李崇、元深之言。诏：“诸州镇军贯[1]非有罪配隶[2]者，皆免为民。”改镇为州。

魏秀容[3]人乞伏莫于等反，酋长尔朱荣讨平之荣，羽健之玄孙也，御众严整。时四方兵起，荣阴散其畜牧资财，招合骁勇，结纳豪杰，于是侯景、司马子如、贾显度、段荣、窦泰皆往依之。

九月，梁取魏睢陵、荆山[4]，袭寿阳，不克成景俊拔魏睢陵，赵景悦围荆山。裴邃率骑三千袭寿阳，夜斩关而入，克其外郭。魏扬州刺史长孙稚御之，一日九战，后军失道不至，邃引兵还。别将击魏淮阳，魏使行台郦道元、都督河间王琛救寿阳，安乐王鉴救淮阳，梁兵败绩。

魏凉州乱，刺史宋颖以吐谷浑兵讨平之魏凉州幢帅[5]于菩提执刺史宋颖，据州反。颖密求救于吐谷浑。伏连筹自将救凉州，于菩提弃城走，追斩之。城民复推颖为刺史。

冬，十月，梁取魏建陵、曲木、琅邪[6]等城裴邃攻魏建陵城，克之，拔曲木。将军彭宝孙拔琅邪、檀丘。裴邃拔狄城、甓城[7]，进屯黎浆[8]。魏东海太守以司吾[9]城降。将军曹世宗拔曲阳、秦墟[10]，魏守将多弃城走。

魏营州人就德兴反，魏遣兵讨之，不克。

1　军贯：军籍。
2　配隶：流放犯人，发配至某地服役。
3　秀容：古郡名，辖今山西省忻州、原平两市地。
4　睢陵、荆山：睢陵，古县名，治所位于今江苏省宿迁市泗洪县东南。荆山，古地名，位于今安徽省蚌埠市怀远县北。
5　幢帅：古官名，统领百人。《魏书·蠕蠕传》：“始立军法，千人为军，军置将一人；百人为幢，幢置帅一人。”
6　建陵、曲木、琅邪：建陵，古县名，治所位于今江苏省徐州市辖新沂市南，因建陵山得名。曲木，古地名，又名曲沐城，位于今江苏省徐州市辖新沂市东南。琅邪，古地名，位于今山东省临沂市北。
7　狄城、甓城：狄城，古地名，亦名荻丘、狄丘、荻城，位于今安徽省淮南市寿县东南。甓城，位于今安徽省淮南市寿县南。
8　黎浆：古地名，位于今安徽省淮南市寿县东南。
9　司吾：古地名，位于今江苏省徐州市辖新沂市南。
10　秦墟：古地名，位于今安徽省淮南市东北。

胡琛寇魏幽、夏、北华[1]三州，魏遣兵讨之。

魏朔方胡反，夏州刺史源子雍讨平之魏朔方胡反，围夏州刺史源子雍，城中食尽，众无二心。子雍欲自出求粮，留其子延伯守统万，将佐皆曰："不若父子俱去。"子雍泣曰："吾世荷国恩，当毕命此城。但无食可守，故欲往东州[2]为诸君营数月之食，若幸而得之，保全必矣。"乃率羸弱诣东夏州运粮，延伯与将佐哭而送之。行数日，为胡帅曹阿各拔所擒。子雍潜遣人赍书，敕城中努力固守。延伯曰："吾父吉凶未可知，方寸[3]焦烂。但奉命守城，所为者重，不敢以私害公。诸君幸得此心。"于是众感其义，莫不奋厉。子雍虽被擒，胡人常以民礼[4]事之。子雍为陈祸福，贼众遂降。子雍见行台、北海王颢，具陈诸贼可灭之状，颢使为先驱。时东夏阖境皆反，子雍转斗而前，九旬之中，凡数十战，遂平东夏州，征税粟[5]以馈统万，二夏由是获全。子雍，怀之子也。

魏以费穆为朔州刺史魏广阳王深上言："今六镇尽叛，高车二部亦与之同，以此疲兵击之，必无胜理。不若选练精兵，守恒州诸要，更为后图。"遂与李崇引兵还平城。崇谓诸将曰："云中者，白道之冲，贼之咽喉。若此地不全，则并、肆危矣，当留一人镇之，谁可者？"众举费穆。崇乃请穆为朔州刺史。贺拔度拔父子及宇文肱纠合乡里豪杰，袭卫可孤，杀之。度拔寻与铁勒[6]战死。肱，逸豆归之玄孙也。

魏北讨都督李崇免李崇引祖莹为长史，广阳王深奏莹诈增首级，盗没[7]军资，莹坐除名，崇亦免官削爵征还。深遂专总军政。

十一月，莫折念生遣其弟天生陷魏岐州，杀都督元志。

1　北华：古州名，辖今陕西省甘泉县以南、宜君县及黄陵县以北洛河中游地区。
2　东州：古时多泛称东方为东州，南、北、西方为南、北、西州。
3　方寸：人的内心。
4　民礼：庶人之礼。
5　税粟：作为税收缴纳的粮食。
6　铁勒：敕勒的别称。
7　盗没：私自吞没。

蜀贼寇魏雍州，讨平之。

十二月，梁复取三关，围魏郢州，不克。

魏汾州胡反。

魏秦州平魏魏子建招谕南秦诸氐，稍稍降附[1]，遂复六郡十二戍。魏以子建为行台，梁、巴、秦、益皆受节度。

梁以散骑常侍朱异掌机政是岁周舍坐事免，朱异代掌机密，军旅谋议、方镇改易、朝仪诏敕皆典之。异多艺能[2]，精力敏赡，梁主任之。

乙巳（公元 525 年）

梁普通六年。魏孝昌元年。

春，正月，梁取魏南乡郡及马圈等城。

魏徐州刺史元法僧反，魏发兵讨之，遂降梁法僧素附元义，见义骄恣，恐及祸，谓中书舍人张文伯曰："吾欲与汝去危就安，能从我乎？"文伯曰："我宁死见文陵[3]松柏，安能去忠义而从叛逆乎？"法僧杀之，遂杀行台高谅，称帝改元。魏发兵击之，法僧乃遣其子景仲降梁。长史元显和举兵与战，法僧擒之，执其手慰谕之。显和曰："翁以地叛，独不畏良史[4]乎？我宁为忠鬼，不能为叛臣。"法僧杀之。梁以元略为大都督，与将军陈庆之等将兵应接。

魏行台萧宝寅、都督崔延伯讨莫折天生，败之。岐、雍、陇东皆平莫折天生军于黑水[5]，魏以崔延伯为都督讨之，与行台萧宝寅军于马嵬[6]。延伯素骁勇，宝寅趣之使战，延伯曰："明晨为公参贼勇怯[7]。"乃选精兵数千，西渡黑水，直抵天生营下，徐引兵还。天生开营争逐之，其众十倍，蹙延伯于水

1　降附：投降归附。
2　艺能：技艺才能。
3　文陵：东汉灵帝刘宏的陵墓，位于今河南省洛阳市东北汉魏故城西北。此处代指北魏都城洛阳。
4　良史：优秀的史官，指能秉笔直书、记事信而有征者。
5　黑水：古水名，位于今陕西省西安市周至县东。
6　马嵬：古地名，位于今陕西省咸阳市辖兴平市西，相传为晋人马嵬所筑。
7　参贼勇怯：试试贼人是勇敢还是胆怯。

次，宝寅望之失色。延伯自为后殿，不与之战，使其众先渡，部伍严整，天生兵不敢击。宝寅喜曰："崔君之勇，关、张不如。"延伯曰："此贼非老奴敌也，明公但安坐，观老奴破之。"乃勒兵出战，身先士卒，陷其前锋，将士尽锐竞进，大破之，俘、斩十余万，追奔至小陇¹，岐、雍及陇东皆平。将士稽留采掠²，天生遂塞陇道，由是诸军不能进。宝寅破宛川³，俘其民，以女十人赏岐州刺史魏兰根，兰根辞曰："此县介⁴于强寇，不能自立，故附从以救死。官军之至，宜矜而抚之，奈何助贼为虐，靳以为贱役⁵乎？"悉求其父兄而归之。

梁裴邃败魏师于寿阳梁裴邃拔魏新蔡郡，梁主诏西昌侯渊藻将众前驱，豫章王综与诸将继进。邃拔郑城⁶，汝、颍之间，所在响应。魏河间王琛等惮邃威名，军于城父，累月不进，魏朝遣使赍斋库刀⁷以趣之。琛至寿阳，欲决战，长孙稚以为未可，不听，引兵出击。邃为四甄⁸以待之，使将军李祖怜先挑战而伪退，稚、琛悉众追之，四甄竞发，魏师大败，斩首万余级。琛走入城，稚勒兵而殿⁹，遂闭门自固，不敢复出。

魏讨徐州，不克。梁以元法僧为司空魏安乐王鉴将兵讨元法僧，击元略于彭城南。略大败，鉴不设备，法僧出击，大破之。梁以法僧为司空，封始安郡公。魏复遣安丰王延明、临淮王彧击之。

二月，魏元乂解领军魏刘腾既卒，胡后及魏主左右防卫微缓¹⁰。元乂亦自宽，时出游不返。太后知之，对魏主谓群臣曰："今隔绝我母子，不听往来，复何用我为？我当出家，修道于闲居寺耳。"因欲自下发¹¹，魏主及群臣叩头、

1　小陇：古山名，即今甘肃华亭、清水及陕西陇县之间的陇山。
2　采掠：抄掠抢劫。
3　宛川：古地名，位于今陕西省宝鸡市东。
4　介：在两者中间。
5　靳以为贱役：把百姓都抓去做奴婢。靳，割截。
6　郑城：古地名，即今安徽省阜阳市颍上县。
7　斋库刀：即千牛刀。
8　甄：军队的侧翼。
9　殿：压阵，殿后。
10　缓：怠慢。
11　下发：落发，剃发。

泣涕苦请，太后声色愈厉。魏主乃宿于嘉福殿，遂与太后密谋黜乂。然魏主深匿形迹，太后有忿恚言，皆以告乂。乂殊不以为疑。于是二宫无复禁碍[1]。丞相、高阳王雍虽位居乂上，而深畏惮之。会太后与魏主游洛水，雍邀二宫幸其第，相与定图乂之计。于是太后谓乂曰："元郎若忠于朝廷，无反心，何故不去领军，以余官[2]辅政？"乂甚惧，乃求解领军，许之。

三月，梁遣豫章王综总督众军，摄徐州事。召元法僧等还建康法僧至建康，梁主宠待甚厚，元略恶其为人，与之言未尝笑。

柔然阿那瓌为魏讨拔陵，败之。自称敕连头兵豆伐可汗。

夏，四月，魏太后复临朝，诛其尚书令元乂。以元顺为侍中，郑俨、徐纥、李神轨为中书舍人乂虽解兵权，犹总内外，侍中穆绍劝太后速去之。潘嫔有宠于魏主，宦官说之云："乂欲害嫔。"嫔泣诉于魏主曰："乂非独欲杀妾，又将不利于陛下。"魏主信之，因乂出宿，解乂侍中。明旦，将入宫，门者不纳。太后遂复临朝摄政，诏削刘腾官爵，除乂名为民。清河国[3]郎中令韩子熙上书为清河王怿讼冤，乞诛乂等。太后命发腾墓，散其骨，籍没家赀[4]，尽杀其养子。侯刚亦坐黜，寻卒于家。唯乂以妹夫故，未忍诛。先是，黄门侍郎元顺以刚直忤乂意，出为齐州刺史。太后征还，为侍中，侍坐于太后。顺曰："陛下奈何以一妹之故，不正元乂之罪，使天下不得伸其冤愤？"太后嘿然。顺，澄之子也。未几，有告乂谋诱六镇降户[5]反于定州，太后犹未忍杀。群臣固执不已，魏主亦以为言，乃赐乂死。江阳王继废于家，病卒。太后颇事妆饰[6]，数出游，元顺面谏曰："礼，妇人夫没，自称未亡人，首去珠玉，衣不文彩。陛下母临天下，年垂不惑，修饰过甚，何以仪刑后世？"太后惭而

---

1 禁碍：限制妨碍。
2 余官：其他官职。
3 清河国：清河王封地，辖今河北省清河及枣强、南宫各一部分，山东省临清、夏津、武城及高唐、平原各一部分地。
4 籍没家赀：籍没，登记并没收。家赀，家财。
5 降户：投降归附者。
6 妆饰：打扮。

还，召顺责之曰："千里相征，岂欲众中见辱邪？"顺曰："陛下不畏天下之笑，而耻臣之一言乎？"顺与穆绍同值，醉入其寝，绍拥被而起，正色让顺曰："身二十年侍中，与卿先君亟连职事[1]，纵卿方进用，何宜相排突[2]也？"遂谢事还家。诏谕[3]久之，乃起。初，郑俨为胡国珍参军，私得幸于太后。至是拜中书舍人，领尝食典御，昼夜禁中。每休沐，太后常遣宦者随之。俨见其妻，唯得言家事。徐纥先以谄事赵修，坐徙枹罕。后又谄事清河王怿。怿死，复谄事元义。太后以纥为怿所厚，亦召为中书舍人。纥又谄事郑俨。俨以纥有智数，仗以为谋主。纥以俨有内宠，倾身承接[4]，共相表里，势倾内外，号为"徐郑"。俨累迁至中书令，纥累迁至给事黄门侍郎，仍领舍人，总摄中书、门下之事，军国、诏令莫不由之。纥有机辩强力[5]，终日治事，略无休息，不以为劳。时有急诏，令数吏执笔，人别占之，造次俱成[6]，不失事理。然无经国大体，专好小数[7]，见人矫[8]为恭谨，远近辐凑附之。神轨亦得幸于太后，亦领中书舍人。尝求婚于散骑常侍卢义僖，义僖不许。侍郎王诵谓曰："昔人不以一女易众男[9]，卿岂易之邪？"义僖曰："所以不从，正为此耳。从之，恐祸大而速。"诵乃坚握义僖手曰："我闻有命[10]，不敢以告人。"女遂适他族。婚夕，太后遣中使宣敕停之，内外惶怖，义僖夷然自若[11]。义僖，度世之孙也。

　　胡琛遣其将万俟丑奴寇魏泾州，崔延伯讨之，败死胡琛据高平，遣万俟丑奴、宿勤明达等寇魏泾州，将军卢祖迁、伊瓮生讨之，不克。萧宝寅、

1　亟连职事：屡次在一起共事。亟，屡次。
2　排突：冲撞。
3　诏谕：天子下诏令指示臣民。
4　承接：结交。
5　机辩强力：机辩，机智而长于言词。强力，坚忍有毅力。
6　人别占之，造次俱成：分别对每人口述诏书内容，让他们记下，很快几篇诏书都写成了。
7　小数：小手段。
8　矫：假托，诈称。
9　不以一女易众男：不会因为一个女儿夫家灭族而殃及自己的几个儿子。
10　有命：天命。有，助词。
11　夷然自若：神态镇定，与平常一样。

崔延伯既破莫折天生，引兵会祖迁等于安定，军威甚盛。丑奴时以轻骑[1]挑战，兵未交，辄委走，延伯恃勇，乘胜击之。将战，有贼数百骑持文书诈降，宝寅、延伯未及阅视，宿勤明达引兵至，与降贼腹背击之，延伯大败，宝寅退保安定。延伯耻其败，乃缮甲兵，募骁勇，独出袭贼，平其数栅。贼还击之，魏兵大败，延伯中流矢卒，于是贼势益盛。而群臣自外来者皆言贼弱，以求悦媚[2]，将帅求益兵者往往不与。

五月，**梁豫州刺史、夷陵侯裴邃卒**邃深沉有思略[3]，为政宽明[4]，将吏爱而惮之。及卒，梁以夏侯亶代之。

梁人围小剑[5]，魏击败之梁益州刺史、临汝侯渊猷遣其将樊文炽、萧世澄等将兵围魏长史和安于小剑，魏益州刺史邴虬遣统军胡小虎救之。文炽袭擒之，使小虎说和安降。小虎遥谓安曰："我失备，为贼擒，观其兵力，殊不足言。努力坚守，魏行台援兵已至。"语未终，军士杀之。军司淳于诞救小剑，文炽置栅于龙须山[6]以防归路。诞密募壮士夜烧其栅，梁军望见归路绝，皆惝惧，诞乘而击之，文炽大败，仅以身免，虏[7]世澄等十一将，斩、获万计。

六月，梁豫章王综叛，降魏。魏师入彭城，立综为丹阳王，更名"赞"初，梁主纳齐东昏侯宠姬[8]吴淑媛，七月而生综，宫中多疑之。淑媛宠衰，怨望，谓综曰："汝七月生儿，安得比诸皇子？然汝太子次弟，幸保富贵，勿泄也！"与综相抱而泣。综由是自疑，夜于静室[9]披发席藁[10]，私祭齐氏七庙。微服至曲阿拜齐太宗陵。俗说割血沥骨，渗则为父子。遂潜发东昏侯冢，并自杀一男试之，皆验。由是常怀异志，专伺时变。综有勇力，能手制奔马。

1　轻骑：轻装的骑兵。
2　悦媚：逢迎取悦。
3　思略：谋略。
4　宽明：宽厚贤明。
5　小剑：古地名，又称小剑戍，剑阁道上军事要塞，位于今四川省广元市西南。
6　龙须山：古山名，位于今四川省广元市剑阁县西。
7　虏：俘获。
8　宠姬：受宠爱的姬妾。
9　静室：清净的屋子。
10　席藁：坐在草席之上。

轻财好士，屡求边任，梁主未之许。常于内斋[1]布沙于地，终日跣行[2]，足下生
胝[3]，日能行三百里。又使通问[4]于萧宝寅，谓之叔父。人皆知之而不敢言。及在
彭城，魏临淮王彧兵逼彭城，胜负久未决。梁主虑综败没，敕引军还。综恐不
复得至北边，乃密送降款[5]于彧。魏人皆不之信。彧募人入综军验其虚实，无
敢行者。监军御史[6]鹿悆请行，单骑径趋彭城，为综军所执。问其来状，悆曰：
"临淮王使我来，欲有交易耳。"综闻之，谓成景隽等曰："我常疑元略规欲反
城[7]，将验其虚实，故遣左右为略使，入魏军中，呼彼一人。今其人果来，可遣
人诈为略有疾在深室[8]，呼至户外，令人传言谢之。"综又遣腹心梁话迎悆，密
以意状[9]语之。乃引至一所，令一人自室中出，为元略致意曰："我昔相呼，欲
闻乡事[10]。晚来疾作，不获相见。"悆曰："早奉音旨，冒险祇赴，不得瞻见，内
怀反侧[11]。"遂辞退。悆还，于路复与梁话申固[12]盟约。综遂与话夜投彧军。及旦，
斋阁不开，魏军呼曰："汝豫章王昨夜已来在我军中，汝尚何为？"城中求王
不获，军遂大溃。魏人入彭城，乘胜追击梁兵，复取诸城，至宿预而还。将士
死者什七八，唯陈庆之率所部还。梁主闻之惊骇，有司奏削综爵土，绝属籍。
西丰侯正德志行不悛[13]。从综北伐，弃军辄还，亦免官削爵，寻皆赦之。综至洛
阳，见魏主，还就馆[14]，为东昏侯举哀，服斩衰三年。拜司空，封丹杨王，更名

1　内斋：内室。
2　跣行：赤脚行走。
3　胝：手脚掌上的厚皮，俗称茧子。
4　通问：互相问候。
5　降款：降书。
6　监军御史：古官名，皇帝为加强对军队的控制而派出的职司监察的近臣御史，负责监领
　　军队。
7　规欲反城：规欲，谋求。反城，献城投敌。
8　深室：幽深的居室。
9　意状：情况，情景。
10　乡事：家乡的情况。
11　早奉音旨，冒险祇赴，不得瞻见，内怀反侧：事先得到了您的通知，冒险恭敬地赶来，
　　但是不能拜见您，内心实在不安。音旨，音信。祇，恭敬。瞻见，仰观。
12　申固：巩固。
13　志行不悛：思想和行为方面都没有悔改之意。
14　就馆：赴治事之所。

"赞"。综长史江革、司马祖暅之皆为魏所房，安丰王延明闻其才名，厚遇之。革称足疾不拜。延明使暅之作《欹器[1]铭》，革唾骂之。延明令革作寺碑，革辞，延明将箠之，革厉色曰："江革行年六十，得死为幸，誓不为人执笔！"延明知不可屈，乃止。日给脱粟[2]三升，仅全其生而已。梁主密召夏侯亶还，使休兵合肥，俟淮堰成复进。

西部铁勒降魏。魏广阳王深击拔陵，破之，降其众二十万破六韩拔陵围魏广阳王深于五原，军主贺拔胜出战，贼稍退。深拔军向朔州，胜常为殿。云州[3]刺史费穆招抚离散，四面拒敌。时北境州镇皆没，唯云中一城独存。久之，援军不至，粮、仗俱尽，穆弃城南奔尔朱荣于秀容。于谨言于深曰："今寇盗蜂起，未易专用武力胜也。谨请奉大王之威命，谕以祸福，庶几可离。"许之。谨通诸国语，乃单骑诣叛胡营，见其酋长，开示恩信，于是西部铁勒酋长乜列河等将三万余户诣深降。深欲引兵迎之，谨曰："破六韩拔陵兵势甚盛，闻乜列河等东降，必引兵邀之，若先据险要，未易敌也。不若以乜列河饵之，而伏兵以待之，必可破也。"深从之。拔陵果引兵邀击乜列河，尽俘其众，伏兵发，拔陵大败，复得乜列河之众而还。柔然头兵可汗大破破六韩拔陵，拔陵避柔然，南徙渡河。前后降附者二十万人。深与行台元纂表："乞于恒州北别立郡县，安置降户，随宜赈贷[4]，息其乱心。"不从。诏分处之于冀、定、瀛三州就食。深谓纂曰："此辈复为乞活[5]矣。"

秋，八月，**魏柔玄镇民杜洛周反于上谷，魏遣兵讨之**洛周反，高欢、蔡俊、尉景、段荣、彭乐皆从之。魏以常景为行台，与都督元谭讨之。

冬，十二月，**魏荆、郢群蛮叛，魏讨败之。梁取魏顺阳、马圈**魏方有事西北，二荆、西郢[6]群蛮皆反，寇掠襄城，屯据险要，道路不通。引梁将

1　欹器：古代一种倾斜易覆的盛水器，水少则倾，中则正，满则覆，人君置于座右以为戒。
2　脱粟：粗粮，只脱去谷皮的粗米。
3　云州：古州名，北魏改朔州置，寄治并州界，治今山西省晋中市祁县西。
4　赈贷：救济。
5　乞活：到有粮之地就食求生。
6　西郢：古州名，辖今河南省驻马店市泌阳县一带。

曹义宗等围魏荆州，魏更以临淮王彧讨鲁阳蛮。辛雄为行台左丞，趋叶城[1]。别遣裴衍、王罴自武关出，救荆州。衍等未至，彧军已屯汝上[2]，州郡被蛮寇者争来请救，彧以处分道别[3]，不欲应之。辛雄曰："王秉麾阃外[4]，见可而进，何论别道？"彧恐后有得失之责，邀雄符下[5]。雄遂符彧，令速赴击。群蛮闻之，果散走。雄上疏曰："凡人所以临阵忘身，触白刃而不惮者，一求荣名，二贪重赏，三畏刑罚，四避祸难。非此数者，虽圣主不能使其臣，慈父不能励其子矣。明主深知其情，故赏必行，罚必信，使亲疏、贵贱、勇怯、贤愚闻钟鼓之声，见旌旗之列，莫不奋激[6]，竞赴敌场[7]，岂厌久生而乐速死哉？利害悬于前，欲罢不能耳。自秦、陇逆节，蛮左乱常[8]，已历数年，捍御之师，败多胜少，迹[9]其所由，皆不明赏罚故也。陛下虽降明诏，赏不移时[10]，然将士之勋，历稔[11]不决，亡军之卒，晏然在家，是使节士无所劝慕，庸人无所畏慑[12]。进而击贼，死交而赏赊[13]，退而逃散，身全而无罪，此其所以望敌奔沮[14]，而莫肯尽力者也。陛下诚能号令必信，赏罚必行，则军威必张，盗贼必息矣。"疏奏，不省。曹义宗等取魏顺阳、马圈。

梁邵陵王纶有罪，免官削爵土纶摄南徐州事，肆行[15]非法，遨游[16]市里，

---

1 叶城：古地名，位于今河南省平顶山市叶县南。
2 汝上：汝水之上。
3 处分道别：原来安排的出兵路线不同。处分，调度，指挥。
4 秉麾阃外：统兵在外。秉麾，执持旗帜。阃外，京城或朝廷以外，与朝中、朝廷相对。
5 邀雄符下：请求辛雄给自己下一道尚书行台的符令。
6 奋激：兴奋激昂。
7 敌场：敌阵。
8 秦、陇逆节，蛮左乱常：秦、陇之地叛逆，蛮人作乱。蛮左，蛮夷。
9 迹：追踪，追寻。
10 赏不移时：奖赏将士要及时，不能拖延。
11 历稔：历年。
12 畏慑：畏惧。
13 死交而赏赊：死亡近在眼前而奖赏遥不可及。赊，遥远。
14 奔沮：溃败逃跑。
15 肆行：肆意妄为。
16 遨游：游乐，嬉游。

问卖鲤[1]者曰："刺史何如？"对言："躁虐[2]。"纶怒，令吞鲤而死。百姓惶骇，道路以目。尝逢丧车，夺孝子服而着之，匍匐号叫。签帅以闻，梁主责之，纶不能改。于是遣代[3]。纶乃取一老公短瘦类梁主者，加以衮冕，置之高坐，朝以为君，自陈无罪，就坐剥褫[4]，捶[5]之于庭。梁主恐其奔逸，以禁兵取之。将赐之死，太子统流涕固谏，乃免纶官，削爵土。

魏山胡刘蠡升反。

1　鲤：黄鳝。
2　躁虐：暴躁酷虐。
3　遣代：派人取代了萧纶的官职。
4　剥褫：革除，褫夺。
5　捶：用拳头或棒槌敲打。

卷

三十一

起丙午梁武帝普通七年、魏孝明帝孝昌二年，尽壬子[1]梁武帝中大通四年、魏孝武帝永熙元年凡七年。

丙午（公元 526 年）

梁普通七年。魏孝昌二年。

春，正月，**魏以杨津为北道大都督**初，魏都督、广阳王深通于尚书令、城阳王徽之妃，徽怨之，言于太后。以深心不可测，乃以津为都督，代深。

魏五原降户鲜于修礼反。

二月，**魏西部敕勒斛律洛阳反。三月，尔朱荣讨平之。**

夏，四月，**魏以元顺为太常卿**城阳王徽与黄门侍郎徐纥毁侍中元顺，出为太常卿。顺奉辞[2]，时纥侍侧，顺指之曰："此魏之宰嚭[3]，魏国不亡，此终不死。"纥胁肩[4]而出，顺叱之曰："尔刀笔[5]小才，正堪供几案之用，岂应污辱门下，斁我彝伦[6]？"因振衣而起。太后默然。

魏朔州鲜于阿胡反。

魏都督李琚讨杜洛周，败死。

魏长孙稚讨鲜于修礼，败绩魏以长孙稚为大都督，讨鲜于修礼。行至邺，复以河间王琛代之。稚言："与琛有私隙[7]，难受其节度。"不听。至滹沱，修礼邀击之，琛不救，稚大败。皆坐除名。

五月，**元略自梁归于魏，魏以为侍中**略自至江南，晨夕哭泣，常如居丧。及魏元乂死，胡太后遣江革、祖暅之南还以求略，梁主礼遣之。太后拜略

1　壬子：即公元 532 年。
2　奉辞：行告别之礼。
3　宰嚭：本名伯嚭，系春秋时楚伯州犁之孙，楚诛伯州犁，伯嚭奔吴，吴以为大夫，后任太宰，因善逢迎，深得吴王夫差宠信。吴破越后，他受越贿赂，屡进谗言，潜杀伍子胥。吴亡后，降越为臣。
4　胁肩：耸起肩膀，故示敬畏。
5　刀笔：办理公文的小官吏。
6　斁我彝伦：败坏我们的伦常。斁，败坏。彝伦，常理，伦常。
7　私隙：私人的嫌隙。

侍中，赐爵东平王，迁尚书令，委任之。然徐、郑用事，略亦不敢违也。

魏复以广阳王深为北道大都督魏复以深为大都督，讨鲜于修礼。章武王融、裴衍为左、右都督，并受节度。城阳王徽复谮其有异志，后敕融、衍潜为之备。深惧，事无小大，不敢自决。后使问其故，对曰："徽衔臣次骨[1]，朝夕欲陷臣于不测之诛，臣何以自安？陛下若使徽出临外州，臣无内顾之忧，庶可以毕命[2]贼庭，展其忠力[3]。"太后不听。徽与郑俨等更相阿党，外似柔谨[4]，内实忌克，赏罚任情，魏政愈乱。

秋，七月，魏行台常景败杜洛周于范阳。

鲜于阿胡陷魏平城。

八月，贼帅[5]元洪业杀鲜于修礼，降魏。其党葛荣复杀洪业而自立。

魏安北将军尔朱荣执肆州刺史，而以尔朱羽生代之魏以荣为安北将军，都督恒、朔二州军事。荣过肆州，刺史尉庆宾忌之，不出。荣怒，袭执之，署[6]其从叔羽生为刺史，魏朝不能制。初，贺拔允及弟胜、岳在恒州，平城陷，岳奔荣，胜奔肆州。至是，荣得胜，大喜，曰："得卿兄弟，天下不足平也。"以为别将，军中大事，多与之谋。

葛荣袭杀魏都督章武王融、广阳王深葛荣既得杜洛周之众，北趋瀛州，魏广阳王深引兵蹑之。荣轻骑掩击章武王融，杀之，自称天子。深闻融败，不进。侍中元晏宣言[7]于太后曰："广阳王盘桓不进，坐图非望。有于谨者，智略过人，为其谋主。风尘之际，恐非陛下之纯臣也。"太后诏牓[8]省门，募能获谨者，有重赏。谨闻之，谓深曰："今女主临朝，信用谗佞[9]，苟不明白殿下

1　衔臣次骨：恨我入骨髓。衔，怀恨在心。次骨，入骨，形容程度极深。
2　毕命：绝命，丧生。
3　忠力：忠诚与力量。
4　柔谨：温和恭谨。
5　贼帅：盗贼的头领，亦指叛军首领。
6　署：布置，安排。
7　宣言：发表言论，表达意见。
8　诏牓：皇帝颁布的文告。牓，通"榜"。
9　谗佞：花言巧语地说第三者的坏话。佞，谄媚。

素心，恐祸至无日。谨请束身归罪。"遂诣膀下，有司以闻。太后引见，大怒。谨备论深忠款，兼陈停军之状。太后意解，舍之。深引军还，趋定州。刺史杨津亦疑深有异志，遣都督毛谥讨深。深间行至博陵，逢葛荣游骑，劫以诣荣。贼徒见深，颇有喜者，荣恶而杀之。城阳王徽遂诬深降贼，录[1]其妻子。深府佐宋游道为之诉理，乃得释。

就得兴陷魏平州。

莫折念生降魏，既而复反。破六韩拔陵诱胡琛杀之天水民吕伯度，本莫折念生之党也，亡归胡琛。琛资以士马，使击念生，屡破其军。乃复版琛，东引魏军。念生窘迫，乞降。萧宝寅使左丞崔士和据秦州。大都督元修义停军不进，念生复反，执士和杀之。久之，伯度亦为万俟丑奴所杀。贼势益盛，宝寅不能制。琛与念生交通，事破六韩拔陵浸慢。拔陵诱琛斩之，丑奴尽并其众。

冬，十一月，梁侵魏，取寿阳梁主乘淮堰水盛，遣豫州刺史夏侯亶等侵魏。魏扬州刺史李宪以寿阳降，梁陈庆之入据其城。凡降城五十二，获男女七万五千。复以寿阳为豫州，改合肥为南豫州，以夏侯亶为二州刺史。寿阳久罹兵革，民多流散，亶轻刑薄赋，务农省役，顷之，民户充复[2]。

胡氏曰：梁武三筑淮堰，至是十年，死者盖数十万人，然后能取寿阳，才得七万五千口。是十年劳费，以三、四人而易一人，其愚拙[3]不亦甚哉！兴师动众，不得已而至于杀者，惟诛乱臣、讨贼子为可。以所治之事，所存之理，有大于杀也。若夫贪愤[4]之兵，得已不已，而视人如草芥者，虽得之，必失之。故国君惟好仁，则天下无敌。梁主欲以此道而规[5]河南，不亦左[6]乎？

魏幽州民执行台常景叛，降杜洛周魏盗贼日滋，征讨不息，国用耗竭，

1　录：逮捕。
2　充复：恢复充满。
3　愚拙：愚笨。
4　贪愤：贪婪愤怒。
5　规：谋求，谋划。
6　左：错，不对头。

豫[1]征六年租调，犹不足，乃罢百官酒肉，税入市者人一钱，百姓嗟怨。吏部郎中辛雄上疏曰："夷夏之民，相聚为乱，岂有余憾哉？正以守、令不得其人，百姓不堪其命故也。宜及此时，早加慰抚。但郡县选举由来共轻[2]，贵游俊才，莫肯居此。宜改其弊，妙尽才望，不拘停年[3]。三载黜陟，称职者补在京名官[4]。不历守、令，不得为内职。则人思自勉，枉屈可申，强暴息矣。"不听。

丁未（公元527年）

梁大通元年。魏孝昌三年。

春，正月，葛荣陷魏殷州[5]，刺史崔楷死之。荣遂围冀州魏分定、相四郡置殷州，以崔楷为刺史。楷表乞兵粮，不得。或劝楷单骑之官，楷曰："吾闻食人之禄者忧人之忧，吾独往，将士谁肯固志哉？"遂举家之官。葛荣逼城，或劝减弱小避之，楷遣幼子及一女夜出。既而悔之，曰："人谓吾心不固，亏忠而全爱也。"遂追还。贼至，将士争奋，皆曰："崔公尚不惜百口，吾属何爱一身！"连战不息，死者相枕，终无叛志。城陷，楷执节不屈，荣杀之。遂围冀州。

魏萧宝寅讨莫折念生，败绩。魏以杨椿为行台宝寅出兵累年，将士疲弊，至是大败于泾州。汧城、岐州，皆降于贼。豳州刺史毕祖晖战没，关中大扰。雍州刺史杨椿募民拒守。诏以椿为行台，节度关西诸将。右民郎[6]路思令上疏曰："比年将帅多宠贵子孙，轩眉扼腕[7]，以攻战自许。及临大敌，锐气顿尽。乃令羸弱居前以当寇，强壮在后以卫身。器械不精，进止无节，以当负

1 豫：提前。
2 共轻：都不重视。
3 妙尽才望，不拘停年：才能和门望两个方面同时都具备，不拘泥于年资的长短。
4 在京名官：京城中的知名官员。
5 殷州：古州名，辖今河北省隆尧、内丘、临城、柏乡、高邑、宁晋、赵县、元氏、赞皇、栾城等市县地。
6 右民郎：古官名，亦称"右民郎中"，为尚书省右民曹长官通称，掌户籍及工官事务。
7 轩眉扼腕：轩眉，将眉毛抬起。扼腕，用一只手握住另一只手腕，表示振奋、惋惜、愤慨等情绪。

险[1]之众，敌数战之虏，欲不败，可得乎？是以兵知必败，始集而先逃；将帅畏敌，迁延而不进。国家谓官赏尚轻，屡加宠赉[2]。帑藏空竭，民财殚尽，遂使贼徒益甚，生民雕弊，凡以此也。夫德可感义夫[3]，恩可劝死士。今若明赏罚，练士卒，修器械，先遣辨士[4]晓以祸福。如其不悛，以顺讨逆，何异励萧斧而伐朝菌，鼓洪炉而燎毛发[5]哉？"弗听。

魏主戒严北讨，不果行。

莫折天生寇雍州，败死，众溃天生寇雍州，萧宝寅部将羊侃隐身堑中，射杀之，其众遂溃。

梁侵魏，围东豫州及琅邪，克三关。

魏以房景伯为东清河[6]太守魏东清河郡山贼群起，诏以房景伯为太守。郡民刘简虎尝无礼于景伯，举家亡去。景伯擒之，署其子为掾，令谕山贼。贼以景伯不念旧恶，相率出降。景伯母崔氏，通经，有明识[7]。贝丘妇人列其子不孝，景伯白其母，母曰："民未知礼义，何足深责？"乃召其母，与之对榻共食，使其子侍立堂下，观景伯供食。未旬日，悔过求还。崔氏曰："此虽面惭，其心未也。且置之。"凡二十余日，其子叩头流血，母涕泣乞还，然后听之，卒以孝闻。

胡氏曰：民固多愚，然其良心终不忘也。为人上者，不知教化可以善民，而专尚刑法。见其不服也，则谓民顽，愈益治之，民愈扦格[8]，甚者视如寇仇焉。崔母一妇人，而知教化之原，不系词令，而在于躬率[9]；教化之效，不取革

1　负险：占据险峻的地形。
2　宠赉：帝王的赏赐。
3　义夫：讲义气的人。
4　辨士：能言善辩之士，游说之士。辨，通"辩"。
5　励萧斧而伐朝菌，鼓洪炉而燎毛发：磨利斧钺去砍朝生暮死的朝菌，煽大火炉燎小小的毛发。萧斧，古代兵器名，斧钺。萧，通"肃"。朝菌，某些朝生暮死的菌类植物，借喻极短的生命。
6　东清河：古郡名，辖今山东省淄博市淄川、博山等区。
7　明识：高明的见识。
8　扦格：抵触，格格不入。
9　躬率：亲身带头实行。

面，而在于心改。旬月之间，变顽悖为孝子，孰谓民果顽哉？为人上而观此，亦可省己而修德矣。

二月，莫折念生据潼关。

梁攻彭城，魏人击却之。

三月，魏主戒严西讨，不果行。

梁主舍身[1]于同泰寺。

夏，四月，魏复以萧宝寅为西讨大都督宝寅之败也，免为庶人。至是，杨椿有疾求解，复以宝寅代之。椿子昱将适[2]洛阳，椿谓之曰："当今雍州无逾宝寅者，但其上佐，朝廷应遣心膂重人，何得任其牒用[3]？且宝寅不藉刺史为荣，吾观其得州，喜甚，至于赏罚云为[4]，不依常宪[5]，恐有异心。汝当以此意启二圣，并白宰辅，更遣长史、司马、防城都督[6]，欲安关中，正须三人耳。不然，必成深忧。"昱如言启闻，不听。

秋，七月，魏陈郡乱，讨平之魏陈郡民刘获、郑辩反于西华[7]，与梁谯州[8]刺史湛僧智通谋。魏以曹世表为东南道行台以讨之。诸将以贼强，不敢战。世表方病，舆出[9]，呼统军是云宝，谓曰："湛僧智敢深入者，以获、辩州民之望[10]，为之内应也。闻获引兵迎僧智，去此八十里。今出其不意，一战可破。获破，僧智自走矣。"乃选士马付宝击获等，大破，杀之。僧智闻之，遁还。

魏乐安王鉴以邺叛，降葛荣。

魏李神轨杀高谦之初，魏侍御史高道穆奉使相州，按[11]前刺史李世哲奢

1　舍身：佛教徒为宣扬佛法，或为布施寺院，自作苦行。
2　适：往，到。
3　牒用：正式任用。
4　云为：言论行为。
5　常宪：常法。
6　防城都督：古官名，专城防重任。初设时，地位在长史、司马之下，不久即跃居其上。
7　西华：古县名，治所位于今河南省周口市西华县南。
8　谯州：古州名，辖今安徽省滁州、全椒、来安及江苏省盱眙等地。
9　舆出：坐车出来。
10　望：有名的人。
11　按：考察。

纵不法。至是，世哲弟神轨用事，道穆兄谦之家奴诉良[1]，神轨收谦之，系廷尉。会赦，将出，神轨启太后，先赐谦之死，朝士哀之。

梁将彭群围魏琅邪，败死。

八月，魏大都督源子邕拔邺城，诛元鉴。

九月，秦州人杀莫折念生，以州降魏。

冬，十月，梁将湛僧智、夏侯夔围魏广陵，克之湛僧智围魏东豫州刺史元庆和于广陵，魏将军元显伯救之。梁司州刺史夏侯夔引兵助僧智，庆和举城降。夔以让僧智，僧智曰：“庆和欲降公，僧智今往，必乖其意。且僧智所将应募[2]乌合之人，不可御以法。公持军素严，必无侵暴，受降纳附，深得其宜。”夔乃登城，拔魏帜，建梁帜。庆和束兵[3]而出，吏民安堵。显伯宵遁，梁军追之，斩、获万计。梁主以僧智镇广陵，夔屯安阳，遣别将屠楚城[4]。由是义阳通道，遂与魏绝。

司马公曰：僧智忘其积时攻战之劳，以授一朝新至之将，知己之短，不掩人之长，功成不取，以济国事，忠且无私，可谓君子矣。

梁将陈庆之攻魏涡阳，克之梁领军曹仲宗、直阁陈庆之攻魏涡阳，寻阳太守韦放将兵会之。魏兵奄至，放营未立，麾下才二百人。放免胄下马，据胡床处分。士皆殊死战，莫不一当百，魏兵遂退。放，睿之子也。魏又遣将军元昭等率众五万救涡阳，前军未至四十里，庆之欲逆战，放曰：“前锋必轻锐，不如勿击，待其来至。”庆之曰：“魏兵远来疲倦，去我尚远，必不见疑，宜及其未集，挫之。”乃率麾下进击，破之。还，与诸将连营而进，背涡阳城，与魏军相持。自春至冬，数十百战，将士疲弊。闻魏欲筑垒于军后，曹仲宗等恐，议引还，庆之杖节军门，曰：“吾闻置兵死地，乃可求生。须虏大合，然

1　诉良：投诉高谦之强迫良民为奴婢。
2　应募：接受招募。
3　束兵：收起兵器。
4　楚城：古地名，即楚王城，位于今河南省信阳市信阳县北偏西。

后与战。审¹欲班师，庆之别有密敕²，犯者行之！"乃止。魏作十三城，欲以控制梁军。庆之衔枚夜出，陷四城。涡阳城主王纬乞降。韦放简遣³降者三十余人，分报魏诸营。陈庆之陈其俘馘⁴，鼓噪随之。九城皆溃，追击之，俘、斩略尽，尸咽涡水⁵。

魏萧宝寅杀关右大使⁶郦道元，举兵反。魏遣行台长孙稚讨之萧宝寅之败于泾也，或劝之归罪洛阳，或曰："不若留关中，立功自效。"宝寅自念出师累年，糜费不赀⁷，一旦覆败，内不自安，魏朝亦疑之。中尉郦道元性严猛⁸，汝南王悦嬖人弄权，道元杀之，并劾悦。时宝寅反状已露，悦乃奏以道元为关右大使。宝寅闻之，谓为取己⁹，甚惧。长安轻薄子弟复劝使举兵，宝寅以问河东柳楷，楷曰："谣言：'鸾生十子九子鷇¹⁰，一子不鷇关中乱。'乱，治也。大王当治关中，何所疑？"宝寅遂遣将攻杀道元。行台郎中苏湛以病卧家，宝寅令其姨弟姜俭说之，曰："道元之来，事不可测，吾不能坐受死亡，不复作魏臣矣。生死荣辱，与卿共之。"湛入哭曰："王本以穷鸟投人，朝廷假王羽翼，以至于此。属国步多虞¹¹，不能竭忠报德，乃欲乘人间隙，守关问鼎¹²。魏德虽衰，天命未改。湛不能以百口为王族灭，愿赐骸骨归乡里，庶得病死，下见先人。"宝寅素重湛，且知其不为己用，听还武功。遂自称齐帝，改元，置百官。长史毛遐与弟鸿宾率氐、羌起兵拒之。魏以长孙稚为行台讨宝寅。正平¹³

1　审：确实。
2　密敕：密旨。
3　简遣：挑选出并派遣。
4　俘馘：生俘的敌人和被杀敌人的左耳。
5　尸咽涡水：尸体把涡河水都堵住了。涡水，古水名，位于今安徽省亳州市东，即今淮水支流涡河。
6　大使：古官名，代表帝王的特派使臣。
7　不赀：无从计量，表示多或贵重。
8　严猛：严厉。
9　取己：收拾自己，整自己。
10　鸾生十子九子鷇：鸾生十卵九个孵不出。鸾，鸟名，凤凰的一种，雄性的长生鸟。鷇，孵不出鸟的卵。
11　属国步多虞：属，是。国步，国家的命运。步，时运。多虞，多忧患，多灾难。
12　问鼎：图谋夺取政权。
13　正平：古郡名，辖今山西省闻喜、曲沃、新绛县地。

民薛凤贤、薛修义亦聚众河东，据盐池，围蒲阪，东西连结，以应宝寅。诏都督宗正珍孙讨之。

胡氏曰：宝寅奔魏之心，本欲假其兵力，为本国复仇，似也。则宜不离淮、汉之北，伺间南伐，死而后已。若夫成功，则天也。冀、雍二州，岂梁所在邪？而为之刺史，虽曰不利[1]，人不信矣。以义始，以利终，不至于作乱受戮，则无能靖[2]之道。此小人之本末也。

十一月，梁以萧渊藻为北讨都督，镇涡阳。

葛荣陷魏冀州，杀都督源子邕、裴衍，遂寇相州，不克葛荣围信都，自春至冬，冀州刺史元孚帅励[3]将士，昼夜拒守。粮储既竭，外无救援，城陷，与兄祐俱执。荣大集将士，议其生死。孚兄弟争相为死，都督潘绍等数百人皆叩头请死，以活使君。荣曰："此皆魏之忠臣义士也。"皆免之。魏命源子邕讨荣，裴衍表请同行，许之。子邕言："衍行，臣请留；臣行，请留衍。若必同行，败在旦夕。"不许。行至漳水，荣击之，果败，俱死。相州闻冀州陷，人不自保，刺史李神志气自若，抚勉将士，大小致力。荣尽锐攻之，卒不能克也。

戊申（公元 528 年）

梁大通二年。魏孝昌四年，敬宗孝庄帝子攸永安元年。

春，正月，杜洛周陷魏定州，执行台杨津，遂陷瀛州魏复以杨津为北道行台，守定州，居鲜于修礼、杜洛周之间，迭[4]来攻围。津蓄薪粮[5]，治器械，随机拒击。使人潜说贼党，贼党有应津者，遗津书曰："所以围城，正为

---

1 不利：没有好处。
2 能靖：能够安定。靖，安定，平安。
3 帅励：同"率厉"，率领督促。
4 迭：轮流，屡次。
5 薪粮：柴草粮食。

取北人¹耳,宜尽杀之,不然,必为患。"津悉收北人,内子城²中而不杀,众感其仁。及葛荣统众,使人说津。津斩其使,固守三年。洛周围之,魏不能救。长史李裔引贼入,执津。瀛州刺史元宁以城降贼。

魏大赦魏潘嫔生女,胡太后诈言皇子,大赦,改元。

魏长孙稚讨萧宝寅,败之。宝寅奔万俟丑奴宝寅围冯翊,长孙稚军至恒农³。左丞杨侃谓稚曰:"潼关险要,守御⁴已固,不如北取蒲阪,渡河而西,入其腹心,置兵死地,则华州之围不战自解。潼关之守,必内顾而走。支节⁵既解,长安可坐取也。"稚曰:"子之计则善矣。然今薛修义围河东,薛凤贤据安邑,宗正珍孙守虞坂⁶不得进,如何可往?"侃曰:"珍孙行阵一夫⁷,可为人使,安能使人?河东治蒲阪,西逼河,封疆多在郡东。修义驱民西围郡城,其家皆留旧村,一旦闻官兵至,皆有内顾之心,必望风自溃矣。"稚乃使其子彦与侃率兵北渡,据石锥壁⁸,乃命送降名者⁹各还村,俟台军举三烽¹⁰,当亦举烽相应。无应烽者,乃贼党也,当进击屠之,以所获赏军。于是村民转相告语,虽实未降者,亦诈举烽。一宿之间,火光遍数百里。贼围城者不测,各散归。修义、凤贤俱请降,稚遂克潼关。会有诏废盐池税,稚上表曰:"臣前违严旨¹¹,径解河东,非缓长安而急蒲阪,诚以一失盐池,则三军乏食也。略论盐税,一年准¹²绢三十万匹。昔高祖升平之年,犹创盐官,加典护¹³,非与物竞利,恐由利乱俗也。况今国用不足,征六年之粟,折来岁之资,此皆夺人私财,事

1　北人:泛称北方之人。
2　子城:大城所属的小城,即内城及附郭的瓮城或月城。
3　恒农:古县名,治所位于今河南省三门峡市辖灵宝市北。
4　守御:防御,防守。
5　支节:四肢。
6　虞坂:古地名,亦名虞阪、颠陵阪,位于今山西省运城市平陆县北。
7　一夫:独夫,指众叛亲离的人,暴君。
8　石锥壁:古地名,位于今山西省永济市虞乡镇东中条山支峰石锥山上。
9　送降名者:送来投降者名单的人。
10　烽:古时边防报警的烟火。
11　严旨:圣旨。
12　准:折充,抵充。
13　典护:监领,督察。

不获已。岂若宝[1]天产之货，而均赡[2]以理乎？臣已辄符[3]所部，依常收税。"萧宝寅将侯终德因其败袭宝寅，宝寅奔万俟丑奴。

葛荣杀杜洛周，并其众。

魏太后胡氏进毒弑其主诩，而立临洮王世子钊太后再临朝以来，嬖幸用事，政事纵弛，盗贼蜂起，封疆日蹙。魏主年浸长，太后自以所为不谨，凡魏主所爱信者，辄以事去之，务为壅蔽，不使知外事，由是母子之间嫌隙日深。是时，车骑将军、六州大都督尔朱荣兵强，刘贵、段荣、尉景、蔡俊皆归之。贵屡荐高欢于荣，荣见其憔悴，未之奇也。厩有悍马，命欢剪之。欢不加羁绊[4]而剪之，竟不蹄啮[5]。起，谓荣曰："御恶人亦由是矣。"荣奇其言，坐之床下，屏左右，访以时事。欢曰："闻公有马十二谷，色别为群，畜此竟何用也？"荣曰："但言尔意。"欢曰："今天子暗弱，太后淫乱，嬖孽[6]擅命，朝政不行。以明公雄武，乘时奋发，讨郑俨、徐纥之罪，以清帝侧，霸业可举鞭而成，此贺六浑[7]之意也。"荣大悦，自是每参军谋。

胡氏曰：魏之中叶[8]，以门地取士。及其衰也，以停年用人。于是英雄散逸，才智不用，思有以振而发之，而天下始多故矣。向使魏朝收而用之，二百年之基业岂易倾乎？

并州刺史元天穆与荣善，荣兄事之。常与天穆及贺拔岳密谋举兵入洛，内诛嬖幸，外清群盗，二人皆劝成之。表请不听，遂举兵塞井陉。魏主亦恶俨、纥等，逼于太后，不能去，密诏荣举兵内向，欲以胁太后。荣以高欢为前锋，至上党，魏主复以私诏止之。俨、纥恐祸及己，阴与太后谋，酖魏主，杀之，

---

1 宝：珍爱，珍视。
2 均赡：平衡供给。
3 符：向下属发出命令。
4 羁绊：羁，马笼头。绊，驾车时套在牲口后部的皮带。
5 蹄啮：马用蹄踢和用嘴咬。
6 嬖孽：受君主宠爱的小人，指庶妾、宦官等。
7 贺六浑：高欢的小字。
8 中叶：中期，中世。

伪立皇子为帝。既而下诏曰："潘嫔所生，实皇女也。临洮世子钊，高祖之孙，可立。"遂迎钊即位，生三年矣。太后欲久专政，故立之。尔朱荣闻之，大怒，谓元天穆曰："吾欲赴哀[1]山陵，剪诛奸佞，更立长君，何如？"天穆曰："如此，则伊、霍复见于今矣。"乃抗表曰："大行皇帝背弃万方，海内咸称酖毒致祸。又立皇女，虚行赦宥，上欺天地，下惑朝野。已乃[2]选君于孩提之中，实使奸竖[3]专朝，蠹乱纲纪。今群盗沸腾，邻敌窥窬，而欲以未言之儿，镇安天下，不亦难乎？愿听臣赴阙，参预大议，问侍臣帝崩之由，访禁卫不知之状，以徐、郑之徒付之司败，雪同天之耻，谢远近之怨。然后更择宗亲，以承宝祚[4]。"

胡氏曰：魏氏之乱，始于世宗奉佛，政事不修。重以肃宗幼弱，胡后称制，秽德彰闻[5]。元澄、雍、怿，才薄力弱；刘腾、元乂，擅权黩货[6]，以召六镇之兵。虽然，其间非无忠谋至计、排难解纷者，而朝廷忽焉。如元匡、崔光、袁翻、李崇、张普惠、薛淑、元孚、元深、元顺、元纂、辛雄、路思令、杨椿、源子邕之言，皆不听也。然则非尔朱荣、高欢能为魏毒也，魏自亡尔。

三月，葛荣陷魏沧州[7]。

魏尔朱荣举兵晋阳。夏，四月，至河阳。立长乐王子攸，而沉太后胡氏及幼主钊于河，杀王公以下二千人。自为都督中外诸军事，封太原工，遂入洛阳尔朱荣与元天穆议，以彭城武宣王有忠勋，其子长乐王子攸素有令望，欲立之。遣从子天光告之，子攸许之。荣以铜为显祖诸子孙各铸像，唯子攸像成。荣乃起兵，发晋阳。灵太后闻之，惧，悉召王公等入议，宗室大臣疾太后所为，皆莫肯言。太后乃用徐纥计，遣李神轨率众拒之，别将郑

1　赴哀：奔丧。
2　已乃：旋即，不久。
3　奸竖：奸诈的小人。
4　宝祚：帝位，国运。
5　秽德彰闻：秽德，秽恶之行，淫乱的行为。彰闻，广为传闻。
6　黩货：贪财，贪污受贿。
7　沧州：古州名，辖今天津市海河以南，静海县及河北省青县、泊头市以东，东光及山东省宁津、乐陵、无棣以北地区。

先护、郑季明守河桥。四月，子攸潜自高渚[1]渡河，会荣于河阳。济河，即位，以荣为都督中外诸军事，封太原王。先护、季明开城纳之，将军费穆亦降。徐纥、郑俨皆亡走，太后落发出家。荣召百官，奉玺绶，备法驾，迎于河桥。遣骑执太后及幼主，至河阴，沉之河。费穆密说荣曰："公士马不出万人，长驱向洛，以京师之众，兼百官之盛，知公虚实，有轻侮心。若不大行诛罚，更树亲党，恐公还北之日，未渡太行而内变作矣。"荣心然之，谓所亲慕容绍宗曰："洛中人士，终难制驭[2]，欲悉诛之，何如？"绍宗曰："明公兴义兵以清朝廷，今乃无故歼夷[3]多士，失天下望，非长策也。"荣不听。至陶渚[4]，引百官集于行宫西北，列胡骑围之，责以天下丧乱，肃宗暴崩，朝臣贪虐，不能匡弼之罪，因纵兵杀之，自丞相高阳王雍、司空元钦、仪同三司元略以下，死者二千余人。

胡氏曰：胡后，魏之罪人，荣之沉之，当矣。幼主何罪，而并杀之邪？魏之诸臣亦信有罪矣，然非可尽责也。荣能诛其奸慝，而擢其贤才，则五伯之功立矣。乃恃其威力，肆行诛杀，其不仁亦甚哉！虽然，仕于昏乱之朝、怀宠耽利[5]者，亦可以少戒哉！

荣乃令其军士言："元氏既灭，尔朱氏兴。"皆称："万岁！"荣又遣数十人拔刀向行宫，杀魏主之兄无上王劭、弟始平王子正，迁魏主于河桥，置之幕下[6]。魏主忧愤，使人谕荣曰："帝王迭兴，盛衰无常。今四方瓦解，将军奋袂而起[7]，所向无前，此天意，非人力也，宜以此时早正尊号。若欲存魏社稷，亦当更择亲贤而辅之。"时高欢劝荣称帝，左右多同之。贺拔岳进曰："将军首

1 高渚：古黄河渡口名，位于今河南省洛阳市孟津县西。
2 制驭：控制驾驭。
3 歼夷：诛灭。
4 陶渚：古水名，即今陶河，河南省焦作市辖孟州市南一段古黄河的别称。
5 耽利：好利。耽，嗜，喜好。
6 幕下：帐幕之下。
7 奋袂而起：袖子一挥站起来，形容奋然而起。奋袂，挥袖。

举义兵，志除奸逆，大勋未立，遽有此谋，正可速祸，未见其福。"荣乃自铸
金为像，凡四铸不成。命参军刘灵助卜之，亦曰未可。荣亦精神恍惚，不自
支持，久而方寤，深自悔曰："唯当以死谢朝廷。"岳请杀欢以谢天下，左右
以四方多事，须藉武将，请舍之，乃止。荣夜复迎魏主还营，叩头请死。荣所
从胡骑，杀朝士既多，不敢入洛，荣乃议欲迁都，其将泛礼固谏。乃奉魏主入
城，大赦。时百官荡尽，唯散骑常侍山伟一人拜赦。洛中士民逃窜，直卫空虚，
官守旷废[1]，荣乃遣使巡城劳问，于是朝士稍出，人心粗安。封劭之子韶为彭
城王。荣犹执迁都议，都官尚书元谌争之，荣怒曰："河阴之役，君应知之。"
谌曰："天下事，当与天下论之，奈何以河阴之酷恐元谌乎？谌，国之宗室，
位居常伯，正使今日碎首流肠，亦无所惧！"荣大怒，欲抵谌罪，谌颜色自
若，乃舍之。后数日，荣与魏主登高，见宫阙壮丽，列树成行，乃叹曰："元
尚书之言，不可夺也。"由是罢议。荣因入见，重谢河桥之事，誓言无复二心，
魏主亦为荣誓言无疑心。荣喜，求酒饮之，熟寐[2]，魏主欲诛之，左右不可，乃
止。荣夜半方寤，自是不复宿禁中矣。荣举止轻脱，喜驰射，性严暴，喜愠无
恒，左右恒有死忧[3]。

　　魏徐纥奔泰山，郑俨伏诛 俨与从兄荥阳太守仲明谋据郡起兵，为部下
所杀。

　　魏汝南王悦、临淮王彧、北海王颢出奔梁。

　　魏郢、青、南荆州[4]皆叛，附于梁。

　　五月，魏立肃宗[5]嫔尔朱氏为后 荣女先为肃宗嫔，荣欲魏主纳以为后。
魏主疑之，黄门侍郎祖莹曰："昔文公在秦，怀嬴入侍[6]。事有反经合义[7]，陛下

1　官守旷废：官守，官位职守。旷废，耽误，荒废。
2　熟寐：熟睡。
3　恒有死忧：总是担心会被杀头。恒，一直。
4　南荆州：古州名，辖今湖北省枣阳市及河南省唐河县地。
5　肃宗：即北魏孝明帝元诩。
6　文公在秦，怀嬴入侍：从前晋文公在秦国避难的时候，弟媳怀嬴就侍候了他。
7　反经合义：虽违背常道，但仍合于义理。

独何疑焉？"遂从之，荣甚悦。

　　胡氏曰：反经合道，先儒释经之言，而道之蠹也。反，犹背也。经，即常也。既已背常，能合道乎？此言既行，世之违犯正理者，辄以自解，其贼道多矣。或曰：如舜不告[1]，禹传子，汤放桀，武王诛纣，周公杀管叔，仲尼出妻[2]，若此者非反经乎？曰：此圣人处事之变，是谓之权。权者，犹衡之石[3]焉，进退前却，与所悬之物轻重适等。故虽权也，而轻者不使之重，重者不使之轻，乃所以为经[4]也。故权者，道之中处[5]也。济[6]经而有权，则道之用不穷，非圣人不能与，岂变诈乱伦之谓哉？祖莹之言，违道甚矣。晋文之失，又可效焉？正家者，治国之本；初政[7]者，治乱之源。魏子攸惑于邪说而不能辨，惕[8]于强臣而不能正，早坠厥命，于是乎在矣。

　　尔朱荣还晋阳，以元天穆为侍中、录尚书事兼领军将军荣令元天穆入洛阳，朝廷要官，悉用其腹心为之。

　　魏主听讼于华林园诏："孝昌[9]以来，凡有冤抑[10]无诉者，悉集华林东门，亲理之。"

　　魏诏听民入粟时承丧乱之后，仓廪虚竭，始诏："入粟八千石者，赐爵散侯[11]。五百石者，赐出身[12]。"

　　梁遣将军曹义宗围魏荆州义宗围魏荆州，堰水灌城，不没者数板。时魏方多难，不能救。城中粮尽，刺史王罴煮粥与将士均食。每出战，不擐[13]甲

1　舜不告：舜没有告知父母就娶妻子。
2　出妻：休妻。
3　衡之石：泛指称重量的器物。衡，秤。石，古代重量单位，一百二十斤为一石。
4　经：常道。
5　中处：适中的处所。
6　济：成就，弥补。
7　初政：起初的政见政令。
8　惕：害怕。
9　孝昌：北魏孝明帝元诩的第三个年号，存续时间为公元525至528年。
10　冤抑：冤屈，冤枉。
11　散侯：古代无职守或封邑的侯爵。
12　出身：做官的资格。
13　擐：穿。

胄，仰天大呼曰："州城，孝文皇帝所置，天若不佑国家，令箭中王罴额。不尔，王罴必当破贼。"弥历[1]三年，前后搏战甚众，亦不被伤。

六月，**元彧自梁归于魏**彧闻魏主定位[2]，求还。梁主惜其才而不能违，遣之。

魏免其侍郎高乾、高昂官魏高乾与弟敖曹、季式皆喜轻侠，与魏主有旧。尔朱荣之向洛也，逃奔齐州。闻河阴之乱，遂集流民，起兵于河、济之间，频破州军。至是乃降，魏主以乾及敖曹皆为侍郎。尔朱荣以乾兄弟前为叛乱，不应复居近要[3]，魏主乃听解官归。敖曹复抄掠，荣诱执之。敖曹名昂，以字行。

魏河间邢杲反。

万俟丑奴称帝。

秋，八月，魏泰山太守羊侃据郡降梁侃以其祖规尝仕宋，常有南归之志。徐纥依之，劝侃起兵，遣使降梁。

九月，葛荣围魏相州，尔朱荣讨，擒之，冀、定、沧、瀛、殷皆平葛荣引兵围邺，众号百万。尔朱荣率精骑七千，马皆有副[4]，倍道兼行，东出滏口，以侯景为前驱。葛荣曰："此易与耳。"自邺以北，列阵数十里，箕张[5]而进。尔朱荣潜军山谷为奇兵，分督将以上三人为一处，处有数百骑，扬尘鼓噪，使贼不测多少。又以人马逼逐[6]，刀不如棒，勒军士各置袖棒一枚，置马侧。至战时，虑废腾逐，不听斩级，以棒棒之而已[7]。分命壮勇，所向冲突号令严明，战士同奋。身自陷阵，出于贼后，表里合击，大破之，擒葛荣，余众悉降。纵其所之，群情大喜，数十万众，一朝尽散。待出百里之外，乃始分道押

1　弥历：久经，经历。
2　定位：确定帝位。
3　近要：接近皇帝的重要官职或官员。
4　有副：有备用的马匹。
5　箕张：两旁伸张开去，如簸箕之形。
6　逼逐：驱逐。
7　虑废腾逐，不听斩级，以棒棒之而已：担心斩首会影响骑兵追逐，便不用首级计功，只用棒子打而已。

领¹，随便²安置。擢其渠帅，量才授任。槛车送葛荣赴洛，斩之。五州皆平。初，宇文肱从鲜于修礼战死，其子泰从葛荣。至是，尔朱荣爱其才能，以为统军。

魏尔朱荣自为大丞相。

冬，十月，梁立元颢为魏王，遣将军陈庆之将兵纳之。

魏遣将军费穆救荆州，获曹义宗。

十一月，魏复取泰山郡，羊侃、徐纥奔梁魏遣兵击羊侃于瑕丘。徐纥说侃乞师于梁，侃信之，纥遂奔梁。魏围益急，南军不进。侃亦溃围奔梁，魏复取泰山。

胡氏曰：弑君，天下之大恶，人人之所同恶，人人之所得杀也。徐纥亲弑其君，为梁计者，声言其罪，肆诸市朝³，则君臣之义明，近者畏而远人悦矣。乃受而容之，是教人为弑逆而无所惧也。他日困于叛臣，卒饿而死，其祸有自来矣。

十二月，魏幽州韩楼反葛荣余党韩楼复据幽州反，北边被其患。尔朱荣以贺拔胜镇中山，楼畏胜，不敢南出。

己酉（公元 529 年）

梁中大通元年。魏永安二年。

春，正月，魏主追尊其父勰为皇帝魏主尊彭城武宣王为文穆皇帝，庙号肃祖。将迁神主于太庙，而以高祖为伯考⁴。临淮王彧谏曰："汉光武于元帝属疏服绝⁵，犹身奉子道，入继大宗，别祀南顿君于春陵。况肃祖于高祖，亲北面为臣乎？二后皆将配享⁶，此为君臣并筵，嫂叔同室，臣切以为不可。"不听。

1　押领：押送，率领。
2　随便：随其所宜。
3　肆诸市朝：把处死的罪犯尸体示众，大夫示众于朝廷，士示众于市集，以此表示明刑正法。
4　伯考：对已故伯父的称呼。
5　服绝：亲属关系在五服之外。
6　二后皆将配享：两位先王都要合祭。二后，指魏主之父元勰和伯父孝明帝元诩。

请去"帝"著"皇"，亦不听。寻复尊无上王劭帝号，或又谏，亦不听。

夏，四月，**魏王颢拔荥城，称皇帝**魏元天穆将击邢杲，以颢北上，乃集文武议之，皆曰："杲众强盛，宜以为先。"尚书薛琡曰："邢杲鼠窃狗偷，非有远志。颢，帝室近亲，来称义举，其势难测，宜先去之。"天穆不听，引兵东出。颢与陈庆之乘虚进拔荥城，有众七千，遂即帝位于睢阳城南。攻魏行台、济阴王晖业于考城，擒之。

魏元天穆讨邢杲，平之。

五月，**魏王颢取梁国、荥阳、虎牢**颢克梁国。魏都督杨昱据荥阳，庆之攻之，未拔，元天穆等至。梁士卒皆恐，庆之解鞍秣马，谕将士曰："君等杀人父兄，掠人子女多矣。天穆之众，皆仇雠也。然我众才七千，虏三十余万，今日唯有必死，乃可得生。当及其未尽至，急取其城而据之耳。"乃鼓之，将士蚁附[1]而入，执杨昱。诸将请杀之，颢曰："我闻梁主数称袁昂之忠，今奈何杀昱乎？"俄而天穆等引兵围城，庆之力战破之，进拔虎牢。

魏主子攸奔河内。颢入洛阳，以陈庆之为车骑大将军魏主子攸将出，未知所之。或劝之长安，中书舍人高道穆曰："关中荒残，何可复往？颢兵不多，乘虚深入，陛下若亲率宿卫背城一战，臣等竭其死力，破颢必矣。或恐胜负难期，则车驾不若渡河，征天穆及荣，引兵进讨，此万全之策也。"子攸遂走河内。临淮王彧、安丰王延明率百僚迎魏主颢。颢入洛阳，以庆之为车骑大将军。杨椿时在洛阳，颢意忌之，以其人望，未敢诛也。或劝椿出亡，椿曰："吾何所逃？正当坐待天命耳。"元天穆拔大梁，颢使庆之击之。天穆将北走，郎中温子升曰："颢新入，人情未安，击之，必克。平定京邑，奉迎大驾，桓、文之举也。舍此北渡，窃为大王惜之。"天穆不能用。费穆攻虎牢，将拔，闻天穆走，遂降。庆之进击大梁，下之。庆之以数千之众，自发铚县[2]，至洛阳，凡取三十二城，四十七战，所向皆克。颢命黄门郎祖莹作书遗子攸曰："朕泣

1　蚁附：形容军士攀登城墙，如蚂蚁附壁而上。
2　铚县：古县名，治所位于今安徽省淮北市濉溪县西南。

请梁朝，誓在复耻，正欲问罪于尔朱，出卿于虎口耳。"河南州郡，多附于颢。齐州刺史、沛郡王欣集文武议所从，军司崔光韶抗言曰："元颢受制于梁，引寇仇之兵，以覆宗国，此魏之贼臣乱子也。岂唯大王家事所宜切齿，下官等皆荷朝眷[1]，未敢仰从！"众皆是之，欣乃斩颢使。

六月，**魏都督费穆伏诛**穆至洛阳，魏王颢责以河阴之事而杀之。

魏湖阳叛，降于梁。

闰月，**魏尔朱荣渡河，魏王颢走死，陈庆之走归梁。魏主子攸归洛阳，荣自为天柱大将军**魏主子攸之出也，单骑而去，侍卫、后宫按堵如故。颢一旦得之，号令己出，四方想其风政[2]。而颢遽骄怠，近习干政，日夜纵酒，不恤军国。所从南兵，陵暴市里[3]，朝野失望。高子儒自洛阳出，从子攸。子攸问之，子儒曰："颢败在旦夕，不足忧也。"尔朱荣驰见子攸于长子。子攸即日南还，荣为前驱。旬日之间，兵众大集。颢既得志，与临淮王彧、安丰王延明谋叛梁，以事难未平，藉陈庆之兵力，故外同内异，言多猜忌。庆之亦密为之备，说颢曰："今远来至此，未服者尚多，彼若知我虚实，连兵四合[4]，将何以御之？宜更请兵于梁。"颢欲从之，延明曰："庆之兵已难制，今更增其众，宁肯复为人用乎？大权一去，动息[5]由人，魏之宗庙，于斯坠矣。"颢乃不用庆之言。军副马佛念谓庆之曰："将军功高势重，为魏所疑，一旦变生不测，可无虑乎？不若乘其无备，杀颢据洛，此千载一时也。"庆之不从。颢先以庆之为徐州刺史。庆之固求之镇，颢心惮之，不遣。尔朱荣兵至，庆之守北中城[6]，颢据南岸。庆之三日十一战，杀伤甚众。有夏州义士为颢守河中渚[7]，与荣通谋，求破桥立效。及桥破，而荣兵不至，颢悉屠之。荣既失望，又以无船，议还

---

1 朝眷：朝廷的恩遇。
2 想其风政：希望他做出政绩。风政，政绩。
3 陵暴市里：陵暴，轻侮。市里，街市里巷。
4 四合：四方配合，四面响应。
5 动息：举止行为。
6 北中城：古地名，河阳三城之一，位于今河南省焦作市辖孟州市南黄河北岸。北魏置北中郎府戍守，因名。
7 渚：水中的小块陆地。

北，图后举。黄门郎杨侃曰："大王发并州之日，已知夏州义士之谋指，来应之邪？为欲广施经略、匡复帝室也。夫用兵者，何尝不散而更合，疮愈更战？况今未有所损，岂可以一事不谐而众谋顿废乎？今四方颙颙，视公此举。若未有所成，遽复引归，民情失望，各怀去就，胜负所在，未可知也。不若多为桴筏[1]，间以舟楫，数百里中，皆为渡势，使颢不知所防，一旦得渡，必立大功。"高道穆曰："今若北归，使颢复得征兵完聚，养虺成蛇[2]，悔无及矣。"荣乃使尔朱兆与贺拔胜缚筏夜渡。颢军溃失据[3]，率麾下南走。庆之收众，结阵而还。荣追之。庆之军士死散略尽，乃削须发为沙门，间行还建康。中军大都督杨津入宿殿中，洒扫宫庭，封闭府库，出迎魏主攸于北邙，流涕谢罪。子攸遂入洛阳，加荣天柱大将军。颢至临颍[4]，为人所杀。或复自归于魏主，延明奔梁。庆之自魏还，特重北人，朱异问之，曰："吾始以为大江以北皆戎狄之乡，比至洛阳，乃知衣冠人物，非江东所及也，奈何轻之？"

　　秋，七月，**魏以高道穆为中尉**魏主之姊寿阳公主行犯清路[5]，道穆击破其车。公主泣诉之，魏主曰："中尉清直，岂可以私责之？"道穆见魏主，魏主劳[6]之。道穆免冠谢，魏主曰："朕愧卿，卿何谢也？"

　　魏始铸永安五铢钱魏多细钱，米斗几直千[7]。高道穆上表曰："在市，八十一钱得铜一斤。私造薄钱，斤赢二百[8]。既示之以深利[9]，又随之以重刑，抵罪虽多，奸铸弥众。今钱徒有五铢之文，而无二铢之实，置之水上，殆欲不沉。此乃朝廷科防不切[10]之过也。宜改铸大钱，一斤七十文，载年号以记其始，

1　桴筏：渡水用的竹筏、木筏。
2　养虺成蛇：比喻纵容敌人，听任其强大起来。虺，毒蛇，俗称土虺蛇、大毒蛇。
3　失据：失去凭依。
4　临颍：古县名，治所位于今河南省漯河市临颍县西北。
5　清路：帝王或大臣出巡时清扫道路，驱散行人。
6　劳：慰劳。
7　米斗几直千：一斗米几乎值一千钱。
8　斤赢二百：每斤铜便能多铸造二百多个钱。
9　深利：丰厚的利润。
10　科防不切：纠察、督禁不够严厉。

则私铸无利而自息矣。"杨侃亦乞听官民并铸，使民乐为而弊自改，从之。

魏巴州叛，附于梁初，魏以梁、益荒远，更立巴州以统诸獠，凡二十余万户，以巴酋严始欣为刺史。始欣贪暴，诸獠反，围城。行台魏子建抚谕之，乃散。始欣恐获罪，阴请降梁，子建囚始欣。既而魏以傅竖眼为行台。竖眼初至，州人相贺，既而病。其子敬绍奢淫[1]贪暴，始欣贿敬绍，得还巴州，遂降于梁。敬绍阴有保据[2]南郑之志，诱山民围城，欲为内应。围合而谋泄，将士杀之。竖眼耻恚[3]而卒。

八月，魏太保杨椿致仕。

九月，梁主舍身于同泰寺梁主幸同泰寺，设大会[4]，释御服，持法衣，行清净大舍，素床瓦器，乘小车，役私人[5]，亲为四众[6]讲《涅槃经》。群臣以钱一亿万奉赎[7]，表请还宫。三请乃许。

胡氏曰：佛行有五要，舍，其一也。梁武为帝王，享天位，内蓄姬妾，外列官师，富贵之崇[8]，子孙之众，宫室、城池、守卫之密，犹以未足。又命将出兵，争夺于外，惟恐失之，安在其能舍乎？不惟君子非之，为佛之道，如达磨[9]者，亦不取也。或曰，然则达磨之言不亦可欤？曰：为佛之道者，浅深精粗，虽所得不同，要其极致，归于殄灭[10]伦理。以之为己，则逆而不祥；以之为人，则偏而不公；以之为天下国家，盖无所处而得其当。儒者弃而绝之可也。

1　奢淫：奢侈放纵。
2　保据：占据。
3　耻恚：羞愧怨恨。
4　大会：佛家语，布施僧俗的大会。
5　私人：古时称公卿、大夫或王室的家臣。
6　四众：佛教名词，有不同的解释，《法华经》中指比丘、比丘尼、优婆塞、优婆夷，又称四部众。
7　奉赎：奉请赎回。
8　崇：高。
9　达磨：即达摩，天竺高僧，中华禅宗初祖，本名菩提多罗，于南朝梁武帝年间来到中国，梁武帝迎至建康，后渡江往北魏，止嵩山少林寺，面壁九年而化。
10　殄灭：消灭，灭绝。

魏讨韩楼，获之。幽州平魏尔朱荣使大都督侯渊讨韩楼，配卒甚少。
或以为言，荣曰："侯渊临机设变，是其所长。若总大众，未必能用。"渊遂
广张军声，多设供具[1]，率数百骑深入。去蓟百余里值[2]贼，渊潜伏以乘其背，
大破之。虏五千人，皆还其马仗[3]，纵使入城。左右皆谏，渊曰："我兵少，不
可力战，为奇计以间之，乃可克也。"度其已至，率骑夜进，昧旦[4]，叩其城门。
楼果疑降卒为内应，遂走，追擒之。诏以渊为平州刺史，镇范阳。

万俟丑奴寇魏东秦州[5]，陷之。

冬，十一月，就德兴降魏，营州平。

魏以城阳王徽为太保，萧赞为太尉，长孙稚为司徒。

十二月，梁以陈庆之为北兖州刺史有妖贼僧强自称天子，土豪蔡伯龙
起兵应之，众至三万，攻陷北徐州。庆之讨，斩之。

庚戌（公元530年）

梁中大通二年。魏永安三年，主晔建明元年。

春，正月，魏复取巴州。

三月，魏遣都督尔朱天光讨万俟丑奴。夏，四月，获之，遂克高
平，获萧宝寅，皆诛之万俟丑奴侵扰关中，魏尔朱荣遣贺拔岳讨之。岳私谓
其兄胜曰："丑奴，勍敌也，攻之不胜，固有罪；胜之，谗嫉[6]将生。愿得尔朱
氏一人为帅而佐之。"胜言于荣，荣以尔朱天光为都督，以岳及侯莫陈悦为左、
右都督，配军士千人。岳击赤水[7]蜀贼，得马二千匹，简其壮健以充军。三月，
丑奴自将围岐州，遣尉迟菩萨攻围趣栅[8]，贺拔岳救之。菩萨等已拔栅还，岳故

1　广张军声，多设供具：大张旗鼓，多多准备军中供应器具。
2　值：碰到，遇上。
3　马仗：马匹武器。
4　昧旦：天将明未明之时，破晓。
5　东秦州：古州名，辖今陕西省陇县、千阳、宝鸡等县市地。
6　谗嫉：谗害嫉妒。
7　赤水：古水名，即竹水，位于今陕西省渭南市华州区西。
8　围趣栅：古地名，位于今陕西省宝鸡市眉县东南，南北朝时置栅于此。

杀掠其吏民以挑之。菩萨率步、骑二万至渭北，岳以轻骑数十，隔水与语。明日，复引百余骑与语，稍引而东，至水浅可涉处，岳即驰马东出。贼以为走，弃步卒，轻骑渡渭追之。岳依横冈[1]设伏待之，贼半度冈东，岳还击之，贼败走。岳令贼下马者勿杀，贼悉投马[2]，俄[3]获三千人，马亦无遗，遂擒菩萨。仍渡渭北，降步卒万余，收其辎重。丑奴闻之，弃岐州，北走安定。四月，天光至汧、渭之间，停军牧马，宣言"俟秋更进"。获觇者，纵之。丑奴信之，散众归耕，据险立栅。天光知其势分，密严[4]夜发，黎明，围其大栅，拔之，所得俘囚[5]，皆纵遣之，诸栅皆降。天光径抵安定，丑奴走，追及于平凉。侯莫陈崇单骑入贼，生擒丑奴，众皆披靡[6]，后骑益集，遂大破之。天光进克高平，执萧宝寅，皆送洛阳。赐宝寅死，斩丑奴于市。

六月，梁以元悦为魏王。

秋，七月，**魏讨万俟丑奴余党，灭之。三秦、河、渭、瓜、凉、鄯州[7]皆平**万俟丑奴既败，贼党皆降，唯万俟道洛率众逃入山中。时高平大旱，尔朱天光以马乏草，退屯城东五十里，遣长孙邪利守原州[8]，道洛袭杀之。天光率诸军赴之，道洛战败，率众入山，据险自守。尔朱荣以天光失邪利，不获道洛，遣使杖之一百，贬其官爵。天光追击道洛，擒之，坑其降卒万七千人。于是三秦、河、渭、瓜、凉、鄯州皆降，乃复天光官爵。

魏以宇文泰为征西将军，行原州事宇文泰从贺拔岳入关，以功迁征西将军，行原州事。时关陇雕弊，泰抚以恩信，民皆感悦，曰："早遇宇文使君，吾辈岂从乱乎？"

1　横冈：横向的土冈。
2　投马：放弃马匹，下马。
3　俄：短暂的时间，一会儿。
4　密严：秘密整饬装备。
5　俘囚：在战争中被掳获的人。
6　披靡：军队溃散。
7　鄯州：古州名，辖今青海省西宁市及湟中、平安、乐都等县地。
8　原州：古州名，辖今宁夏固原县至甘肃平凉市一带。

九月，长星见。

魏尔朱荣至洛阳，与太宰元天穆皆伏诛魏尔朱荣虽居外藩，遥制朝政。魏主性勤政事，数亲览辞讼，理冤狱，荣闻之，不悦。魏主又与吏部尚书李神俊议清治选部[1]，荣尝关补[2]曲阳令，神俊以阶悬[3]，不奏。荣大怒，神俊惧，辞位。荣使其从弟、仆射世隆摄选[4]，启北人为河南诸州[5]，魏主未许。太宰、并州刺史元天穆曰："天柱[6]有大功，若请普代[7]天下官，恐陛下亦不得违。"魏主正色曰："天柱若不为人臣，朕亦须代。若犹存臣节，无代天下百官之理。"荣闻之，大恚恨。尔朱后性妒忌，数谮恚曰："天子由我家置立，今便如此！我父本即自作，今亦复决[8]。"魏主外逼于荣，内迫于后，恒怏怏不乐，幸寇盗未息，与荣相持。及闻关陇平，谓临淮王彧曰："天下便无贼矣。"彧曰："臣恐贼平之后，方劳圣虑耳。"荣见四方无事，累奏"参军许周劝臣取九锡，臣已斥去"，以讽朝廷。魏主不欲与，因称叹其忠以答之。荣好猎，不舍寒暑，不避险阻，士卒苦之。天穆从容谓曰："王勋业[9]已盛，宜顺时搜狩[10]，何必盛夏驰逐，感伤和气？"荣攘袂曰："未能混一海内，何得遽言勋业？今秋欲与兄戒勒[11]士马，校猎嵩高，令贪污朝贵入围搏虎。仍出鲁阳，悉拥生蛮[12]，北填六镇。明年，简精骑出江淮，缚取萧衍。然后奉天子巡四方，乃可称勋耳。今不频猎，兵士懈怠，安可复用邪？"城阳王徽、侍中李彧劝魏主除荣，侍中杨侃、仆射元罗、胶东侯李侃晞亦预其谋。会荣请入朝，徽等劝因其入刺杀之。

1　清治选部：清治，清理整顿。选部，古官署名，后改称吏部。
2　关补：先任命官吏而后禀报吏部。
3　阶悬：官阶相差悬殊。
4　摄选：兼任吏部尚书。
5　启北人为河南诸州：奏请任命北方人为黄河以南各州的刺史。
6　天柱：代指尔朱荣，尔朱荣封天柱大将军。
7　普代：全面更换。
8　我父本即自作，今亦复决：我父亲当初如果自己做皇帝的话，现在什么事情都决定了。
9　勋业：功业，功勋和事业。
10　搜狩：春蒐和冬狩，古代帝王春、冬时的射猎活动。
11　戒勒：整顿。
12　拥生蛮：拥，聚集。生蛮，古时对南方未入州城定居的少数民族的蔑称。

魏主疑未定而谋颇泄，人怀忧惧。武卫将军奚毅，建义[1]初往来通命，魏主期之甚重，然犹以荣党，不敢与之言情。毅曰："若必有变，臣宁死陛下，不能事契胡[2]。"魏主曰："朕保天柱无异心，亦不忘卿忠款。"尔朱世隆疑有变，乃为匿名书云："天子欲杀天柱。"取以白荣，荣恃其强，不以为意。九月，至洛阳，魏主即欲杀之，以天穆在并州，恐为后患，故忍未发，并召天穆。人有告荣以魏主之谋，荣具奏之，魏主曰："外人亦言王欲害我，岂可信耶？"于是荣不自疑，每入谒，从数人，不恃兵仗。魏主欲止，城阳王徽曰："纵不反，亦何可耐[3]，况不可保邪？"先是，长星入中台，扫大角，恒州人高荣祖曰："除旧布新之象也。"荣甚悦。至是，郎中李显和语人曰："天柱至，那无九锡[4]！"都督郭罗察曰："今年真可作禅文[5]，何但九锡！"荣下人皆陵侮魏主左右，无所忌惮，故其事皆上闻。奚毅又见魏主求间[6]，魏主知其诚，乃召城阳王徽及杨侃、李彧，告以毅语。及天穆至，魏主乃召中书舍人温子升，告以杀荣状，并问以杀董卓事。子升具道本末，魏主曰："王允若赦凉州人，必不至此！"良久，又曰："吾宁为高贵乡公死，不为常道乡公[7]生！若杀荣与天穆而赦其党，亦应不动耳。"应诏[8]王道习曰："尔朱世隆、司马子如、朱元龙特为荣所委任，具知天下虚实，亦不宜留。"徽、侃皆曰："若世隆不全，仲远、天光岂有来理[9]？"魏主亦以为然，乃伏侃等十余人于明光殿东。荣与天穆并入，坐食未讫，起出，事不果，谋遂泄。世隆又以告荣，劝其速发，荣不听。然预谋者皆惧，魏主患之。城阳王徽曰："以生太子为辞，荣必入矣。"魏主从之。乃伏兵明光东序，声言皇子生，遣徽驰告荣，荣遂与天穆俱入。温子升

1　建义：兴义军，举义旗。
2　契胡：古族名，一说即羯胡，尔朱氏即其重要一支。此处代指尔朱荣。
3　耐：容忍。
4　那无九锡：怎能不加九锡。
5　禅文：禅让帝位的文书。
6　求间：请求对方避开他人与己私语，多用于下对上。
7　常道乡公：即三国时曹魏最后一位皇帝曹奂。曹奂虽名为皇帝，实为司马氏的傀儡。
8　应诏：古官名，亦称应诏左右，为皇帝左右的亲信之职。
9　岂有来理：哪里还会有来的道理。

预作赦文，执以出，遇荣，问之。子升色不变，曰："敕。"荣不取视，入坐。李侃晞等抽刀从东户[1]入，荣即起趋御坐，魏主先横刀膝下，遂手刃之，天穆亦死。内外喜噪[2]，百僚入贺。魏主登门大赦，遣奚毅将兵镇北中城。是夜，尔朱世隆率荣部曲走屯河阴。初，荣党田怡闻变，议攻宫门，贺拔胜止之。及世隆走，胜亦不从，魏主甚嘉之。朱瑞虽为荣所委，而善处朝廷之间，魏主亦善遇之，故瑞从世隆走，而中道逃还。

魏仆射尔朱世隆反，与汾州刺史尔朱兆立长广王晔于长子。冬，十二月，入洛阳，迁其主子攸于晋阳而弑之世隆欲还北，司马子如曰："当此之际，不可以弱示人。若亟北走，恐变生肘腋。不如分兵守河桥，还军向京师，出其不意，或可成功。假使不得所欲，亦足示有余力，使天下畏我之强，不敢叛散。"世隆从之，攻河桥，杀奚毅，据北中城，魏朝大惧。高敖曹从荣至洛，荣死，魏主引见，劳勉之。其兄乾亦自冀州驰赴洛阳。魏主以乾为河北大使，敖曹为直阁将军，使归集乡曲为形援[3]，送之河桥，举酒指水曰："卿兄弟冀部豪杰，能令士卒致死。京城傥有变，可为朕河上一扬尘[4]。"乾垂涕受诏，敖曹援剑起舞，誓以必死。十月，世隆遣尔朱拂律归将胡骑一千，皆白服[5]，来郭下。魏主遣谓之曰："太原王立功不终，阴图衅逆，罪止荣身，余皆不问。若降，官爵如故。"拂律归曰："愿得太原王尸，生死无恨。"因涕泣，群胡皆怵惐，声振城邑。魏主募敢死士讨世隆，一日得万人，与拂律归等战于郭外，不克。魏主集群臣博议，皆恇惧不知所出，散骑常侍李苗奋衣起曰："今朝廷有不测之危，正是忠臣烈士效节之日。臣虽不武，请以一旅之众，为陛下径断河桥。"魏主许之。苗募人从马渚[6]上流乘船夜下，纵火船焚桥，尔朱

1　东户：东门。
2　喜噪：欢喜吵闹。
3　使归集乡曲为形援：召集乡勇作为朝廷的后援。乡曲，乡亲，同乡。形援，军事布局上的声援、呼应。
4　扬尘：激起尘土，喻征战。
5　白服：丧服。
6　马渚：古黄河渡口名，位于今河南省洛阳市孟津县东。

氏兵在南岸者，望之争桥北渡。俄而桥绝，溺死者甚众。苗泊小渚，南援不至，尔朱氏就击之，苗赴水死，世隆亦收兵北遁。诏行台源子恭镇太行丹谷[1]，筑垒防之。汾州刺史尔朱兆闻荣死，自汾州率骑据晋阳。世隆至长子，兆来会之，共推太原太守、长广王晔即位。晔，英之弟子[2]也。世隆兄仲远亦起兵徐州，向洛阳。魏主以城阳王徽总统内外。徽忧怖，不知所出。性多忌嫉[3]，群臣有献策者，辄劝勿纳。又靳[4]财货，赏赐薄少，或多而中减，或与而复追，故徒有靡费[5]，而恩不感物[6]。十一月，仲远陷西兖州。贺拔胜与战，不胜，降之。初，尔朱荣尝从容问左右曰："一旦无我，谁可主军？"众以兆对，荣曰："兆虽勇，然所将不过三千骑，多则乱矣。堪代我者，唯贺六浑耳。"因戒兆曰："尔非其匹，终当为其穿鼻。"乃以高欢为晋州[7]刺史。及兆引兵向洛，召欢。欢曰："兆狂愚如是，而敢为悖逆，吾势不得久事尔朱矣。"乃以山蜀未平，辞不至。兆遂轻兵涉河，骑叩宫门，宿卫散走。魏主步出云龙门外，遇城阳王徽乘马走，屡呼之，不顾而去。兆执魏主，锁之，扑杀皇子，纵兵大掠，杀临淮王彧等。徽赏金百斤，马五十匹，以前洛阳令寇祖仁一门三刺史，皆己所引拔[8]，故往投之。祖仁私谓子弟曰："今日富贵至矣。"乃怖徽云"捕将至"，令其逃于他所，使人于路邀杀之，送首于兆，兆不之赏[9]。既而梦徽谓己曰："我有金二百斤、马百匹在祖仁家，卿可取之。"兆即捕祖仁，依梦征之，不得，杀之。

胡氏曰：人死则气散，犹火焉，尽则光灭矣，何为能见梦于人耶？祖仁以怨报德，刑戮[10]之民也，不有人祸，必有鬼责矣。徽尝持大权，享富贵，其用

1　丹谷：古地名，位于今山西省晋城市东南，太行山丹河谷。
2　弟子：弟弟的儿子，侄子。
3　忌嫉：妒忌，猜忌。
4　靳：吝惜，不肯给予。
5　靡费：浪费。
6　感物：感动，或感化他物。
7　晋州：古州名，辖今山西省临汾、霍州二市及洪洞、浮山、安泽、汾西等县地。
8　引拔：任用提拔。
9　不之赏：即"不赏之"，没有赏赐他。
10　刑戮：受刑罚或被处死。

物弘而取精多，身虽死，而其游散[1]也缓，且山南距洛，一日而近耳，怨气交魄，理或有之也。

世隆、仲远皆至洛阳，兆责世隆曰："叔父在朝，如何令天柱受祸？"按剑瞋目，声色甚厉。世隆逊谢，然后得已[2]，由是深恨之。初，魏主杀尔朱荣，诏河西贼帅纥豆陵步蕃袭秀容。至是，步蕃南下，兵势甚盛。兆留世隆镇洛阳，亟还晋阳以御之。迁魏主于晋阳。高欢闻之，率骑邀之，不及。因与兆书，为陈祸福，兆不纳，竟弑之三级佛寺[3]。

胡氏曰：衰乱之朝，宗室、侯王为强臣所立，未有得令终者也。若使敬宗当尔朱荣密迎之际，能审彼己，有不受也，受而足以兴；有不辞也，辞而足以容，其庶几耶！夫荣养兵三世，仗钺[4]六年，其腹心爪牙之士众矣。虽为人粗暴轻忽[5]，去之甚易，而其族党，岂一赦所能收也？是则为荣所立，弱亦不可，强亦不可，惟韬光孙言[6]，确乎其不拔[7]为可尔。岂不难其人哉？

初，世隆等征兵于太宁[8]太守房谟，谟斩其使。及兆得志，其党是兰安定执谟系州狱。郡中蜀人闻之，皆叛。安定给谟弱马，令往慰劳，诸贼见谟遥拜。谟先所乘马，别给将士。战败，蜀人得之，善养之，儿童妇女竞投草粟[9]，曰："此房公马也。"世隆闻之，以为长史。

魏纥豆陵步蕃大破尔朱兆于秀容，兆及晋州刺史高欢击杀之。兆使

1　游散：游离散逸。
2　得已：得以了结。
3　三级佛寺：根据建筑规模和面积，佛寺分成四个等级，第三等级即三级佛寺，为占四分之一坊地规模。也有说根据佛塔的层级称之，即为建有三层佛塔的佛寺。
4　仗钺：手持黄钺，表示将帅的权威，亦引申指统帅军队。
5　轻忽：轻率随便。
6　韬光孙言：韬光，敛藏光采。孙言，同"逊言"，言语谦逊恭顺。
7　确乎其不拔：刚强坚决，不可动摇。出自《易·乾》："确乎其不可拔。"
8　太宁：古郡名，治所位于今河南省焦作市修武县东南。
9　草粟：草料和粮食。

欢统六镇 纥豆陵步蕃大破尔朱兆于秀容，南逼晋阳。兆惧，使人召高欢并力。僚属皆劝欢勿应召，欢不听，遂行。贺拔焉过儿[1]请缓行以弊[2]之，欢往往逗留。步蕃兵日盛，兆屡败，告急。欢乃往从之，与兆进兵合击，大破斩之。兆德欢，相与誓为兄弟，诣欢宴饮。初，葛荣部众流入并、肆者二十余万，为契胡陵暴，皆不聊生[3]，大小二十六反，诛夷者半，犹谋乱不止。兆患之，问计于欢。欢曰："六镇反残[4]，不可尽杀，宜选腹心使统之，有犯者罪其帅，则所罪者寡矣。"兆曰："善！谁可者？"贺拔允请使欢领之，欢殴允折齿[5]，曰："天下事取舍在王，何敢妄言？请杀之！"兆以欢为诚，遂以其众委焉。欢以兆醉，恐醒而悔之，遂出宣言："受委统州镇兵，可集汾东[6]受号令。"乃建牙阳曲川，军士素恶兆而乐属欢，莫不皆至。居无何[7]，又使刘贵请兆，以"并、肆频岁霜旱，请令降户就食山东"，兆从之。慕容绍宗谏曰："高公雄才盖世，复使握大兵于外，譬如借蛟龙以云雨，将不可制矣。"兆曰："有香火重誓，何虑耶？"绍宗曰："亲兄弟尚不可信，何论香火？"时兆左右已受欢金，因称绍宗与欢有隙。兆怒，囚绍宗，趣[8]欢发。欢道逢尔朱荣妻北乡长公主自洛阳来，有马三百匹，尽夺之。兆闻之，乃释绍宗而问之，绍宗曰："此犹是掌握中物[9]也。"兆乃自追欢，至襄垣[10]，会漳水暴涨，欢隔水拜曰："借马非他，备山东盗耳。王信谗来追，今不辞渡水而死，恐此众便叛。"兆因轻马渡水谢欢，引颈授刀，使欢斫之，欢大哭曰："自天柱之薨，贺六浑更何所仰？但愿大家千万岁，得伸力用耳[11]。大家何忍出此言？"兆乃投刀，复斩白马，与欢为誓，因留

1　贺拔焉过儿：古人名，即贺拔仁。
2　弊：疲惫。
3　聊生：赖以维持生活。
4　反残：反叛。
5　折齿：折断牙齿。
6　汾东：汾水以东。
7　无何：没多久。
8　趣：通"促"，催促，急促。
9　掌握中物：在掌控之中。
10　襄垣：古县名，治所位于今山西省长治市襄垣县北。
11　但愿大家千万岁，得伸力用耳：只希望您长命百岁，我有机会为您效力罢了。大家，奴仆对主人的称呼。

宿夜饮。尉景伏壮士欲执兆，欢止之曰："今杀之，其党必奔归聚结，兵饥马瘦，不可与敌。若英雄乘之而起，则为害滋甚。兆虽骁勇，凶悍无谋，不足图也。"旦日，兆归营，后召欢。欢将诣之，长史孙腾牵欢衣，乃止。

魏齐州乱，刺史萧赞走死齐州附于尔朱兆。赞走，卒于阳平[1]。梁人或窃其枢以归，梁主犹以子礼葬之陵次[2]。

胡氏曰：萧综之罪大矣，梁武之不忍也。桐棺三寸[3]，葬之中野，不封不树[4]，其可也。子而附诸陵，慈之过也。

梁以陈庆之为南、北司州[5]刺史庆之屡破魏兵，遂罢义阳镇兵，停水陆漕运，江湖诸州并得休息，开田六千顷。二年之后，仓廪充实。

辛亥（公元 531 年）

梁中大通三年。魏节闵帝恭普泰元年，主朗中兴元年。

春，二月，魏乐平王尔朱世隆废其主晔，而立广陵王恭尔朱世隆兄弟密议，以魏主晔疏远无人望，欲立近亲。广陵王恭，羽之子也，好学有志度，以元乂擅权，伴得瘖疾[6]。郎中薛孝通说尔朱天光曰："广陵，高祖犹子[7]，夙有令望，沉晦不言，多历年所[8]，若奉以为主，则天人允协[9]矣。"天光使尔朱彦伯潜往胁之，恭乃曰："天何言哉？"世隆等大喜，乃废晔而立之。邢子才为赦文，叙敬宗枉杀尔朱荣之状，魏主曰："永安手翦强臣[10]，非为失德，直以

1 阳平：古县名，治所即今山东省聊城市莘县。
2 陵次：皇家陵墓旁。
3 桐棺三寸：桐棺，桐木做的棺材，因其质地朴素，故表示薄葬。三寸，三寸厚，形容薄。
4 不封不树：不封，不聚土筑坟。不树，不植树。
5 南、北司州：南司州，古州名，辖今湖北省安陆市一带。北司州，古州名，辖今河南省淮河以南，竹竿河以西，湖北省大洪山以东，倒水以西，应城、武汉等市以北地区。
6 瘖疾：由于生理缺陷或疾病而不能说话的病症。
7 犹子：侄子。
8 沉晦不言，多历年所：沉默不言，已经很多年了。历，经历。年所，年数。
9 允协：和洽，恰当。
10 永安手翦强臣：永安，北魏敬宗、孝庄帝元子攸年号，存续时间为公元 528 年至 530 年，此处代指孝庄帝元子攸。手翦强臣，亲手诛杀擅权的大臣。

天未厌乱，故逢成济[1]之祸耳。"魏主闭口八年，至是乃言，中外欣然[2]，以为明主。诏以："三皇称'皇'，五帝称'帝'，三代称'王'，递为冲挹，自秦以来，竞称'皇帝'，今但称'帝'，亦已褒矣。"初，敬宗使史仵龙守太行，及尔朱兆南向，仵龙先降，兆遂乘胜入洛。至是，世隆论仵龙功，封千户侯，魏主曰："于王有功，于国无勋。"竟不许。

魏幽州行台刘灵助反灵助推算，知尔朱氏将衰，乃起兵，云"刘氏当王"。幽、瀛、沧、冀之民多从之。

魏河北大使高乾起兵信都，以冀州迎高欢乾与前河内太守封隆之等袭信都，奉隆之行州事，为敬宗举哀。将士皆缟素，升坛誓众，移檄州郡，共讨尔朱氏。殷州刺史尔朱羽生袭之，高敖曹不暇擐甲，将十余骑驰击之，羽生败走。敖曹马矟[3]绝世，左右无不一当百。高欢屯壶关，声言讨信都，众惧，高乾曰："吾闻高晋州雄略盖世，其志不居人下。且尔朱无道，弑君虐民，正是英雄立功之会，今日之来，必有深谋。吾当轻马迎之，诸君勿惧。"乃潜谒欢于滏口，说之曰："尔朱酷逆，痛结人神，凡曰有知，莫不思奋[4]。明公威德素著，天下倾心，若兵以义立，则屈强之徒，不足为明公敌矣。鄙州虽小，户口不减十万，谷秸[5]之税，足济军资，愿熟思之。"欢大悦，与同帐寝。初，赵郡李显甫喜豪侠，集诸李[6]数千家，居殷州西山，方五六十里。显甫卒，子元忠继之。家素富，多出贷求利，元忠悉焚契免责，乡人敬之。时盗贼蜂起，清河人西戍[7]，还经赵郡，以路梗[8]，共投元忠。元忠遣奴为导，贼皆避之。及葛荣起，元忠率宗党[9]作

1　成济：三国后期曹魏大臣，受司马昭心腹贾充的指使，用戟刺死魏帝曹髦，后被司马昭杀死。
2　欣然：高兴、愉快的样子。
3　马矟：在马上所持的长矛。
4　尔朱酷逆，痛结人神，凡曰有知，莫不思奋：尔朱氏残暴叛逆，人神共怨，凡是明白事理的人，谁不想奋起讨伐他。
5　谷秸：谷，粮食。秸，谷物脱粒后的茎秆。
6　诸李：李姓族人。
7　西戍：到西边戍守。
8　路梗：道路阻塞难行。
9　宗党：宗族乡党。

垒以自保，贼至，辄击却之。荣乃悉众攻围，执之。贼平，拜南赵郡[1]太守，好酒，无政绩。及尔朱兆弑敬宗，元忠弃官归，谋举兵讨之。会高欢东出，元忠乘露车，载素筝浊酒以迎欢。欢未即见，元忠下车独酌，谓门者[2]曰："今闻国士到门，不吐哺辍洗[3]，其人可知。还吾刺，勿通也[4]。"门者以告，欢遽见之，引入，觞再行[5]，取筝鼓之，长歌慷慨。歌阕[6]，谓欢曰："天下形势可见，公犹事尔朱耶？"欢曰："富贵皆彼所致，敢不尽节？"元忠曰："非英雄也！"欢曰："赵郡醉矣。"使人扶出。孙腾曰："此君天遣来，不可违也。"欢乃复留与语，元忠慷慨流涕，欢亦悲不自胜。元忠因进策曰："殷州小，无粮仗[7]，不足以济大事。若向冀州，高乾邕[8]兄弟必为明公主人[9]，殷州便以赐委[10]。冀、殷既合，沧、瀛、幽、定自当弥[11]服矣。"欢急握元忠手而谢焉。欢至山东，约勒士卒，丝毫不犯，远近闻之，亦归心焉。至信都，封隆之、高乾纳之。高敖曹时在外略地，闻之，以乾为妇人，遗以布裙。欢使子澄以子孙礼见之，敖曹乃与俱来。

魏封其故主晔为东海王。

魏以尔朱世隆为太保时天光专制关右，兆奄有并、汾，仲远擅命徐、兖，世隆居中用事，竞为贪暴。而仲远为尤甚，所部富室，多诬以谋反，没其妇女财物，而投其男子于河，人畏之如豺狼。由是四方皆恶尔朱氏，而惮其强，莫敢违也。

1　南赵郡：古郡名，北魏改南巨鹿郡置，辖今河北省内丘、任县、平乡、巨鹿、隆尧等县地。
2　门者：守门人。
3　吐哺辍洗：据《韩诗外传》载，周公殷勤待客，有客人来，就把没吃完的饭吐出来去接待，甚至于"一饭三吐哺"，唯恐失天下之士。又据《史记·高祖本纪》载，郦食其求见刘邦，刘邦方踞床洗足。郦生不拜，且斥其不宜踞见长者，于是刘邦停下不洗，起而谢之，延上坐。后世用为礼贤下士之典。
4　还吾刺，勿通也：请退还我的名片，不必通报了。刺，名片。
5　觞再行：酒喝过两杯。
6　阕：终了。
7　粮仗：军粮和兵器。
8　高乾邕：即高乾，字乾邕。
9　主人：东道主。
10　赐委：赐予委任。
11　弥：更加，越发。

　　魏以高欢为勃海王魏封欢为勃海王，征之，不至，乃以为东道大行台[1]、冀州刺史。

　　魏都督侯渊讨刘灵助，诛之魏都督侯渊、叱列延庆讨刘灵助，至固城。渊畏其众，欲据关拒险，以待其变。延庆曰："不如出营城外，诈言西归，灵助闻之，必自宽纵[2]，然后潜军击之，往则成擒矣。"渊从之。出顿城西，声云欲还，简精骑一千夜发，直抵其垒。灵助战败，斩之。初，灵助起兵，自占曰："三月之末，我必入定州。尔朱氏不久当灭。"至是首函[3]入定州，果如其期。

　　夏，四月，梁太子统卒统自加元服，梁主使省录朝政，辨析诈谬[4]，秋毫必睹，但令改正，不加按劾，断狱多所全宥，宽和容众，喜愠不形于色。好读书属文，引接才俊，不蓄声乐。每霖雨积雪，遣左右周行闾巷[5]，视贫者赈之。天性孝谨，在东宫坐起恒西向。母丁贵嫔卒，水浆[6]不入口，腰带十围，减削过半。及寝疾，恐贻梁主忧，敕参问[7]，辄自力手书[8]。及卒，朝野惋愕[9]。谥曰"昭明"。

　　梁主立子纲为太子。六月，封孙欢为豫章王，誉为河东王，詧为岳阳王初，昭明太子葬丁贵嫔，有道士云："此地不利长子，请厌之。"乃为腊鹅及诸物，埋于墓侧。宫监[10]鲍邈之有宠于太子，晚而见疏，乃密启梁主，云："太子有厌祷[11]。"梁主遣检掘[12]，得鹅物，大惊。将穷其事，徐勉固谏而止，但诛道士。由是太子终身惭愤，不能自明。及卒，梁主欲立其长子华容公欢为嗣，衔其旧事，犹豫久之，竟不立。

──────────

1　大行台：古官名，为尚书省派出机构负责人，代行尚书省的权力，管理辖区内的军政事务。
2　宽纵：宽容放纵。
3　首函：用匣子装人头。
4　诈谬：欺诈，虚假。
5　闾巷：小的街道，亦借指民间。
6　水浆：饮料或流质食物。
7　参问：询问。
8　自力手书：亲自写回信。
9　惋愕：怅叹惊愕。
10　宫监：即太监。
11　厌祷：以巫术祈祷鬼神。
12　检掘：检查挖掘。

司马公曰：君子之于正道，不可少顷¹离也，不可跬步失也。以昭明之孝，武帝之慈，一染嫌疑之迹，身以忧死，罪及后昆²，求吉得凶，不可湔涤³，可不戒哉？是以诡诞⁴之士，奇邪之术，君子远之。

既而立太子母弟、晋安王纲为太子，朝野多以为不顺，侍郎周弘正以尝为纲主簿，乃奏记曰："谦让道废，多历年所。愿殿下抗目夷之义，执子臧之节，改浇竞之俗⁵，以大吴国之风。"纲不能从。纲以徐摛为家令，兼管记⁶。摛文体轻丽⁷，春坊⁸学之，时人谓之"宫体"。梁主闻之，怒，召摛欲加诮责，及见应对明敏，意更释然，因问经史及释教，摛商较从横⁹。梁主深叹异之，宠遇日隆。朱异不悦，谓所亲曰："徐叟渐来见逼，吾须早为之所。"遂乘间白梁主曰："摛老爱泉石¹⁰，意在一郡。"梁主谓摛真欲之，乃谓曰："新安大好山水。"遂出为守。寻以人言不息，封欢、誉、詧等以慰其心。久之，鲍邈之坐事，法不至死，纲追思昭明之冤，挥泪诛之。

魏冀州刺史高欢起兵讨尔朱氏欢将起兵讨尔朱氏，斛律金、库狄干与娄昭、段荣皆劝成之。欢乃诈为书，称尔朱兆将以六镇人配契胡为部曲，众皆忧惧。又为并州符¹¹征兵讨步落稽¹²，乃发万人，将遣之。孙腾、尉景为请留

1　少顷：一会儿。
2　后昆：后嗣，子孙。
3　湔涤：清除，洗涤。
4　诡诞：虚妄荒诞。
5　抗目夷之义，执子臧之节，改浇竞之俗：像目夷崇尚仁义，不居皇位，像子臧固辞君位，坚守臣节，改变追名逐利的浮薄风气。目夷，春秋时宋国大臣。子臧，春秋时曹国大臣。浇竞，追名逐利的浮薄风气。
6　管记：古官名，掌文书，多置于东宫、相府、王府等，常以文学之士担任，亦有以中书侍郎兼掌者。
7　轻丽：轻靡绮丽。
8　春坊：即太子宫，又称春宫。
9　商较从横：纵横比较。商较，研究比较。
10　泉石：山水。
11　为并州符：伪造了并州的符令。
12　步落稽：古族名，又称山胡、稽胡，源于南匈奴，南北朝时徙于今山西、陕西北部方圆七八百里的山谷间，种落繁盛，他们从事农业生产，辅以蚕桑，以麻布为衣，与汉人杂处。

五日，如此者再，欢亲送之郊，雪涕执别[1]，众号恸。欢乃谕之曰："与尔俱为失乡客，义同一家，不意在上征发[2]，乃尔。今直西向，已当死；后军期，又当死；配国人[3]，又当死，奈何？"众曰："唯有反耳！"欢曰："然！当推一人为主，谁可者？"众推欢，欢曰："尔不见葛荣乎？虽有百万之众，曾无法度[4]，终自败灭。今以吾为主，当与前异，毋得陵[5]汉人，犯军令，生死任吾则可。不然，不能为天下笑。"众皆顿颡[6]曰："死生唯命！"欢乃椎牛飨士[7]，起兵信都，亦未敢显言叛尔朱氏也。会李元忠举兵逼殷州，欢令高乾救之。乾轻骑入见刺史尔朱羽生，因斩之，持首谒欢。欢抚膺曰："今日反决[8]矣！"乃以元忠为殷州刺史，抗表罪状尔朱氏。斛律金，敕勒酋长也，尝为怀朔军主，行兵用匈奴法，望尘知马步[9]多少，嗅地知军远近。

魏广宗王尔朱天光杀侍中杨侃。秋，七月，尔朱世隆杀司空杨津、太保杨椿，夷其族。津子愔奔信都魏杨播及弟椿、津皆有名德，播刚毅，椿、津谦恭，家世孝友，缌服同爨[10]，男女百口，人无间言。椿、津至三公，一门七太守，三十二刺史。敬宗之诛尔朱荣也，播子侃预其谋。尔朱兆入洛，侃乃逃归华阴。至是，天光杀之。时椿以太保致仕，在华阴；津为司空，在洛。尔朱世隆诬奏杨氏谋反，请收治之，魏主不许。世隆苦请，不得已，命有司检按[11]以闻。世隆遂遣兵围津第，天光亦遣兵掩椿家，东西之族皆灭。魏主惋怅[12]久之，朝野无不痛愤[13]。唯津子愔适出，获免，往见高欢，泣诉家祸，因为言讨

---

1 雪涕执别：雪涕，擦拭眼泪。执别，握手告别。
2 在上征发：在上，尊称帝王。征发，征集调遣人力或物资。
3 配国人：分配给尔朱氏所属的契胡。
4 法度：行为的准则，规矩。
5 陵：欺侮。
6 顿颡：屈膝下拜，以额角触地。
7 椎牛飨士：指慰劳作战的官兵。椎牛，杀牛。飨士，犒劳军士。
8 反决：一定要造反。
9 马步：骑兵和步兵。
10 缌服同爨：缌服以内的亲属都同灶而食。缌服，五服之最轻者。
11 检按：考察审理。
12 惋怅：惆怅。
13 痛愤：极端愤恨。

尔朱氏之策，欢甚重之，以为行台郎中。

梁赐其宗戚沐，食乡、亭侯有差[1]。

冬，十一月，魏高欢立勃海太守元朗，自为丞相，败尔朱兆等军于广阿尔朱仲远、度律等闻高欢起兵，不以为虑，独世隆忧之。孙腾说欢曰："今朝廷隔绝，号令无所禀，不权[2]有所立，众将沮散[3]。"欢乃立勃海太守元朗为帝。朗以欢为丞相，都督中外诸军事，高乾为侍中、司空，封拜有差。尔朱仲远军阳平，兆军广阿。欢纵反间，云"世隆兄弟谋杀兆"，复云"兆与欢同谋杀仲远等"，由是迭相猜贰[4]，徘徊不进。仲远等屡使斛斯椿、贺拔胜往谕兆，兆执之。仲远等惧，引兵南遁。欢畏兆众强，以问段韶，韶曰："所谓众者，得众人之死；所谓强者，得天下之心。尔朱氏上弑天子，中屠公卿，下暴百姓，王以顺讨逆，如汤沃雪[5]，何众、强之有？"欢曰："恐无天命，不能济耳。"韶曰："尔朱暴乱，人心已去矣，天意安得有不从者哉？"欢遂进战，大破兆军。

魏南兖州人执刺史刘世明以降于梁，梁遣归魏魏南兖州民劫刺史，举州降梁。梁主以世明为征西大将军，不受，固请北归。至洛阳，奉送[6]所持节，归乡里，不仕而卒。

壬子（公元 532 年）

梁中大通四年。魏普泰二年，中兴二年，孝武帝修永熙元年。

春，正月，梁以袁昂为司空。

梁封西丰侯正德为临贺王正德自结于朱异，异言正德失职[7]，故王之。

1　赐其宗戚沐，食乡、亭侯有差：赏赐给宗族亲戚汤沐邑，男的封乡侯或亭侯，按服属关系的远近为等差。
2　权：暂时。
3　沮散：溃散。
4　猜贰：疑忌，有二心。
5　如汤沃雪：像用热水浇雪一样，比喻问题非常容易解决。
6　奉送：奉还，归还。
7　失职：失去职权。

　　魏丞相欢克相州，以杨愔为行台右丞时文檄[1]教令，皆出于愔及咨议参军崔㥄。

　　二月，梁以元法僧为东魏王。

　　梁邵陵王纶有罪，免为庶人，既而复之纶为扬州刺史，市物不给其直，市皆闭邸[2]，少府丞何智通启闻。纶被责还第，遣人刺智通。事觉，免为庶人。锁之三旬，既而复之。

　　三月，魏主朗入居于邺，高欢自为太师。

　　闰月，魏尔朱天光等会兵攻邺，高欢击破之尔朱世隆卑辞谕兆，使之赴洛，又请魏主恭纳其女为后。兆乃悦，并与天光、度律复相亲睦。将军斛斯椿阴谓贺拔胜曰："天下怨毒尔朱，而吾等为之用，亡无日矣。不如图之。"胜曰："天光与兆各据一方，去之不尽，必为后患，奈何？"椿曰："此易致耳。"乃说世隆追天光等共讨高欢。天光不至，使椿往邀之，天光不得已，从之。临行，问策于雍州刺史贺拔岳，岳曰："王家跨据三方，士马殷盛[3]，高欢乌合，岂能为敌？莫若镇关中，以固根本，分遣锐师，与众军合势，进可克敌，退可自全。"天光不从。闰月，天光自长安、兆自晋阳、度律自洛阳、仲远自东郡皆会于邺，众号二十万，夹洹水而军。高欢出顿紫陌[4]，高敖曹以部曲从。欢曰："高都督所将皆汉兵，恐不足集事，欲割鲜卑千人杂之，如何？"敖曹曰："敖曹所将，练习已久，前后格斗，不减鲜卑。今若杂之，情不相洽，胜则争功，退则推罪，不愿更配也。"欢马不满二千，步兵不满三万，乃于韩陵[5]为圆阵，连牛、驴塞归道，以示必死。兆望见欢，责以叛己，欢曰："本所以戮力者，共辅帝室，今天子何在？"兆曰："永安枉害天柱，我报仇耳。"欢曰："以君杀臣，何报之有？今日义绝矣。"遂战。欢将中军，敖曹将

1　文檄：古代用以征召、晓喻或声讨的文书。
2　市物不给其直，市皆闭邸：买东西不给钱，商人们都闭店不出。
3　殷盛：众多，富裕。
4　紫陌：古地名，又作紫陌桥、祭陌，位于今河北省邯郸市临漳县西南古邺城西北。
5　韩陵：古山名，位于今河南省安阳市安阳县东北。

左，弟岳将右。欢战不利，兆等乘之。岳以五百骑冲其前，别将斛律敦收散卒蹑其后，敖曹以千骑横击之，兆等大败，贺拔胜于阵降欢。兆对慕容绍宗抚膺曰："不用公言，以至于此。"欲轻骑西走，绍宗反旗鸣角，收散卒成军而去。兆还晋阳，仲远奔东郡，度律、天光走洛阳。

夏，四月，**魏将军斛斯椿执尔朱天光、度律送邺，世隆伏诛，仲远奔梁**斛斯椿谓贾显度、显智曰："不先执尔朱氏，吾属死无类矣。"于是入据河桥，杀尔朱氏之党。度律、天光出走，擒之，送高欢。又使显智袭执世隆，斩之。魏主恭使中书舍人卢辩劳欢于邺。欢使见魏主朗，辩抗辞[1]不从，欢不能夺[2]。侯景降于高欢。尔朱仲远奔梁，仲远帐下乔宁、张子期诣欢降，欢责之曰："仲远为逆，汝为戎首[3]。仲远南走，汝复叛之。事天子则不忠，事仲远则无信。犬马尚识饲者[4]，汝曾犬马之不如！"遂斩之。

魏雍州刺史贺拔岳诛尔朱显寿天光之东下也，留其弟显寿镇长安。召侯莫陈悦，欲与俱东。岳知天光必败，欲留悦共图显寿。宇文泰曰："悦虽为将，不能制物[5]，若先说其众，必人有留心。悦进失尔朱之期，退恐人情变动，乘此说之，事无不遂。"岳喜从之。悦与岳袭长安。欢以岳为关西大行台。岳以泰为左丞，事无巨细，皆委之。

高欢入洛阳，废其主恭及朗，而立平阳王修，自为大丞相魏主朗至邙山[6]。高欢以为疏远，使魏兰根观魏主恭之为人，欲复奉之。兰根以恭神采高明，恐后难制，劝欢废之。欢集百官问所宜立，莫有应者。太仆綦毋俊称恭贤明，宜主社稷。欢将从之，崔㥄作色曰："广陵既为逆胡所立，何得为天子？若从俊言，王师何名义举？"欢遂幽恭于崇训寺，遂入洛阳。斛斯椿谓贺拔胜曰："今天下事在我与君耳，若不先制人，将为人所制。高欢初至，图之不

1　抗辞：高声抗议。
2　夺：强迫。
3　戎首：战争的主谋，发动战争的人。
4　饲者：喂养的人。
5　制物：控制人心。
6　邙山：古山名，即今河南省洛阳市北北邙山。

难。"胜曰："人有功而害之，不祥。"椿乃止。时诸王多逃匿。平阳王修，怀之子也，匿于田舍[1]。欢欲立之，使斛斯椿求之。椿从修所亲王思政见修，修惧曰："卖我耶？"思政曰："否也。"曰："敢保之乎？"曰："变态[2]百端，何可保也？"欢乃为朗作诏策而禅位焉。修即位，用代都旧制，以黑毡蒙七人，欢居其一。修于毡上西向拜天毕，入御殿[3]，以高欢为大丞相、天柱大将军。欢以司马子如为行台尚书，参知军国[4]，征贺拔岳为冀州刺史。岳欲入朝，行台右丞薛孝通曰："欢方内抚群雄，外抗劲敌，安能去其巢穴，与公争关中之地乎？公以华山[5]为城，黄河为堑，进可以兼山东，退可以封函谷，奈何欲束手受制于人？"岳曰："君言是也。"乃不就征。

　　魏尔朱度律、天光伏诛高欢还邺，送尔朱度律、天光于洛阳，斩之。

　　五月，魏封其故主朗为安定王。

　　魏主修弑其故主恭。

　　秋，七月，魏大丞相欢讨尔朱兆，走之，遂据晋阳高欢击尔朱兆军于武乡，兆大掠晋阳，北走秀容，并州平。欢以晋阳四塞，乃建大丞相府而居之。

　　冬，十一月，魏主修弑安定王朗、东海王晔。

　　十二月，魏主杀汝南王悦魏主以悦属近地尊[6]，故杀之。

　　魏立后高氏欢之女也。

1　田舍：农舍。
2　变态：万事万物变化的不同情状。
3　御殿：皇帝临朝。
4　参知军国：参知，参与主持。军国，统军治国。
5　华山：古山名，五岳之西岳，位于今陕西省东部，华阴市区南。
6　属近地尊：亲属关系近而且地位高。

卷

三十二

起癸丑梁武帝中大通五年、魏孝武帝永熙二年，尽丁卯[1]梁武帝太清元年、魏文帝大统十三年、东魏孝静帝武定五年**凡十五年**。

癸丑（公元 533 年）

梁中大通五年。魏永熙二年。

春，正月，魏大丞相欢袭秀容，杀尔朱兆兆至秀容，分守险隘[2]。高欢扬声讨之，师出复止者数四，兆意怠[3]。欢揣其岁首当宴会，遣窦泰以精骑驰之，一日一夜行三百里，欢以大军继之。兆军惊走，泰追破之，兆缢死山中。慕容绍宗降，欢厚待之。先是，兆左右皆密通启[4]于欢，唯张亮无之。至是，欢以亮为参军。

魏罢诸行台。

魏以贺拔胜为荆州刺史魏侍中斛斯椿与南阳王宝炬、将军元毗、王思政密劝魏主图高欢，增置都督部曲，各数百员。以关中大行台贺拔岳拥重兵，密与相结，出其弟胜为荆州刺史，欲以敌欢，欢不悦。初，侍中、司空高乾遭父丧，解侍中。魏主既贰于欢，冀乾为己用，尝与共立盟约，乾不之知，对曰："臣以身许国，何敢有贰？"及是，乾乃谓所亲曰："上不亲勋贤[5]而招集群小，数遣人往来关中，又令贺拔兄弟相近，祸难将作，必及于我。"乃密启欢。欢召乾诣并州。乾因劝欢受魏禅，欢掩其口，曰："勿妄言！今令司空复为侍中，门下事一以相委。"屡启请之，魏主不许。乾知变将起，求为徐州，从之。

三月，阿至罗[6]复附于魏魏正光以前，阿至罗常内属。及中原多事，遂叛。高欢招之，阿至罗复降，凡十万户。欢与之粟帛[7]，议者以为徒费无益，欢

1　丁卯：即公元 547 年。
2　险隘：险要的关口。
3　怠：松懈，懒散。
4　通启：通书信。
5　勋贤：有功勋、有才能的人。
6　阿至罗：古国名，高车十二姓之一阿至罗氏所建，位于今新疆北部阿尔泰山一带。
7　粟帛：粮食布匹。

不从。及经略河西，大收其用。

魏徐州刺史高乾伏诛，大都督高敖曹奔晋阳乾将之徐州，魏主闻其漏泄机事，乃诏欢曰："乾邕与朕有盟，今乃反复。"欢闻，亦恶之，取乾前后启论[1]时事者封上。魏主召乾责之，遂赐死。密敕潘绍业杀其弟敖曹，敖曹奔晋阳。敖曹兄仲密亦间行奔晋阳。

夏，四月，魏青州人耿翔杀其刺史降梁，梁以翔为刺史。

胡氏曰：弑君，天下之大恶。耿翔奔梁，梁虽疾魏，然怒不废礼，盍[2]移魏境，相为戮之，则义声北震，敌人悦服矣。既不能杀，又宠以刺史之尊，是教民以弑君之利也，何以为国乎？

五月，魏下邳叛，降于梁。

秋，八月，魏以贺拔岳为雍州刺史初，贺拔岳遣行台郎冯景诣晋阳，高欢与景歃盟，约与岳为兄弟。景还，言于岳曰："欢奸诈有余，不可信也。"府司马宇文泰请使晋阳，以观欢之为人。欢奇其状貌，曰："此儿视瞻非常。"将留之，泰固求复命。欢既遣而悔之，发驿[3]急追，至关不及而返。泰至，谓岳曰："欢所以未篡者，正惮公兄弟耳，侯莫陈悦之徒非所忌也。公但潜为之备，图欢不难。今费也头[4]控弦之骑不下一万，夏州[5]刺史斛拔弥俄突胜兵三千余，灵州[6]刺史曹泥、河西流民纥豆陵伊利各拥部众，未有所属。若移军近陇，扼其要害，震之以威，怀之以惠，收其士马，以资吾军。西辑[7]氐、羌，北抚沙塞[8]，还军长安，匡辅魏室，此桓、文之功也。"岳大悦，复遣诣洛阳请事[9]，密陈其状。魏主喜，以岳为都督二十州军事、雍州刺史。岳遂引兵西屯平凉，

1　启论：启奏讨论。
2　盍：何不，为什么。
3　驿：古代供传递公文或传送消息用的马。
4　费也头：古部落名，原为匈奴役属的牧民，主要由鲜卑、铁勒等组成。
5　夏州：古州名，辖今陕西省靖边县北红柳河流域和内蒙古杭锦旗、乌审旗等地。
6　灵州：古州名，辖今宁夏中卫、中宁等市县以北，盐池县以西地。
7　辑：聚集。
8　沙塞：沙漠边塞。
9　请事：请示，述职。

弥俄突、伊利及费也头万俟受洛干、铁勒斛律沙门等皆附于岳,唯曹泥附欢。岳以夏州被边要重[1],欲求良刺史。众举宇文泰,岳曰:"左丞,吾左右手,何可废也?"沉吟累日,卒表用之。

九月,**魏大丞相欢分封邑以颁勋义**[2]欢表让王爵,不许。请分封邑十万以颁勋义,许之。

冬,十二月,**魏人侵梁雍州**魏荆州刺史贺拔胜侵梁雍州,拔下迮戍[3],扇动诸蛮。刺史、庐陵王续屡为所败,汉南震骇,城邑多陷。于是沔北荡为丘墟矣。

魏大丞相欢使翟嵩如关中欢患贺拔岳、侯莫陈悦之强,右丞翟嵩曰:"嵩能间之,使其自相屠灭[4]。"欢遣之。

甲寅(公元 534 年)

梁中大通六年。魏永熙三年。东魏孝静帝善见天平元年。〇是岁,魏分为二,凡三国。

春,正月,**魏大丞相欢攻纥豆陵伊利,执之**高欢使侯景招纥豆陵伊利,伊利不从。击之于河西,擒之,迁其部落于河东。魏主让之曰:"伊利不侵不叛,为国纯臣,王忽伐之,讵有一介行人先请之乎[5]?"

魏永宁[6]浮图灾。

魏秦州刺史侯莫陈悦杀贺拔岳,魏以宇文泰统其军魏贺拔岳将讨曹泥,使都督赵贵至夏州,与宇文泰谋之。泰曰:"曹泥孤城阻远[7],未足忧。侯莫陈悦贪而无信,宜先图之。"不听。召悦会于高平,与共讨泥。悦既得翟嵩

---

1 被边要重:被边,靠近边界。要重,重要,多指重要的职位或地域。
2 勋义:跟随举义并立有功勋的人。
3 下迮戍:古地名,亦作下笮戍,位于今湖北省襄阳市襄阳区东北、沔水北。
4 屠灭:杀尽,摧毁。
5 讵有一介行人先请之乎:难道有一个使者事先来请示过吗。讵,难道。行人,使者。
6 永宁:古寺名,即永宁寺,位于今河南省洛阳市东北汉魏故城内。
7 阻远:险阻而遥远。

之言，乃谋取岳。岳数与悦宴语[1]，长史雷绍谏，不听。悦果诱岳斩之，岳众皆不敢动。而悦心犹豫，不即抚纳，还屯水洛城。岳众散还平凉，未有所属。赵贵曰："宇文夏州英略冠世[2]，远近归心，赏罚严明，士卒用命，若迎而奉之，大事济矣。"都督杜朔周请"轻骑告哀，且迎之"。既至，泰与将佐、宾客议去留，前太中大夫韩褒曰："此天授也，又何疑乎？悦，井中蛙耳，使君往，必擒之。"众以为悦已有贺拔之众，图之实难，愿且留以观变。泰曰："悦既害元帅，自应乘势直据平凉，而退屯水洛，吾知其无能为也。夫难得易失者，时也。若不早赴，众心将离。"因与诸将同盟讨悦，轻骑赴平凉。时民间惶惧，逃散者多，军士欲掠之，朔周曰："宇文公方伐罪吊民，奈何助贼为虐乎？"抚而遣之。远近悦附，泰闻而嘉之。欢使侯景招抚岳众，泰至安定遇之，谓曰："贺拔公虽死，宇文泰尚存，卿何为者？"景遂还。泰至平凉，哭岳哀恸，将士悲喜。欢复使侯景、张华原、王基劳泰，泰不受。欲劫留之，华原不屈，乃遣之。基还，言："泰雄杰，请及其未定击灭之。"欢曰："卿不见贺拔、侯莫陈乎？吾当以计拱手取之。"魏主遣元毗慰劳岳军，召还洛阳，并召侯莫陈悦。悦附高欢，不肯应召。泰因毗上表曰："臣岳忽罹非命，都督寇洛等令臣权掌军事。今高欢之众已至河东，侯莫陈悦犹在水洛。士卒多西人，顾恋乡邑。乞少停缓，徐就东引[3]。"魏主乃以泰为大都督，即统岳军。岳之死也，都督李虎奔荆州，说贺拔胜，使收岳众。胜不从而还，为欢别将所获，送洛阳。魏主方谋取关中，得虎甚喜，拜卫将军，使就泰。虎，歆之玄孙也。泰与悦书，责之曰："君党附[4]国贼，共危宗庙。吾已发兵，为贺拔公报仇，指日[5]相见。"

夏，四月朔，日食。

---

1 宴语：闲谈。
2 宇文夏州英略冠世：宇文夏州，即宇文泰，封夏州刺史。英略，英明的谋略。冠世，超人出众。
3 徐就东引：渐渐地将他们带到东部地区去。
4 党附：结党阿附。
5 指日：不日，谓为期不远。

魏宇文泰讨侯莫陈悦，诛之，遂定秦陇[1]。魏以泰为关西大都督宇文泰引兵上陇，军令严肃，秋毫无犯，百姓大悦。水洛降，悦退保上邽，召南秦刺史李弼，与之拒泰。弼举城降。悦军溃，缢死。泰入上邽，散府库以赏士卒，左右窃一银瓮[2]以归，泰知而罪之，剖赐[3]将士。悦党孙定儿不下，有众数万，泰遣刘亮袭之。亮先竖纛[4]于近城高岭，自将二十骑驰入城。定儿方置酒，亮麾兵斩之，遥指城外纛，命二骑曰："出召大军！"城中皆慑服，莫敢动。先是，故氏王杨绍先乘魏乱，逃归武兴，复称王。氏、羌、吐谷浑所在蜂起，自南岐[5]至瓜、鄯，跨州据郡者不可胜数。泰令弼镇原州，拔也恶蚝镇南秦州，可朱浑道元镇渭州[6]，赵贵行秦州事，征齿、泾、东秦、岐之粟以给军。杨绍先惧，称藩送质。长史于谨言于泰曰："明公据关中险固之地，将士骁勇，土地膏腴。今天子在洛，迫于群凶，若陈公恳诚[7]，请都关右，挟天子以令诸侯，奉王命以讨暴乱，此桓、文之业，千载一时也。"泰善之。高欢复遣使甘言厚礼[8]以结泰，泰不受，封其书以闻。魏主命泰引军而东，泰使雍州刺史梁御入据长安。魏主以泰为关西大都督、略阳县公，承制封拜。

六月，魏大丞相欢举兵反。秋，七月，魏主修奔长安。欢入洛阳，推清河王亶承制决事。魏主以宇文泰为大将军、尚书令侍中封隆之言于高欢曰："斛斯椿等必构祸乱。"孙腾泄其言，椿白魏主。隆之及腾皆逃就欢。华山王鸷在徐州，欢使大都督邸珍夺其管钥。建州[9]刺史韩贤、济州刺史蔡俊，欢党也，魏主皆罢之。又增置勋府庶子、骑官各数百人。欲伐晋阳，下诏戒严，云"欲伐梁"。发河南兵诣洛阳。六月，密诏欢曰："宇文黑獭、贺拔胜

1　秦陇：秦岭和陇山的并称。
2　银瓮：银质盛酒器。
3　剖赐：分开来赏赐。
4　纛：古时军队或仪仗队的大旗。
5　南岐：南岐州，古州名，辖今陕西省凤县、留坝及甘肃省两当、成县、徽县等地。
6　渭州：古州名，辖今甘肃省陇西、渭源、漳县、定西、武山等县地。
7　恳诚：诚恳。
8　甘言厚礼：甜美的言辞，厚重的礼品。
9　建州：古州名，辖今山西省晋城市及高平、沁水、阳城、陵川等县地。

有异志，故假南伐潜为之备。王宜近为形援[1]。"欢表曰："臣今潜勒兵马三万，自河东渡，又遣库狄干等自来违津[2]渡，娄昭等讨荆州，尉景等讨江左，皆勒所部，伏听处分。"魏主知欢觉其变，乃止欢军。欢亦表云："臣为嬖佞[3]所间，一旦[4]受疑。陛下若垂信赤心，愿赐斟量，亟令废出[5]。"魏主使源子恭守阳胡[6]，汝阳王暹守石济，又以贾显智为济州刺史。蔡俊不受代，魏主愈怒，乃为敕赐欢曰："闻库狄干语王云：'本欲取懦弱者为主，无事立长君，使其不可驾御。今但作十五日行，自可废之。'此论自是王间勋人，岂出佞臣之口[7]？隆之、孙腾，逃去不罪，王若尽诚，何不斩送？启云'西去'，而四道俱进，南渡洛阳，东临江左，闻者宁能不疑？王若举旗南指，纵无匹马只轮，犹欲奋拳而争死。假令还为王杀，幽辱齑粉[8]，了无遗恨。"王思政言于魏主曰："高欢之心，昭然可知。洛阳非用武之地，宇文泰乃心王室[9]，今往就之，还复旧京，何虑不克？"魏主深然之。遣侍郎柳庆见泰于高平，泰请奉迎舆驾。魏主复私谓庆曰："朕欲向荆州，何如？"庆曰："关中形胜，宇文泰才略可依。荆州地非要害，南逼梁寇，臣愚未见其可。"时东郡太守裴侠率兵诣洛，王思政问以西巡之计，侠曰："宇文泰已操戈矛，宁肯授人以柄？虽欲投之，恐无异避汤入火也。"思政曰："然则如何而可？"侠曰："图欢有立至之忧，西巡有将来之虑，且至关右，徐思其宜耳。"思政然之，乃进侠于魏主，授左中郎将。初，欢欲迁都于邺，魏主不可。至是，复谋迁都，遣骑镇建兴[10]，益河东及济州兵，拥诸州

1　形援：军事布局上的声援、呼应。
2　来违津：古黄河渡口名，位于今内蒙古巴彦淖尔市乌拉特前旗至呼和浩特市清水河县之间黄河上。
3　嬖佞：得宠的奸伪小人。
4　一旦：一天之间。
5　若垂信赤心，愿赐斟量，亟令废出：如果您相信我的赤胆忠心，希望能考虑，把奸臣赶紧从身边赶出去。
6　阳胡：古地名，亦名阳壶，即春秋晋瓠丘，位于今山西省运城市垣曲县东南。
7　此论自是王间勋人，岂出佞臣之口：这样的议论，自然出于您身边的亲近勋贵，难道会出自我身边的奸臣的口中吗。
8　幽辱齑粉：受尽侮辱，粉身碎骨。
9　乃心王室：本意是忠于朝廷，后比喻爱国。
10　建兴：古县名，治所位于今河南省驻马店市泌阳县境内。

和籴¹粟，悉入邺。魏主又以敕谕欢，令归兵罢戍，送相州之粟，使蔡俊受代，邸珍出徐。欢不奉诏。魏主以广宁太守任祥兼仆射，祥弃官走，渡河，据郡待欢。魏主乃下制书²，数欢罪恶，召贺拔胜赴行在所。胜以问掾卢柔，柔曰："高欢悖逆，公席卷赴都，与决胜负，死生以之³，上策也。北阻鲁阳，南并旧楚，东连兖、豫，西引关中，中策也。举三荆之地，庇身于梁，功名皆去，下策也。"胜笑而不应。魏主以宇文泰为关西大行台，令遣骑奉迎。欢遂勒兵南出，以诛斛斯椿为名，以高敖曹为前锋。宇文泰亦移檄州郡，数欢罪恶，自将大军发高平，前军屯弘农。七月，魏主亲勒兵十余万，屯河桥，以斛斯椿为前驱，陈于邙山之北。椿请率精骑二千，夜渡河，掩其劳弊⁴，魏主然之。侍郎杨宽曰："假兵于人，恐生他变。椿若有功，是灭一高欢，生一高欢矣。"魏主敕椿停行，椿叹曰："顷荧惑入南斗，今上信左右间构⁵，不用吾计，岂天道乎？"宇文泰闻之，谓左右曰："高欢数日行八九百里，此兵家所忌，当乘便击之。而主上以万乘之重，不能渡河决战，方缘津据守⁶。且长河万里，捍御为难，若一处得渡，大事去矣。"即以赵贵自蒲坂济，趋并州，遣李贤将精骑一千赴洛阳。魏主使斛斯椿与颍川王斌之镇虎牢，贾显智镇滑台。显智阴约降于欢，军司元玄觉之，驰还，请益师。遣大都督侯几绍赴之，战于滑台东，显智以军降，绍战死。欢引军渡河。斌之与椿争权，还，绐魏主云："欢兵已至！"魏主即召椿还，与南阳王宝炬、清河王亶、广阳王湛以五千骑宿于瀍西⁷。众知魏主将西，亡者过半，亶、湛亦逃归。将军独孤信单骑追魏主，魏主叹曰："将军辞父母、捐妻子而来，世乱识忠臣，岂虚言也？"明日，西奔长安。欢遂入洛阳，

1　和籴：官府以议价交易为名向民间强制征购粮食。
2　制书：用以颁布皇帝重要法制命令的专用文书。
3　死生以之：不论生死都坚持。
4　劳弊：劳累疲弊。
5　间构：离间构陷。
6　缘津据守：沿着渡口防守。
7　瀍西：瀍水以西。瀍水，古水名，源出今河南省洛阳市西北，东南流经洛阳市旧城东入洛水。

遣娄昭、高敖曹率劲骑追魏主，不及。魏主糗浆[1]乏绝，唯饮涧水。至稠桑[2]，
都督毛鸿宾迎，献酒饭，始解饥渴。欢集百官，责以"处不谏诤，出不陪从"
之罪，杀仆射辛雄以下数人，推清河王亶为大司马，承制决事。宇文泰使赵
贵、梁御率甲骑[3]奉迎，魏主循河西上，谓御等曰："此水东流，而朕西上，若
得复见洛阳，亲谒陵庙，卿等功也。"魏主及左右皆流涕。泰备仪卫迎魏主，
谒见于东阳驿[4]，免冠流涕曰："臣不能式遏寇虐[5]，使乘舆播迁，臣之罪也。"魏
主曰："朕不德致寇，方以社稷委公，公其勉之！"遂入长安，以泰为大将军、
雍州刺史兼尚书令，军国之政咸取决焉。别置二尚书，分掌机事，以毛遐、周
惠达为之。时军国草创，二人积粮储，治器械，简士马，魏朝赖之。先是，荧
惑入南斗，去而复还，留止六旬。梁主以谚云"荧惑入南斗，天子下殿走"，
乃跣而下殿以禳之，及闻魏主西奔，惭曰："虏亦应天象邪？"

　　魏大丞相欢屯华阴，使侯景取荆州。贺拔胜奔梁高欢自追迎魏主，
至弘农，遂攻潼关，克之，进屯华阴。贺拔胜率所部西赴关中，至淅阳[6]，闻欢
已屯华阴，欲还，行台左丞崔谦曰："今帝室颠覆[7]，主上蒙尘，公宜倍道兼行，
朝于行在，然后与宇文行台[8]同心戮力，唱举大义，天下孰不望风响应？今舍
此而退，恐人人解体，一失事机，后悔何及！"不听，遂还。欢自发晋阳，至
是凡四十启[9]，魏主皆不报，乃还，遣侯景等向荆州。胜至，景逆击之，胜败，
奔梁。

　　魏阁内都督[10]赵刚以东荆州兵赴长安，遇盗，败没魏主之在洛阳也，

1　糗浆：干粮和酒浆。
2　稠桑：古地名，即桑田，位于今河南省三门峡市辖灵宝市西北。
3　甲骑：披甲的骑兵。
4　东阳驿：古驿站名，位于今陕西省渭南市东东阳水附近，为长安与洛阳间重要陆路交通
　　驿站。
5　式遏寇虐：式遏，遏制，制止。寇虐，残贼凶暴之人，侵掠残害之行。
6　淅阳：古郡名，亦作析阳郡，辖今河南省南阳市西峡县地。
7　颠覆：颠坠覆败，灭亡。
8　宇文行台：即宇文泰。
9　启：启奏，禀告。
10　阁内都督：古官名，佐阁内大都督统率皇帝左右的亲信侍卫。

密遣阁内都督赵刚召东荆州刺史冯景昭入援。兵未及发，魏主入关。景昭集文武议所从，冯道和请待北方处分，刚曰："公宜勒兵赴行在所。"久之，更无言者。刚抽刀投地，曰："公若欲为忠臣，请斩道和；如欲从贼，可速见杀！"景昭感悟，即率众赴关中。侯景引兵逼穰城，东荆州民杨祖欢起兵应之，以其众邀景昭于路，景昭战败，刚没蛮中。

冬，十月，**魏大丞相欢立清河世子善见于洛阳**欢至洛阳，又遣僧道荣奉表于魏主曰："陛下若远赐一制[1]，许还京洛[2]，臣当率勒[3]文武，式清[4]宫禁。若返正[5]无日，则社稷不可无主，万国须有所归，臣宁负陛下，不负社稷。"魏主亦不答。欢乃集百官耆老议所立。时清河王亶出入已称警跸，欢丑之，遂立其世子善见为帝，谓亶曰："欲立王，不如立王之子。"亶不自安，南走，欢追还之。善见即位，时年十一。

魏以宇文泰为大丞相泰攻潼关，斩高欢守将薛瑜。还长安，进位大丞相。

梁伐东魏。

十一月，东魏迁于邺高欢以洛阳西逼西魏，南近梁境，乃议迁邺。书下三日即行，四十万户狼狈就道。欢留后部分，事毕，还晋阳。改司州为洛州，以元弼为刺史，镇洛阳。仆射司马子如、高隆之、侍中高岳、孙腾留邺，共知[6]朝政。出粟一百三十万石以赈迁民。十一月，东魏主至邺，改相州刺史为司州牧，魏郡太守为魏尹。

闰十二月，魏大丞相泰进毒弑其君修魏孝武闺门无礼，从妹不嫁者三人。平原公主明月，南阳王宝炬之同产也，从入关，宇文泰使人杀之。魏主不悦，由是复与泰有隙，饮酒遇酖而殂，殡于佛寺。谏议大夫宋球恸哭呕血，浆

1　制：皇帝的命令。
2　京洛：京城洛阳。
3　率勒：统率。
4　式清：清扫干净。
5　返正：帝王复位。
6　知：主持，管理。

粒[1]不入口者数日。泰以其名儒，不之罪也。东魏高欢闻之，启请举哀制服[2]。东魏主使群臣议之，博士潘崇和以为："君遇臣不以礼，则无反服[3]，是以汤之民不哭桀，周之臣不服纣。"卫既隆、李同轨以："高后于永熙离绝未彰[4]，宜为之服。"东魏从之。

魏独孤信克荆州，东魏人袭之，信奔梁东魏既取荆州，魏以独孤信为刺史，招怀之。蛮酋[5]樊五能攻破淅阳郡以应魏，东魏刺史辛纂欲讨之。郎中李广曰："淅阳深险[6]，表里群蛮[7]。今少遣兵不能制贼，多遣则根本虚弱，脱不如意，州城难保。闻台军不久应至，公但约勒属城，使完垒抚民以待之，虽失淅阳，不足惜也。"纂不从而败。城民召独孤信，东魏遣田八能拒之，又遣张齐民出信后。信谓其众曰："今士卒不满千人，首尾受敌，若还击齐民，士民谓我退走，必来邀我。不如进击八能，破之，齐民自溃矣。"遂击破八能，乘胜袭穰城。辛纂出战，大败，还趋城。门未及阖[8]，信前驱武川杨忠叱门者曰："大军已至，城中有应，尔等求生，何不避走？"门者皆散。忠率众入城，斩纂以徇，城中慑服[9]。信分兵定三荆[10]。居半岁，东魏高敖曹、侯景将兵奄至城下，信兵少，不敌，与杨忠皆奔梁。

乙卯（公元535年）

梁大同元年。魏文帝宝炬大统元年。东魏天平二年。

春，正月朔，魏大丞相泰立南阳王宝炬魏宇文泰与群臣议所立，多举

1　浆粒：水和米。
2　制服：穿丧服。
3　反服：已脱离隶属关系的臣下为旧君服丧。
4　于永熙离绝未彰：永熙，北魏孝武帝元修的第三个年号，存续时间为公元532年至534年，此处代指孝武帝元修。离绝，分离断绝，离开。未彰，没有公开。
5　蛮酋：蛮人的首领。
6　深险：偏僻险要。
7　表里群蛮：里里外外都是蛮人。
8　阖：关闭。
9　慑服：因畏惧而屈服。
10　三荆：荆州、东荆州、南荆州的合称。

广平王赞，濮阳王顺垂涕谓泰曰："高欢逼逐先帝，立幼主以专权，明公宜反其所为。广平冲幼，不如立长君而奉之。"泰乃立南阳王宝炬。

魏将军李虎克灵州宇文泰遣李虎等击曹泥。虎等招谕费也头之众，与之共攻灵州，凡四旬，曹泥请降。

魏大丞相泰自为都督中外诸军事，封安定公魏以泰为都督中外诸军、录尚书事、大行台，封安定王。泰固辞王爵及录尚书，乃封安定公。

魏立后乙弗氏后仁恕节俭，不妒忌，魏主重之。

东魏大丞相欢击稽胡，斩刘蠡升蠡升自称天子，居云阳谷[1]，魏之边境常被其患，谓之"胡荒"。欢袭击，大破之。其下斩之以降。

东魏大丞相欢自为相国，假黄钺，加殊礼。复辞不受。

东魏人袭魏华州，不克东魏大行台、尚书司马子如率都督窦泰、韩轨等攻潼关。魏宇文泰军于霸上，子如从蒲津[2]宵济[3]，攻华州，入之。刺史王罴未起，闻阁外匈匈有声[4]，袒跣持梃[5]，大呼而出，逐至东门，左右稍集，击破走之。

魏作新制[6]二十四条魏宇文泰以军旅未息，吏民劳弊，命所司[7]斟酌古今可以便时适治[8]者，为二十四条新制，奏行之。

魏大丞相泰以苏绰为行台左丞宇文泰用苏绰为行台郎中，居岁余，未之知也，而台中皆称为能，有疑事皆就决之。泰与仆射周惠达论事，惠达请出议之，以告绰。绰为之区处，惠达入白之，泰称善，曰："谁与卿为此议者？"惠达以绰对，且称绰有王佐之才。泰与公卿如昆明池观渔，行至汉故仓池[9]，顾

---

1 云阳谷：古地名，位于今山西省朔州市右玉县东云阳堡村附近。
2 蒲津：古渡口名，位于今山西省永济市蒲州镇与陕西省大荔县朝邑镇之间黄河上。
3 宵济：夜间渡水。
4 闻阁外匈匈有声：听到屋外一片喧扰声。
5 袒跣持梃：光着身子，赤着双脚，手持棍棒。梃，棍棒。
6 新制：新订立的制度。
7 所司：有司，主管的官吏。
8 便时适治：既便于目前情况，又适合治理天下。
9 仓池：古湖沼名，位于今陕西省西安市西北汉长安故城西。

问左右，莫有知者。召绰问之，具以状对。泰悦，因问天地造化之始，历代兴亡之迹，绰应对如流。遂留至夜，问以政事，卧而听之。绰陈为治之要，泰起，整衣危坐，不觉膝之前席[1]，语达曙不厌。诘朝[2]，谓惠达曰："苏绰真奇士，吾方任之以政。"即拜左丞，参典[3]机密，自是宠遇日隆。绰始制文案程式，朱出墨入[4]，及计帐、户籍之法，后人多遵用之。

夏，五月，魏大丞相泰自加柱国[5]。

秋，七月，魏东益州叛，降于梁。

八月，东魏作新宫。

魏赵刚以东荆州归于魏赵刚自蛮中往见东魏东荆州刺史李愍，劝令附魏，愍从之。刚由是得至长安。宇文泰以刚为光禄大夫。刚说泰召贺拔胜、独孤信等于梁，泰使刚往请之。

冬，十一月，梁侍中徐勉卒勉虽骨鲠不及范云，亦不阿意苟合，故梁世言贤相者称"范徐"云。

魏梁州叛，降于梁。

东魏封高洋为太原公洋，欢之子也，内明决而外如不慧[6]，众皆嗤鄙[7]之，独欢异之，谓长史薛琡曰："此儿识虑[8]过吾。"幼时，欢尝欲观诸子意识[9]，使各治乱丝，洋独抽刀斩之，曰："乱者必斩！"又各配兵四出，使都督彭乐率甲骑伪攻之，兄澄等皆怖挠[10]，洋独勒众与格[11]。乐免胄言情，犹擒以献。

1　膝之前席：膝盖不知不觉已经向前移动到席子的前端。
2　诘朝：清晨，平明。
3　参典：参与掌管。
4　朱出墨入：用红笔批出，用黑笔签收。
5　柱国：古官名，柱国大将军省称，位在丞相上，用以安置权臣。
6　不慧：不聪明，白痴。
7　嗤鄙：讥笑鄙视。
8　识虑：见解和谋略。
9　意识：见识。
10　怖挠：害怕得乱了阵脚。
11　勒众与格：布置兵力与彭乐对抗。

十二月，东魏始赋¹文武官禄。

魏与柔然和亲柔然头兵可汗求婚于东魏，高欢以常山王妹为兰陵公主妻之。魏亦与约和亲，由是不复为寇。

丙辰（公元536年）

梁大同二年。魏大统二年。东魏天平三年。

春，正月，东魏大丞相欢袭魏夏州，取之。魏灵、凉州亦叛，附于欢高欢自将万骑袭魏夏州，不火食²，四日而至，缚稍为梯，夜入其城。擒刺史斛拔俄弥突，因而用之。留张琼将兵镇守，迁其部落以归。魏灵州刺史曹泥与其婿凉州刺史刘丰复叛，降东魏。魏人围之，水灌其城，不没者四尺。欢发阿至罗骑径度³灵州，绕出魏师之后，魏师退。欢迎泥及丰，拔其遗户⁴五千以归。

二月，东魏大丞相欢遣其世子澄入邺辅政，东魏以为尚书令、京畿大都督东魏勃海世子澄，年十五，入邺辅政，用法严峻，事无凝滞，中外震肃⁵。引崔暹为左丞，亲任之。初，澄通于欢妾，一婢告之，欢杖澄而幽之。娄妃亦隔绝，不得见。欢纳魏敬宗之后尔朱氏，有宠，生子浟，欲立之。澄求救于司马子如。子如入见，伪为不知者，请见娄妃，欢告其故。子如曰："妃是王结发妇，常以家财奉王。王在怀朔被杖，背无完皮，妃昼夜供侍⁶，同走并州，燃马矢自作靴⁷，恩义何可忘也？且娄领军之勋，何宜播动⁸？一女子如草芥，况婢言不必信邪？"欢因使子如更鞫⁹之，子如尽反其辞，乃启欢曰："果虚言也。"欢大悦，父子、夫妇相泣，复如初。

---

1 赋：给予，授予。
2 火食：举火煮饭。
3 径度：径直渡过。
4 遗户：劫后残留的人家。
5 震肃：因慑于威猛之政而风气肃然。
6 供侍：侍奉，侍候。
7 燃马矢自作靴：点燃马粪作饭，亲自制作靴子，言生活艰苦。马矢，马粪。
8 播动：颠簸摇动。
9 鞫：审问。

东魏大丞相欢以陈元康为功曹高季式荐元康于高欢曰："是能夜中暗书，快吏[1]也。"欢召之，一见，即授功曹，掌机密。时军国多务，元康问无不知。与功曹赵彦深同知机密，而元康性柔谨[2]，欢甚亲之，曰："此人天赐我也。"

三月，梁处士陶弘景卒弘景博学，好养生，仕齐为奉朝请，弃官，隐居茅山[3]。梁主早与之游，及即位，恩礼甚笃，每得其书，焚香虔受[4]。屡以手敕招之，弘景不出。国家每有大议，必先咨之，时人谓之"山中宰相"。将没，为诗曰："夷甫任散诞，平叔坐论空。岂悟昭阳殿，遂作单于宫[5]。"时士大夫竞谈玄理[6]，不习武事，故弘景诗及之。

胡氏曰：弘景居山中而预朝政，非"不在其位，不谋其政"之义矣。而当是之时，政事之失，亦岂少哉？处身则事浮屠，处家则无义方，治国则政刑不修，对敌则师旅无名，数十年间，骎骎[7]入于乱亡，而不闻弘景有一言以省[8]帝心也，临终之诗，亦何益哉？

夏，四月，梁以江子四为右丞子四上封事，极言得失，梁主诏曰："古人有言：'屋漏在上，知之在下。'朕有过失，不能自觉，子四所言，尚书时加检括，速以启闻。"

秋，七月，魏贺拔胜自梁归于魏梁主待贺拔胜等甚厚，胜请讨高欢，不许。厚结朱异，乃得归。与史宁、卢柔皆北还，梁主伐[9]之南苑。胜怀梁主恩，自是见鸟兽南向者皆不射之。至襄城，东魏高欢遣侯景以轻骑邀之，胜等

1　快吏：干练的属吏。
2　柔谨：温和恭谨。
3　茅山：古山名，位于今江苏省西南部句容、金坛两市之间，北与镇江市丹徒区、南与溧阳市交界，原名句曲山。传西汉景帝时茅盈、茅衷、茅固三兄弟得道于此，遂名茅山，亦名三茅山。
4　虔受：虔诚接受。
5　夷甫任散诞，平叔坐论空。岂悟昭阳殿，遂作单于宫：王衍任性放诞，何晏议论虚空。谁能想到，昔日昭阳殿，竟然成了异族的单于宫。
6　玄理：精微的义理，深奥的道理。
7　骎骎：渐进貌。
8　省：醒悟。
9　饯：设酒食送行。

自山路逃归。宇文泰引柔为从事中郎，与苏绰对掌机密。

　　九月，东魏行台侯景侵梁，梁陈庆之击破之。

　　冬，十二月，东魏及梁平。

　　魏大饥人相食，死者什七八。

丁巳（公元 537 年）

　　梁大同三年。魏大统三年。东魏天平四年。

　　春，正月，东魏大丞相欢侵魏，魏大丞相泰击破之，杀其将窦泰。欢别将袭魏洛州[1]，执其刺史泉企初，魏主下诏，数高欢二十罪，欢亦移檄，谓宇文泰、斛斯椿为逆徒。至是，欢遣司徒高敖曹攻上洛，大都督窦泰攻潼关，而自将军蒲坂，造三浮桥，欲渡河。魏宇文泰军广阳[2]，谓诸将曰："贼掎[3]吾三面，作浮桥，以示必渡，此欲缀[4]吾军，使窦泰得西入耳。泰屡胜而骄，袭之必克。克泰，则欢不战自走矣。"诸将皆曰："不如分兵御之。"宇文泰曰："贼虽作桥，未能径渡，不过五日，吾取窦泰必矣！"苏绰、达奚武亦以为然。宇文泰还长安，隐其计，以问族子、直事郎中深，深曰："窦泰，欢之骁将，今大军攻蒲坂，则欢拒守而泰救之，吾表里受敌，此危道也。不如选轻锐，潜出小关[5]，窦泰躁急，必来决战。欢持重未即救，我急击泰，必可擒也。擒泰，则欢势自沮，回师击之，可以决胜。"宇文泰喜曰："此吾心也。"乃声言欲保陇右，而潜军东出。窦泰猝闻军至，渡河。宇文泰击破之，士众皆尽，窦泰自杀。高欢撤浮桥而退。敖曹自商山[6]转斗而进，所向无前，遂攻上洛。郡人泉岳及弟猛略与杜窋等谋翻城应之，洛州刺史泉企知之，杀岳及猛略，窋走归敖曹，敖曹以为乡导而攻之。企固守旬余，二子元礼、仲遵力战，仲遵伤目，城

1　洛州：古州名，辖今陕西省商洛市、山阳、商南、洛南等市县区域，北周改名商州。
2　广阳：古县名，治所位于今陕西省西安市临潼县北。
3　掎：拖住。
4　缀：通"辍"，停，中止。
5　小关：古关隘名，又称禁峪关，位于今陕西省渭南市潼关县东，旧潼关北。
6　商山：古山名，又称商阪、楚山，位于今陕西省商洛市商州区东南。

遂陷。企见敖曹曰："吾力屈，非心服也。"敖曹以杜窋为洛州刺史，欲遂入蓝田关[1]。闻窦泰败没而还，以企及元礼自随。企私戒二子曰："吾余生无几，汝曹才器足以立功，勿以吾故，遂亏臣节。"元礼逃还，与仲遵阴结豪右，袭窋，杀之。魏以元礼世袭洛州刺史。东魏郎中杜弼以在位[2]贪污，请治之，欢曰："今督将家属多在关西，宇文黑獭[3]常招诱之，人情去留未定。江东复有一吴翁萧衍，专事衣冠礼乐，中原士大夫望之，以为正朔所在。我若不相假借[4]，恐督将尽归黑獭，士子悉奔萧衍，人物流散，何以为国？宜少待，吾不忘之。"至是，将出兵拒魏，弼请先除内贼，欢问："为谁？"弼曰："诸勋贵掠夺百姓者是也。"欢不应，使军士皆张弓注矢[5]，举刀按矟，夹道罗列，命弼冒[6]出其间，弼战栗流汗。欢乃徐谕之曰："矢注不射，刀举不击，矟按不刺，尔犹亡魂失胆。况诸勋人身犯锋镝[7]，百死一生，虽或贪鄙，所取者大，岂可同之常人哉？"弼顿首谢。欢每号令军士，其语鲜卑则曰："汉民是汝奴，夫为汝耕，妇为汝织，输汝粟帛，令汝温饱，汝何为陵之？"其语华人[8]则曰："鲜卑是汝作客[9]，得汝一斛粟，一匹绢，为汝击贼，令汝安宁，汝何为疾之？"时鲜卑共轻华人，唯惮高敖曹。欢号令将士，常鲜卑语，敖曹在列，则为之华言。敖曹尝诣相府，门者不纳。敖曹射之，欢知而不责。

　　夏，六月，东魏遣使如梁东魏遣散骑常侍李谐聘于梁，梁主与语，应对如流。因目送之，谓左右曰："卿辈常言北间无人物，此等何自而来？"是时，南北通好，务以俊乂相夸，衔命接客，必尽一时之选。每梁使至邺，邺下为之倾动[10]。宴日，高澄常使左右觇之，一言制胜，为之拊掌。魏使至建康，

1　蓝田关：古关隘名，亦名蓝关，位于今陕西省西安市蓝田县境内。
2　在位：做官，居于官位。
3　宇文黑獭：即宇文泰，字黑獭。
4　假借：宽假，宽容。
5　注矢：把箭搭在弓上。
6　冒：不顾，顶着。
7　锋镝：刀刃和箭镞，也借指兵器。
8　华人：汉人。古称"汉"为"华"。
9　作客：佣工，受雇者。
10　倾动：震动，轰动。

亦然。

魏独孤信自梁归于魏独孤信求还北，梁主许之。信父母皆在山东，梁主问信所适，信曰："事君者，不敢顾私亲而怀贰心。"梁主以为义，礼送甚厚。信与杨忠皆至长安，魏以为骠骑大将军。宇文泰爱忠之勇，留置帐下。

秋，八月，魏大丞相泰伐东魏，克恒农，遣使谕降[1]**河北城堡**魏宇文深劝宇文泰取恒农。泰伐东魏，以于谨为前锋，拔恒农。时河北诸城多附东魏，左丞杨㯭请往说之。乃与土豪举兵，收邵郡[2]守、令斩之。说谕东魏城堡，旬月之间，归附甚众。

梁修长干塔梁主修长干寺阿育王塔，出佛爪、发舍利。幸寺，设无碍[3]食，大赦。

胡氏曰：佛固为贤，然亦人耳。使其心有道，其骨、毛、爪、齿，若何而能神？其徒宝而畜之者，又云有五色珠玭[4]附而生焉，名曰"舍利子"，云是精气所结也。是物也，饥不可食，寒不可衣，病不可疗，无益生人。梁武敬信之笃，至幸寺设斋，冀得护持，然不免饿死，佛力果安在哉？

闰九月，梁以武陵王纪为益州刺史。

东魏大丞相欢侵魏。冬，十月，魏大丞相泰迎战渭曲[5]，大败之东魏高欢将兵二十万趋蒲津，使高敖曹将兵三万出河南。时关中饥，魏宇文泰所将不满万人，屯恒农五十余日，闻欢将济河，乃引兵入关，敖曹遂围恒农。长史薛琡言于欢曰："西人连年饥馑，故冒死入陕州[6]，欲取仓粟。今敖曹已围陕城，粟不得出，但置兵诸道，勿与野战，比及麦秋[7]，其民自应饿死，宝炬、黑獭何

1　谕降：游说招降。
2　邵郡：古郡名，辖今山西省运城市垣曲县及河南省济源市西部等地。
3　无碍：佛教语，谓通达自在，没有障碍。
4　珠玭：珠串，亦形容形似珠串的水珠等。
5　渭曲：古地名，位于今陕西省渭南市大荔县东南。
6　陕州：古州名，辖今河南省三门峡、陕县、洛宁、渑池、灵宝等市县及山西省运城、平陆、芮城等市县地。
7　麦秋：麦熟的季节，通常指农历四、五月。

忧不降？愿勿渡河。"侯景曰："今兹举兵，形势极大，万一不捷，猝难收敛[1]。不如分为二军，相继而进。前军若胜，后军全力；前军若败，后军承之。"欢不从。自蒲津济河，至冯翊，谓魏刺史王罴曰："何不降？"罴大呼曰："此城是王罴冢，欲死者来！"欢知不可攻，乃涉洛[2]，军于许原[3]西。泰至渭南，征诸州兵，皆未会。欲进击欢，诸将以众寡不敌，请待欢更西以观其势。泰曰："欢若至长安，人情大扰。今及其新至，可击也。"即造浮桥于渭，令军士赍三日粮，轻骑渡渭。十月，至沙苑[4]，距东魏军六十里。诸将皆惧，宇文深独贺曰："欢镇抚河北，甚得众心，以此自守，未易可图。今悬师[5]渡河，非众所欲，独欢耻失窦泰，愎谏而来，所谓忿兵[6]，可一战擒也。愿假深一节[7]，发王罴之兵邀其走路，使无遗类。"泰遣须昌公达奚武觇欢军。武从三骑，皆效欢将士服，日暮，去营数百步，下马潜听，得其军号，因上马历营，若警夜[8]者，有不如法[9]，往往挞[10]之，具知敌之情状而还。欢闻泰至，引兵会之。李弼谓泰曰："彼众我寡，不可平地置阵，此东十里有渭曲，可先据以待之。"泰从之，背水东西为阵，李弼、赵贵为左、右拒[11]，命将士皆偃戈[12]于苇中，约闻鼓声而起。晡时，东魏兵至，斛律羌举曰："黑獭举国而来，欲一死决。渭曲苇深土泞，无所用力，不如缓与相持，密分精锐，径掩长安，巢穴既倾，则黑獭不战成擒矣。"欢曰："纵火焚之何如？"侯景曰："当生擒黑獭，以示百姓。若烧死，谁复知之？"彭乐盛气请斗，曰："我众贼寡，何忧不克？"欢从

1　收敛：停止。
2　涉洛：渡过洛水。洛水，古水名，一名北洛水，即今陕西省洛河，源出定边县东南白于山，至大荔县南合渭水，东入黄河。
3　许原：古地名，位于今陕西省渭南市大荔县北。
4　沙苑：古地名，位于今陕西省渭南市大荔县东南，今名马坊头。
5　悬师：孤军深入。
6　忿兵：不忍小故而愤怒用兵。
7　一节：一个可以调兵的符节。
8　警夜：夜间警戒。
9　如法：守法，守规矩。
10　挞：用鞭子或棍子打。
11　右拒：布于右翼的方形军阵。拒，通"矩"，方形军阵。
12　偃戈：埋伏，伏兵。

之。东魏兵望见魏兵少，争进击之，无复行列[1]。泰鸣鼓，士皆奋起合战，李弼等率铁骑横击之，东魏兵中绝，遂大破之。欢欲收兵更战，众已尽去，斛律金曰："众心离散，不可复用，宜急向河东。"欢乃驰去。夜渡河，丧甲士八万人，铠仗十八万。泰追至河上，选留甲士二万余人，余悉纵归。李穆曰："高欢破胆矣，速追之，可获。"泰不听，还军渭南，所征之兵甫至，乃于战所[2]人种柳一株，以旌武功。侯景言于欢曰："黑獭骤胜而骄，必不为备，愿得精骑二万，径往取之。"欢以告娄妃，妃曰："设如其言，景岂有还理？得黑獭而失景，何利之有？"欢乃止。高敖曹闻欢败，释恒农，退保洛阳。

　　魏大丞相泰伐东魏，东魏秦州降。泰遂略定汾、绛魏遣行台王季海与独孤信趋洛阳，李显趋三荆，贺拔胜、李弼围蒲坂。高欢之西伐也，蒲坂民敬珍谓其从祖兄祥曰："高欢迫逐乘舆，天下忠义之士皆欲傅刃[3]于其腹。今又称兵西上，吾欲与兄起兵，断其归路，此千载一时也。"祥从之，纠合乡里，有众万余。会欢自沙苑败归，祥、珍率众邀之，斩、获甚众。贺拔胜、李弼至河东，祥、珍率六县十余万户归之。宇文泰以珍为平阳[4]太守，祥为行台郎中。东魏泰州[5]刺史薛崇礼守蒲坂，其族弟善为别驾，言于崇礼曰："高欢有逐君之罪，善与兄忝衣冠绪余[6]，世荷国恩，今大军已临，而犹为欢守，一旦城陷，送首长安，署为逆贼，死有余愧。及今归款，犹为愈[7]也。"崇礼犹豫不决，善与族人斩关纳魏师。宇文泰进军蒲坂，略定汾、绛，凡薛氏预开城之谋者，皆赐五等爵。善曰："背逆归顺，臣子常节，岂容阖门俱叨[8]封邑！"与其弟慎固辞不受。

1　行列：纵横排列，兵阵。
2　战所：作战的地方。
3　傅刃：以刀刺入。
4　平阳：古郡名，辖今山西省霍州市以南的汾河流域及其以西地区。
5　泰州：古州名，辖今山西省永济、万荣、临猗等市县地。
6　衣冠绪余：比喻名门之家的后裔。绪余，后代。
7　愈：胜过，更好。
8　叨：承受，用于受人恩惠及礼物表示感谢的谦词。

魏取洛阳、豫州，颍[1]、梁、广、阳[2]等州皆降独孤信至新安，高敖曹引兵北渡河。信逼洛阳，洛州刺史、广阳王湛弃城归邺，信遂据金墉城。孝武之西迁也，散骑常侍裴宽谓诸弟曰："天子既西，吾不可以东附高氏。"率家属逃于大石岭[3]。闻信入洛，乃出见之。颍州长史贺若统举城降魏，魏都督梁迥入据之。梁州、荥阳、广州皆降。十一月，东魏行台任祥攻颍川，宇文泰使大都督宇文贵救之。诸将咸以为彼众我寡，不可争锋。贵曰："彼谓吾兵少必不敢进，合攻颍川，城必危矣。今进据颍川，有城可守，又出其不意，破之必矣。"遂疾趋[4]，据颍川，背城为阵，以待其至。合战，大破之，俘其士卒万余人，悉纵之。乘胜进击，大败之。东魏将是云宝杀其阳州刺史以降。魏都督韦孝宽攻豫州，拔之。荆州刺史郭鸾攻东荆州，刺史慕容俨昼夜拒战二百余日，乘间出击，大破之。时东魏河南诸州多失守，唯东荆州获全。

东魏濮阳、阳平[5]盗起，济州刺史高季式讨平之东魏濮阳民为盗，济州刺史高季式讨，擒之。又击阳平贼，平之。或谓季式曰："盗不侵境，而使私军远战，万一失利，岂不获罪乎？"季式曰："君何言之不忠也？我与国家同安共危，以此获罪，亦无所恨！"

戊午（公元 538 年）

　　梁大同四年。魏大统四年。东魏元象元年。

春，正月朔，日食。

二月，东魏遣行台侯景治兵虎牢，复取汾、颍、豫、广四州。

魏废其后乙弗氏，立柔然女郁久闾氏为后初，柔然头兵可汗始得返国，事魏尽礼。永安以后，不复称臣，置侍中、黄门等官。得魏淳于覃，亲宠

1　颍：颍州，古州名，辖今河南省许昌、禹州二市及临颍、长葛、鄢陵、扶沟等县地。
2　阳：阳州，古州名，辖今河南省宜阳、洛宁二县境。
3　大石岭：古地名，位于今河南省洛阳市伊川县境。
4　疾趋：急速行进。
5　濮阳、阳平：濮阳，古郡名，辖今山东省鄄城、郓城及河南省濮阳县南部地。阳平，古郡名，辖今安徽省蚌埠市固镇县地。

任事，使典文翰。及是，数为边患。魏宇文泰欲结婚以抚之，以舍人元翌女为化政公主，妻头兵弟。又言于魏主，以乙弗后为尼，使扶风王孚迎头兵女为后。头兵遂留东魏使者，而送悼后[1]于魏。柔然营幕[2]，户、席皆东向，孚请正南面，后曰：“我未见魏主，固柔然女也。魏仗[3]南面，我自东向。”

秋，七月，梁大赦以得如来舍利故也。

八月，东魏遣兵围魏金墉，魏大丞相泰救之，斩其将高敖曹。复战，不利，引还东魏侯景、高敖曹等围魏独孤信于金墉，高欢率大军继之。魏主与宇文泰俱东，李弼、达奚武率千骑为前驱。至谷城[4]，侯景等欲整阵以待其至，莫多娄贷文请击之。进遇李弼，败死。泰进军瀍东，景等夜解围去。泰率轻骑追至河上，景为阵，北据河桥，南属邙山，与泰合战。泰马惊逸[5]坠地，东魏兵追及之，左右皆散，李穆以策抶泰[6]骂之，追者不疑，穆因以马授泰，与俱逸。魏兵复振，击东魏兵，大破之。高敖曹意轻泰，建旗盖以陵陈[7]，魏人尽锐攻之，一军皆没。敖曹单骑走，投河阳南城，守将高永乐与敖曹有怨，闭门不受，追者斩之。高欢闻之，如丧肝胆。泰赏杀敖曹者布绢万段[8]，岁岁稍与之，比及周亡[9]，犹未能足。魏又杀东魏将宋显等，虏甲士万五千人，赴河死者以万数。然是日置阵既大，首尾悬远，从旦至未[10]，战数十合，氛雾[11]四塞，莫能相知。魏诸军战不利，烧营而归，留仪同三司长孙子彦守金墉。王思政举矟陷阵，被创闷绝[12]。思政每战，常着破衣弊甲，敌不知其将帅，故得免。将军蔡祐下马，率左右十余人击东魏兵，杀伤甚众。东魏人围之，祐弯弓持满，四面拒

1　悼后：即西魏文帝元宝炬皇后郁久闾氏，柔然可汗阿那瓌长女。
2　营幕：营帐。
3　仗：仪仗。
4　谷城：古地名，位于今河南省洛阳市西北，以临谷水，故名。
5　惊逸：受惊而逃逸。
6　以策抶泰：挥鞭抽打宇文泰。策，竹制的马鞭，头上有尖刺。抶，用鞭子或竹板打。
7　建旗盖以陵陈：树起旗盖以显示军阵的威风。旗盖，古代仪仗中的旗与伞。
8　段：布帛或条形物的一截。
9　周亡：北周灭亡。
10　从旦至未：从早上到未时。未时，下午一点钟到三点钟。
11　氛雾：雾气。
12　闷绝：晕倒。

之。东魏人募厚甲长刀者，直进取之，去祐三十步，左右劝射之，佑曰："吾曹之命，在此一矢，岂可虚发！"将至十步，佑乃射之，应弦而倒，东魏兵稍却，祐徐引还。祐每战，常为士卒先。战还，诸将皆争功，祐终无所言。泰每叹曰："承先[1]口不言勋，我当代其论叙[2]。"因以王思政为东道行台，使镇恒农。

魏长安乱，大丞相泰讨平之魏之东伐也，关中守兵少，前后所虏东魏士卒散在民间，闻魏兵败，谋作乱。李虎与周惠达等奉太子钦出屯渭北，关中大扰。于是赵青雀等遂反，据长安子城，雍州民于伏德与咸阳[3]太守慕容思庆各收降卒，以拒还兵。长安大城[4]民相率以拒青雀，屡破之。魏主留闳乡，宇文泰以士马疲弊，不可速进，且谓青雀等乌合，不能为患，曰："我至长安，以轻骑临之，必当面缚。"散骑常侍陆通谏曰："贼逆谋久定，不可轻也。且贼诈言东寇将至，若以轻骑临之，百姓益当惊扰。今军虽疲弊，精锐尚多，以明公之威，总大军以临之，何忧不克？"泰从之，引兵西入。父老悲喜，士女相贺。华州刺史宇文导袭咸阳，斩思庆，擒伏德，南渡渭，与泰相会，攻青雀，破之。

东魏大丞相欢拔金墉，魏师走欢自晋阳将骑济河，遣别将追魏师，至崤[5]，不及。自攻金墉，长孙子彦弃城走。欢毁金墉而还。

东魏范阳人起兵应魏，东魏讨平之范阳卢仲礼及从弟景裕起兵应魏，东魏讨平之。景裕本儒生，欢释之，使教诸子。景裕讲论精微，难者或相诋诃，大声厉色，而景裕神采俨然，风调[6]如一，从容往复，无际可寻。性清静，历官屡有进退，无得失之色。弊衣粗食，恬然自安，终日端严[7]，如对宾客。

冬，十二月，魏复取洛阳及广州魏是云宝袭洛阳，赵刚袭广州，皆拔

1　承先：即蔡佑，字承先。
2　论叙：论说。
3　咸阳：古郡名，辖今陕西省咸阳市及泾阳、礼泉县地。
4　大城：外城。
5　崤：古县名，治所位于今河南省三门峡市陕县东南。
6　风调：人的品格情调。
7　端严：端庄严谨。

之。于是自襄、广[1]以西城镇复为魏。

东魏禁擅立寺魏自正光以后，四方多事，民避赋役，多为僧尼，至二百万人，寺三万余区。至是，始诏："长吏擅立寺者，计庸[2]，以枉法论。"

盗杀魏广州刺史李延孙初，魏伊川[3]土豪李长寿为防蛮都督。孝武[4]西迁，长寿率其徒拒东魏，魏以为广州刺史。侯景攻杀之。子延孙复收其兵，魏之贵臣皆往依之，延孙资遣[5]卫送，使达关中。东魏高欢患之，数遣兵攻之，不能克。延孙以澄清伊洛为己任，魏以韦法保为东洛州[6]刺史，助之。既至，与延孙连兵，置栅于伏流[7]。是岁，延孙为其长史所杀，法保即据其栅。

魏取宜阳，行台王思政城玉壁[8]，徙镇之东魏将段琛等据宜阳，遣牛道恒诱魏边民。韦孝宽患之，乃诈为道恒书归款，使谍[9]遗之琛营，琛果疑之。孝宽乘其猜阻[10]，袭而擒之，崤渑遂清。王思政以玉壁险要，请筑城。自恒农徙镇之。

东魏改停年格东魏以高澄摄吏部尚书，始改崔亮年劳之制，铨擢[11]贤能。又沙汰尚书郎，妙选人地以充之。凡才名[12]之士，皆引致门下，与之游宴。

己未（公元539年）

梁大同五年。魏大统五年。东魏兴和元年。

1　襄、广：襄州、广州。襄州，古州名，辖今河南方城、社旗二县及泌阳、舞阳二县部分地。广州，古州名，辖今河南省鲁山、宝丰、叶、郏、襄城、舞阳等县及平顶山市地。
2　计庸：计算所花费劳动力的多少。
3　伊川：古郡名，辖今河南省伊河上游地区。
4　孝武：即魏孝武帝元修。
5　资遣：给资遣行。
6　东洛州：古州名，辖今河南省洛阳市一带。
7　伏流：古县名，治所位于今河南省洛阳市嵩县东北。
8　玉壁：古地名，位于今山西省运城市稷山县西南。
9　谍：间谍，细作。
10　猜阻：因猜忌而有隔阂。
11　铨擢：选拔起用。
12　才名：兼有才华与名望。

春，正月，梁以何敬容为尚书令自晋、宋以来，宰相皆以文义自逸[1]，敬容独勤簿领[2]，日旰不休，为俗所嗤。自徐勉、周舍既卒，当权要者，外朝则何敬容，内省则朱异。敬容质悫无文，以纲维为己任。异文华敏洽，曲营世誉[3]，善伺主意为阿谀，用事三十年，广纳货赂，欺罔视听，远近莫不忿疾。园宅、玩好、饮膳[4]、声色，穷一时之盛。每休下[5]，车马填门，唯王承、王稚及褚翔不往。

魏大丞相泰置行台学泰于行台置学，令丞、郎、府佐旦治公务，晚就讲习。

夏，五月，东魏立后高氏欢之女也。

秋，九月，东魏城邺。

冬，十月，魏置纸笔于阳武门以求言。

十一月，东魏行《兴光历》校书郎[6]李业兴所修也，行之。

梁分诸州为五品朱异奏：“顷来置州稍广，而小大不伦，请分为五品，其位秩[7]高卑，参僚[8]多少，皆以是为差。”诏从之。于是上品二十州，次品十州，次品八州，次品二十三州，下品二十一州。梁主方事征伐，恢拓境宇[9]，北逾淮汝[10]，东距彭城，西开牂柯，南平俚洞[11]，建置州郡，纷纶[12]甚众。其下品皆异国降人，有名无地，职贡罕通。五品之外，又有二十余州，不知处所。凡

---

1 以文义自逸：以文章、义理自娱。
2 簿领：官府记事的簿册或文书。
3 文华敏洽，曲营世誉：文思敏捷，见多识广，善于用各种手段博得世间的赞誉。敏洽，敏捷广博。
4 饮膳：饮食。
5 休下：官吏休假，下值回家。
6 校书郎：古官名，掌校雠典籍，订正讹误。
7 位秩：官爵和俸禄。
8 参僚：部下，僚属。
9 恢拓境宇：恢拓，拓展，开拓扩展。境宇，境域。
10 淮汝：淮河和汝水。
11 俚洞：古代南方黎族聚居的山区。
12 纷纶：杂乱貌，众多貌。

一百七州。又以边境镇戍[1]，虽领民不多，欲重其将帅，皆建为郡。州郡虽多，而户口日耗[2]矣。

魏制礼乐魏自西迁以来，礼乐散逸，宇文泰命仆射周惠达、郎中唐瑾损益旧章，至是稍备。

庚申（公元540年）

梁大同六年。魏大统六年。东魏兴和二年。

春，二月，柔然侵魏。魏主杀其故后乙弗氏魏文后既为尼，居别宫，悼后犹忌之。柔然为之举国南侵，魏主乃赐文后自尽。宇文泰召诸军屯沙苑，以备柔然。周惠达发士马守京城，堑诸街巷，召雍州刺史王罴议之。罴谓使者曰："若蠕蠕至渭北，王罴自率乡里破之，何为天子城中作如此惊扰？"柔然至夏州而退。未几，悼后亦遇疾殂。

夏，闰五月朔，日食。

秋，八月，梁司空袁昂卒昂遗疏[3]不受赠谥，梁主不许，谥曰"穆正"。

冬，十一月，吐谷浑遣使如东魏吐谷浑自莫折之乱，不通于魏。伏连筹卒，子夸吕立，始称可汗。其地东西三千里，南北千余里。是岁，始遣使假道柔然，聘于东魏。

辛酉（公元541年）

梁大同七年。魏大统七年。东魏兴和三年。

秋，七月，魏以宇文测为大都督，行汾州事测，深之兄也，为政简惠[4]，得士民心。汾州地接东魏，东魏人数来寇钞，测擒获之，解缚引见，待以

1　镇戍：镇守，戍守。
2　日耗：日益减少。
3　遗疏：遗表。
4　简惠：施政宽大仁惠。

客礼，并给粮饩[1]，卫送出境。东魏人大惭，不复为寇。或告测交通境外者，宇文泰怒曰："测为我安边，何得间我骨肉？"命斩之。

　　九月，**魏省官员，置屯田，颁六条**魏宇文泰欲革易时政，为强国富民之法，度支尚书苏绰赞成其事，减官员，置二长，并置屯田以资军国。又为六条诏书：一曰清心，二曰敦教化，三曰尽地利，四曰擢贤良，五曰恤狱讼，六曰均赋役。泰常置诸坐右，令百司[2]习诵之，非通六条及计帐者，不得居官。既而又益新制十二条。

　　冬，十月，**东魏颁麟趾格**东魏诏群臣于麟趾阁议定法制，谓之"麟趾格"，行之。

　　十二月，**梁交州李贲反，遣兵讨之**交趾李贲世豪右，仕不得志。又有并韶者，富词藻，诣选求官[3]，尚书蔡撙以并姓无前贤，除广阳门郎。韶耻之，遂与贲谋作乱。会交州刺史、武林侯咨以刻暴失众心，二人因连结数州豪杰俱反。梁主遣咨与高州[4]刺史孙冏、新州[5]刺史卢子雄将兵击之。

　　东魏大稔魏自丧乱以来，农商失业，六镇之民，就食齐、晋[6]。东、西分裂，连年战争，公私困竭，民多饿死。高欢命诸州滨河皆置仓积谷，以相转漕，供军旅，备饥馑。又于傍海煮盐，军国粗赡[7]。又以诸州调绢不依旧式，民甚苦之，奏令悉以四十尺为匹。至是，东方连岁大稔，谷斛至九钱，山东之民稍复苏息[8]矣。临淮王孝友言："令制百家为族，二十五家为间，五家为比。百家之内，有帅二十五，征发皆免[9]，苦乐不均，复有蚕食，为弊久矣。京邑诸坊，或七八百家，唯一里正、二史，庶事无阙。请每间止为二比，计族省十二

1　粮饩：粮食。
2　百司：百官。
3　诣选求官：到吏部求取官职。
4　高州：古州名，辖今广东省鉴江及漠阳江流域地区。
5　新州：古州名，辖今广东省新兴县及云浮市东南地。
6　齐、晋：齐州、晋州。
7　粗赡：大致可以周转开。
8　苏息：恢复，更生。
9　百家之内，有帅二十五，征发皆免：一百户人家里有族帅、间帅、比帅二十五人，都免除了兵役、劳役。

丁，赀绢、番兵[1]，所益甚多。"事下尚书，寝不行。

胡氏曰：农者，天下之大本，军国之用，无不资焉。然惟知王道者，乃知恤农；假仁者，次之；恃力鏖兵[2]者，多不以经意。高欢用武，至是十年，恤农之诏不颁，劝农[3]之政不施，但闻准式[4]调绢、置仓储谷而已，可谓知所先务乎？是时河南战争，鞠为茂草[5]，而僧尼至二百万人，若使自相配耦[6]，授以荒余之地，给其牛、种，置田官督护之，不四三年，足食足兵，富强孰御焉？

壬戌（公元 542 年）

梁大同八年。魏大统八年。东魏兴和四年。

春，正月，梁安成[7]妖人作乱。三月，江州司马王僧辩讨平之安成望族刘敬躬以妖术惑众，遂据郡反。南方久不习兵，人情扰骇[8]，江州刺史、湘东王绎遣司马王僧辩讨斩之。僧辩该博[9]辩捷，器宇肃然，虽射不穿札[10]，而志气高远。

魏初置六军。

秋，八月，东魏以侯景为河南大行台。

冬，十月，东魏大丞相欢围魏玉壁，不克而还高欢击魏，入自汾、绛，连营四十里。宇文泰使王思政守玉壁，以断其道。欢围玉壁九日，遇大雪，士卒多死，遂解围去。

十二月，梁卢子略作乱，广州参军陈霸先讨平之孙冏、卢子雄讨李

---

1 赀绢、番兵：赀绢，税帛。番兵，兵役。
2 鏖兵：大规模的激烈战争。
3 劝农：劝农，鼓励农业生产。
4 准式：作为标准模式。
5 鞠为茂草：杂草塞道，形容衰败荒芜的景象。鞠，通"鞫"。
6 配耦：婚配。
7 安成：古郡名，辖今广西宾阳县、贵港市接界处。
8 扰骇：惊扰震动。
9 该博：学问或见识广博。
10 射不穿札：射出的箭不能穿透小木片。札，古代用来写字的小木片。

贲，以春瘴[1]方起，请待至秋。武林侯咨趋之，众溃而归。咨诬奏冏及子雄逗留，赐死。子雄弟子略及杜僧明、周文育等率众攻广州。参军吴兴陈霸先率精甲三千击破之，擒僧明、文育。霸先以二人骁勇过人，释之，以为主帅。诏以霸先为直阁将军。

癸亥（公元 543 年）

梁大同九年。魏大统九年。东魏武定元年。

春，二月，东魏北豫州[2]刺史高仲密以虎牢降魏。三月，魏大丞相泰率军应之，及东魏大丞相欢战于邙山，大败而还东魏御史中尉[3]高仲密娶崔暹之妹，既而弃之，由是与暹有隙。选用御史多其亲党，高澄奏令改选。仲密疑暹构己，愈恨之。仲密后妻李氏秀而慧，澄见而悦之，李氏不从，以告仲密，仲密益怨。寻出为北豫州刺史，阴谋外叛。高欢疑之，遣奚寿兴典其军事，仲密执之，以虎牢降魏。欢以事由崔暹，将杀之，高澄为之固请，欢乃释之。魏宇文泰率诸军应仲密。三月，围河桥南城。高欢将兵十万至河北，泰退军瀍上，纵火船于上流以烧河桥。斛律金使张亮以小艇百余载长锁，伺火船将至，以钉钉之，引锁向岸，桥遂获全。欢渡河，据邙山为阵。数日，泰留辎重夜袭之，欢闻之，正阵[4]以待。黎明，泰至，东魏彭乐以数千骑冲魏军，所向奔溃，遂驰入魏营，虏泰督将、僚佐四十八人。诸军乘胜击魏，大破之，斩首三万余级。欢使乐追泰，泰窘，谓乐曰："痴男子，今日无我，明日岂有汝邪？何不急还营，收汝金宝？"乐从其言，获泰金带一囊以归，言于欢曰："黑獭漏刃[5]，破胆矣。"欢怒其失泰，捽其头，连顿[6]之，举刀将下者三，嗔齘[7]

1　春瘴：春季发生的瘴气引起的传染病。
2　北豫州：古州名，辖今河南省巩义市以东、中牟县以西、原阳县以南、新密、新郑二市以北地。
3　御史中尉：古官名，即御史中丞。
4　正阵：摆正阵势。
5　漏刃：从刀下漏过，谓本应受到诛杀却幸免。
6　顿：头叩地。
7　嗔齘：切齿怒恨貌。

良久。乐曰："乞五千骑，复为王取之。"欢曰："汝纵之，何意而言复取耶？"明日，复战，泰为中军，与右军若于惠合击东魏，大破之，悉俘其步卒。欢失马，赫连阳顺下马以授欢。欢走，从者七人。追兵至，都督尉兴庆拒战，矢尽而死。东魏降者告泰以欢所在，泰募勇敢三千人，皆执短兵，配贺拔胜攻之。胜执槊逐之，驰数里，槊刃垂及，欢气殆绝，段韶射胜马，毙之，欢遂逸去。胜叹曰："今日不执弓矢，天也！"左军赵贵亦战不利，东魏兵复振，泰与战，又不利，遂遁入关，屯渭上。欢进至陕，泰使开府仪同三司达奚武拒之。行台郎中封子绘言于欢曰："混一东西，正在今日。若复迟疑，后悔无及！"欢深然之，诸将咸以为："野无青草，人马疲瘦[1]，不可远追。"陈元康曰："两雄交争，岁月已久。今幸而大捷，天授我也，时不可失，当乘胜追之。"欢曰："若遇伏兵，奈何？"元康曰："前沙苑失利，彼尚无伏。今奔败若此，何能远谋？若舍而不追，必成后患。"欢不从而归，独使刘丰生将数千骑追泰。初，泰召王思政于玉壁，将使镇虎牢，未至而败，乃以为并州刺史，守恒农。思政入城，开门解衣而卧，慰勉将士，示不足畏。后数日，丰生至，惮之，引还。思政乃修城郭，起楼橹，营农田，积刍粟[2]，由是恒农始有守御之备。泰亦广募关陇豪右以增军旅。高仲密之将叛也，阴遣人扇动冀州豪杰，使为内应，东魏遣高隆之驰驿[3]慰抚，由是得安。高澄密书与隆之曰："仲密枝党[4]与之惧西者，宜悉收其家属，以惩将来。"隆之以为恩旨[5]既行，理无追改，若复收治，示民不信，脱致惊扰，所亏不细，乃启欢罢之。

　　夏，四月，清水氐叛魏，魏遣使谕降之清水氐酋李鼠仁乘魏之败，据险作乱。独孤信屡击之，不克。宇文泰遣典签赵昶往谕之，诸酋长或从或否，其不从者欲刃[6]昶，昶神色自若，辞气逾厉。鼠仁感悟，遂相率降。泰即以昶

1　疲瘦：疲乏而瘦弱。
2　刍粟：粮草，多指供军队用的饲料和粮食。
3　驰驿：驾乘驿马疾行。
4　枝党：依附的党羽。
5　恩旨：恩典。
6　刃：杀死，弄死。

为都督，使领之。

东魏复取虎牢宇文泰遣谍潜入虎牢，令守将魏光固守，侯景获之，改其书云："宜速去。"纵谍入城，光宵遁。景获高仲密妻子，送邺。北豫、洛二州复入于东魏。高欢以高乾有义勋[1]，高昂死王事，季式先自告[2]，皆为之请，免其从坐。仲密妻当死，高澄纳之。

东魏以侯景为司空。

秋，八月，东魏以斛律金为大司马。

冬，十一月，东魏筑长城于肆州西自马陵[3]，东至土墱[4]。

甲子（公元544年）

梁大同十年。魏大统十年。东魏武定二年。

春，三月，东魏以高澄为大将军，领中书监高欢多在晋阳，委孙腾、司马子如、高岳、高隆之以朝政，邺中谓之"四贵"，权势熏灼，专恣骄贪[5]。欢欲损夺其权，故以澄领中书监，移门下机事总归中书，文武赏罚皆禀于澄。孙腾见澄，不肯尽敬[6]，澄叱左右牵下，筑以刀镮，立之门外。欢谓群公曰："儿子浸长，公宜避之。"于是公卿以下无不耸惧。库狄干，澄姑之婿也，自定州来谒，立门外，三日乃得见。澄欲置腹心于东魏主左右，擢崔季舒为中书侍郎。

夏，四月，梁尚书令何敬容有罪，免敬容复为太子詹事。太子尝于玄圃[7]自讲老、庄，敬容谓人曰："昔西晋祖尚[8]玄虚，使中原沦于胡、羯。今东

1　义勋：举义的功勋。
2　自告：自白，自首。
3　马陵：古地名，位于今山西省忻州市静乐县北。
4　土墱：古地名，位于今山西省忻州市宁武县东北。
5　骄贪：骄横贪婪。
6　尽敬：竭尽敬意。
7　玄圃：宫中园名，时作讲经之处。
8　祖尚：效法崇尚。

宫复尔，江南亦将为戎乎？"

　　胡氏曰：何敬容之言是也。然老、庄之害，未甚于佛。敬容为大臣十余年，见武帝奉佛舍身，不修国政，曾无一言谏止之。今傅[1]储君，心知老、庄之非，又不面陈，而私与同列论议。且国将为戎，岂小故也？此而可隐，孰不可隐？敬容于是乎不忠之甚矣。

　　五月，魏大都督、琅邪公贺拔胜卒宇文泰常谓人曰："诸将对敌，神色皆动，唯贺拔公临阵如平时，真大勇也。"

　　秋，七月，魏更权衡度量，颁新制魏更权衡度量，命尚书苏绰损益三十六条之制，颁行之。搜简[2]贤才为牧、守、令、长，皆依新制而遣焉。数年之间，百姓便之。

　　东魏以崔暹为中尉，宋游道为左丞魏自正光以后，政刑弛纵[3]，在位多贪污。高欢启以宋游道为御史中尉，澄请以崔暹为之，以游道为尚书左丞，谓曰："卿一人处南台，一人处北省，当使天下肃然。"暹选毕义云等为御史，时称得人。澄与诸公出，之东山，遇暹干道，前驱为赤棒[4]所击，澄回马避之。尚书令司马子如、太师咸阳王坦贪黩[5]无厌，暹弹之，削其官爵。其余死、黜者甚众。欢与邺下诸贵书曰："崔暹居宪台[6]，咸阳王、司马令皆吾布衣之旧，同时获罪，吾不能救，诸君其慎之！"游道奏驳尚书违失[7]数百条，省中豪吏，并鞭斥之。高隆之诬游道有不臣之言，罪当死。黄门侍郎杨愔曰："畜狗求吠，今以数吠杀之，恐将来无复吠狗。"游道竟坐除名。后欢至邺，百官迎于紫陌，欢握崔暹手而劳之，然暹实巧诈[8]。高澄纳魏琅邪公主，意暹必谏。暹入咨事，

1　傅：辅导，教导。
2　搜简：访求选拔。
3　弛纵：松弛，放任。
4　赤棒：赤色的棒。古代大官出行，作为前导仪仗中兵器用。
5　贪黩：贪污。
6　宪台：旧时地方官吏对知府以上长官的尊称。
7　违失：处事失当，过失。
8　巧诈：机巧而伪诈。

不复假以颜色。居三日，暹怀刺[1]坠之于前，澄问何为，暹悚然曰："未得通公主。"澄大悦，把暹臂入见之。季舒语人曰："崔暹常恣吾佞，及其自作，乃过于吾。"

冬，十月，东魏括户、均赋[2]东魏以丧乱之后，户口失实，徭赋[3]不均，以孙腾、高隆之为括户大使，分行诸州，得无籍之户六十余万，侨居者皆勒[4]还本属。

乙丑（公元 545 年）

梁大同十一年。魏大统十一年。东魏武定三年。

春，正月，东魏作晋阳宫高欢言："并州，军器所聚，动须女功[5]，请置宫以处配没[6]之口。"于是置晋阳宫。

三月，魏遣使如突厥突厥本西方小国，姓阿史那氏，世居金山[7]之阳。其酋长土门始强大，颇侵魏西边。至是，魏使至其国，人皆喜曰："大国使者至，吾国其将兴矣。"

夏，六月，魏作《大诰[8]》晋氏以来，文章竞为浮华，魏宇文泰欲革其弊，命苏绰作《大诰》，宣示群臣，戒以政事。仍命自今文章，皆依此体。

梁遣兵讨李贲，败之贲自称越帝，置百官。梁遣交州刺史杨瞟讨贲，以陈霸先为司马。定州[9]刺史萧勃会瞟于西江[10]，诡说留瞟。瞟集诸将问计，霸先

1　怀刺：怀藏名片。
2　括户、均赋：括户，登记户口。均赋，均平田赋。
3　徭赋：力役与赋税。
4　勒：强制，逼迫。
5　女功：妇女从事的纺织、刺绣、缝纫等工作。
6　配没：把罪人的家属发配为奴隶。
7　金山：古山名，又名金微山、阿勒坦山，即我国新疆北部与蒙古国间的阿尔泰山。
8　大诰：典诰之文。
9　定州：古州名，辖今广西壮族自治区桂平市一带，后改为南定州。
10　西江：古水名，即古郁水，今珠江干流，位于今广东西部，至广西梧州纳桂江后始称西江。

曰:"定州偷安目前,不顾大计。节下奉辞伐罪,当死生以之,岂可逗挠[1]不进,长寇沮众[2]乎?"遂勒兵先发。暻以霸先为前锋。贲败,奔嘉宁城[3],围之。

冬,梁复赎刑法。

梁散骑常侍贺琛上书论事,诏诘责[4]之琛启陈[5]四事:"一曰,今北边稽服,正是生聚教训[6]之时,而天下户口减落,关外弥甚。郡不堪州之控总[7],县不堪郡之裒削[8],民不堪命,各务流移,此岂非牧、守之过欤?东境户口空虚,皆由使命繁数,驽困拱手[9],听其渔猎,黠吏因之,重为贪残。虽年降复业[10]之诏,屡下蠲赋之恩,而民不得反其居也。二曰,今守宰所以贪残,良由风俗侈靡使之然也。今之燕喜[11],相竞夸豪[12],积果成丘,列肴如绮[13],而宾主之间,才取满腹。又畜妓之夫,无有等秩[14],淫侈成俗,日见滋甚,欲使人守廉白,安可得邪?诚宜严为禁制,导以节俭,纠奏[15]浮华,变其耳目。三曰,陛下忧念四海,不惮勤劳,至于百司,莫不奏事。但斗筲之人,诡竞[16]求进,不论国之大体,惟务吹毛求疵,以深刻为能,以绳逐[17]为务,迹虽似于奉公,事更成其威福。诚愿责其公平之效,黜其谗愿之心,则下安上谧[18],无徼幸之患矣。四曰,今天下无事,而犹日不暇给,宜省事、息费、养民、聚财。应内省职掌[19]各检所部,有

---

1 逗挠:因怯阵而避敌。
2 长寇沮众:长敌人志气而灭自己威风。
3 嘉宁城:古地名,位于今越南永富省白鹤县南风州一带。
4 诘责:责问。
5 启陈:启禀,陈述。
6 生聚教训:积聚力量,教育训练。生聚,繁殖人口,聚积物力。教训,教育训练。
7 控总:同"倥偬",纷繁迫促。
8 裒削:搜刮。
9 使命繁数,驽困拱手:国家征发太频繁,无能的地方官员拱手听命。使命,命令,差遣。
10 复业:恢复常业。
11 燕喜:喜庆之宴。
12 夸豪:夸耀豪富。
13 绮:华丽的丝织品。
14 等秩:等级。
15 纠奏:举察其罪,上奏朝廷。
16 诡竞:以不正当的手段竞争。
17 绳逐:纠举其过失而斥逐之。
18 谧:安宁,平静。
19 职掌:所主管之事。

宜除，除之；有宜减，减之。兴造有非急者，征求有可缓者，皆宜停省，以息
费休民。夫畜其财者，将以大用之也；养其民者，将以大役之也。若言小事不
足害财，则终年不息矣；以小役不足妨民，则终年不止矣。如此，则难可以语
富强而图远大矣。"启奏，梁主大怒，召主书于前，口授敕书曰："朕有天下
四十余年，公车谠言，日关听览。卿不宜自同阘茸[1]，止取名字，宣之行路，言
'我能上事，恨朝廷之不用'。何不分别显言，某刺史横暴，某太守贪残，某
使者渔猎耶？士民饮食过差，若加严禁，益增苛扰[2]。若指朝廷，我无此事。昔
之牲牢，久不宰杀，朝中会同[3]，菜蔬而已。我非公宴，不食国家之食。凡所营
造，皆以雇借[4]成事。绝房室[5]三十余年，雕饰之物，不入于宫。不饮酒，不好
音，朝中曲宴，未尝奏乐。三更治事，日常一食。昔要十围，今才二尺[6]。为谁
为之？救物[7]故也。卿又欲禁百司奏事，诡竞求进。偏听生奸，独任成乱。二
世之委赵高，元后[8]之付王莽，呼鹿为马，又可法欤？治、署、邸、肆，何者
宜除？何者宜减？何处兴造非急？何处征求可缓？各出其事，具以奏闻。富国
强兵之术，息民省役之宜，并宜具列[9]。若不具列，则是欺罔。"琛但谢过而已，
不敢复言。梁主为人孝慈[10]恭俭，博学能文。勤于政务，冬月视事，执笔触寒，
手为皴裂[11]。自天监[12]中用释氏法，长斋[13]一食，惟菜羹、粝饭[14]而已。身衣布衣，
木绵皂帐[15]，一冠三载，一衾二年，后宫衣不曳地。性不饮酒，非祭祀、飨宴及

---

1 阘茸：庸碌、低劣的人或马。
2 苛扰：狠虐，骚扰。
3 会同：聚会，会见。
4 雇借：雇佣，意指没有滥用国家有关机构，而是私人雇佣。
5 房室：房事，性生活。
6 昔要十围，今才二尺：往日我的腰和腹超过了十围，现在瘦得才只有二尺。
7 救物：拯救万民。
8 元后：即汉元帝之后王政君。
9 具列：一一列举。
10 孝慈：对尊长孝敬，对下属或后辈慈爱。
11 皴裂：发生在手、足的深浅不一的裂纹。
12 天监：南朝梁武帝萧衍第一个年号，存续时间为公元502至519年。
13 长斋：指佛教徒长期坚持过午不食，后多指长期素食。
14 粝饭：糙米饭。
15 皂帐：黑色粗质的帷帐。皂，黑色。

诸法事，未尝作乐。虽居暗室，恒理衣冠，小坐、盛暑，未尝褰袒[1]，对内竖[2]小臣，如遇大宾。然优假[3]士人太过，牧、守多侵渔百姓，使者干扰郡县。又好亲任小人，颇伤苛察。多造塔庙，公私费损。江南久安，风俗奢靡，故琛启及之。梁主恶其触实[4]，故怒。

司马公曰：梁高祖之不终也，宜哉！贺琛之谏，亦未至于切直，而高祖已赫然震怒，护其所短，矜其所长，困以难对之状，责以必穷之辞。然则，自余[5]切直之言过于琛者，谁敢进哉？由是奸佞居前而不见，大谋颠错[6]而不知，名辱身危，覆邦绝祀，岂不哀哉！

梁主敦尚文雅，疏简[7]刑法，自公卿大臣咸不以鞫狱为意。奸吏招权弄法，货赂成市，枉滥[8]者多。大率二岁刑以上，岁至五千人。梁主年老，又持佛戒，每断重罪，则终日不怿。或谋反逆事觉，亦泣而宥之。由是王侯益横，或白昼杀人，暮夜剽掠。梁主深知其弊，而溺于慈爱，不能禁也。

魏遣使执其瓜州[9]**刺史邓彦**魏东阳王荣为瓜州刺史，与其婿邓彦偕行。荣卒，瓜州首望[10]表荣子康为刺史，彦杀康而夺其位。魏不能讨，因以彦为刺史，屡征不至。宇文泰以申徽为河西大使，令图彦。徽以五十骑行，既至，止于宾馆。彦入谒，徽执之。因宣诏慰谕吏民，且云"大军续至"。城中无敢动者。

1　褰袒：袒露胸怀。
2　内竖：宦官。
3　优假：优待照顾。
4　触实：触及事实。
5　自余：其余，此外。
6　大谋颠错：大谋，大计。颠错，颠倒错乱。
7　疏简：粗疏简略。
8　枉滥：枉法恣肆。
9　瓜州：古州名，辖今甘肃省酒泉市以西地区。
10　首望：头等望族。

丙寅（公元 546 年）

　　梁中大同元年。魏大统十二年。东魏武定四年。

　　春，三月，梁主讲佛书于同泰寺。夏，四月，同泰浮图灾，复作之梁主幸同泰寺，讲《三慧经》。四月，解讲[1]。是夕，浮图灾。梁主曰："此魔也，更宜广为法事。"遂起十二层浮图。将成，值侯景乱，乃止。

　　五月，魏凉、瓜州乱，讨平之魏以史宁为凉州刺史，前刺史宇文仲和据州不受代。瓜州民张保杀刺史，晋昌民吕兴杀太守以应之。宇文泰遣独孤信、怡峰与史宁讨之。宁晓谕吏民，率皆归附，独宇文仲和据城不下。至是，独孤信袭擒之。初，张保欲杀州主簿令狐整，以其人望，恐失众心，虽外相敬，内忌之。整佯为亲附，因使人说保曰："今东军逼凉州，彼势孤危，宜急分精锐以救之。令狐延保兼资文武，使将兵以往，蔑不济矣！"保从之。整行及玉门，召豪杰述保罪状，驰还袭之。先克晋昌，斩吕兴，进击瓜州。州人素信服整，皆弃保来降，保奔吐谷浑。众议推整为刺史，整曰："吾属以张保逆乱，恐阖州之人俱陷不义，故相与讨诛之。今复见推，是效尤[2]也。"乃推魏使者张道义行州事，具以状闻，而率宗族、乡里三千余人入朝，累迁侍中。

　　秋，七月，梁禁用短钱[3]先是，江东唯建康及三吴、荆、郢、江、湘、梁、益用钱，其余州郡杂以谷帛，交、广专以金银为货。梁自铸五铢及女钱[4]，二品并行，禁诸古钱。普通[5]中，更铸铁钱。由是私铸者多，物价腾踊，交易者至以车载钱，不复计数。又或以八十为百，或以七十为百，或以九十为百。梁主患之，乃下诏禁之，而人不从，钱陌[6]益少。至于季年，遂以三十五为百云。

　　八月，梁以邵陵王纶为南徐州刺史梁主年高，诸子心不相下，互相猜

1　解讲：结束讲经。
2　效尤：仿效坏的行为。
3　短钱：以不足实数一百而当百钱使用的钱。
4　女钱：即南朝梁武帝所铸"五铢"，因其轻薄弱小，而被称为"女钱"。
5　普通：南朝梁武帝萧衍年号，存续时间为公元 520 年至 527 年。
6　钱陌：本为一百文的钱串，后成为钱的计量单位。名为一陌，而实不足百文。

忌。邵陵王纶为丹杨尹，湘东王绎在江州，武陵王纪在益州，皆权侔人主。太子纲恶之，常选精兵以卫东宫，出纶为南徐州刺史。

胡氏曰：武帝从殄伦[1]之道，昧于君臣之义、父子之恩，义方不修，家政大坏。己方临御，而诸子已有相图之心，不能知也。纲若以干蛊[2]为任，起敬起孝，爕和[3]兄弟，则虽有急难，外侮其御矣。莫亲于兄弟，尚且蓄兵以待之，则非吾同气[4]者，谁实可信？呜呼！武帝不善保国，重以简文[5]，虽欲不亡，不可得也。

东魏迁石经于邺凡五十二碑。

魏以韦孝宽为并州刺史，守玉壁魏徙王思政为荆州刺史，使之举可代者。思政举孝宽，宇文泰从之。

梁讨李贲，败之李贲复率众自獠中出，屯典澈湖[6]。众军惮之，顿湖口，不敢进。陈霸先曰："我师老而无援，入人心腹，若战不捷，岂望生全？今藉其屡奔，人情未固，正当共出百死，决力取之。无故停留，时事[7]去矣。"诸将皆莫应。是夜，江水暴起七丈，注湖中。霸先勒所部兵乘流先进，众军鼓噪俱前，贲众大溃，复窜獠中。

冬，十月，梁以岳阳王詧为雍州刺史梁主舍詧兄弟而立太子纲，内常愧之，宠亚诸子，使迭为东扬州，以慰其心。詧兄弟亦内怀不平。至是，詧以梁主衰老，朝多秕政[8]，遂蓄财下士，招募勇敢，左右至数千人。以襄阳形胜，梁业所基，可图大功，乃克己为政，抚循士民，数施恩惠，延纳规谏，所部称治[9]。

1　殄伦：灭绝人伦。
2　干蛊：儿子能继承父志，完成父亲未竟之业。典出《周易》："干父之蛊，有子，考无咎。"
3　爕和：协和。
4　同气：有血缘关系的亲属，此指同胞兄弟。
5　简文：即梁简文帝萧纲。
6　典澈湖：古湖名，位于今越南永富省境内。
7　时事：合于时节而应做的事。
8　秕政：不良的政治措施。
9　称治：大治，治理得井井有条。

十一月，东魏大丞相欢侵魏，围玉壁，不克而还东魏高欢悉山东之众伐魏，至玉壁，围而攻之，昼夜不息，魏韦孝宽随机拒之。城中无水，汲于汾。欢使移汾，一夕而毕。又于城南起土山，欲乘之以入。孝宽缚木接楼以御之。欢凿地为十道，孝宽掘长堑邀之，每穿至堑，辄擒杀之。塞柴投火，以皮排[1]吹之，在地道内者亦皆焦烂。欢以攻车[2]撞城，孝宽缝布为幔，随其所向，悬空张之，车不能坏。欢又缚松、麻于竿，灌油加火，以烧布焚楼，孝宽作长钩遥割之。欢又于城四面穿地，中施梁柱，纵火烧之，柱折城崩，孝宽随处竖木栅以捍之，敌不得入。城外尽攻击之术，而城中守御有余，又夺据其土山。欢无如之何，乃使祖珽说之使降，孝宽曰："攻者自劳，守者常逸。孝宽关西男子，必不为降将军也。"珽乃射募格[3]于城中，云："能斩孝宽者拜太尉，封郡公。"孝宽题书背，返射城外，云："能斩高欢者准此。"东魏苦攻五十日，士卒死者七万人，共为一冢。欢智力皆困，因而发疾，乃解围去。军中讹言孝宽以定功弩射杀丞相，欢闻之，勉坐见诸贵，使斛律金作《敕勒歌》，自和之，哀感流涕。

东魏大将军澄如晋阳高欢病，使太原公洋镇邺，而征澄赴晋阳。

魏度支尚书苏绰卒绰性忠俭[4]，常以丧乱未平为己任，荐贤拔能，纪纲庶政，宇文泰推心任之。或出游，常预署空纸以授绰，有须处分，随事施行。绰尝谓："为国之道，当爱人如慈父，训人如严师。"每与公卿论议，自昼达夜，事无巨细，若指诸掌，积劳成疾而卒。泰深痛惜之，谓公卿曰："苏尚书平生廉让，吾欲全其素志，则恐悠悠之徒有所未达。如厚加赠谥，又乖宿昔相知之心，何为而可？"令史麻瑶越次[5]进曰："俭约，所以彰其美也。"泰从之。归葬武功，载以布车一乘，泰与群公步送之，酹酒[6]言曰："尔知吾

1　皮排：古代以皮革制作的鼓风器具。
2　攻车：古代用以进攻的战车。
3　募格：募人从军、杀敌的赏格。
4　忠俭：忠贞俭朴。
5　越次：越级。
6　酹酒：以酒浇地，表示祭奠。

心，吾知尔志，方欲共定天下，遽舍吾去，奈何！"因举声恸哭，不觉卮[1]落于手。

丁卯（公元 547 年）

梁太清元年。魏大统十三年。东魏武定五年。

春，正月朔，日食不尽如钩。

梁以湘东王绎为荆州刺史初，绎为荆州，有微过，庐陵王续代之，以状闻。至是续卒，绎闻之喜，入阁而跃，屐[2]为之破。梁主复以绎刺荆州。

东魏大丞相、勃海王高欢卒欢性深密[3]，终日俨然，人不能测。驭军严肃，听断明察。雅尚俭素，刀剑、鞍勒无金玉之饰。病笃，谓世子澄曰："侯景专制河南十四年矣，常有飞扬跋扈之志，顾[4]我能畜养，非汝所能驾御也。今四方未定，勿遽发哀。库狄干、斛律金并性遒直[5]，终不负汝。堪敌侯景者，唯有慕容绍宗，我故不贵之，留以遗汝。"又曰："段孝先忠亮仁厚，智勇兼备，军旅大事，宜共筹之。"遂卒，澄秘不发丧，唯行台丞陈元康知之。

东魏大行台侯景以河南降魏景右足偏短，弓马非其长，而多谋算。诸将高敖曹、彭乐等皆勇冠一时，景常轻之。尝言于高欢："愿得兵三万，横行天下。要须济江，缚取萧衍老公[6]，以为太平寺主。"欢使将兵十万，专制河南。景素轻高澄，尝曰："高王在，吾不敢有异。王没，吾不能与鲜卑小儿共事矣。"及欢疾笃，澄诈为欢书以召景。先是，景与欢约曰："今握兵在远，人易为诈，所赐书背，请加微点。"至是，景得书，无点，辞不至。又闻欢疾笃，用其行台郎王伟计，拥兵自固。欢卒，遂以河南降魏，魏以景为太傅、大行

1　卮：古代酒器。
2　屐：木鞋。
3　深密：深沉缜密。
4　顾：不过，只是。
5　遒直：刚强正直。
6　老公：对老年人的蔑称。

台。景执豫、襄、广州刺史，潜遣兵袭西兖州。刺史邢子才掩捕[1]获之，因散檄东方诸州，各为之备。高澄遣韩轨督诸军讨之。

二月，**魏除宫刑**魏诏："自今应宫刑者，直没官，勿刑。"

侯景复以河南叛，附于梁。梁封景为河南王，遣兵援之景又遣郎中丁和奉表于梁，请举河南十三州内附。梁主召群臣廷议，仆射谢举等皆曰："顷与魏和，边境无事，不宜纳其叛臣。"梁主曰："机会难得，岂宜胶柱[2]？"先是，正月乙卯，梁主梦中原牧、守皆以地来降，旦见朱异告之，异曰："此宇内混一之兆也。"及丁和至，称景定计实以正月乙卯，梁主愈神之，然意犹未决。尝独言："我国家如金瓯[3]，无一伤缺。今忽受景地，讵是事宜[4]？脱致纷纭，悔之何及？"朱异揣知梁主意，对曰："今景分魏土之半以来，自非天诱其衷[5]，何以至此？若拒而不内，恐绝后来之望。愿陛下无疑。"梁主乃以景为大将军，封河南王，都督河南、北诸军事。遣司州刺史羊鸦仁督兖州桓和、仁州[6]湛海珍等将兵三万，趋悬瓠以应之。平西咨议周弘正善占候，前此谓人曰："国家数年后当有兵起。"及闻纳景，曰："乱阶在此矣。"

胡氏曰：梦固非一端，武帝之梦，想所生也。然国家大计，当以义理断其可否，岂有凭一梦而决者乎？帝既不能自克[7]，朱异又诌以成之。悲夫！且正月丙午，高欢卒，而侯景以辛亥降西魏，方图豫、襄、广、兖等数州，乙卯距辛亥才四日，岂暇定南归之计？」和盖已闻梦，或朱异告之钦？帝曾不察，而益神其事。盖贪欲蔽心，故莫能见也。

三月，**梁主舍身于同泰寺。**

夏，四月，**东魏大将军澄如邺**澄虑诸州有变，乃自出巡抚，因朝于邺。

1　掩捕：乘其不备而逮捕。
2　胶柱：胶住瑟上的弦柱，以致不能调节音的高低。比喻固执拘泥，不知变通。
3　金瓯：金盆。后用以比喻祖国完整的大好河山。
4　讵是事宜：这难道是合乎事理的吗。
5　天诱其衷：上天开导其心意。
6　仁州：古州名，辖今安徽省怀远县东北部及泗县、固镇、灵璧等县部分地。
7　自克：自我克制。

东魏主与之宴，澄起舞，识者知其不终。

　　六月，东魏遣兵讨侯景，魏遣兵救之。征景入朝，景不受命，魏师乃还东魏高澄遣将军元柱等将兵数万袭景，大败。景以梁羊鸦仁等军犹未至，乃退保颍川。东魏复遣韩轨等兵围之。景惧，割东荆、北兖州、鲁阳、长社四城赂魏以求救。仆射于谨曰：“景少习兵，奸诈难测，不如厚其爵位以观其变，未可遣兵。”荆州刺史王思政以为不若因机进取。即引兵自鲁阳向阳翟。宇文泰闻之，遣太尉李弼、仪同¹赵贵将兵赴颍川。景恐梁主责之，遣使奉启曰：“王旅未接，死生交急，求援关中，自救目前，割弃四州，事非得已。其豫州以东，齐海以西，悉归圣朝，事须迎纳²。愿敕境上各置重兵，与臣影响³，不使差互⁴！”梁主优诏报之。韩轨等闻魏师将至，引兵还邺。景欲因会执弼与贵而夺其军。贵疑之，不往，欲诱景入营而执之，弼止之。羊鸦仁遣兵至汝水，弼等引兵还长安。王思政入据颍川，景引军出屯悬瓠，复使乞兵于魏。宇文泰使同轨防主⁵韦法保等将兵助之，左丞王悦言于泰曰：“彼既能背德于高氏，岂肯尽节于朝廷？今益之以势，援之以兵，窃恐朝廷贻笑将来也。”泰乃召景入朝。景叛计未成，厚抚法保等。法保长史裴宽曰：“侯景狡诈，必不入关，欲托款于公⁶，恐未可信。若伏兵斩之，亦一时之功也。不尔，即应深为之防。”法保然之，遂辞还镇。王思政亦觉其诈，分布诸军，据景七州、十二镇。景果辞不入朝。泰乃召诸军还，以思政都督河南诸军事。景遂决意降梁，鸦仁遂入悬瓠。高澄以书谕景使还，许以为豫州刺史，而还其妻子，景不听。

　　秋，七月，梁遣贞阳侯渊明督诸将侵东魏梁主下诏大举伐东魏，欲以鄱阳王范为元帅，朱异曰：“鄱阳雄豪盖世，得人死力，然所至残暴，非吊民⁷

1　仪同：古官名，“仪同三司”的简称，即仪制待遇同三司，三司即三公。
2　迎纳：欢迎和接纳。
3　影响：呼应，策应。
4　差互：错过时机，差错。
5　同轨防主：同轨，古地名，位于今河南省洛阳市洛宁县东北。防主，古官名，专为镇守一城以防变故而设。
6　托款于公：通过您向朝廷讲情。
7　吊民：抚慰百姓。

之材。且陛下昔登北顾亭[1]，谓江右[2]有反气，骨肉为戎首，今宜详择。"梁主曰：
"会理何如？"对曰："陛下得之矣。"遂以会理与贞阳侯渊明分督诸将。会理
庸懦骄倨[3]，不礼渊明，渊明密告朱异，追还代之。

东魏大将军澄还晋阳，自为都督中外诸军、录尚书事、勃海王高澄
将归晋阳，以其弟洋为京畿大都督，留邺，遂归发丧。东魏主赠欢相国、齐
王，备九锡殊礼，以澄为大丞相、督中外、录尚书事。澄辞丞相，许之。澄虚
葬齐献武王[4]于漳水之西，而潜凿鼓山[5]石窟佛顶之旁为穴，纳其柩而塞之，杀
群匠。及齐亡，一匠之子知之，发石取金而逃。

东魏大将军澄入邺，幽其主于宫中，杀侍讲荀济等而还东魏主多力
善射，好文学，时人以为有孝文风烈[6]，高澄深忌之。始高欢自病逐君之丑，事
魏主礼甚恭，事无大小必以闻，可否听旨。每侍宴，俯伏上寿。魏主设法会，
乘辇行香，欢执香炉步从，鞠躬屏气，承望[7]颜色。及澄当国，倨慢[8]顿甚，使
崔季舒察魏主动静。澄尝侍饮，举大觞属魏主[9]，魏主不胜忿，曰："自古无不
亡之国，朕亦何用此生为？"澄怒骂，使季舒拳驱魏主，奋衣而出。魏主不堪
忧辱[10]，咏谢灵运诗曰："韩亡子房奋，秦帝鲁连耻。"侍讲荀济知魏主意，乃与
祠部郎中[11]元瑾、华山王大器等谋诛澄。于宫中作土山，开地道向北城，至千
秋门，门者觉之，以告澄。澄勒兵入宫，见魏主，不拜而坐，曰："陛下何意
反？"魏主正色曰："自古唯闻臣反君，不闻君反臣。王自欲反，何乃责我？
必欲弑逆，缓速在王！"澄乃下床叩头，大啼谢罪。居三日，幽魏主于含章堂，

1　北顾亭：古地名，位于今江苏省镇江市北北固山上。
2　江右：古地区名，指长江下游北岸和淮河中下游以南地区。
3　庸懦骄倨：庸懦，平庸懦弱。骄倨，傲慢不恭。
4　齐献武王：即高欢，"献武"为其谥号。
5　鼓山：古地名，即滏口，位于今河北省邯郸市辖武安市南。
6　风烈：风范。
7　承望：迎合，逢迎。
8　倨慢：傲慢。
9　举大觞属魏主：举起手中大酒杯向魏主劝酒。
10　忧辱：忧痛耻辱。
11　祠部郎中：古官名，主祭祀之事。

烹济等于市，遂还晋阳。初，济少居江东，博学能文，与梁主有布衣之旧，知梁主有大志，然负气不服，常谓人曰："会于盾鼻上磨墨檄之[1]。"梁主甚不平。及即位，或荐之，梁主曰："乱俗好反，不可用也。"济上书谏梁主崇信佛法，塔寺奢费，梁主大怒，欲斩之。朱异密告之，济逃奔东魏，澄以为侍讲。及败，下辨[2]曰："自伤年纪摧颓[3]，功名不立，故欲挟天子，诛权臣。"澄欲宥其死，亲问之曰："荀公何意反？"济曰："奉诏诛高澄，何谓反邪？"遂烹之。

九月，梁堰泗水以攻东魏之彭城。冬，十一月，东魏行台慕容绍宗击败之，获萧渊明梁主命侍中羊侃与渊明堰泗水于寒山[4]，以灌彭城。俟得彭城，乃进军与景掎角。堰成，东魏徐州刺史王则婴城固守。侃劝渊明乘水攻之，不从。诸将与议军事，渊明不能对，但云"临时制宜"而已。东魏遣大都督高岳救彭城，欲以潘乐为副，陈元康曰："乐缓于机变，不如慕容绍宗。且先王之命也。"乃以绍宗为东南道行台，与岳、乐偕行。景闻绍宗来，叩鞍有惧色，曰："谁教鲜卑儿遣绍宗来？若然，高王定未死邪！"绍宗率众十万，据橐驼岘[5]。羊侃劝渊明乘其远来击之，不从。侃乃率所领出屯堰上。绍宗至，攻营。渊明醉不能起，诸将皆不敢出。兖州刺史胡贵孙独率麾下与战，斩首二百，东魏兵败走。初，景常戒梁人曰："逐北勿过二里。"绍宗将战，以梁人轻悍[6]，恐其众不能支，引将卒谓之曰："我当佯退，诱吴儿使前，尔击其背。"至是，梁人不用景言，乘胜深入。东魏将卒以绍宗之言为信，争掩击之，梁兵大败，渊明、贵孙皆为所虏，失、亡士卒数万人。羊侃结阵徐还。梁主闻之惊骇，几欲坠床，叹曰："吾得无复为晋家乎[7]？"初，高澄以杜弼为军司，问以政要，弼曰："天下大务，莫过赏罚。赏一人，使天下之人喜；罚一

---

1 会于盾鼻上磨墨檄之：如果他谋反，我会在战场的盾鼻上磨墨写檄文来声讨他。盾鼻，盾牌的把手。
2 下辨：主审官写判词。
3 摧颓：衰败，困顿。
4 寒山：古山名，位于今江苏省徐州市东南。
5 橐驼岘：古地名，位于今江苏省徐州市北。
6 轻悍：轻捷勇悍。
7 吾得无复为晋家乎：我难道也要落到江山被夷狄夺取的晋朝那样的下场吗。

人，使天下之人惧。二事不失，自然尽善。"澄大悦。至是，使弼作檄移梁朝，略曰："侯景以鄙俚[1]之夫，遭风云之会，位班三事，邑启万家，而离披不已[2]，意亦可见。彼乃授之以利器，诲之以慢藏[3]，使之势得容奸[4]，时堪乘便。终恐倔强不掉，狼戾[5]难驯，横使江淮士子，荆扬人物，死亡矢石之下，夭折雾露[6]之中。彼梁主者，轻险[7]有素，老耄及之，用舍乖方，废立失所，矫情动俗，饰智惊愚，毒螫满怀，妄敦戒业，躁竞盈胸，谬治清净[8]。灾异降于上，怨讟兴于下，传险躁之风俗，任轻薄之子孙，朋党路开，兵权在外。必将祸生骨肉，衅起腹心，强弩冲城，长戈指阙。徒探雀觳，无救府藏之虚；空请熊蹯，讵延晷刻之命[9]。外崩中溃，今实其时。"其后梁室祸败，皆如弼言。

胡氏曰：改过者，帝王之盛节[10]，圣人之至教也。梁武虽纳侯景，遣将出师，既败于魏人，则惩创[11]前非，犹可及止，岂至遽如西晋乎？又况杜弼檄文指陈缺失，虽涉诟詈[12]，而事理可推。梁武若能虚心平气，反躬自责，尽革弊政，修明军纪，选授将帅，固江淮之险以坚守，则虽侯景前驱，高澄继至，犹不足虑。而智不及此，以至于亡，岂梁德告终，天实厌之欤？不然，何其迷也？

十二月，梁立元贞为咸阳王侯景遣王伟说梁主曰："高澄幽元善见于金

1　鄙俚：粗野，庸俗。
2　位班三事，邑启万家，而离披不已：借机位列三公，食邑万户，但是他自始至终反复无常，朝秦暮楚。三事，三公。离披，分离貌。
3　慢藏：疏于治理或保管。
4　容奸：涵容邪恶诈伪。
5　狼戾：凶狠，暴戾。
6　雾露：用为因冒霜露犯寒暑而死的典故。
7　轻险：轻躁奸险。
8　毒螫满怀，妄敦戒业，躁竞盈胸，谬治清净：蛇蝎之毒满怀，却假奉佛祖，争权之心盈胸，却诳称清净。
9　徒探雀觳，无救府藏之虚；空请熊蹯，讵延晷刻之命：就如赵武灵王那样捉雏鸟来吃也是白搭，无法补救脏腑的空虚；或者象楚成王那样请求吃了熊掌再死也是无济于事，又怎么能使生命延长片刻。
10　盛节：高尚的节操。
11　惩创：惩戒，警戒。
12　诟詈：辱骂。

墉，杀诸元六十余人。河北物情俱念其主，请立元氏一人，以从人望。如此，则陛下有继绝之名，臣景有立功之效。"梁主然之，以太子舍人元贞为咸阳王，资以兵力，使还主魏。贞渡江即位，仪卫以乘舆之副给之。贞，树之子也。

侯景败东魏兵于涡阳慕容绍宗引军击侯景。景辎重数千辆，马数千匹，士卒数万人，退保涡阳。绍宗士卒十万，旗甲耀日，鸣鼓长驱而进。景命战士皆被短甲，执短刀，入东魏阵，但低视，斫人胫马足。东魏兵遂败，绍宗奔谯城，裨将斛律光、张恃显尤之，绍宗曰："吾战多矣，未见如景之难克者也。君辈试犯之。"光等被甲将出，绍宗戒之曰："勿渡涡水。"二人军于水北，轻骑射之。景谓光曰："尔求勋而来，我惧死而去。我，汝之父友，何为射我？汝岂自解[1]不渡水南？慕容绍宗教汝也。"光无以应。景使其徒田迁射光马，洞胸。光易马隐树，又中之，退入于军。景擒恃显而舍之，光走入谯城。绍宗曰："今定何如，而尤我也？"段韶潜于上风纵火，景率骑入水，出而却走，草湿，火不复燃。

魏以郑穆为京兆尹魏岐州久经乱，刺史郑穆初到，有户三千，穆抚循安集，数年至四万余户，考绩[2]为诸州之最。宇文泰擢为京兆尹。

1　自解：自己懂得。
2　考绩：按一定标准考核官吏的成绩。

资治通鉴纲目

卷

三十三

起戊辰梁武帝太清二年、魏文帝大统十四年、东魏孝静帝武定六年，尽甲戌[1]梁元帝承圣三年、魏恭帝元年、齐文宣帝天保五年凡七年。

戊辰（公元 548 年）

梁太清二年。魏大统十四年。东魏武定六年。

春，正月，东魏慕容绍宗击侯景，景众溃走，袭据寿春。梁以为南豫州牧慕容绍宗以铁骑五千夹击侯景，景诳其众曰："汝家属已为高澄所杀。"众信之。绍宗遥呼曰："汝家属并完[2]，若归，官、勋如旧。"景士卒不乐南渡，遂大溃。景与数骑济淮，稍收散卒，得步、骑八百人，昼夜兼行，追军不敢逼。使谓绍宗曰："景若就擒，公复何用？"绍宗乃纵之。

胡氏曰：绍宗之才诚足以制景，高欢信知人矣。而故不贵之，以遗其子，则所以待绍宗者，有未尽焉。至唐太宗遂亦用此，委李世勣于高宗。后之论者以此两君为贤，曰："宁其身无受知人之名，而使其子孙专享得贤之利。"是皆失之也。平日储养贤才，以遗子孙，推诚尽礼，各得其道。岂用私意小智，轩轾[3]屈之，而使子孙以利禄诱之？使其臣利禄之人也，则可；使其臣不以三公易其介[4]也，又安得而用之？彼绍宗与勣，皆利禄之人耳，故绍宗逐侯景，不尽其力；而李勣事高宗，不竭其忠。君臣得失，岂不明且验耶？

景既败，不知所适。梁马头戍主刘神茂素为监州事[5]韦黯所不容，闻景至，故往候之。景问曰："寿阳去此不远，欲往投之，韦黯其纳我乎？"神茂曰："黯，监州耳。王若至，彼必出迎，因而执之，可以集事。得城之后，徐以启闻，朝廷喜王南归，必不责也。"景执其手曰："天教也。"遂行，夜至城下。

---

1 甲戌：即公元 554 年。
2 并完：都完好无损。
3 轩轾：车辆前高后低称为轩，前低后高称为轾。合称引申为高低、轻重、优劣。
4 介：耿直，有骨气。
5 监州事：负责监察州内事务。

韦黯以为贼也，授甲登陴。景遣其徒告曰："河南王战败来投，愿速开门。"黯曰："既不奉敕，不敢闻命。"景谓神茂曰："事不谐矣。"神茂曰："黯懦而寡智，可说下也。"乃遣徐思玉入见黯曰："河南王为朝廷所重，君所知也。今失利来投，何得不受？"黯曰："吾受命守城，河南自败，何预吾事？"思玉曰："国家付君以阃外之略，若魏追兵至，河南见杀，君岂能独存？纵存，亦何颜以见朝廷邪？"黯乃开门纳景，景遣其将分守四门。梁朝闻景败，咸以为忧，詹事何敬容言于太子曰："得景遂死，深为朝廷之福。"太子失色问故，敬容曰："景翻覆[1]叛臣，终当乱国。"景以败，乞自贬。梁主不许，以景为南豫州牧。光禄大夫萧介谏曰："臣闻凶人之性不移，天下之恶一也。侯景以凶狡之才，荷高欢卵翼[2]之遇，欢坟未干，即还反噬。逆力不逮，乃复逃死关西。宇文不容，故复投身于我。陛下前者所以受之，正欲比属国降胡，冀获一战之效耳。今既亡师失地，直是境上之匹夫。陛下爱匹夫而弃与国，臣窃不取。若犹待其岁暮之效，则彼弃乡国[3]如脱屣，背君亲如遗芥[4]，岂知远慕圣德，为江淮之纯臣乎？"梁主不能用。介，思话之孙也。

　　二月，东魏求成于梁萧渊明至邺，东魏主升闾阖门受俘[5]，让而释之，送于晋阳，高澄待之甚厚。侯景既败，羊鸦仁亦还义阳，东魏遂得悬瓠、项城，悉复旧境。高澄数遣书求好于梁，梁未之许。澄谓渊明曰："若梁主不忘旧好，诸人并即遣还，侯景家属亦当同遣。"渊明遣人奉启还梁，梁主与朝臣议之。朱异等皆以为便，司农卿[6]傅岐独曰："此高澄设间[7]，欲令侯景自疑而作乱耳。若许通好，正堕其计中。"异等固执宜和，梁主亦厌用兵，乃许之。使还，过

1　翻覆：反复无常，变化不定。
2　卵翼：鸟用翼护卵，孵出小鸟，比喻养育或庇护。
3　乡国：故国。
4　遗芥：丢弃芥菜子，形容鄙弃之甚。
5　受俘：战争胜利后，先行献俘礼，把俘虏献于宗庙社稷，再行受俘礼，由皇帝接受战俘，也叫"受俘馘"。
6　司农卿：古官名，大司农的别称，职掌劝农、仓储、园苑、供应宫廷膳馐等。
7　设间：施离间计。

寿阳，侯景知之，摄问[1]，具服。乃启梁主曰："高澄忌贾在翟，恶会居秦[2]，求盟请和，冀除其患。若臣死有益，万殒无辞。唯恐千载，有秽良史[3]。"又致书于异，饷金三百两，异纳金而不通其启。梁主遂遣使吊澄。景又启曰："臣与高氏，衅隙已深。今陛下复与连和，使臣何地自处？"梁主报之曰："朕与公大义已定，岂有成而相纳，败而相弃乎？"景乃诈为邺中书，求以渊明易景，梁主将许之。傅岐曰："侯景以穷归义，弃之不祥。且百战之余，宁肯束手受絷[4]？"谢举、朱异曰："景奔败之将，一使之力耳。"梁主从之，复书曰："贞阳旦至，侯景夕返。"景谓左右曰："我固知吴老公薄心肠。"王伟说景曰："今坐听亦死，举大事亦死，唯王图之。"景于是始为反计。属城居民，悉召募为军士，辄停责市估及田租[5]，百姓子女，悉以配将士。

三月，梁交州司马陈霸先讨李贲，平之屈獠洞[6]斩李贲。贲兄天宝收余兵围爱州[7]，交州司马陈霸先率众讨平之。诏以霸先为西江督护、高要[8]太守、督七郡诸军事。

夏，四月，东魏遣兵围魏颍川东魏遣高岳、慕容绍宗、刘丰生等将步、骑十万攻魏王思政于颍川。思政命卧鼓偃旗，若无人者。岳恃其众，四面陵城[9]。思政选骁勇开门出战，岳兵败走。更筑土山，昼夜攻之。思政随方拒守，夺其土山，置楼堞[10]以助防守。

五月，魏以宇文泰为太师。

1　摄问：拘捕审问。
2　忌贾在翟，恶会居秦：忌恨贾季投奔翟人，讨厌随会投奔秦国。贾季，春秋时晋文公的表弟，因权臣赵盾追杀，逃奔北狄。翟，通"狄"。随会，史称范武子、随武子，春秋时晋国大臣，赵盾先派遣他到秦国迎立新君，后赵盾背信弃义，与秦国交恶，随会愤而投奔秦国为官。
3　唯恐千载，有秽良史：只恐怕千百年后在史册上留下污点。
4　束手受絷：束手就擒。
5　停责市估及田租：停止收取市场税及田租。
6　屈獠洞：古地名，位于今越南永福省境内。
7　爱州：古州名，辖今越南清化、义安两省地。
8　高要：古郡名，辖今广东省肇庆、高要、高明三市地。
9　陵城：攻打颍川城。
10　楼堞：城楼与城堞，亦泛指城墙。堞，城墙上如齿状的矮墙。

梁遣散骑常侍徐陵如东魏复修好也。

秋，七月朔，日食。

东魏罢南郊道坛高澄以道士多伪、滥，故罢之。

八月，东魏遣兵略地江淮，取二十三州。

梁侯景反寿阳，梁主遣邵陵王纶督诸军讨之侯景自至寿阳，征求[1]无已，梁皆与之。景请娶于王、谢，梁主曰："王、谢门高非偶[2]，可于朱、张以下访之。"景恚恨，表疏稍悖慢[3]。又闻徐陵等使东魏，反谋益甚。元贞知景有异志，累启还朝。景谓曰："河北事虽不果，江南何虑失之？"贞惧，逃归建康，具以事闻，梁主不问。景知临贺王正德屡以贪暴得罪，阴养死士，幸国家有变，遣徐思玉致笺[4]曰："天子年尊，奸臣乱国。大王属当储贰，中被废黜。景虽不敏，实思自效。"正德大喜，报之曰："仆为其内，公为其外，何有不济？机事在速，今其时矣。"台州[5]刺史、鄱阳王范密启景谋反，朱异以为必无此理。梁主乃报范曰："景孤危寄命，安能反乎？"范复请自以合肥之众讨之，梁主不许。朱异谓其使曰："王遂不许朝廷有一客耶？"自是不复通范启。景邀羊鸦仁同反，鸦仁执其使以闻。异曰："景何能为？"以使者付狱，俄解遣[6]之。景益无所惮，启梁主："乞控督江西[7]。如不许，即率甲骑向闽、越。"梁主遣使谕解[8]之。景遂反于寿阳，以诛中领军朱异、少府卿徐驎、太子右卫率陆验、制局监周石珍为名。异等皆以奸佞骄贪[9]，蔽主弄权，为时人所疾，故景托以兴兵。初，傅岐尝以所闻责异，异曰："外间谤讟，知之久矣。心苟无愧，何恤人言？"岐谓人曰："朱彦和将死矣。恃谄以求容，肆辩以拒谏，闻难而

1　征求：征收求索。
2　非偶：不相称的婚配。
3　表疏稍悖慢：表疏，泛指奏章。悖慢，违逆不敬。
4　致笺：给他写信。
5　台州：古州名，辖今浙江省临海、台州二市及天台、仙居、宁海、象山、三门、温岭六县地。
6　解遣：遣散。
7　控督江西：控督，控制。江西，古地区名，指长江下游北岸、淮水以南地区。
8　谕解：开导劝解。
9　骄贪：骄横贪婪。

不惧，知恶而不改，天夺其鉴，其能久乎？"景西攻马头，遣其将宋子仙东攻木栅[1]，执戍主曹璆等。梁主闻之，笑曰："是何能为！吾折棰[2]笞之耳。"诏以鄱阳王范、封山侯正表、司州刺史柳仲礼、散骑常侍裴之高为四道都督，邵陵王纶持节兼督众军以讨景。

冬，十月，梁临贺王正德叛，引侯景兵渡江。梁主命宣城王大器、将军羊侃督军御之侯景闻台军讨己，问策于王伟。伟曰："邵陵若至，必为所困。不如决志东向，直掩建康。临贺反其内，大王攻其外，天下不足定也。兵贵拙速[3]，今宜即进。"景乃诈称出猎，十月，袭谯州，执刺史萧泰。攻历阳，太守庄铁以城降。因说景曰："国家承平岁久，人不习战，闻大王举兵，内外震骇，宜乘此际速趋建康，可兵不血刃而成大功。若使朝廷徐得为备，遣羸兵千人直据采石，虽有精甲百万，不得济矣。"景以铁为导，引兵临江。梁主问策于尚书羊侃，侃请："以二千人急据采石，令邵陵王袭取寿阳，使景进不得前，退失巢穴，乌合之众，自然瓦解。"朱异曰："景必无渡江之志。"遂寝其议。侃曰："今兹败矣！"梁主以正德督诸军屯丹杨。正德遣大船数十艘，诈称载荻，密以济景。时梁主遣将军王质将兵三千巡江，临川太守陈昕启以："采石急须重镇[4]，而质军轻弱，恐不能济。"梁主召质还，而以昕代之。质去，而昕未至。景闻之，喜曰："吾事办矣。"乃济江，有马数百匹，兵八千人。是夕，梁朝始命戒严。南津校尉江子一率舟师欲邀景，其徒皆溃，子一亦还。景至慈湖，建康大骇。梁主悉以内外军付太子，以宣城王大器都督城内诸军事，羊侃为军师将军副之。遣舍人贺季劳景于板桥。季曰："此举何名？"景曰："欲为帝耳！"百姓闻景至，竞入城，公私混乱，羊侃区分防拟[5]，皆以宗室间之[6]。军人争入武库，侃命斩数人，方止。是时，梁兴四十七年，境内无

---

1 木栅：古地名，位于今河南省洛阳市宜阳县西南。
2 折棰：折一根木棒。
3 兵贵拙速：用兵宁拙于机智而贵在神速。
4 重镇：国家倚重的大臣。
5 防拟：防备。
6 以宗室间之：安排皇室成员监督。

事，贼至猝迫[1]，公私骇震。军旅指挥，一决于侃。侃胆力俱壮，太子深仗之。

萧正德引侯景围梁台城。十一月，景以正德称帝景至朱雀桁南，太子犹未知正德之情，使守宣阳门。庾信守朱雀门，欲开大桁以挫贼锋，正德止之。俄而景至，信乃率众开桁，见景军皆着铁面，遂弃军走。正德之党复闭桁渡景，正德率众迎之。景军乘胜至阙下，城中恟惧，羊侃诈称得射书[2]云：“邵陵王、西昌侯援兵已至近路。”众乃少安。石头降景，景遣于子悦守之。列兵绕台城，射启于城中曰：“陛下若诛异等，臣则敛辔[3]北归。”梁主将诛之，太子曰：“贼以异等为名耳。杀之无救于急，适足贻笑将来，俟贼平，诛之未晚。”梁主乃止。景绕城既匝[4]，百道俱攻，鸣鼓吹唇[5]，喧声震地。作木驴[6]数百攻城，城上投石碎之。景更为尖顶[7]，石不能破。羊侃使作雉尾炬，灌以膏蜡，丛掷[8]，焚之。攻既不克，士卒死伤多，乃筑长围以绝内外。朱异、张绾议出兵击之，羊侃曰：“出人若少，不足破贼，徒挫锐气，若多，则一旦失利，门隘桥小，必大致失亡。”异等不从，使千余人出战。锋未及交，退走争桥，赴水死者大半。侃子鷟为景所获，执以示侃，侃曰：“我倾宗报主，犹恨不足，岂计一子，幸早杀之！”数日，复持来，侃引弓射之。景以其忠义，亦不之杀。十一月朔，正德即帝位，以景为丞相。景攻东府，三日克之。声言梁主已殂，虽城中亦以为然。太子请梁主巡城，众心粗安。江子一之败还也，梁主责之。子一拜谢曰：“臣以身许国，常恐不得其死。今所部皆弃臣去，臣以一夫安能击贼？若贼遂能至此，臣誓当碎身以赎前罪。”至是，与弟左丞子四、东宫主帅子五率所领百余人，开门出战。子一直抵贼营，径前刺贼，从者不继，贼

1　猝迫：急迫。
2　射书：用射箭传送书信。
3　敛辔：息驾，收起车马。
4　匝：环绕一周。
5　吹唇：吹口哨。
6　木驴：古代一种兵车，用于攻城。
7　尖顶：即尖头木驴，六轮，上横大木为脊，长一丈五尺，高八尺，上尖下方，外蒙以生牛皮，内载十人，推逼城下，以攻城、作地道。
8　丛掷：众人一起投掷。

解¹其肩而死。子四、子五相谓曰："与兄俱出，何面独旋²！"皆免胄赴贼死。景初至建康，谓朝夕可拔，号令严整，士卒不敢侵暴。及屡攻不克，人心离沮。景恐援兵四集，一旦溃去，又军中乏食，乃纵士卒掠夺民米及金帛、子女。是后米一升直七八万钱，人相食，饿死者什五六。景驱士民于城东、西起土山，有疲羸者，杀以填山，号哭动地。城中亦筑土山以应之。太子、宣城王以下，皆亲负土畚锸³，于山上起楼四丈，募敢死士二千人，分配二山，昼夜交战。会大雨，城内山崩，贼乘之，垂入，羊侃令多掷火，为火城以断其路，徐于内筑城，贼不能进。景募人奴⁴降者，悉免为良，于是群奴出就景者以千数。景厚抚之，人人感恩，为之致死。景土山稍逼城楼，将军柳津命作地道以取其土，山崩，压贼且尽。又于城内作飞桥⁵，悬罩二土山上，景众皆走。又掷炬焚其东山，楼、栅荡尽，贼死甚众。贼复引玄武湖水以灌台城，阙前皆为洪流。陈昕为景所擒，欲用之。昕不可，景使其党范桃棒囚之。昕因说桃棒，使杀王伟、宋子仙而降。桃棒从之，潜遣昕夜缒入城。梁主大喜，镌⁶银券赐桃棒，许以："封王，即有景众。"太子恐其诈，召公卿会议，朱异、傅岐曰："桃棒降必非谬。桃棒既降，贼景必惊，乘此击之，可大破也。"太子曰："吾守坚城以俟外援，万全策也。今开门纳桃棒，万一为变，悔无所及。"朱异抚膺曰："失此，社稷事去矣！"俄而桃棒事泄，景拉杀之。陈昕不知，如期而出，景逼使射书城中，言："桃棒今入。"因衷甲随之。昕不肯，期以必死，景乃杀之。

梁荆州刺史、湘东王绎移檄，遣兵赴援荆州刺史、湘东王绎移檄所督湘州刺史河东王誉、雍州刺史岳阳王詧、江州刺史当阳公大心、郢州刺史南平王恪等，发兵入援。遣司马吴晔、天门太守樊文皎将兵发江陵。又遣世子

---

1 解：砍下。
2 何面独旋：有何面目独自回去。
3 畚锸：泛指挖运泥土的用具。畚，盛土器。锸，起土器。
4 人奴：家奴，奴仆。
5 飞桥：架设于高空的桥梁。
6 镌：雕刻。

方等将兵入援。方等有俊才，善骑射，每战，亲当矢石，以死节自任[1]。绎寻自将锐卒三万发江陵。景以书告城中士民曰："梁自近岁以来，权幸用事，割剥[2]齐民，以供嗜欲[3]。公等试观，今日国家池苑[4]，王公第宅，僧尼寺塔，及在位庶僚[5]，姬姜[6]百室，仆从数千，不耕不织，锦衣玉食，不夺百姓，从何得之？仆所以趋赴阙庭，指诛权佞[7]，非倾社稷。今城中指望四方入援，吾观王侯、诸将，志在全身，谁能竭力致死，与吾争胜负哉？"

梁邵陵王纶还军赴援，侯景击之，大溃邵陵王纶行至钟离，闻侯景已渡采石，昼夜兼道，旋军入援。遂率步、骑三万，自京口西上。景遣军拒之。谯州刺史赵伯超曰："若从黄城[8]大路，必与贼遇。不如径指钟山，突据[9]广莫门，出贼不意，城围必解矣。"纶从之，夜行失道，迂[10]二十余里，旦营于蒋山。景见之，大骇，悉送所掠妇女、珍货于石头，具舟欲走。分兵攻纶，纶与战，破之。景陈兵于覆舟山北，纶进军玄武湖，相持不战。至暮，景更约明日会战，纶许之。安南侯骏见景军退，以为走，即与壮士逐之。景旋军击之，骏败走，趋纶军。景乘胜追击之，诸军皆溃。纶奔朱方[11]，景擒西丰公大春、主帅霍俊等，还至城下，使言曰："邵陵已为乱兵所杀。"俊独曰："王小失利，已全军还京口。城中但坚守，援军寻至。"贼以刀殴其背，俊辞色弥厉，正德杀之。

十二月，梁鄱阳王范、南康王会理将兵入援鄱阳王范遣其世子嗣与西豫州刺史裴之高、建安[12]太守赵凤举各将兵入援，军于蔡洲，以待上流诸军。

1　自任：自觉承担，当作自身的职责。
2　割剥：侵夺残害。
3　嗜欲：贪图感官方面享受的欲望。
4　池苑：有池水花木的风景园林。
5　庶僚：百官。
6　姬姜：春秋时，周王室姓姬，齐国姓姜，二姓常通婚姻，因以"姬姜"为贵族妇女之称。
7　权佞：有权势而奸巧的人。
8　黄城：古地名，俗称黄牛城，故址位于今江苏省无锡市惠山区西。
9　突据：突然占领。
10　迂：绕远。
11　朱方：古地名，位于今江苏省镇江市京口区丹徒镇东南。
12　建安：古郡名，辖今福建省南平以上的闽江流域（沙溪中上游除外）。

封山侯正表镇钟离，叛附侯景，景以为南郡王。正表乃于欧阳立栅以断援军，率众一万，欲袭广陵。广陵令刘询以告南兖州刺史、南康王会理。十二月，会理使询率兵夜袭破之，收其兵粮，归就会理，与之入援。

梁将军羊侃卒城中益惧。

梁散骑常侍韦粲及东、西道都督裴之高、柳仲礼等各以兵入援，推仲礼为大都督梁主征衡州[1]刺史韦粲为散骑常侍，以欧阳颁监州事。粲至庐陵，闻乱，简阅部下，得精兵五千，倍道赴援。至豫章，闻景已渡江，以问内史刘孝仪。孝仪曰："必如此，当有敕。或恐不然。"孝仪置酒，粲怒，以杯抵地，曰："贼已渡江，便逼宫阙，水陆俱断，何暇有报？假令无敕，岂得自安？韦粲今日何情饮酒？"即驰马出，部分将发。会江州刺史、当阳公大心遣使邀粲，粲乃驰往，见大心曰："江州去京最近，殿下情计[2]，诚宜在前。但中流任重，当须应接[3]。今宜移镇溢城[4]，遣偏将赐随，足矣。"大心然之，遣中兵柳昕率兵随粲。粲至南洲[5]，外弟、司州刺史柳仲礼亦率步、骑至横江，粲即送粮仗，并散私财以赏其将士。裴之高自张公洲[6]遣船渡之。粲、仲礼遂与李孝钦、羊鸦仁、陈文彻合军屯新林。粲议推仲礼为大都督，裴之高自以年位[7]，耻居其下。粲抗言于众曰："今者同赴国难，义在除贼。所以推柳司州者，正以久捍边疆，先为侯景所惮。且士马精锐，无出其前。若论年、位，皆在粲下，直以社稷之计，不得复论。今日形势，贵在将和，若人心不同，大事去矣。粲请为诸君解之。"乃单舸至之高营，切让之曰："今二宫危逼，猾寇滔天[8]，臣子当戮力同心，岂可自相矛盾？豫州必欲立异，锋镝便有所归。"之高垂泣致谢，遂推仲礼为大都督。宣城内史杨白华遣其子雄将兵继至。援军大集，众十余万。

1　衡州：古州名，辖今广东省英德、清远、佛冈一带。
2　情计：处境。
3　中流任重，当须应接：您是中流砥柱，身负重任，应在后接应。
4　溢城：古地名，即溢口城，位于今江西省九江市市区，以地当溢水入长江口得名。
5　南洲：古地名，又称姑孰，即今安徽省马鞍山市当涂县，因临姑孰溪得名。
6　张公洲：古地名，位于今江苏省南京市西南长江中。
7　年位：年龄和爵位。
8　二宫危逼，猾寇滔天：现在皇上和太子危在旦夕，狡诈的敌人罪恶滔天。

景囚之高弟、侄、子、孙，列于阵前，以鼎镬、刀锯随其后，谓曰："裴公不降，今即烹之。"之高召善射者使射其子，不中。柳仲礼以晦夜[1]入韦粲营，部分众军。旦日，会战，诸将各有据守，令粲顿青塘。粲以青塘当石头中路，贼必争，颇惮之。仲礼曰："青塘要地，非兄不可。若疑兵少，当更遣军相助。"乃使直阁将军刘叔胤助之。

魏太师泰杀其国臣[2]王茂魏太师泰杀安定国臣王茂而非其罪，左丞柳庆谏。泰怒曰："卿党罪人，亦当坐。"执庆于前，庆辞色不挠，曰："庆闻君蔽于事为不明，臣知而不争为不忠。庆既竭忠，不敢爱死，但惧公为不明耳。"泰寤，亟使赦茂，不及，乃赐茂家钱帛，曰："以旌[3]吾过。"

己巳（公元 549 年）

梁太清三年。魏大统十五年。东魏武定七年。

春，正月，侯景袭梁援军，韦粲死之。柳仲礼击景，败之正月朔，柳仲礼徙营大桁。会大雾，韦粲军迷失道，比及青塘，夜已过半，立栅未合，侯景亟率锐卒攻之。粲使军主郑逸逆击之，命刘叔胤以舟师截其后，叔胤不敢进，逸遂败。景乘胜入粲营，左右牵粲避贼。粲不动，叱子弟力战，遂与子尼及弟助、警、构、从弟昂皆战死，亲戚死者数百人。仲礼方食，投箸被甲，与其麾下百骑驰往救之，与景战，大破之，斩首数百级，溺死千余人。仲礼稍将及景，而贼自后斫之，中肩，景得免。自是不敢复济南岸，仲礼亦气衰，不复言战矣。邵陵王纶复收散卒，自东道至，列营桁南，亦推柳仲礼为大都督。

梁中领军朱异卒朝野以侯景之祸，共尤朱异。异惭愤发疾，卒。梁主痛惜，特赠仆射。

胡氏曰：侯景能济江，由正德舟楫之助。正德能反噬，由朱异失职之荐。

1　晦夜：昏夜，黑夜。
2　国臣：封地臣属。
3　旌：表明。

景固乱臣，正德固贼子，异乃乱贼之媒也，而梁武终不悟焉。使异荷荣禄[1]之恩，为久长之虑，当正德外叛而归，正名其罪，启上[2]黜之远服[3]，则子有不孝之心者，亦知戒矣。当侯景叛国而来，照灼[4]其情，启上拒之境外，则臣有不忠之意者，亦知惧矣。二者皆失之。然则非景与正德能亡梁也，乃朱异亡之尔。

梁北徐州刺史萧正表以州叛，降东魏。

梁援军击侯景，天门太守樊文皎战死台城与援军信命[5]久绝，援军募人能入城送启者，李朗请先受鞭，诈为得罪，叛投贼，因得入城。城中方知援兵四集，举城鼓噪。诸军渡淮，攻东府前栅，焚之。高州刺史李迁仕及樊文皎率锐卒五千独进深入，所向摧靡[6]。至菰首桥[7]东，景将宋子仙伏兵击之，文皎战死，迁仕遁还。仲礼神情傲很，陵蔑[8]诸将，邵陵王纶每日执鞭至门，亦移时弗见，由是与纶及诸将有隙，互相猜阻，莫有战心。援军初至，建康士民扶老携幼以候之。才过淮，即纵兵剽掠。由是士民失望，贼中有谋应官军者闻之，亦止。

二月，梁以侯景为大丞相，与之盟，敕止援军。湘东王绎次于武城[9]初，台城之闭也，公卿以食为念，男女贵贱并出负[10]米，取诸府藏钱帛，聚德阳堂，而不备薪刍[11]、鱼盐。至是，坏尚书省为薪，撤荐[12]，剉[13]以饲马。军士或煮铠、熏鼠、捕雀而食之，屠马于殿省间，杂以人肉，食者必病。侯景众亦饥，抄掠无所获。东城有米，可支一年，援军断其路，景甚患之。王伟请伪求

1　荣禄：功名利禄。
2　启上：启奏皇上。
3　远服：王畿以外的地方。
4　照灼：明察。
5　信命：使者传送的命令或书信。
6　摧靡：披靡。
7　菰首桥：古桥名，又名走马桥，故址位于今江苏省南京市东青溪上，为青溪七桥之一。
8　陵蔑：凌侮蔑视。
9　武城：古地名，又名武口城，位于今湖北省武汉市黄陂区东南。
10　负：背。
11　薪刍：木柴和牧草。
12　荐：草垫子。
13　剉：铡切，斩剁。

和以缓其势，运米入石头，然后休士息马，缮修器械，伺其懈怠击之。景从之，拜表求和。太子白梁主，请许之，梁主怒曰："和不如死！"太子固请，梁主迟回久之，乃曰："汝自图之，勿令取笑千载。"遂报许之。景乞割江右四州之地，并求宣城王大器出送，然后济江。中领军傅岐固争曰："岂有贼举兵围宫阙，而更与之和乎？此特欲却援军耳。且宣城嫡嗣[1]之重，国命所系，岂可为质？"梁主乃以大器之弟石城公大款质于景，敕诸军不得复进。诏以景为大丞相、豫州牧，设坛门外，遣仆射王克与王伟等盟。既盟，而景围不解，专修铠仗，了无去志。会南康王会理、湘潭侯退、西昌世子或众合三万，至马卬洲[2]。景请敕还南岸，太子从之。景又启曰："永安侯确、直阁赵威方频隔栅见诟[3]云：'天子自与汝盟，我终当破汝。'乞召侯及威方入，即当引路。"梁主召确，确累辞不入。邵陵王纶泣谓确曰："围城既久，圣上忧危[4]，臣子之情，切于汤火，故欲且盟而遣之，更申后计。成命[5]已决，何得拒违？"确曰："侯景虽云欲去，而不解长围，其意可见，入城何益？"纶大怒，欲斩之，确乃流涕入城。梁主常蔬食，至是，蔬茹[6]皆绝，乃食鸡子。纶乃因使上鸡子数百枚。

胡氏曰：古之时，禽兽常逼人矣。圣人教之网罟佃渔[7]，则为民除患，而因以制礼。然其为教戒[8]甚备，则爱物之心亦可见矣。故其效至于凤凰仪、鸟兽舞、鱼鳖咸若[9]，反不可胜用焉。自佛以不杀为教，谓犬豕牛羊，皆吾宿世[10]之祖考、眷属也。信而行之，莫甚于梁武。其心未必不非笑尧、舜、周、孔，以为不慈不悲也。果有报应福利[11]者，则梁之国祚灵长，臣忠子孝，叛乱不作，

1　嫡嗣：嫡子。
2　马卬洲：古地名，一作马昂洲，位于今江苏省南京市西北大江中。
3　见诟：被辱骂。见，表示被动，相当于"被"。
4　忧危：忧虑戒惧。
5　成命：已作出的决定，已发布的命令。
6　蔬茹：蔬菜。
7　网罟佃渔：网罟，捕鱼及捕鸟兽的工具。佃渔，猎兽和捕鱼。佃，通"畋"。
8　教戒：教导和训戒。
9　咸若：万物皆能顺其性，应其时，得其宜。
10　宿世：前世，前生。
11　福利：使生活上得到利益。

寿考无期，斯为验矣。乃一切不然，祸乱既兴，骨肉相图，太平之民，十丧八九。然则向者茹蔬不杀之功，果何在耶？梁武行事，殆天启之使破败昭著，以警后来欤？若观此而不知佛学之非，又从而为之说以自解焉，则亦未如之何矣。

　　湘东王绎军于郢州之武城，与河东王誉、桂阳王慥皆淹留不进。中记室参军[1]萧贲，骨鲠士也，以绎不早下，心非之，尝与绎双六[2]，食子未下，贲曰："殿下都无下意。"绎深衔之。及得梁主敕，绎欲旋师，贲曰："景以人臣举兵向阙，今若放兵[3]，童子能斩之矣，必不为也。大王以十万之众，未见贼而退，奈何？"绎不悦，未几，因事杀之。

　　东魏河内之民归于魏东魏河内民四千余家，以魏北徐州刺史司马裔其乡里也，相率归之。宇文泰欲封裔，裔固辞曰："士大夫远归皇化[4]，裔岂能率之？卖义士以求荣，非所愿也。"

　　三月，侯景陷梁台城，自称大都督、录尚书事。邵陵王纶奔会稽，柳仲礼等叛，降景。景废萧正德，以为大司马侯景既运东府米入石头，王伟闻荆州军退，援军不相统一，乃说景曰："王以人臣举兵，围守宫阙，逼辱妃主[5]，残秽[6]宗庙，今日持此，欲安所容身乎？背盟而捷，自古多矣，愿且观其变。"景遂启陈梁主十失，曰："陛下崇饰虚诞，恶闻实录[7]，以妖怪为嘉祯[8]，

1　中记室参军：古官名，南朝齐置为大将军府僚属，梁、陈诸皇弟皇子府、嗣王蕃王府、庶姓公府、庶姓持节府皆置。
2　双六：即双陆，古代一种棋类游戏，棋子的移动以掷骰子的点数决定，首位把所有棋子移离棋盘的玩家可获得胜利。
3　放兵：放下武器。
4　皇化：皇帝的德政和教化。
5　逼辱妃主：逼辱，逼迫侮辱。妃主，皇上的妃嫔。
6　残秽：邪恶污秽。
7　实录：按照真实情况记载的文字。
8　以妖怪为嘉祯：妖怪，反常、怪异的事物与现象。嘉祯，吉祥的征兆。

以天谴为无咎。敷演六艺，排摈前儒[1]，王莽之法也。以铁为货[2]，轻重无常，公孙[3]之制也。烂羊镌印，朝章鄙杂[4]，更始、赵伦之化也。豫章仇父，邵陵冠布[5]，石虎之风也。修建浮图，四民饥馁[6]，笮融、姚兴之代也。"又言："建康宫室崇侈，陛下唯与主书参断万机，政以贿成，诸阉豪盛[7]，众僧殷实。皇太子珠玉是好，酒色是耽。邵陵所在残破，湘东群下贪纵，南康、定襄之属，皆如沐猴而冠耳。伏愿小惩大戒，放谗纳忠[8]，使臣无再举之忧[9]，陛下无婴城之辱，则万姓幸甚！"梁主览启惭怒。三月朔，以景违盟，举烽[10]鼓噪。初，闭城之日，男女十余万，怀甲[11]者二万余人。被围既久，人多身肿气急，死者什八九，乘城不满四千人，率皆羸喘[12]。横尸满路，而众心犹望外援。柳仲礼唯聚妓妾，置酒作乐。诸将日往请战，仲礼不许。安南侯骏说邵陵王纶曰："城危如此，而都督不救，若万一不虞，殿下何颜自立于世？今宜分军为三道，出贼不意攻之，可以得志。"纶不从。仲礼父津，登城谓仲礼曰："汝君父在难，不能竭力，百世之后，谓汝为何？"仲礼亦不以为意。梁主问策于津，对曰："陛下有邵陵，臣有仲礼，不忠不孝，贼何由平？"南康王会理与羊鸦仁、赵伯超等进营于东府城北，约夜渡军，为景所败。景又求和，梁主使御史中丞沈浚至景所，见景无去志，发愤责之，景横刀叱之，浚曰："负恩忘义，违弃诅盟[13]，固

1　敷演六艺，排摈前儒：解说六艺，排斥前儒之说。敷演，陈述而加以发挥。排摈，排斥摈弃。
2　以铁为货：用铁来铸造货币。
3　公孙：即公孙述，新莽末年、东汉初年地方割据势力的首领。
4　烂羊镌印，朝章鄙杂：滥授官爵，乱刻官印，使官职象烂羊头、烂羊胃一样不值钱，弄得朝纲混乱。
5　豫章仇父，邵陵冠布：豫章王萧综视父为仇敌，邵陵王萧纶把一个老头装扮成自己的父亲加以捶打。
6　饥馁：饥饿。
7　诸阉豪盛：诸阉，各级宦官。豪盛，强盛，兴盛。
8　放谗纳忠：放逐那些逸佞小人，接纳忠贞的臣子。
9　使臣无再举之忧：使我不用忧虑再次发动兵变。
10　举烽：点燃报警烽火。
11　怀甲：穿戴盔甲的。
12　羸喘：疲病气急。
13　诅盟：誓约。

天地所不容。沈浚五十之年，常恐不得死所，何为以死相惧邪？"因径去不顾。于是景复攻城，昼夜不息。邵陵世子坚屯太阳门，终日蒲饮[1]，不恤吏士[2]。其书佐董勋、熊昙朗夜引景众登城，永安侯确力战，不能却，乃排闼入启梁主云："城已陷。"梁主安卧不动，叹曰："自我得之，自我失之，亦复何恨！"因谓确曰："速去，语汝父，勿以二宫为念。"景入，见于太极东堂，以甲士五百人自卫，稽颡殿下，典仪[3]引就三公榻。梁主神色不变，问曰："卿在军中日久，无乃为劳[4]。"景不敢仰视，汗流被面。复至永福省[5]见太子，太子亦无惧容。侍卫皆惊散，惟徐摛、殷不害侍侧。摛谓景曰："当以礼见。"景乃拜，退谓王僧辩曰："吾常跨鞍对阵，矢、刃交下，而意气安缓[6]，了无怖心。今见萧公，使人自慑，岂非天威难犯？吾不可以再见之。"于是悉撤两宫侍卫，纵兵掠乘舆、服御、宫人皆尽。收朝士、王侯送永福省。矫诏大赦，自加大都督中外诸军、录尚书事。建康士民，逃难四出。景以诏命解外援军。柳仲礼召诸将议之，邵陵王纶曰："今日之命，委之将军。"仲礼熟视[7]不对。裴之高、王僧辩曰："将军拥众百万，致宫阙沦没[8]，正当悉力决战，何所多言？"仲礼竟无一言，诸军乃散。纶奔会稽。仲礼及羊鸦仁、王僧辩、赵伯超并开营降贼，军士叹愤[9]。仲礼等入城，先拜景而后见梁主，梁主不与言。见津，津恸哭曰："汝非我子，何劳相见？"景遣仲礼归司州，僧辩归竟陵。初，临贺王正德与景约，平城之日，不得全二宫。及城开，正德率众挥刀欲入，不得。景更以正德为大司马。正德入见梁主，拜且泣，梁主曰："啜其泣矣，何嗟及矣[10]！"

---

1 蒲饮：赌博和饮酒。
2 吏士：官兵。
3 典仪：古官名，监督典礼仪式、大臣礼节的侍卫官。
4 无乃为劳：真是劳苦功高。
5 永福省：古官署名，又称西省，设于梁宫禁内，临近朝宫之西，为皇子受学之所。
6 安缓：平顺缓慢。
7 熟视：注目细看。
8 沦没：沦陷。
9 叹愤：感叹愤激。
10 啜其泣矣，何嗟及矣：你眼泪流个不停，是感叹不能跟他一起掌权吧。

梁东徐、北青州[1]及淮阳郡[2]皆叛，降于东魏。东魏遂取梁青州及山阳郡。

梁湘东王绎归江陵，杀桂阳王慥初，梁主以河东王誉代张缵为湘州刺史，徙缵代岳阳王詧为雍州刺史。缵恃才轻誉，迎候有阙。誉至，留缵不遣。缵轻舟夜遁，将之雍部[3]，复虑詧拒之。缵与湘东王绎有旧，欲因之以杀誉兄弟，乃如江陵。及台城陷，诸王各还州镇，誉归湘州。信州[4]刺史、桂阳王慥留军江陵，欲待绎至，拜谒乃还。缵遗绎书曰："河东欲袭江陵，岳阳共谋不逞。"江陵军主朱荣亦遣使告绎云："桂阳留此，欲应誉、詧。"绎惧，自蛮中步道[5]驰归江陵，囚慥杀之，树栅掘堑以自守。

侯景陷梁广陵侯景以董绍先为江北行台，使赍敕召南康王会理。绍先以羸兵二百至广陵，会理士马甚盛，僚佐说会理曰："景已陷京邑，欲除诸藩，然后篡位。若四方拒绝，立当溃败，奈何委全州之地以资寇手？不如杀绍先，发兵固守，与魏连和，以待其变。"会理素懦，即以城授之。

东魏取梁淮阴。

梁吴郡太守袁君正以郡叛，附侯景侯景遣于子悦等将羸兵数百东略吴郡。新城[6]戍主戴僧遏有精甲五千，说太守袁君正曰："贼今乏食，台中所得，不支一旬，若闭关拒守，立可饿死。"君正素怯，郊迎之。子悦执君正，掠夺财物、子女，东人皆立堡拒之。

梁宣城、吴兴起兵拒侯景侯景遣来亮入宛陵，宣城太守杨白华诱而斩之。景遣李贤明攻之，不克。御史中丞沈浚避难东归，与吴兴太守张嵊起兵讨

1　北青州：古州名，即青州，因东晋于广陵侨置青州，因称原来的青州为北青州，辖今山东省德州市、齐河县以东，马颊河以南，济南、临朐、安丘、高密、莱阳、乳山等市县以北、以东和河北省吴桥县地。
2　淮阳郡：古郡名，辖今江苏省淮安、泗阳、宿迁等市县地。
3　雍部：即雍州。
4　信州：古州名，辖今四川省万县市以东的长江南北和大宁河流域及湖北省巴东以西地区。
5　蛮中步道：蛮人地区的陆路。
6　新城：古地名，位于今江苏省扬州市江都区西北。

景。景号令所行，唯吴郡以西、南陵以北而已。

东魏攻魏颍川，魏人击之，杀其将慕容绍宗、刘丰生东魏高岳等攻魏颍川，逾年不克。刘丰生建策[1]堰洧水[2]以灌之，城多崩颓[3]。王思政身当矢石，与士卒同劳苦，城中泉涌，悬釜而炊。宇文泰遣赵贵督东南诸州兵救之，阻水不得前。东魏人使善射者乘大舰，临城射之。城垂陷，慕容绍宗与丰生临堰视之，暴风忽至，飘船向城，城上人以长钩牵船，弓弩乱发，二人俱死。

夏，东魏大将军澄如邺东魏进澄位相国，封齐王，加殊礼。澄固辞，不许。澄召将佐密议之，皆劝澄受之，独陈元康以为未可，澄由是嫌之。

梁岳阳王詧执雍州刺史张缵湘东王绎之入援也，令所督诸州皆发兵，雍州刺史、岳阳王詧遣司马刘方贵将兵出汉口。绎召詧使自行，詧不从。方贵潜与绎谋袭襄阳，未发。会詧以他事召方贵，方贵以为谋泄，遂据樊城，詧遣军攻之。绎厚资遣张缵使赴镇，缵至大堤，詧已拔樊城，斩方贵。闻台城陷，遂执缵。

五月，梁主衍殂，太子纲立梁主虽外为侯景所制，而内甚不平。景欲以宋子仙为司空，梁主曰："调和阴阳，安用此物？"景不能强，心甚惮之。太子泣谏，梁主曰："若社稷有灵，犹当克复。如其不然，何事流涕？"是后梁主所求，多不遂志，饮膳亦为所裁节[4]，忧愤成疾。口苦，索蜜不得，再曰："荷！荷！"遂殂，年八十六。景秘不发丧，太子鸣咽流涕，不敢泄声。既而发丧，遂即位，立宣城王大器为太子。高祖之末，建康士民争尚豪华，粮无半年之储，常资四方委输。自景乱，道路断绝，人至相食，不免饿死，存者百无一二。贵戚豪族，皆自出采稆，填委[5]沟壑，不可胜纪。

魏诏代人复其旧姓。

1　建策：出谋献策，制定策略。
2　洧水：古水名，即今河南省双洎河，源出今河南省登封市东阳城山，东流至西华县西入颍水。
3　崩颓：倒塌毁坏。
4　裁节：消减，节省。
5　填委：堆积。

六月，梁湘东王绎杀太常卿刘之遴_{初，侯景将使之遴授临贺王正德玺}

_{绶，之遴剃发僧服而逃，将归江陵。行至夏口，绎素嫉其才，密送药杀之，而}

_{自为志铭[1]，厚其赙赠。}

　　东魏大将军澄克颍川，以王思政归。魏师还_{东魏高岳既失慕容绍宗}

_{等，志气沮丧，不敢复逼长社。陈元康言于高澄曰："王自辅政以来，未有殊}

_{功。今颍川垂陷，愿王自以为功。"澄从之，自将攻长社，亲临作堰。堰三决，}

_{澄怒，推负土者及囊并塞之。城中无盐，挛肿[2]死者什八九。水入城坏，澄令}

_{城中曰："有能生致王大将军者封侯，若有损伤，左右皆斩。"王思政率众据}

_{土山，告之曰："吾力屈计穷，唯当以死谢国。"因仰天大哭，西向再拜，欲}

_{自刎，众共执之，不得引决。澄遣赵彦深执手申意，延而礼之。思政初入颍川，}

_{将士八千人，及城陷，才三千人，卒无叛者。澄改颍川为郑州，遇思政甚重。}

_{祭酒卢潜曰："思政不能死节，亦何足重？"澄曰："我有卢潜，乃是更得一}

_{王思政。"潜，度世之曾孙也。初，思政屯襄城，欲以长社为行台治所，启陈[3]}

_{于宇文泰，淅州[4]刺史崔猷曰："襄城控带京洛，实为要地，如有动静，易相应}

_{接。颍川既邻寇境，又无山川之固，贼若潜来，径至城下。莫若顿兵襄城，以}

_{为行台，颍川置州，遣将镇守，则表里胶固[5]，人心易安，纵有不虞，不能为}

_{患。"泰令从猷策。思政固请，泰乃许之。至是，泰深悔之，以侯景所献诸城}

_{道路阻绝[6]，令诸将拔军还。}

　　梁湘东王绎自称假黄钺、大都督中外诸军、承制[7]。

　　侯景杀萧正德_{正德怨侯景卖己，密书召鄱阳王范，使以兵入。景遮[8]得其}

1　志铭：即墓志铭。

2　挛肿：挛，手、脚等蜷曲不能伸开。肿，肿胀。

3　启陈：启禀陈述。

4　淅州：古州名，亦作析州，辖今河南省西峡、淅川等县地。

5　胶固：巩固团结。

6　阻绝：受阻碍不能通过。

7　承制：秉承皇帝旨意。有时并非出自帝命，成为一种假借的名义或政治待遇，以此得自
　　行处置政务、任免官吏。

8　遮：拦住。

书，缢杀之。

梁永安侯确谋讨侯景，不克而死景爱永安侯确之勇，常置左右。邵陵王纶潜遣人呼之，确曰："景轻佻，一夫力耳。我欲手刃之，恨未得其便。卿还启家王[1]，勿以确为念。"景与确游钟山，确引弓射鸟，因欲射景，弦断，不发，景觉而杀之。

梁湘东王绎使其世子方等攻湘州刺史、河东王誉。誉击之，方等败死。绎杀其妃徐氏绎娶徐妃，生世子方等。妃多失行，故方等无宠。及自建康归江陵，绎见其御军和整[2]，始叹其能，入告徐妃，妃泣而退。绎怒，疏其秽行，榜于大阁[3]。方等见之，益惧。湘州刺史、河东王誉骁勇，得士心，绎将讨侯景，督其粮、众，不得。方等请讨之，绎乃以少子方矩代誉，使方等将兵送之。方等将行，谓所亲曰："是行也，吾必死之。死得其所，吾复奚恨？"至麻溪[4]，誉击之，方等败死。绎无戚容。宠姬王氏生子方诸而卒，绎疑徐妃为之，逼令自杀，妃赴井死。

秋，七月，梁广州刺史元景仲谋反，西江督护陈霸先讨，诛之霸先欲起兵讨侯景，景使人诱景仲，许奉以为主，使图霸先。霸先驰檄[5]讨之，景仲众溃，缢死。霸先迎定州刺史萧勃镇广州，勃以霸先监始兴郡事。

梁湘东王绎使信州刺史鲍泉攻湘州绎遣竟陵太守王僧辩、信州刺史鲍泉击湘州。僧辩欲俟众集而行，绎疑其观望，斫之中髀，闷绝。久之，泉惧，不敢言，独将兵伐湘州。

梁合州[6]刺史、鄱阳王范以州附于东魏以乞师范闻台城陷，戒严欲入，僚佐或说之曰："今魏人已据寿阳，大王移足，则虏必窥合肥。"范乃止。会高澄遣李伯穆逼合肥，范方谋讨侯景，藉东魏为援，乃以合州输伯穆，送二子

1　家王：为王的父亲。
2　和整：和谐整齐。
3　疏其秽行，榜于大阁：陈述徐妃的肮脏行为，在大阁中张榜公布。
4　麻溪：古水名，位于今湖南省长沙市区北部，为湘江支流。
5　驰檄：迅速传送檄文。
6　合州：古州名，辖今安徽省合肥、肥东、肥西、巢湖、庐江、枞阳等市县地。

于邺以乞师，出屯濡须以待上游之军。久之不至，东魏亦不为出师。范粮乏，进退无计，乃西军枞阳[1]。

　　盗杀东魏大将军、勃海王高澄于邺澄尝谓济阴王晖业曰："比[2]读何书？"晖业曰："数寻伊、霍之传，不读曹、马[3]之书。"澄以其弟太原公洋次长[4]，忌之。洋深自晦匿，每退朝，辄闭阁[5]静坐，虽对妻子，能竟日[6]不言。或时祖跣[7]奔跃，夫人问其故，洋曰："为尔漫戏[8]。"其实欲习劳[9]也。澄获徐州刺史兰钦子京，以为膳奴[10]。京屡自诉[11]，澄杖之，曰："更诉，当杀汝！"京与其党六人谋作乱。澄嬖琅邪公主，欲其往来无间，侍卫者常遣出外。一日，与陈元康、杨愔、崔季舒屏左右，谋受禅。京进食，置刀盘下，杀之。元康以身蔽澄，亦被伤。洋闻之，神色不变，入讨群贼，斩而脔之，秘不发丧。元康手书辞母，口占，使功曹祖珽作书陈便宜，至夜而卒。勋贵以重兵皆在并州，劝洋早如晋阳，洋从之。夜，召督护唐邕，使部分将士，镇遏[12]四方，须臾而毕。东魏主闻之，窃谓左右曰："大将军死，似是天意，威权当复归帝室矣。"洋留高岳、高隆之、司马子如、杨愔守邺，入谒东魏主，从甲士八千人，登阶者二百余人，皆攘袂扣刃，若对严敌，令主者传奏曰："臣有家事，须诣晋阳。"再拜而出。东魏主失色，目送之曰："此人又似不相容，朕不知死在何日？"晋阳旧臣、宿将素轻洋，及至，大会文武，神采英畅[13]，言辞敏洽[14]，众皆大惊。

1　枞阳：古县名，治所即今安徽省铜陵市枞阳县。
2　比：近来。
3　曹、马：曹操家族、司马懿家族。均为叛主权臣。
4　次长：年纪第二大，仅次于自己。
5　闭阁：关上门。
6　竟日：终日，整天。
7　祖跣：祖胸赤足。
8　漫戏：随便戏玩。
9　习劳：练习劳动。
10　膳奴：做饭的奴隶。
11　自诉：自己诉说。
12　镇遏：平定，制止。
13　英畅：英伟不凡。
14　敏洽：敏捷广博。

澄政令有不便者，洋皆改之。隆之、子如等恶度支尚书崔暹，奏暹及季舒过恶，鞭二百，徙边。

九月，**侯景陷吴兴，梁太守张嵊、御史中丞沈浚死之**景使侯子鉴寇吴兴。吴兴兵力寡弱，张嵊书生，不闲军旅。或劝嵊效袁君正迎降，嵊叹曰："袁氏世济[1]忠贞，不意君正一旦隳之。吾岂不知此难久全，但以身许国，有死无贰耳！"战败，还府，整服安坐，子鉴执送建康。景欲活之，嵊曰："吾忝任专城[2]，朝廷倾危，不能匡复，速死为幸。"景犹欲存其一子，嵊曰："吾一门已在鬼录[3]，不就尔虏求恩。"景怒，尽杀之，并杀沈浚。

胡氏曰：张嵊以书生守土，而能以不能匡救朝廷为耻，义不降贼，执节而死。苟非实见义重于生，则不能也，嵊可谓无负乎书矣。

梁岳阳王詧攻江陵，湘东王绎遣兵袭襄阳。詧遁还，绎使竟陵太守王僧辩攻湘州鲍泉攻湘州，河东王誉逆战而败，退保长沙，泉围之。岳阳王詧留参军蔡大宝守襄阳，率众伐江陵以救湘州。湘东王绎大惧，遣左右就狱中问计于王僧辩。僧辩具陈方略，绎乃赦之，以为城中都督。詧攻江陵，会大雨，平地水深四尺，詧军气沮。绎与新兴太守杜崱有旧，密邀之。崱率所部降，其兄岸请以五百骑袭襄阳。距城三十里，城中始觉，蔡大宝奉詧母登城拒战[4]。詧闻之，遁还，岸亦走。绎遂以僧辩代泉攻长沙。邵陵王纶致书于绎曰："今社稷危耻[5]，创巨痛深，唯应剖心尝胆，泣血枕戈，其余小忿，或宜容贳[6]。若外难未除，家祸仍构，料今访古，未或不亡。夫征战之理，唯求克胜。至于骨肉之战，愈胜愈酷，劳兵损义，亏失多矣。弟若陷洞庭，不戢[7]兵刃，雍州疑迫[8]，何以自安？必引魏军，以求形援。弟若不安，家国去矣。"绎不从。纶流涕曰：

1　世济：世代继承。
2　专城：主宰一城的州牧、郡太守一类的地方长官。
3　鬼录：阴间死人的名簿。
4　拒战：抵御抗击。
5　危耻：处于危难，蒙受耻辱。
6　容贳：容忍宽恕。
7　戢：收藏，放下。
8　疑迫：怀疑您将要进逼。

"天下之事，一至于斯。湘州若败，吾亡无日矣。"

冬，十月，梁豫章内史庄铁叛，袭江州，败走初，铁既降侯景，复叛之，寻阳王大心以为豫章内史。铁至郡即叛，推观宁侯永为主，引兵袭寻阳。大心遣其将徐嗣徽逆击，破之。铁单骑还南昌。

十一月，梁湘东王绎遣兵攻襄阳。岳阳王詧乞师于魏，魏遣开府[1]杨忠率师救之詧遣使求援于魏，请为附庸。湘东王绎使柳仲礼镇竟陵以图詧，詧惧，遣其妃王氏及世子嶚为质于魏。宇文泰欲经略江汉，以杨忠都督三荆诸军，镇穰城。仲礼率众趋襄阳，泰遣忠及仆射长孙俭将兵击仲礼以救詧。

十二月，侯景陷钱塘、会稽，执梁刺史、南郡王大连宋子仙陷钱塘，乘胜渡浙江，至会稽。邵陵王纶奔鄱阳。时会稽丰沃[2]，胜兵数万，粮仗山积。东人惩[3]侯景残虐，咸乐为用，而大连朝夕酣饮，不恤军事。司马留异，凶狡残暴，为众所患，大连悉以军委之。子仙至，大连弃城走，异以其众降，为子仙乡导，追及大连，执送建康。大连犹醉，不之知。梁主闻之，掩袂[4]而泣。于是三吴尽没于景，公侯在会稽者，俱南度岭[5]。景以留异为东阳太守，收其妻子为质。

梁始兴太守陈霸先起兵讨侯景霸先结郡中豪杰，欲讨侯景，郡人侯安都、张偲等各率众千余人归之。霸先遣杜僧明将二千人顿于岭[6]上，广州刺史萧勃遣人止之，霸先曰："京都覆没[7]，君辱臣死。君侯体则皇枝，任重方岳，不能赴援，遣仆一军，犹贤乎已[8]，乃更止之乎？"乃遣使间道诣湘东王绎，受

1　开府：古官名，府兵军职。西魏和北周时全国府兵分属于二十四军，每军设一开府，兵额约二千人。
2　丰沃：丰饶肥沃。
3　惩：警戒，鉴戒。
4　掩袂：用衣袖遮面。
5　南度岭：向南越过大庾岭避难。
6　岭：即大庾岭，五岭之一，又名东峤山、梅岭、凉热山，位于今江西大余、广东南雄二县交界处。
7　覆没：陷落，沦陷。
8　已：停止。

节度。时南康土豪蔡路养起兵据郡，勃乃以谭世远为曲江[1]令，与路养相结，同谒霸先。

东魏取梁司州于是东魏尽有淮南之地。

庚午（公元 550 年）

梁太宗简文帝纲大宝元年。魏大统十六年。东魏武定八年，齐显祖文宣帝高洋天保元年。○是岁，东魏亡。

春，正月，东魏高洋自为丞相，都督中外诸军、录尚书事，封齐王。

梁以陈霸先为交州刺史霸先发始兴，至大庾岭，蔡路养拒之。其党萧摩诃年十三，单骑出战，无敢当者。霸先击之，路养败走。进军南康，湘东王绎承制授霸先交州刺史。

梁邵陵王纶至江夏，自称都督中外诸军、承制纶自鄱阳进至九江，寻阳王大心以江州让之，纶不受。引兵西上，至江夏，南平王恪以郢州让之，亦不受。乃推纶为假黄钺、都督、承制。

魏人围安陆，获梁司州刺史柳仲礼，遂取汉东魏杨忠围安陆，柳仲礼驰归救之。诸将恐仲礼至，请急攻之，忠曰："攻守势殊，未可猝拔。若引日劳师，表里受敌，非计也。南人多习水军，不闲野战，仲礼师在近路，吾出其不意，以奇兵袭之，彼怠我奋，一举可克。克仲礼，则安陆不攻自拔，诸城可传檄定也。"乃选骑二千，衔枚夜进，败仲礼于漴头[2]，获之。安陆、竟陵皆降。于是汉东尽入于魏。

梁祖皓起兵广陵，杀侯景将董绍先梁广陵人来嶷说前太守祖皓曰："董绍先轻而无谋，人情不附，袭而杀之，此壮士之任耳。今欲纠率义勇[3]，奉

1　曲江：古县名，治所位于今广东省韶关市东南。
2　漴头：古地名，位于今湖北省孝感市辖安陆市西北。
3　义勇：南北朝时州郡乡里自募的兵。

戴府君，若其克捷，可立桓、文之勋，必天未悔祸[1]，犹足为梁室忠臣。"皓曰："此仆所愿也。"乃相与纠合勇士百余人，袭广陵，斩董绍先，驰檄远近，推萧勔为刺史。景遣郭元建攻之，皓婴城固守。

二月，**魏师进次石城，梁湘东王绎请盟。魏师还**魏杨忠乘胜至石城，欲进逼江陵，梁湘东王绎遣舍人庾恪说忠曰："詧来伐叔而魏助之，何以使天下归心？"忠遂停湺北[2]。绎请送质求和，魏人许之，乃盟而还。

胡氏曰：湘东责魏助侄伐叔，是矣。己父被围，饿死而不救，兄制于贼手而不救，宗庙社稷日就亡灭而不救，则詧何有于叔哉？夫所恶于下者无以事上，则理顺而人服矣。萧绎身负大罪，人得而诛之，而魏师不能声罪致讨，亦可惜哉！

侯景陷广陵，杀梁祖皓，屠其城。

三月，**梁主禊饮[3]乐游苑**侯景娶梁主之女溧阳公主，甚爱之，请梁主禊饮乐游苑。梁主闻丝竹，凄然泣下。

梁旱、蝗时江南连年旱、蝗，江、扬尤甚，百姓流亡，草木根叶，食之皆尽。富室或衣罗绮[4]、怀金玉而死，白骨成丘。侯景性残酷，于石头立大碓[5]，有犯法者捣杀之。常戒诸将曰："破栅平城，当净杀之，使天下知吾威名。"由是百姓不附。又禁人偶语，犯者刑及外族[6]。

夏，四月，**梁王僧辩克湘州，杀河东王誉**初，湘东世子方等之死，湘州将周铁虎功最多，誉委遇[7]甚重。至是，僧辩得铁虎，命烹之，呼曰："侯景未灭，奈何杀壮士？"僧辩奇其言而释之。

1　悔祸：为造成灾祸而后悔。
2　湺北：湺水北岸。湺水，古水名，亦作建水，即今湖北省荆门市南之新埠河。
3　禊饮：古时农历三月上巳日之宴聚。
4　罗绮：罗和绮，多借指丝绸衣裳。
5　碓：春米用具，用柱子架起一根木杠，杠的一端装一块圆形的石头，用脚连续踏另一端，石头就连续起落，去掉下面石臼中糙米的皮。
6　外族：母家或妻家的亲族。
7　委遇：信任，礼遇。

梁湘东王绎移檄讨侯景绎闻高祖之丧，以长沙未下，匿之。至是始发丧，刻檀[1]为高祖像，事之甚谨，动静必咨焉。以天子制于贼臣，不肯从大宝之号，犹称"太清四年"，下令大举讨侯景，移檄远近。

五月，梁鄱阳王范卒范自枞阳遣信告江州刺史、寻阳王大心，大心以溢城处之。既至，以晋熙[2]为晋州，遣其世子嗣为刺史。大心政令不出一郡，遣兵击庄铁。嗣与铁善，遣侯瑱将兵助之。由是二镇相猜，无复讨贼之志。大心使徐嗣徽筑垒稽亭[3]以备范，市籴[4]不通，范数万之众无所得食，多饿死。愤恚而卒。

齐王洋称皇帝，废东魏主为中山王东魏徐之才、宋景业善图谶，因高德政劝齐王洋受魏禅。洋以告娄太妃，太妃曰："汝父如龙，汝兄如虎，犹以天位不可妄据，终身北面。汝独何人，欲行舜、禹之事乎？"洋以告之才，之才曰："正为不及父兄，故宜早升尊位耳。"洋铸像卜之而成，以问肆州刺史斛律金，金固言不可，请杀景业等。洋以人心不一，使德政如邺察之。未还，洋拥兵而东，至平都城[5]，召诸勋贵议之，莫敢对。长史杜弼曰："关西[6]，国之勍敌，今若受禅，彼必挟天子称义兵而东，王何以待之乎？"徐之才曰："彼亦欲为王所为，纵其屈强，不过随我称帝耳。"弼无以应。德政至邺，公卿莫有应者。司马子如逆洋于辽阳[7]，固言未可。景业等复劝之，洋乃发晋阳。东魏进洋位相国，总百揆，备九锡。洋至邺，作圜丘，备法物，使侍中张亮等见东魏主，逼以禅位。魏主敛容曰："推挹[8]已久，谨当逊避[9]。"乃下御坐，步就东

1　檀：檀香，常绿小乔木，木材极香，可制器具，也可入药。
2　晋熙：古郡名，辖今四川省绵竹县及德阳市西部地。
3　稽亭：古地名，位于今江西省九江市东长江南岸。
4　市籴：官方收购粮食。
5　平都城：古地名，位于今山西省晋中市和顺县西。
6　关西：即割据关西的宇文泰。
7　逆洋于辽阳：到辽阳去迎接高洋。逆，迎接。辽阳，古县名，治所即今山西省晋中市左权县。
8　推挹：推辞揖让。
9　逊避：退位，禅让。

廊，咏范晔《汉献帝赞》，求入与六宫别，举宫皆哭。直长[1]赵道德以故犊车一乘，送出云龙门。百寮拜辞，遂迁于北城。遣彭城王韶等奉玺绶，禅位于齐。齐王洋即皇帝位于南郊。自魏敬宗[2]以来，百官绝禄[3]，至是始复给之。封东魏主为中山王，待以不臣之礼。追尊献武王、文襄王[4]皆为皇帝，献武庙号高祖，文襄庙号世宗。尊王太后为皇太后。降魏朝封爵有差。

梁武陵王纪遣其世子圆照将兵赴援，次于白帝时梁境唯荆、益所部尚完实，益州刺史、武陵王纪移告[5]征镇，使世子圆照率兵受湘东王节度。绎授以信州刺史，令屯白帝，未许东下。

梁侯瑱杀庄铁，据豫章鄱阳王范既卒，侯瑱往依庄铁。铁忌之，瑱不自安，诈引铁谋事，因杀之，自据豫章。

齐立子殷为太子齐主娶赵郡李希宗之女，生子殷及绍德。又纳段韶之妹。及将建中宫，高隆之、高德政欲结勋贵之援，乃言："汉妇人不可为天下母。"不从。乃立李氏为后，以其子殷为太子。

魏立萧詧为梁王魏人欲令岳阳王詧发哀嗣位，詧辞，乃遣使册命詧为梁王，建台[6]，置百官。

梁高州刺史李迁仕反，高凉[7]太守冯宝妻洗氏讨，败之初，燕昭成帝[8]奔高丽，使其族人冯业以三百人浮海奔宋，因留新会[9]。自业至孙融，世为罗州[10]刺史。融子宝，为高凉太守。高凉洗氏，世为蛮酋，部落十余万家。有女，多筹略，善用兵，诸洞皆服其信义，融聘以为宝妇。融虽世为方伯，非其

1　直长：古官名，皇帝近侍亲信，间有左、右之分，多以他官兼领。
2　魏敬宗：即元子攸，公元528年至530年在位。
3　绝禄：不给俸禄。
4　献武王、文襄王：即齐献武王高欢、齐文襄王高澄。
5　移告：转告。
6　建台：设立政府机构。
7　高凉：古郡名，辖今广东省阳江、阳东、阳西、阳春、恩平、高州、茂名、电白等市县地。
8　燕昭成帝：即十六国时期北燕昭成帝冯弘，在位期间为公元430至436年。
9　新会：古郡名，辖今广东省江门、新会、开平、台山等市县地。
10　罗州：古州名，辖今广东省化州市地。

土人，号令不行。冼氏约束本宗，使从民礼，参决辞讼，虽亲戚无所纵舍，由是冯氏始得行其政。高州刺史李迁仕遣使召宝，宝欲往，冼氏止之，曰："刺史被召援台[1]，乃称有疾，铸兵聚众，而后召君，此必欲质君以发君之兵也。愿且无往，以观其变。"数日，迁仕果反，遣主帅杜平虏将兵逼南康，陈霸先使周文育击之。冼氏谓宝曰："平虏今与官军相拒，势不得还，迁仕在州，无能为也。君若自往，必有战斗，宜遣使卑辞厚礼，告之曰：'身未敢出，欲遣妇参。'彼必喜而无备。我将千余人，步担[2]杂物，唱言输赕[3]，得至栅下，破之必矣。"宝从之。迁仕果不设备，冼氏袭击，大破之。迁仕走保宁都[4]。文育亦击走平虏，据其城。冼氏与霸先会于赣石[5]。还，谓宝曰："陈都督非常人也，甚得众心，必能平贼，宜厚资之。"

梁王詧入朝于魏。

秋，七月，侯景陷江州及豫章初，东魏遣牒云洛等迎鄱阳世子嗣，使镇皖城。未行，侯景遣任约将兵寇江州，洛等引去。嗣失援，败死。约遂略地至溢城，寻阳王大心出兵战败，帐下犹有战士千余人，咸劝大心走保建州。大心不能用，遂以州降。景遣于庆略地至豫章，侯瑱力屈，亦降之。景以瑱同姓，待之甚厚，质其妻子，遣随庆徇蠡南[6]诸郡。巴山人黄法氍有勇力，合徒众保乡里。太守贺诩下江州，命法氍监郡事，屯新淦[7]。庆分兵袭之，法氍败之。陈霸先使周文育进军击庆，法氍引兵会之。

齐定律，始立九等户齐主初立，励精[8]为治。赵道德以事属黎阳太守房超，超不发书，棓杀[9]其使。齐主善之，命守、宰各设棓，以诛属请之使。久

1　援台：支援朝廷。
2　步担：徒步挑担。
3　唱言输赕：唱言，扬言，宣扬。输赕，捐献财物。
4　宁都：古县名，治所位于今江西省赣州市宁都县北。
5　赣石：江西省赣江中石滩名。
6　蠡南：蠡湖以南。蠡湖，古湖名，又名蠡溇，位于今江苏省无锡市东南。
7　新淦：古县名，治所即今江西省宜春市辖樟树市。
8　励精：振奋精神，致力于某种事业或工作。
9　棓杀：用棍棒打死。棓，棍，杖。

之，中郎宋轨奏曰：“若受使请赇[1]，犹致大戮，身为枉法，何以加罪？”乃罢之。寻诏仆射薛琡等取魏麟趾格讨论损益，以为齐律。简练六坊之人，每一人必当百人，任其临阵必死，然后取之，谓之“百保鲜卑”。又简华人勇力者，谓之“勇士”，以备边要[2]。始立九等之户，富者税其钱，贫者役其力。

九月，梁湘东王绎取郢州，邵陵王纶奔齐昌[3]。侯景兵袭之，纶遂奔齐，齐以为梁王邵陵王纶大修铠仗，将讨侯景。湘东王绎恶之，遣王僧辩、鲍泉等率舟师袭之。至鹦鹉洲[4]，纶遣其子礩将兵击之，且以书责僧辩曰：“将军前年杀人之侄，今岁伐人之兄，以此求荣，恐天下不许。”僧辩送书于绎，绎命进军。纶乃集其麾下于西园[5]，涕泣言曰：“我本无他，志在灭贼，湘东常谓与之争帝，遂尔见伐。今日欲守，则交绝粮储[6]；欲战，则取笑千载。不容无事受缚，当于下流[7]避之。”麾下壮士争请出战，纶不从，与礩登舟北出。僧辩入据郢州，绎以其世子方诸为刺史。纶与左右轻舟奔武昌，长史韦质、司马姜律等闻纶尚存，驰往迎之，说七栅流民以求粮仗。纶出营巴水，流民八九千人附之，稍收散卒，屯于齐昌。遣使请降于齐，齐以纶为梁王。任约进寇西阳[8]、武昌，纶引齐兵未至，移营马栅[9]，距西阳八十里。任约闻之，遣叱罗通等袭之。纶不为备，策马亡走，至汝南。魏城主李素，纶故吏也，开城纳之。任约遂据西阳、武昌。

侯景自称汉王景又自加宇宙大将军、都督六合诸军事，梁主惊曰：“将军乃有‘宇宙’之号乎？”

冬，十月，魏太师泰伐齐，不战而还。洛阳、平阳皆降于齐泰以齐

1　请赇：私相请托和接受贿赂。
2　边要：边地要事。
3　齐昌：古县名，治所位于今湖北省武汉市黄陂区北。
4　鹦鹉洲：古地名，位于今湖北省武汉市武昌城区黄鹄矶西长江中。
5　西园：古园名，位于今湖北省武汉市武昌城区西。
6　交绝粮储：运送粮食储备的道路已经断绝。
7　下流：水的下游。
8　西阳：古县名，治所位于今湖北省黄冈市东。
9　马栅：古地名，位于今湖北省黄冈市北。

主称帝伐之，自弘农为桥，济河，至建州。齐主自将出顿东城。泰闻其军容严盛[1]，叹曰："高欢不死矣！"会久雨，畜产多死，乃还。于是河南自洛阳、河北自平阳以东，皆入于齐。

　　胡氏曰：宇文泰为高洋篡国而伐齐，师不患于无名矣，乃逡巡而退，不敢遂武[2]，何也？无诸己而后可以非诸人。泰自弑君之人也，参度[3]彼此，尚何高洋之问哉？使泰有迎帝之忠，而无弑君之事，当此机会，举师东伐，则齐未可知矣。古之人所以大过人者，无他焉，不行不义，不杀不辜，不作苟见，不治苟得而已矣。

　　梁宁州刺史徐文盛败侯景兵于贝矶[4] 初，梁宁州刺史徐文盛募兵讨侯景，湘东王绎使将兵东下，与任约遇，军贝矶。任约逆战，文盛大破之，进军大举口[5]。侯景以约守西阳，久不能进，自出屯晋熙。

　　侯景杀梁南康王会理、武林侯咨 南康王会理以侯景既出，建康空虚，与柳敬礼、西乡侯劝、东乡侯勔谋起兵诛王伟。建安侯贲、中宿世子子邕以告伟，伟收会理等杀之。钱塘褚冕，以会理故旧，捶掠[6]千计，终无异言。会理隔壁[7]谓之曰："卿虽忍死明我，我心实欲杀贼！"冕竟不服，景乃宥之。梁主既立，景防卫甚严，唯武林侯咨及仆射王克、舍人殷不害并以文弱，得出入卧内讲论而已。及是，克、不害惧祸，稍自疏。咨独不去。景恶之，使人杀之。封贲为竟陵王，子邕为随王，赐姓侯氏。

　　魏初作府兵[8] 初，魏敬宗以尔朱荣为柱国大将军，位在丞相上。荣败，官废。大统[9]以来，安定公宇文泰、广陵王欣、赵郡公李弼、陇西公李虎、河内

1　严盛：整肃雄壮。
2　武：干戈军旅之事。
3　参度：斟酌审量。
4　贝矶：古地名，位于今湖北省鄂州市鄂城区西北长江南岸。
5　大举口：古地名，即今湖北省武汉市新洲县南举水入江处大埠镇。
6　捶掠：杖击，敲扑。
7　隔壁：隔着军营。
8　府兵：魏晋至隋唐时军府所属之兵。
9　大统：北朝西魏文帝元宝炬年号，存续时间为公元535至551年。

公独孤信、南阳公赵贵、常山公于谨、彭城公侯莫陈崇八人为之，谓"八柱国"。泰始籍[1]民之才力者为府兵，身租庸调[2]，一切蠲之，以农隙讲阅[3]战阵，马畜粮备，六家供之。合为百府，每府一郎将主之，分属二十四军。泰任总百揆、督中外诸军。欣以宗室宿望，从容禁闼而已。余六人各督二大将军，凡十二大将军。每大将军各统开府二人，开府各领一军。是后功臣位至柱国大将军、开府仪同三司、仪同三司者甚众，率为散官，无所统御[4]。虽有继掌其事者，闻望皆出诸公之下云。

齐行《天保历》宋景业所造也。

辛未（公元 551 年）

梁大宝二年。魏大统十七年。齐天保二年。

春，二月，魏攻齐汝南，拔之，杀其梁王萧纶邵陵王纶在汝南，修城池，集士卒，将图安陆。魏宇文泰遣杨忠攻拔汝南，执纶杀之，投尸江岸。

梁陈霸先讨李迁仕，杀之李迁仕击南康，陈霸先遣杜僧明等擒斩之。湘东王绎使霸先进兵取江州，以为江州刺史。

三月，魏主宝炬殂，太子钦立。

梁徐文盛克武昌。

齐以梁湘东王绎为梁相国、承制。

闰月，梁徐文盛伐侯景，败之任约告急，侯景自率众西上，以太子大器为质，留王伟居守。至西阳，与徐文盛夹江筑垒。文盛击破之，景遁还营。

夏，四月，侯景陷梁郢州，执刺史萧方诸。徐文盛奔江陵方诸年十五，恃文盛在近，不设备，日以蒱酒[5]为乐。侯景使宋子仙、任约袭之，入

1　籍：借助。
2　身租庸调：本该交纳的租粮、帛、银，该服的劳役。
3　讲阅：演习武事，校阅军实。
4　统御：统率，管理。
5　蒱酒：樗蒱和饮酒。

其城。方诸迎拜，鲍泉匿床下，擒以送景。景因便风[1]，中江举帆，遂越文盛等军直入江夏。文盛众惧而溃，逃归江陵。巴州刺史王珣、将军杜幼安降景。

五月，魏陇西公李虎卒。

梁湘东王绎遣大都督王僧辩伐侯景，次巴陵。景攻之，不克。六月，绎使胡僧祐击景，败之，获其将任约，景遁还湘东王绎以王僧辩为大都督，率诸将东击景，至巴陵，闻郢州陷，因留戍之。绎遗僧辩书曰："贼既乘胜，必将西下，不劳远击，但守巴丘[2]，以逸待劳，无不克矣。"又谓僚佐曰："景若水、步两道直指江陵，此上策也；据夏首，积兵粮，中策也；悉力攻巴陵，下策也。巴陵城小而固，僧辩可任。景攻不拔，野无所掠，暑疫时起，食尽兵疲，破之必矣。"乃命徐嗣徽自岳阳、杜崱自武陵引兵会僧辩。景使丁和守夏首，宋子仙为前驱，趋巴陵，分遣任约直指江陵，景率大兵水、步继进。于是缘江戍逻，望风请服[3]。僧辩乘城固守，偃旗卧鼓，安若无人。景众济江，执王珣等至城下，使说其弟宜州[4]刺史琳。琳曰："兄受命讨贼，不能死难，曾不内惭，翻欲赐诱？"取弓射之，珣惭而退。景百道攻城，城中鼓噪，矢石雨下，杀贼甚众，景乃退。僧辩着绶、乘舆[5]，奏鼓吹巡城。景军饥疫，死伤太半。绎遣胡僧祐援巴陵，戒之曰："贼若水战，以大舰临之，必克。若步战，鼓棹就巴丘，不须交锋也。"僧祐至湘浦[6]，景遣任约率锐卒据白塕[7]待之。僧祐由他路西上，潜引兵至赤沙亭[8]，会信州刺史陆法和至，与之合军。法和有异术，隐于百里洲[9]，预言多中，人莫能测。至是，以任约向江陵，请行。既至，与僧祐纵兵击之，约兵大溃，杀、溺甚众，擒约送江陵。景焚营遁。约至，绎赦之。

1　便风：顺风。
2　巴丘：古地名，即巴丘邸阁城，位于今湖南省岳阳市境内，三国吴筑，因巴丘山得名。
3　请服：表示愿意顺服。
4　宜州：古州名，辖今湖北省宜昌、枝城、远安等市县地。
5　乘舆：坐车子。
6　湘浦：古地名，亦称三湘浦，位于今湖南省岳阳市东北城陵矶，即洞庭湖水入长江处。
7　白塕：古地名，位于今湖南省岳阳市华容县东南。
8　赤沙亭：古地名，又称赤亭，位于今湖南省岳阳市华容县南，以近赤沙湖得名。
9　百里洲：古地名，即中洲，位于今湖北省宜昌市枝江县南部长江与松滋河之间。

徐文盛坐怨望，下狱死。

梁王僧辩克郢州，获侯景将宋子仙，杀之湘东王绎复遣王僧辩引兵东下。陆法和请还，既至，谓绎曰："侯景平矣，蜀贼将至，请守险以待之。"乃引兵屯峡口。僧辩至汉口，攻鲁山，擒贼将支化仁。至郢州，四面攻之。豫州刺史荀朗自巢湖出濡须邀景，破其后军。太子船入枞阳浦[1]，腹心皆劝太子因此入北，太子曰："自国家丧败，志不图生，主上蒙尘，宁忍违离左右？吾今去，乃是叛父，非避贼也。"因涕泗[2]呜咽，即命前进。宋子仙等困蹙[3]，乞输城[4]而还，僧辩伪许之，命给船百艘以安其意。子仙将发，僧辩命杜龛率精勇千人，攀堞而上，鼓噪奄[5]进，水军主宋遥率楼船，暗江云合[6]。子仙走至白杨浦[7]，大破之。周铁虎生擒子仙，送江陵杀之。

梁湘东王绎诱江安侯圆正，执之圆正，武陵王纪之子也，为西阳太守，宽和[8]好施，归附者众，有兵一万。湘东王绎欲图之，署为平南将军。及至，囚之，分其部曲，使人告其罪。荆、益之衅，自此起矣。

魏以公主嫁突厥铁勒将伐柔然，突厥酋长土门邀击，破之，尽降其众五万余落。土门恃其强盛，求婚于柔然，柔然头兵可汗大怒，使人詈辱之，曰："尔，我之锻奴[9]也，何敢发是言？"土门亦怒，杀其使者，遂与之绝，而求婚于魏。魏宇文泰以长乐公主妻之。

秋，七月，豫章复为梁。王僧辩克溢城，江州刺史陈霸先引兵会之侯景还至建康，于庆自鄱阳还豫章，侯瑱闭门拒之。庆走江州，景悉杀瑱子弟。王僧辩乘胜下溢城。陈霸先引兵三万人发南康，进顿西昌[10]，会僧辩于溢城。

1　枞阳浦：古水名，即今安徽省铜陵市枞阳县长江支流枞阳长河。
2　涕泗：涕泪俱下，哭泣。
3　困蹙：处境窘迫。
4　输城：献出城池。
5　奄：突然，忽然。
6　暗江云合：楼船四合如云，长江水面为之变暗。
7　白杨浦：古地名，位于今湖北省武汉市武昌北。
8　宽和：宽厚温和。
9　锻奴：柔然贵族对突厥的贬称。
10　西昌：古县名，治所位于今江西省吉安市泰和县西。

西军乏食，霸先有粮五十万石，分三十万以资之。于庆等皆弃城走。绎命僧辩且顿寻阳，以待诸军之集。

八月，侯景废梁主纲，杀太子大器，而立豫章王栋初，景既克建康，常言吴儿怯，易取，须定中原，然后为帝。后纳溧阳公主，妨于政事。王伟屡谏，景以告主，主怒。伟恐为所谮，因说景除梁主。及景自巴陵败归，猛将多死，自恐不能久存。王伟因说以废立，景从之。遣彭俊等率兵入殿，废梁主为晋安王，幽于永福省，杀哀太子大器及王侯在建康者二十余人。太子神明端嶷[1]，于景党未尝屈意[2]，所亲窃问之，太子曰："贼若未见杀，吾虽陵慢[3]呵叱，终不敢言。若见杀时至，虽一日百拜，亦无益也。"又曰："殿下居困厄，而神貌[4]怡然，何也？"太子曰："若诸叔能灭贼，贼必先见杀，然后就死。若其不然，贼亦杀我以取富贵。安能以必死之命为无益之愁乎？"及难，颜色不变，徐曰："久知此事，嗟其晚矣。"景迎豫章王栋，立之。栋，欢之子也。太尉郭元建谓景曰："吾挟天子令诸侯，犹惧不济，无故废之，自危必矣。"景欲迎梁主复位，以栋为太孙，王伟曰："废立大事，岂可数改邪？"乃止。景使使杀南海王大临等，以太子妃赐元建，元建曰："岂有皇太子妃乃为人妾乎？"竟不与相见，听使入道[5]。

冬，十月，侯景弑梁主纲王伟说侯景弑梁太宗以绝众心，景从之，使伟与彭俊、王修纂进酒。太宗知将杀己，尽醉而寝。俊进土囊[6]，修纂坐其上而殂。

魏侵梁南郑侯景之逼江陵也，湘东王绎求援于魏，命梁、秦二州刺史、宜丰侯循以南郑与魏，循不可。魏宇文泰遣达奚武取汉中，循遣参军刘璠求援

1　神明端嶷：神明，明智如神。端嶷，端庄聪慧。
2　屈意：委屈心意，迁就。
3　陵慢：欺凌轻慢。
4　神貌：神情状态。
5　入道：皈依宗教，出家为僧尼或道士。
6　土囊：盛满泥土的袋子。

于武陵王纪。纪遣潼州[1]刺史杨乾运救之。

　　侯景将刘神茂以浙东附梁湘东王绎侯景东道行台刘神茂闻景自巴丘败还，阴谋叛景。吴中士大夫咸劝之，乃据东阳以应江陵。新安民程灵洗起兵据郡以应神茂。于是浙江以东，皆附江陵。

　　侯景废梁主栋，自称汉帝景即位于南郊，还，登太极殿，其党数万，皆吹唇呼噪[2]而上。封梁主栋为淮阴王，锁于密室。景居禁中，非故旧不得见，由是诸将多怨望。

　　十二月，齐主洋弑中山王齐主每出入，常以中山王自随，王妃太原公主恒为之尝饮食，护视[3]之。至是，齐主饮公主酒，使人鸩王，杀之，并其三子。谥之曰魏孝静帝，葬于邺西。后忽掘而投之漳水。

　　齐主杀美阳公元晖业彭城公元韶以高氏婿，宠遇异于诸元。美阳公元晖业以位望隆重，又志气不伦[4]，尤为齐主所忌。尝于宫门外骂韶曰："尔不及一老妪，负玺与人，何不击碎之？我出此言，知即死，尔亦讵得几时？"齐主闻而杀之。

壬申（公元552年）

　　梁世祖孝元帝绎承圣元年。魏主钦元年。齐天保三年。

　　春，正月，齐主伐库莫奚，败之齐主连年出塞。给事中唐邕练习军书[5]，自督将以降[6]，劳效本末[7]及四方军士强弱多少，番代[8]往还，器械精粗，粮储虚实，靡不谙悉[9]。或时简阅，虽数千人，不执文簿[10]，唱其姓名，未尝谬误。

1　潼州：古州名，辖今安徽省灵璧县附近地。
2　呼噪：嘈杂地喊叫。
3　护视：护卫照看。
4　不伦：超凡拔俗。
5　练习军书：练习，熟悉。军书，军中公文。
6　以降：以下，表示等第或位置在下。
7　劳效本末：效劳军队的经历。
8　番代：轮流更换。
9　靡不谙悉：没有不熟悉的。
10　文簿：文册簿籍。

宠待赏赐，群臣莫及。

突厥土门袭柔然，杀头兵可汗，自号伊利可汗突厥土门袭击柔然，大破之，头兵可汗自杀。土门自号伊利可汗，号其妻为"可贺敦"，子弟谓之"特勒"，则将兵者皆谓之"设"。

二月，梁湘东王绎遣王僧辩、陈霸先讨侯景湘东王始命僧辩等东击侯景。二月，诸军发寻阳，舳舻数百里。陈霸先率甲士三万，舟舰二千，自南江[1]出溢口，会僧辩于白茅湾[2]，筑坛歃血，共读盟文，流涕慷慨。使侯瑱袭南陵、鹊头二戍，克之。

侯景陷东阳侯景使谢答仁攻刘神茂于东阳，程灵洗、张彪皆勒兵将救之。神茂欲专其功，不许，营于下淮[3]。或谓神茂曰："贼长于野战，下淮地平，四面受敌，不如据七里濑[4]。"不从。偏裨多降贼者，神茂亦请降，送建康杀之。

三月，梁王僧辩、陈霸先击败侯景，景亡走吴王僧辩等至芜湖，景闻之惧。侯子鉴据姑孰南洲以拒西师，景遣人戒之曰："西人善水战，勿与争锋。若得步、骑一交，必当可破。汝但结营岸上，引船入浦[5]以待之。"子鉴乃舍舟登岸，闭营不出。僧辩等停军芜湖十余日，景党大喜，告景曰："西师将遁，不击，且失之。"景乃复命子鉴为水战之备。僧辩至姑孰，子鉴率步、骑挑战，又以鹢舸[6]千艘载战士。僧辩麾细船[7]皆退，留大舰夹泊两岸[8]。子鉴之众谓水军欲退，争出趋之。大舰断其归路，鼓噪大呼，合战中江，子鉴大败，仅以身免。景大惧。僧辩督诸军乘潮入淮，景塞淮口，缘淮作城，十余里中，楼堞相接。僧辩问计于陈霸先，霸先曰："前柳仲礼数十万兵隔水而坐，韦粲在

1　南江：南江州，古州名，辖今江西省宜春市奉新县一带。
2　白茅湾：古地名，位于今江西省九江市东北，东近桑落洲。
3　下淮：古地名，位于今浙江省杭州市辖建德市东。
4　七里濑：古地名，又名严陵濑、七里滩，即今浙江省钱塘江自建德市东乌石滩至桐庐县南浣口的七里泷峡谷。
5　浦：水边，或指江河与支流的汇合处。
6　鹢舸：船名，一种高速快艇，有一百六十支桨，为历史上桨数最多的船只，其进退快捷。
7　麾细船：麾，指挥。细船，小船。
8　夹泊两岸：在两岸夹江停泊。

青溪，竟不渡岸。贼登高望之，表里俱尽，故能败我。今围石头，须渡北岸，诸将若不能当锋[1]，霸先请往。"乃进，于石头西落星山[2]筑栅，众军次[3]连八城，直出石头西北。景恐西州[4]路绝，自率侯子鉴等，亦于石头东北筑五城以遏[5]大路。王僧辩进军招提寺北，侯景率众万余人、铁骑八百余匹，陈于西州之西。陈霸先命诸将分处置兵，以分其势。景冲官军，官军小缩，霸先遣将军徐度将弩手二千横截其后，景兵却。霸先与王琳、杜龛等以铁骑乘之，僧辩以大军继进，景兵败入栅，其将卢晖略以石头降，僧辩入据之。景与霸先殊死战，景率百余骑，弃矟执刀，左右冲阵，不动，众遂大溃。景至阙下，不敢入台，与其党数人东走，欲就谢答仁于吴。僧辩不戢[6]军士，剽掠居民，号泣满道。是夜，军士遗[7]火，焚太极殿及东西堂，宝器、羽仪、辇辂[8]无遗。明日，乃命侯瑱等率精甲追景。王克、元罗等率台内旧臣迎僧辩于道，僧辩问克："玺绂何在？"克良久曰："赵平原持去。"僧辩曰："王氏百世卿族[9]，一朝坠矣。"迎太宗梓宫升朝堂，率百官哭踊[10]如礼。上表劝进于湘东王，且迎都建业，不许。景党郭元建等皆请降，僧辩遣陈霸先将兵向广陵受之。会侯子鉴渡江至广陵，谓元建等曰："我曹，梁之深仇，何颜复见其主？"遂皆降齐。获王伟，送建康。僧辩启陈霸先镇京口。

梁湘东王绎杀豫章王栋王僧辩之发江陵也，启湘东王曰："平贼之后，嗣君何以为礼？"王曰："六门之内，自极兵威[11]。"僧辩曰："讨贼之谋，臣为

---

1 当锋：触其锋芒，抵御。
2 落星山：古山名，又称落星冈，位于今江苏省南京市清凉山故石头城西南。
3 次：临时驻扎和住宿。
4 西州：古城名，位于今江苏省南京市朝天宫西望仙桥一带，因在台城之西，且为扬州刺史治所，故名。
5 遏：阻拦，断绝。
6 戢：约束。
7 遗：遗失。
8 辇辂：皇帝的车舆。
9 卿族：公卿士族之家。
10 哭踊：丧礼仪节，边哭边顿足。
11 六门之内，自极兵威：台城六门之内，任你充分展现军威。

己任。成济之事¹，请别举人。"王乃密谕朱买臣，使为之所。及景败，豫章王栋及二弟桥、樛相扶出于密室，逢杜崱于道，为去其锁。二弟曰："今日始免横死²矣！"栋曰："倚伏³难知，吾犹有惧！"买臣呼之就船，并沉于水。

夏，四月，梁武陵王纪称帝于成都纪颇有武略⁴，在蜀十七年，南开宁州、越巂，西通资陵⁵、吐谷浑，内修耕、桑、盐、铁之政，外通商贾远方之利，故能殖其财用，器甲殷积，有马八千匹。闻侯景陷台城，湘东王绎将讨之，谓僚佐曰："七官⁶文士，岂能匡济？"长史刘孝胜等劝纪称帝，纪虽未许，而大造乘舆、车服。会内寝⁷殿柱绕节生花，纪以为己瑞，遂即帝位，立子圆照为太子。司马王僧略、参军徐怦固谏，不从。僧略，僧辩之弟。怦，勉之从子也。初，台城之围，怦劝纪速入援，纪意不欲行，内衔之。会人告怦反，纪谓曰："以卿旧情，当使诸子无恙。"对曰："生儿悉如殿下，留之何益？"纪乃尽诛之，亦杀僧略。永丰侯㧖叹曰："王事不成矣！善人，国之基也，今先杀之，不亡何待？"纪征刘璠为中书侍郎，使者八反，乃至，又苦求还。中记室⁸韦登私谓璠曰："殿下忍而畜憾⁹，足下不留，将致大祸。"璠正色曰："卿欲缓颊¹⁰于我邪？我与府侯分义¹¹已定，岂以夷险易其心乎？殿下方布大义于天下，终不逞志¹²于一夫。"纪知必不为己用，乃厚礼遣之。

侯景伏诛谢答仁闻侯景败，欲北出侯之，其党赵伯超据钱塘拒之。侯瑱追及景于松江¹³，进击，败之，擒彭俊等，斩之。景与腹心数十人单舸走，将入

1　成济之事：像成济弑魏高贵乡公那样的事。
2　横死：非正常死亡，因自杀、被害或因意外事故而死亡。
3　倚伏：祸福相因，互相依存，互相转化。语本《老子》："祸兮福之所倚，福兮祸之所伏。"
4　武略：在行军打仗、指挥作战方面的才能。
5　资陵：古地名，位于今伊朗东部。
6　七官：指湘东王萧绎，因在梁武帝萧衍之子中排行第七，因此称七官。
7　内寝：泛指内室。
8　中记室：古官名，南北朝时公府及藩王设有中记室，专管表章书记工作。
9　忍而畜憾：残忍而且记仇。
10　缓颊：婉言劝解，或替人求情。
11　分义：情分，情义。
12　逞志：得逞。
13　松江：古水名，即今江苏、上海两省市境内之吴淞江。

海。羊侃之子鹍为景都督，杀之，送尸建康，传首江陵。截其手，送于齐。暴景尸于市，士民争取食之，并骨皆尽。溧阳公主亦预[1]食焉。景五子在北，齐皆杀之。赵伯超、谢答仁皆降，王僧辩并王伟等送于江陵。始葬简文帝，号其庙曰太宗。

盗窃梁传国玺，归之于齐侯景之败也，以传国玺自随，使其侍中赵思贤掌之，曰："若我死，宜沉于江。"思贤济江遇盗，从者弃之草间，至广陵，以告郭元建，元建取以送邺。

齐以杨愔为仆射，尚太原公主公主，即魏孝静帝之后也。

梁遣兵救南郑，魏人败之杨乾运至剑北[2]，魏达奚武逆击，破之。刘璠还至白马[3]西，为武所获，送长安。宇文泰素闻其名，待之如旧交。时南郑久不下，武请屠之，泰将许之，璠请之，不许。泣请不已，泰曰："事人当如是。"乃从其请。

梁以王僧辩为司徒，陈霸先为征虏将军、开府仪同三司。王伟等伏诛湘东王诛王伟、吕季略、周石珍、严亶于市，赵伯超、伏知命饿死于狱。以谢答仁不失礼于太宗，特宥之。初，伟于狱中上诗，王爱其才，欲宥之。有言于王者曰："伟作檄文甚佳。"王求得之，见其有"湘东一目[4]"之语，乃怒诛之。

胡氏曰：侯景叛乱，为之画谋赞决[5]者，皆王伟也。《春秋》治乱臣贼子，尤严于其党。若使人知乱贼之不可与，则不能自立，而乱少弭矣。若王伟者，幸生获之，数其恶逆，戮诸市朝，犹未足以雪人神之愤，洗灭亡之耻，乃以吟咏篇章，欲脱其死。及其诛也，又以一言靳[6]己之故。是萧绎喜怒杀生，皆为

1　预：参与。
2　剑北：剑阁道以北。
3　白马：古地名，位于今陕西省汉中市勉县西。
4　湘东一目：湘东王萧绎只有一只眼睛看得见。原句为："项羽重瞳，尚有乌江之败；湘东一目，宁为赤县所归？"
5　赞决：参与决策。
6　靳：讥笑。

己私，而不念君父也，岂不悖哉？

梁以鲁悉达为北江州¹刺史扶风民鲁悉达纠合乡人以保新蔡，力田²蓄谷。时江东饥乱，饿死者什八九，遗民携老幼归之。悉达分给粮廪，全济甚众。招集晋熙等五郡，尽有其地。使其弟广达将兵从王僧辩讨侯景，故因而命之。

齐人侵梁，围秦郡³，陈霸先击败之齐主使潘乐、郭元建将兵围秦郡，行台辛术谏曰："朝廷与湘东王信使不绝。阳平，侯景之土，取之可也。今王僧辩已遣严超达守秦郡，何得争之？且水潦方降，不如班师。"弗从。陈霸先命徐度引兵助守。齐众七万，攻之甚急。僧辩使杜崱救之，霸先亦自欧阳来会，与战，破之，斩首万余级。

齐以辛术为吏部尚书自魏迁邺以来，大选⁴之职，知名者数人，互有得失。高澄少年高朗⁵，所弊者疏；袁叔德沉密谨厚⁶，所伤者细；杨愔风流辩给⁷，取士失于浮华。唯术性尚贞明⁸，取士必以才器，循名责实⁹，新旧参举，管库必擢，门阀不遗¹⁰，考之前后，最为折衷。

梁秦、梁刺史萧循以州降魏魏达奚武遣左丞柳带韦入南郑，说萧循曰："足下所固者险，所恃者援，所保者民。今险不足固，援不可恃，民不可保，而宗国丧乱，社稷无主，欲谁为为忠¹¹乎？"循乃请降。魏开府仪同三司贺兰德愿请攻之，大都督赫连达曰："不战而获城，策之上者。岂可利其子女，贪其货财，而不爱民命乎？且观其士马犹强，城池尚固，攻之纵克，必彼此俱伤。如困兽犹斗，则成败未可知也。"武曰："公言是也。"乃受循降，获男女

1　北江州：古州名，治所位于今湖北省武汉市黄陂区北。
2　力田：努力耕田，亦泛指勤于农事。
3　秦郡：古郡名，辖今江苏省南京市六合区和安徽省天长市西部地。
4　大选：即吏部尚书，也指吏部铨叙授官。
5　高朗：豁达开朗。
6　沉密谨厚：沉密，深沉严谨。谨厚，谨慎笃厚。
7　辩给：能言善辩。
8　贞明：坚贞贤明。
9　循名责实：按照名称或名义寻求实际内容，使名、实相符。
10　管库必擢，门阀不遗：即使管仓库的有才能也一定提升，世家子弟也不遗漏。
11　为忠：尽忠。

二万口而还。于是剑北皆入于魏。

秋，七月，梁陈霸先围广陵，不克，引还齐政烦赋重，江北之民不乐属齐，其豪杰数请兵于王僧辩。僧辩以与齐通好，不许。七月，广陵侨人[1]朱盛等潜聚党，谋袭杀齐刺史温仲邕，遣使求援。谋泄，霸先因进军围广陵。齐主使告王僧辩及霸先曰："请释广陵之围，必归广陵、历阳两城。"霸先引兵还京口，江北之民从霸先济江者万余口。

梁萧循自魏归于江陵萧循之降魏也，宇文泰许其南还。久而未遣，从容问刘璠曰："我于古谁比？"对曰："璠常以公为汤、武，今日所见，曾桓、文之不如。"泰曰："何也？"对曰："齐桓存三亡国，晋文不失信于伐原[2]。"语未竟，泰抚掌曰："我解尔意。"乃厚礼循，遣还江陵。循以文武千家自随，湘东王疑之，遣使觇察[3]，命劫窃[4]其财。循启输马仗[5]，王乃安之。

冬，十月，齐筑长城自黄栌岭[6]起长城，北至社平戍[7]，四百余里，置三十六戍。

梁湘州刺史王琳下狱，其长史陆纳入于湘州以叛琳本会稽兵家，其姊妹皆入湘东王宫，故琳少在王左右。琳好勇，倾身下士，所得赏赐，不以入家。麾下万人，多江淮群盗。从王僧辩平侯景，与杜龛功居第一。在建康，恃宠纵暴，僧辩不能禁，乃密启王，请诛琳。王以琳为湘州，琳自疑及祸，使长史陆纳率部曲赴州，身诣江陵，谓纳等曰："吾若不返，子将安之？"咸曰："请死之。"相泣而别。至江陵，王下琳吏[8]。以子方略代琳，以黄罗汉为长史，

1　侨人：东晋南北朝时称流寓江南的北方人。
2　伐原：讨伐原国。晋文公起兵讨伐原国，跟谋士约定七天攻克，结果七天没有攻克，便命令士兵班师。
3　觇察：暗中侦察。
4　劫窃：盗窃。
5　启输马仗：请求把兵器、马匹献出来。
6　黄栌岭：古山名，位于今山西省汾阳市西北。
7　社平戍：古要塞名，位于今山西省忻州市五寨县北。
8　王下琳吏：湘东王把王琳抓起来交给官吏处理。

使与太舟卿[1]张载至巴陵据[2]琳军。载有宠于王，御下峻刻[3]，荆人疾之如仇。至军，陆纳及士卒并哭，不受命，杀载，以罗汉清谨而免之。与诸将引兵袭据湘州。

十一月，梁主绎立梁公卿、藩镇数劝进于湘东王，王遂即位于江陵。是日，不升正殿，公卿陪列[4]而已。侯景之乱，州郡大半入魏，自巴陵以下至建康，以长江为限，荆州界北尽武宁[5]，西拒硖口[6]，岭南复为萧勃所据，诏令所行，千里而近，民户著籍[7]，不盈三万。

梁以萧循为湘州刺史。陆纳袭巴陵，循击败之陆纳袭击衡州刺史丁道贵于渌口[8]，破之，降其众。梁主闻之，征王僧辩等与萧循共讨纳，循军巴陵以待之。顷之，纳请降，求送妻子。循曰："此诈也，必将袭我。"乃密为之备。纳果夜以轻兵继至，鼓噪，军中皆惊。循坐胡床，于垒门望之，略无惧色，徐部分将士击之，获其一舰。纳退保长沙。

癸酉（公元 553 年）

梁承圣二年。魏主钦二年。齐天保四年。

春，正月，魏太师泰自加都督中外诸军事。

二月，突厥伊利可汗死，弟木杆可汗俟斤立伊利死，子科罗立，号乙息记可汗，寻卒。舍其子摄图而立其弟俟斤，号木杆可汗。木杆刚勇[9]多智略，善用兵，邻国畏之。

三月，梁武陵王纪伐江陵，魏遣大将军尉迟迥伐成都以救之武陵王

1　太舟卿：古官名，掌船舶、航运、河堤修治等事务。
2　据：占据。
3　峻刻：严厉苛刻。
4　陪列：陪侍。
5　武宁：古郡名，郡治位于今湖北省荆门市西北。
6　硖口：古地名，即今甘肃省武威市古浪县。
7　著籍：登记在簿册上。
8　渌口：古地名，即今湖南省株洲市渌口区渌口镇，自古为军事交通重镇。
9　刚勇：刚强勇猛。

纪率诸军东下，留萧㧑守成都。梁主闻之，使方士画版为纪像，亲钉肢体以厌[1]之。世子圆照时镇巴东，启云："侯景未平，荆镇[2]已为所破，宜急进讨。"纪信之，趣兵东下。梁主甚惧，与魏书曰："子纠，亲也，请君讨之[3]。"宇文泰曰："取蜀制梁，在兹一举！"诸将咸难之。大将军尉迟迥，泰之甥也，独以为可克。泰问以方略，迥曰："蜀与中国隔绝百有余年，恃其险远，不虞我至，若以铁骑兼行袭之，无不克矣。"泰乃遣迥自散关伐蜀。

夏，四月，梁遣王僧辩围湘州僧辩军于车轮[4]，陆纳夹岸为城以拒之。纳士卒皆百战之余，僧辩惮之，不敢轻进，稍作连城[5]以逼之。纳以僧辩为怯，不设备。僧辩命诸军水陆齐进，急攻之。僧辩亲执旗鼓，萧循身受矢石，拔其二城。纳众大败，走保长沙，僧辩进围之。僧辩坐垒上视筑围垒，纳遣吴藏等率锐卒千人，开门突出，蒙楯[6]直进。杜崱、杜龛与甲士百余人力战拒之。僧辩据胡床不动，裴之横从旁击之，藏等乃退。

魏师围成都，梁武陵王纪还兵救之，次于西陵武陵王纪至巴郡，闻有魏兵，遣谯淹还军救蜀。初，潼州刺史杨乾运兄子略说乾运曰："今侯景初平，宜同心戮力，保国宁民，而兄弟寻戈[7]，此自亡之道也。不如送款关中，可以功名两全。"乾运然之。迥至涪水，乾运以州降。迥进袭成都。时成都见兵不满万人，仓库空竭，萧㧑婴城自守，迥围之。谯淹遣兵赴援，迥击走之。纪至巴东，知侯景已平，乃悔，召圆照责之，对曰："侯景虽平，江陵未服。"纪亦已称尊号，不可复为人下，欲遂东进。将卒日夜思归，皆以为宜还救根本，更思后图。圆照及刘孝胜固言不可，纪从之，宣言于众曰："敢谏者死！"遂至西陵，军势甚盛。陆法和筑二城于峡口两岸，运石填江，铁锁断之。梁主拔任

1　厌：以迷信的方法镇服或驱避可能出现的灾祸，或致灾祸于人。
2　荆镇：即荆州。
3　子纠，亲也，请君讨之：此为引用春秋时晋国鲍叔牙的话，借公子纠比喻武陵王萧纪。
4　车轮：古沙洲名，为湘江要隘，位于今湖南省长沙市长沙县北湘江沿岸。
5　连城：毗邻的诸城。
6　蒙楯：拿着盾牌。
7　寻戈：动用刀兵。

约于狱，使助法和。纪筑连城，攻绝铁锁。梁主复拔谢答仁于狱，配兵使助法和。

六月，梁复以王琳为湘州刺史，陆纳降梁主遣使送王琳，令说谕陆纳。僧辩使送示之，纳众悉拜且泣，使谓僧辩曰："朝廷若赦王郎，乞听入城。"梁主从之，纳遂降。梁主复琳官爵，使将长沙兵，西援峡口。

秋，七月，梁武陵王纪众溃，梁主杀之，及其诸子武陵王纪遣将侯睿与陆法和相拒。梁主遣使与纪书，许其还蜀，专制一方。纪不从。顿兵日久，频战不利。又闻魏寇深入，成都孤危，忧愗不知所为，乃遣乐奉业诣江陵求和。奉业启梁主曰："蜀军乏粮，士卒多死，危亡可待。"梁主遂不许其和。纪以黄金一斤为饼，饼百为箧，至有百箧，银五倍之，锦彩称是。每战，悬示将士，而不以为赏。有请事者，辞疾不见。巴东民斩峡口城主，降于王琳。谢答仁、任约进攻侯睿，破之，拔其三垒。于是两岸十四城俱降。纪不获退，顺流东下，将军樊猛追击之，纪众大溃，赴水死者八千余人。猛围而守之。梁主密敕猛曰："生还，不成功也。"猛遂斩纪及其幼子圆满。陆法和收圆照兄弟三人送江陵。梁主绝纪属籍，下圆照等于狱，绝其食，至啮臂啖之，十三日而死，远近闻而悲之。

八月，成都降魏，魏以尉迟迥为益州刺史魏尉迟迥围成都五旬，萧㧑屡战，皆败，乃请降。诸将欲不许，迥曰："降之则将士全，远人悦；攻之则将士伤，远人惧。"遂受之。吏民皆复其业，唯收奴婢及储积[1]以赏将士，军无私焉。魏以迥为益州刺史。

九月，梁遣王僧辩还建康，陈霸先还京口梁主下诏将还建康，将军胡僧祐、黄罗汉、宗懔、刘毅谏曰："建业王气已尽，与虏止隔一江，若有不虞，悔无及也。"梁主令朝臣议之。侍郎周弘正、仆射王褒曰："今百姓未见舆驾入建康，谓是列国诸王。愿陛下从四海之望。"时群臣多荆州人，皆曰：

---

1 储积：积蓄的财物。

"弘正等东人，故欲东下，然非计也。"弘正面折之曰："东人劝东，谓非良计。西人欲西，岂长策乎？"又议于后堂，会者五百人，梁主曰："劝吾去者左袒。"左袒者过半。朱买臣言于梁主曰："建康旧都，山陵所在。荆镇边疆，非王者之宅。愿陛下勿疑，以致后悔。臣家在荆州，岂不愿陛下居此？但恐是臣富贵，非陛下富贵耳。"梁主使术士[1]杜景豪卜之，不吉，对曰："未去。"退而言曰："此兆为鬼贼所留也。"梁主以建康凋残[2]，江陵全盛[3]，意亦安之，卒从僧祐等议。乃诏王僧辩还镇建康，陈霸先复还京口。

胡氏曰：荆州虽非王者之宅，然楚尝王之矣。古之英雄，皆以为用武之国，何不可都之有？然于萧绎则不可也。宗庙社稷，皆在建康。高祖愤崩，简文弑殒[4]，所当营奉陵寝，伸至痛之情。粪除祊祧[5]，修乏享[6]之祀，若弗暇也。正使内无襄阳之难，外无齐、魏之虞，江陵全盛，犹不得晏安而处矣。今也孝诚不昭，义声不播，第[7]欲保其故有，偷为尊显，率此为道，虽使据百二[8]之势，其为人图取，殆不旋踵，又何江陵、建康之择乎？

梁以陆法和为郢州刺史法和为政，不用刑狱，专以沙门法[9]及西域幻术教化，部曲数千人。

齐纳萧退于梁，不克齐主使郭元建治水军于合肥，将袭建康，纳梁湘潭侯退。梁主使南豫州刺史侯瑱与战于东关，败之，溺死万人，齐师退。

冬，十月，齐主伐契丹，大破之契丹寇齐边，齐主伐之，至昌黎城[10]，使安德王韩轨断其走路，遂倍道兼行以掩之。露髻肉袒[11]，昼夜不息，行千余

---

1 术士：以占卜、星相等为职业的人。
2 凋残：衰落，残败。
3 全盛：最为兴盛或强盛。
4 高祖愤崩，简文弑殒：武帝萧衍愤恨而死，简文帝萧纲被杀身亡。
5 粪除祊祧：粪除，打扫，清除。祊祧，祭祀祖先的祠堂。
6 乏享：缺少祭奠。
7 第：只是。
8 百二：以二敌百，后以喻山河险固之地。语出《史记·高祖本纪》："秦，形胜之国，带河山之险，悬隔千里，持戟百万，秦得百二焉。"
9 沙门法：佛法。
10 昌黎城：古地名，即今辽宁省锦州市义县。
11 露髻肉袒：露着发髻，光着膀子。

里，唯食肉饮水，壮气弥厉[1]。与契丹遇，奋击，大破之。

十一月，突厥攻柔然，齐主击之。迁柔然于马邑川[2]。突厥请降突厥攻柔然，柔然举国奔齐。齐主击突厥，迎纳柔然，废其可汗库提，立阿那瓖子庵罗辰为可汗，置之马邑川，给其廪饩缯帛[3]。亲追突厥。突厥请降，许之而还。自是贡献相继。

魏太师泰杀尚书元烈烈谋杀泰，事泄，泰杀之。

十二月，齐宿预叛，降于梁齐宿预民东方白额以城降，江西州郡皆起兵应之。

甲戌（公元554年）

梁承圣三年。魏恭帝廓元年。齐天保五年。

春，正月，齐主击山胡，败之齐主讨山胡，大破之，男子十三以上皆斩，女子及幼弱皆赏军，遂平石楼[4]。石楼绝险，自魏世所不能至。于是远近山胡莫不慑服。有都督战伤，其什长[5]不能救，齐主命刳其五藏[6]，令九人食之，肉及秽恶皆尽。自是始为威虐[7]。

梁陈霸先侵齐陈霸先自丹徒济江，围齐广陵，严超达自齐郡进围泾州[8]，侯瑱、张彪皆出石梁[9]，为之声援。使杜僧明助东方白额。

---

1 壮气弥厉：杀敌定边的壮志越来越高昂。
2 马邑川：古水名，即灰河，位于今山西省忻州市宁武县南，源出县西管涔山，东流经县南，折北入朔州市界，至马邑故城南入桑干河。
3 廪饩缯帛：廪饩，由公家供给的粮食之类生活物资。缯帛，丝绸的统称。
4 石楼：古山名，又名通天山，位于今山西省吕梁市石楼县东南。
5 什长：旧时兵制，十人为什，置一长，称什长。
6 五藏：即五脏。
7 威虐：凶恶残酷。
8 泾州：古州名，治所位于今安徽省滁州市辖天长市西北。
9 石梁：古县名，治所位于今安徽省滁州市辖天长市西石梁镇。

魏作九命、九秩[1]之典宇文泰始作九命之典，以叙内外官爵，改流外[2]品为九秩。

魏宇文泰废其主钦而立齐王廓，复姓拓跋氏魏主自元烈之死有怨言，密谋诛宇文泰。临淮王育、广平王赞垂涕切谏，不听。泰诸子皆幼，以诸婿为心膂，清河公李基、义城公李晖、常山公于翼分掌禁兵。由是魏主谋泄，泰废魏主，置之雍州，立其弟齐王廓，复姓拓跋氏。魏初统国三十六，大姓九十九，后多灭绝。泰乃以诸将功高者为三十六国，次者为九十九姓，所将士卒亦改从其姓。

三月，梁以王僧辩为太尉，陆法和为司徒法和上启自称"司徒"，梁主以为先知，就拜之。

魏遣使如梁魏侍中宇文仁恕聘于梁。会齐使者亦至，梁主接仁恕不及齐使。仁恕归，以告宇文泰。梁主又请据旧图定疆境[3]，辞颇不逊。泰由是有图江陵之志。梁主誊闻之，益重其贡献。魏荆州刺史长孙俭屡陈攻取之策，泰征俭入朝，问以经略，复命还镇，密为之备。马伯符密使告梁主，梁主弗之信。

齐主杀其尚书左丞卢斐、李庶齐中书令魏收撰《魏书》，颇用爱憎为褒贬，每谓人曰："何物小子[4]，敢与魏收作色？举之则使升天，按之则使入地。"既成，中书舍人卢潜、左丞卢斐、李庶皆言其诬罔不直。收启齐主云："臣既结怨强宗[5]，将为刺客所杀。"齐主怒，于是斐、庶皆坐谤史[6]，鞭二百，配甲坊[7]，潜亦坐系狱。斐、庶死狱中。然时人终不服，谓之"秽史[8]"。

1　九命、九秩：九命，官秩等级，以第一品为九命，第九品为一命。每命又分为二级。九秩，九品以下的官职等级。
2　流外：九品以下官员的通称。流外本身也有品级，经考铨后，可递升入流，成为流内，称为入流。
3　疆境：边界，边境。
4　何物小子：辱骂之辞，相当于"你小子什么东西"。
5　强宗：豪门大族。
6　谤史：诽谤史书。
7　甲坊：古时制造铠甲的作坊。
8　秽史：歪曲历史本来面目的史书。

　　夏，四月，柔然寇齐，齐主击败之柔然寇齐肆州，齐主讨之，至恒州，柔然散走。齐主以千余骑为殿，宿黄瓜堆[1]。柔然别部数万骑奄至，齐主安卧，平明乃起，神色自若，指画形势，纵兵奋击。柔然披靡，因溃围而出。柔然走，追击败之。令都督高阿那肱率骑数千塞其走路，阿那肱以兵少，请益，齐主更减其半。阿那肱奋击，大破之。

　　梁以陈霸先为司空。

　　魏宇文泰弑其故主钦。

　　五月，魏以李迁哲为信州刺史魏直州、洋州[2]乱，宇文泰命将军李迁哲讨平之。南出徇地[3]，巴、濮[4]之民皆附之。泰以迁哲为信州刺史，镇白帝。信州先无储蓄，迁哲与军士共采葛根[5]为粮，有异味，辄分尝之，军士感悦。屡击叛蛮，破之。群蛮慑服，皆送粮遣质[6]。

　　梁以王琳为广州刺史广州刺史萧勃自以非梁主所授，内不自安，启求入朝。梁主徙勃为晋州[7]刺史，以琳部众强盛，又得众心，故使代勃以远之。琳私谓主书李膺曰：“琳，小人[8]也，蒙官拔擢至此。今天下未定，迁琳岭南，如有不虞，安得琳力？窃揆官意，不过疑琳。琳分望[9]有限，岂与官争为帝乎？何不以琳为雍州刺史，镇武宁，琳自放兵作田，为国御捍[10]。”膺然其言，而弗敢启。

　　六月，齐冀州刺史段韶伐梁，拔宿预齐步大汗萨将兵四万趋泾州，王僧辩使侯瑱、张彪助严超达拒之，瑱、彪逗留不进。齐冀州刺史段韶讨宿预，

1　黄瓜堆：古地名，又称黄花堆，位于今山西省朔州市山阴县东北。
2　直州、洋州：直州，古州名，辖陕西省石泉、紫阳、汉阴、西城等县地。洋州，古州名，辖今陕西省洋县、西乡、镇巴、佛坪等县地。
3　徇地：掠取土地。
4　濮：濮州，古州名，辖今山东省鄄城及河南省濮阳南部地区。
5　葛根：豆科植物野葛的干燥根，可入药，能解饥退热。
6　遣质：派子弟当人质。
7　晋州：古州名，辖今湖北省黄梅和安徽省宿松、望江、太湖、潜山等县及桐城市部分地。
8　小人：旧时男子对地位高于己者自称的谦词。
9　分望：分内之望。
10　御捍：防御，保卫。

广陵、泾州皆告急，诸将患之。诏曰："梁氏丧乱，国无定主，人怀去就，强者从之。霸先等外托同德，内有离心，吾揣之熟矣。"乃留兵围宿预，自引兵倍道趋泾州，击超达，破之。回趋广陵，霸先解围走。杜僧明、瑱、彪等皆还。吴明撤围海西，镇将郎基固守，削木为箭，剪纸为羽，围之十旬，卒不能克而还。诏还至宿预，使人说东方白额，白额出迎，执而斩之。

秋，八月，齐杀其太保高隆之齐主之未为魏相也，高隆之常侮之。及将受禅，隆之复以为不可，由是衔之。隆之尝与仪同元旭饮，谓旭曰："与王交，当生死不相负。"至是，旭坐事赐死，人白其语。齐主怒，令壮士筑杀之，并其子二十人。

齐筑四城于洛阳齐主使人于洛阳西南筑四城而亲巡之，欲以致魏师。魏师不出。

梁主讲《老子》于龙光殿。

冬，十月，魏遣柱国于谨率师伐梁。十一月，入江陵。十二月，执梁主绎，杀之初，散骑郎庾季才言于梁主曰："去年八月丙申，月犯心中星[1]；今月丙戌，赤气[2]干北斗。心为天王，丙主楚分，臣恐建子之月[3]，有大兵入江陵。陛下宜整旆[4]还都，以避其患。"梁主亦晓天文，叹曰："祸福在天，避之何益？"至是，魏遣柱国于谨、中山公宇文护、大将军杨忠将兵五万伐梁。长孙俭问谨曰："为绎计，将如何？"谨曰："耀兵[5]汉、沔，还据丹杨，上策也；退保子城，以待援军，中策也；难于移动，据守罗郭[6]，下策也。"俭曰："绎出何策？"谨曰："下策。"俭曰："何故？"谨曰："绎懦而无谋，多疑少断，愚民难与虑始，皆恋邑居[7]，所以知其用下策也。"武宁太守宗均告魏兵且至，

1　心中星：心宿中间的一颗星。心宿，二十八宿之一，苍龙七宿的第五宿，有星三颗。
2　赤气：红色的云气。
3　建子之月：即夏历十一月。
4　整旆：出师征伐。旆，旗帜。
5　耀兵：检阅军队，炫耀兵威。
6　罗郭：外城。
7　邑居：里邑住宅。

领军胡僧祐、黄罗汉曰："二国无隙，必应不尔[1]。"乃复使王琛使魏。于谨至樊邓[2]，梁王詧率众会之。梁主乃停讲，戒严。琛至石梵[3]，驰报罗汉曰："境上帖然，前言皆儿戏耳。"梁主乃复讲，百官戎服以听。征王僧辩为大都督，命陈霸先徙镇扬州。僧辩遣侯瑱率程灵洗等为前军，杜僧明率吴明彻等为后军。陆法和闻魏师至，将赴江陵，梁主使逆[4]止之，曰："此自能破贼。"法和还州，垩[5]其城门，着衰绖，坐苇席[6]，终日，乃脱之。十一月，魏军济汉，于谨令宇文护、杨忠率精骑先据江津，断东路。梁主出城行栅[7]，插木为之，周六十里。以将军胡僧祐、仆射王褒分督城东、西军事。魏军至栅下，梁主乃征王琳为湘州刺史，使引兵入援。于谨令筑长围，中外遂绝。梁主巡城，犹口占[8]为诗，群臣亦有和者。梁主又裂帛[9]为书，趣王僧辩曰："吾忍死待公，可以至矣！"胡僧祐等出战，皆败。朱买臣按剑进曰："唯斩宗懔、黄罗汉，可以谢天下。"梁主曰："曩实吾意，宗、黄何罪？"王琳军至长沙，长史裴政请间道先报江陵，至百里洲，为魏人所获。梁王詧谓政曰："我，武皇帝之孙也，不可为尔君乎？若从我计，贵及子孙；不然，腰领[10]分矣。"政诡曰："唯命[11]。"詧锁之至城下，使言曰："僧辩已自为帝，王琳不复能来。"政乃言曰："援兵大至，各思自勉。"詧怒，命杀之，参军蔡大业谏曰："此民望也，杀之，则荆州不可下矣。"乃释之。魏人百道攻城，胡僧祐亲当矢石，昼夜督战，奖励将士，明行赏罚，众咸致死，所向摧殄，魏不得前。俄而僧祐中流矢死，内外大骇。魏悉众攻栅，反者开西门纳魏师。梁主退保金城，令汝南王大封等质于于谨以

1　不尔：不如此。
2　樊邓：古地区名，为春秋樊国、邓国的遗址，位于今湖北省襄阳市及河南省邓县一带。
3　石梵：古地名，位于今湖北省天门市东南。
4　逆：迎。
5　垩：用白色涂料粉刷墙壁。
6　苇席：用芦苇织成的席子，古代丧葬时常用之物。
7　行栅：巡察栏栅。
8　口占：不打草稿，口头述说出来。
9　裂帛：撕裂缯帛。
10　腰领：腰部与颈部。两者为人体的重要部分，断之即死，故常喻致命之处。
11　唯命：遵命。

请和。魏军之初至也，众以王僧辩子颃可为都督，梁主不用，更夺其兵。及僧祐死，乃用之。时城南虽破，而城北诸将犹苦战，日暝[1]，闻城陷乃散。梁主乃焚古今图书十四万卷，以宝剑击柱，折之，叹曰："文武之道，今夜尽矣。"命御史中丞王孝祀作降文。谢答仁谏曰："城中兵众犹强，乘暗突围而出，贼必惊，因而薄之，可渡江就任约。"梁主素不便走马[2]，曰："事必无成，只增辱耳。"答仁求自扶梁主，王褒曰："答仁，侯景之党，岂可信？"答仁又请守子城收兵，梁主然之，褒又以为不可，答仁呕血而去。于谨征太子为质，梁主使王褒送之。谨子以褒善书，给之纸笔，褒乃书曰："柱国、常山公家奴王褒。"梁主遂白马素衣出门，謇使铁骑拥之入营，囚于乌幔之下。梁主性残忍，且惩高祖宽纵之弊，故为政尚严，狱中死囚常数千人。有司请释之以充战士，梁主不许，悉令掊杀之，事未成而城陷。中书郎殷不害失其母，时冰雪交积，死者满沟，不害行哭于道，见沟中死人，辄投下捧视，举体冻湿，水浆不入口，号哭不辍声，如是七日，乃得之。或问梁主："何意焚书？"梁主曰："读书万卷，犹有今日，故焚之。"十二月，魏人杀梁主及愍怀太子元良等。于谨收府库珍宝及宋浑天仪、梁铜晷表及诸法物，尽俘王公以下，及选百姓男女数万口为奴婢，分赏三军，小弱者皆杀之，得免者三百余家，而人马所践及冻死者什二三。宇文泰赏谨奴婢千口及梁之宝物，并《雅乐》一部，别封新野公。谨固辞，不许。自以久居重任，乃上先所乘骏马及所着铠甲等。泰识其意，曰："今巨猾[3]未平，公岂得遽尔独善[4]？"遂不受。

魏取襄阳，徙梁王詧，使称帝于江陵，屯兵守之魏立詧为皇帝，取其雍州之地，而资以荆州，延袤三百里。又置防主，将兵居西城，名曰助防，实以制詧也。初，魏师未还，詧将尹德毅说詧曰："江东之人涂炭至此，咸谓

1　暝：日落，天黑。
2　走马：骑着马跑。
3　巨猾：特别狡猾的人。
4　遽尔独善：遽尔，骤然，突然。独善，"独善其身"的略语。

殿下为之。人尽仇也，谁与为国？今魏之精锐尽萃于此，若殿下为设享会[1]，预伏武士，因而毙之，分命诸将掩其营垒，大歼群丑[2]，俾[3]无遗类。收江陵百姓，抚而安之，文武群僚，随材铨授。魏人慑息[4]，未敢送死。王僧辩之徒，折简[5]可致。然后朝服济江，入践皇极[6]，晷刻之间，大功可立。古人云：'天与不取，反受其咎。'愿殿下恢弘远略，勿怀匹夫之行。"詧曰："卿此策非不善也，然魏人待我厚，若遽为此，人将不食吾余[7]。"至是，阖城系虏，又失襄阳，乃恨不用德毅之言。

梁王僧辩、陈霸先奉晋安王方智承制。

魏加益州刺史尉迟迥承制魏加尉迟迥督十八州，自剑阁以南，得承制封拜黜陟。迥明赏罚，布威恩[8]，绥辑[9]新民，经略未附，华夷怀[10]之。

1　享会：犒劳将士的宴会。
2　群丑：邪恶之众。
3　俾：使。
4　慑息：因恐惧而屏息。
5　折简：写信。
6　皇极：皇位。
7　不食吾余：不吃我剩下的，意为厌弃鄙视我。
8　威恩：声威和恩泽。
9　绥辑：安抚集聚。
10　怀：归向，依恋。

卷

三十四

起乙亥梁敬帝绍泰元年、魏恭帝二年、齐文宣帝天保六年,尽辛卯[1]陈宣帝太建三年、齐后主武平二年、周高祖天和六年凡十七年。

乙亥（公元 555 年）

梁敬帝方智绍泰元年。魏恭帝二年。齐天保六年。后梁中宗宣帝萧詧天定元年。○凡四国。

春,正月,梁王詧始称帝梁王詧即位、改元于江陵,是为后梁。赏、刑制度并同王者,唯上疏[2]于魏则称臣,奉其正朔。以蔡大宝为侍中、尚书令,王操为五兵尚书。大宝严整[3]有智谋,雅达[4]政事,文辞赡速[5]。操亦亚之。

梁广州刺史王琳救江陵,弗及。次于长沙,遣兵伐后梁琳将兵北下,至蒸城[6],闻江陵已陷,为世祖发哀,三军缟素。遣别将侯平率舟师攻后梁。琳屯兵长沙,传檄州郡,为进取之计。长沙王韶及上游诸将,皆推琳为盟主。

齐遣兵救江陵,不及,取梁郢州齐主使清河王岳将兵攻魏安州[7],以救江陵。岳至义阳,江陵陷,因进军临江,郢州刺史陆法和举州降之。长史王珉不从,杀之。齐使仪同三司慕容俨戍郢州。王僧辩遣侯瑱攻之。

齐遣梁贞阳侯渊明还梁称帝,以兵纳之。

二月,梁王方智立晋安王自寻阳入建康,即梁王位,时年十三。以王僧辩为中书监、录尚书、骠骑大将军、都督中外军事,加陈霸先征西大将军。

三月,齐人克梁东关齐主先使邢子才诣建康,与王僧辩书曰:“嗣主冲藐[8],未堪负荷。彼贞阳侯,梁武犹子,长沙之胤[9],以年以望,堪保金陵,故置

---

1 辛卯：即公元 571 年。
2 上疏：臣子向帝王进呈奏章。
3 严整：严谨,严密。
4 雅达：很通达。
5 赡速：词汇丰富,文思敏捷。
6 蒸城：古地名,位于今湖南省衡阳市衡阳县一带。
7 安州：古州名,辖今湖北省安陆、广水、应城、孝感、云梦等市县地。
8 嗣主冲藐：嗣主,继位的君主。冲藐,幼小。
9 长沙之胤：长沙王萧懿的后代。胤,后代。

为梁主。卿宜迎接。"僧辩不从。三月,渊明至东关,散骑常侍裴之横御之,败死。僧辩大惧,出屯姑孰,谋纳渊明。

魏免梁俘数千口魏宇文泰得庾季才,厚遇之,令参掌太史。季才散私财,购亲旧之为奴婢者。泰问其故,对曰:"仆闻克国礼贤[1],古之道也。今郢都覆没,其君信[2]有罪矣,搢绅何咎,皆为皂隶?鄙人羁旅,不敢献言,诚窃哀之,故私购之耳。"泰乃悟曰:"吾之过也。微君[3],遂失天下之望。"因出令免梁俘数千口。

夏,五月,梁王僧辩奉渊明归建康,以梁王方智为太子王僧辩遣使奉启[4]于渊明,定君臣之礼。因求以梁王为太子,渊明许之。自采石济江,齐师还。渊明入建康,望朱雀门而哭,道逆者[5]以哭对。入即位,以方智为太子,王僧辩为大司马,陈霸先为侍中。

六月,齐筑长城齐发民一百八十万筑长城,自幽州夏口[6]西至恒州九百余里。

齐人归郢州于梁齐慕容俨始入郢州,而侯瑱等奄至城下。俨随方备御,乘间出击,破之。城中食尽,煮草木、靴带食之,坚守半岁,人无异志。至是,渊明命瑱还豫章。齐人以地远难守,割以予梁,凡梁民亦还之。

秋,七月,齐主伐柔然,大破之。

八月,齐以道士为沙门齐主以佛、道二教不同,欲去其一,集二家学者论难于前,遂敕道士皆剃发为沙门。有不从者,杀四人,乃奉命。

九月,梁陈霸先杀王僧辩,废渊明。冬,十月,复立方智,称藩于齐初,王僧辩与陈霸先共灭侯景,情好甚笃。僧辩居石头城,霸先在京口。僧辩推心待之,子颙屡谏,不听。及僧辩纳渊明,霸先遣使争之,不从。霸先叹

---

1 克国礼贤:攻克一个国家,但对那个国家的贤人要予以礼遇。
2 信:果真,的确。
3 微君:若不是你。
4 奉启:上表。
5 道逆者:路上迎接的臣子。
6 夏口:古地名,即南口,位于今北京市昌平区西北南口镇。

曰："武帝子孙甚多，唯孝元能复仇雪耻，其子何罪，而忽废之？吾与王公并处托孤之地，而王公一旦改图，外依戎狄，援立非次，其志欲何为乎？"乃密聚金帛为赏赐之具。会有告齐师至者，僧辩遣人告霸先，使为备。霸先部分将士，分赐金帛，使徐度、侯安都率水军趋石头，自率马、步自江乘、罗落[1]会之。人皆以为将御齐师，不之怪也。安都引舟舰将趋石头，霸先控马未进，安都大惧，追霸先骂曰："今日作贼，事势已成，生死须决，在后欲何所望？"霸先乃进。安都至石头城北，弃舟登岸，被甲带刀，军人捧之，投于女垣[2]内，众随而入。霸先兵亦自南门入。僧辩方视事，外白有兵，俄而兵自内出。僧辩与子颙率左右苦战，败走就执。霸先曰："我有何辜[3]，公欲与齐见讨？而乃无备如此？"僧辩曰："委公北门，何谓无备？"霸先杀之。既而竟无齐兵。前青州刺史程灵洗率兵救僧辩，力战，军败，久之乃降。霸先义之。渊明逊位就邸。十月，方智即皇帝位，告齐以僧辩阴图篡逆，仍请称藩于齐。封渊明为建安公。

　　梁陈霸先自为尚书令、都督中外诸军事。

　　梁吴兴太守杜龛叛，梁遣陈蒨讨之。谯、秦刺史徐嗣徽、南豫州刺史任约袭建康，不克，入于石头以叛。十一月，齐遣兵援之初，龛恃王僧辩之势，不礼于陈霸先。在吴兴，每以法绳其宗族，霸先深怨之。及将图僧辩，密使兄子蒨还长城[4]，立栅以备龛。僧辩死，龛据吴兴拒霸先，义兴太守韦载以郡应之。僧辩弟僧智为吴郡太守，亦据城拒守。蒨至长城，收兵才数百人。龛遣其将杜泰将兵攻之，数旬不克而退。霸先使周文育攻义兴，不利，自表东讨，留侯安都、杜棱宿卫。至义兴，拔其水栅。谯、秦刺史徐嗣徽从弟嗣先，僧辩之甥也，亡就嗣徽，以州入于齐。嗣徽密结南豫州刺史任约，将兵乘

1　罗落：古地名，亦名石步镇，位于今江苏省南京市东北长江南岸，旧时当京口至建康大路。
2　女垣：城墙上砌有射孔的小墙，即女墙。
3　辜：罪。
4　长城：古县名，治所位于今浙江省湖州市长兴县东。

虚袭建康，据石头，游骑至阙下。侯安都闭门，令城中："登陴窥贼者斩！"及夕，嗣徽等还，安都夜为战备。将旦，嗣徽等又至，安都出战，大破之。嗣徽等奔还石头。霸先以书谕韦载。载降，霸先引与谋议，卷甲还建康，使周文育讨杜龛，裴忌攻吴郡。忌轻行，夜至城下，鼓噪薄之。僧智奔吴兴，忌入据郡。十一月，齐遣兵渡江，据姑孰，又遣兵渡粮、马入石头。霸先问计于韦载，载曰："齐若分兵先据三吴之路，略地东境，则时事去矣。今可急于淮南筑城，以通东道转输。分兵绝彼粮运，使进无所资，则齐将之首，旬日可致。"霸先从之。使侯安都夜烧齐船千余艘，周铁虎断齐运输。仍遣载于大航筑垒，使杜棱守之。齐人亦立栅与相拒，使都督萧轨将兵屯江北。

齐主杀其清河王岳 初，齐平秦王高归彦幼孤，高祖令清河王岳养之，情礼[1]甚薄，归彦心衔之。岳屡将兵立功，有威名，而性豪侈，好酒色，起第城南。归彦谮之，言其僭拟，齐主恶之。齐主纳倡妇[2]薛氏，有宠。既而知其尝与岳通，益怒，使归彦鸩岳。久之，齐主无故斩薛氏，藏首于怀，出东山宴饮。劝酬始合[3]，忽出其首，投于柈[4]上，一座大惊。复命收取，对之流涕，载尸以出，披发步哭而随之。

十二月，梁陈霸先及齐人战，败之。徐嗣徽、任约奔齐 陈霸先率诸军攻徐嗣徽栅，齐将柳达摩等渡淮置阵[5]。霸先疾战烧栅，齐兵大败，溺死者以千数。嗣徽与任约引齐兵还据石头，霸先遣兵先据要险，嗣徽等不敢进，顿浦口[6]。霸先遣侯安都袭破之，嗣徽等单舸脱走。霸先攻石头。城中无水，达摩请和，且求质子。时建康虚弱，粮运不继，乃与齐和。以霸先从子昙朗及永嘉王庄、丹杨尹王冲之子珉为质，而与齐盟。嗣徽、约皆奔齐。庄，方等之子也。

梁以陈宝应为晋安太守 初，晋安民陈羽世为闽中豪姓，其子宝应多权

1　情礼：感情与礼节。
2　倡妇：以歌舞为业的倡家妇女，亦指卖身的妓女。
3　劝酬始合：刚开始劝酒应酬。
4　柈：通"盘"，盛物之器。
5　置阵：摆开阵势。
6　浦口：古地名，浦子口简称，即今江苏省南京市西北浦口镇。

诈[1]，郡中畏服。侯景之乱，晋安太守萧云以郡让羽，羽令宝应典兵[2]。时东境荒馑，而晋安独丰衍[3]。至是，羽求传郡于宝应，霸先许之。

魏降其宗室王者为公。

突厥灭柔然，可汗邓叔子奔魏，突厥取而杀之突厥木杆可汗击柔然，灭之。柔然主邓叔子收其余烬奔魏。时木杆西破嚈哒，东走契丹，北并契骨[4]，威服塞外。其地东自辽海[5]，西至西海，长万里，南自漠北五六千里，皆属焉。木杆恃其强，请尽诛邓叔子等于魏。宇文泰收叔子以下三千余人，付其使者，尽杀之于青门[6]外。

丙子（公元 556 年）

梁太平元年。魏恭帝三年。齐天保七年。

春，正月，魏初建六官[7]，以宇文泰为大冢宰初，宇文泰以汉、魏官繁，命苏绰及尚书令卢辩依《周礼》定六官，至是行之。以泰为太师、大冢宰，李弼为太傅、大司徒，赵贵为太保、大宗伯，独孤信为大司马，于谨为大司寇，侯莫陈崇为大司空，自余百官，皆仿《周礼》。

梁陈蒨克吴兴，获杜龛，杀之陈蒨、周文育合军攻杜龛于吴兴。龛勇而无谋，嗜酒常醉，其将杜泰阴与蒨等通。龛战败，泰因说龛使降，龛然之。其妻王氏曰："仇隙如此，岂复可和？"因出私财赏募[8]，复击蒨等，破之。泰遂出降，龛醉，见杀。王僧智与弟僧愔奔齐。

---

1 权诈：奸诈，狡诈。
2 典兵：统领军队，掌管军事。
3 丰衍：富裕盈足。
4 契骨：古族名，突厥的一部，又作结骨、纥骨，今柯尔克孜族先祖，生活于叶尼塞河流域。
5 辽海：古地区名，即辽东，泛指今辽河以东沿海地区。
6 青门：汉长安城宣平门外的东都门，位于今陕西省西安市西北，十六国北朝时改东都门为青门。
7 六官：《周礼》以天官冢宰、地官司徒、春官宗伯、夏官司马、秋官司寇、冬官司空分掌邦政，称六官。
8 赏募：悬赏招募。

梁遣兵击侯瑱于溢城江州刺史侯瑱本事王僧辩，亦拥兵据豫章及江州，不附陈霸先。霸先使周文育将兵击溢城，又遣侯安都、周铁虎立栅于梁山以备之。

三月，齐仪同三司萧轨侵梁，次于芜湖齐遣萧轨等与任约、徐嗣徽合兵十万侵梁，出栅口[1]，向梁山。陈霸先帐内荡主[2]黄丛逆击破之，齐师退保芜湖。霸先遣沈泰等就侯安都，共据梁山以御之。

夏，五月，梁建安公渊明卒。

六月，梁陈霸先及齐师战，败之，杀萧轨及徐嗣徽齐人召建安公渊明，诈许退师，陈霸先具舟送之。会其病卒，齐兵遂至秣陵。陈霸先召周文育与徐度、杜棱御之。齐人跨淮立桥栅[3]渡兵，夜至方山，徐嗣徽等列舰青墩[4]，以断文育归路。文育攻之，斩其骁将鲍砰。嗣徽众大骇，因留船芜湖，自丹杨步上。齐兵进及儿塘[5]，建康震骇。霸先拒嗣徽等于白城[6]，适与文育会。将战，风急，霸先曰："兵不逆风。"文育曰："事急矣，何用古法？"抽槊上马先进，众军从之，风亦寻转，杀伤数百人。安都率十二骑突其阵，破之。六月，齐兵至幕府山[7]，霸先遣别将击其粮运，尽获之。齐军杀马、驴以食。至玄武湖西北，会连日大雨，平地水丈余，昼夜坐立泥中，悬鬲以爨[8]，而台中及潮沟[9]北路燥，梁军每得番易[10]，然四方粮运不至。将战，调市人得麦饭[11]，分给军士，士皆饥疲。会陈蒨馈[12]米三千斛、鸭千头，霸先命炊米煮鸭，裹以荷叶，未明，蓐食。出幕府山，与吴明彻、沈泰等首尾齐举，纵兵大战，侯安都自白下引兵横出其

1　栅口：古地名，亦称栅江口，古栅水入江口，位于今安徽省芜湖市东北裕溪口。
2　荡主：别帅，副将。
3　桥栅：以竹或木架设的临时性桥梁。
4　青墩：古地名，又作青沙堆，位于今安徽省马鞍山市当涂县西南。
5　儿塘：古地名，又称倪塘，位于今江苏省南京市江宁区东。
6　白城：古地名，故址位于今江苏省南京市东。
7　幕府山：古山名，亦作莫府山、石灰山，位于今江苏省南京市北，长江南岸。
8　悬鬲以爨：把锅悬挂起来做饭。鬲，古代炊具，样子像鼎，足部中空。爨，烧火煮饭。
9　潮沟：三国吴在南京城内挖掘的人工水渠，位于今南京市北。
10　番易：换班作战。
11　调市人得麦饭：向商人征调了一些麦子，做成饭。
12　馈：转送。

后，齐师大溃，死者不可胜计，擒徐嗣徽，斩以徇，追奔至于临沂[1]。诸军相次克捷，虏萧轨等，斩之。齐军士缚荻筏以济，溺死甚众，唯任约、王僧愔得免。军士以赏俘贸酒[2]，一人才得一醉。齐人杀陈昙朗。

梁王琳遣使奉表于魏、于齐侯平频破后梁军，以王琳兵威不接，不受指麾。琳遣将讨之。平收其众，奔江州，侯瑱与之结为兄弟。琳军势益衰，遣使奉表于齐。江陵之陷，琳妻子没于魏，琳又献款于魏以求之。亦称臣于梁。

齐大治宫室齐发丁匠[3]三十余万，修广三台宫殿。齐主之初立也，留心政术[4]，务存简靖[5]，坦于任使，人得尽力。又能以法驭下，内外肃然。至于军国机策，独决怀抱。每临行阵，亲当矢石，所向有功。数年之后，渐以功业自矜，遂嗜酒淫泆，肆行狂暴，袒露形体，街坐巷宿。娄太后尝以其酒狂[6]，举杖击之。齐主曰：“即当嫁此老母与胡。”太后大怒。齐主自匍匐以身举床，坠太后于地，颇有所伤。既醒，大惭恨，欲自焚。太后惧，挽之曰：“向汝醉耳。”齐主乃设地席，命平秦王归彦执杖，口自责数[7]，脱背就罚。太后前自抱之，齐主流涕苦请，乃答脚五十，然后衣冠拜谢，悲不自胜。因是戒酒。一旬，又复如初。虽以杨愔为宰相，使进厕筹[8]，以马鞭鞭其背，流血浃[9]袍。又尝持槊走马，以拟斛律金之胸者三，金立不动。高氏妇女，不问亲疏，往往乱之，或以赐左右，不从者手刃之。作大镬、长锯、剉[10]、碓之属，陈之于庭，每醉，辄手杀人，以为戏乐。杨愔乃简死囚置仗[11]内，谓之“供御囚”，齐主欲杀人，辄执以应命，三月不杀，则宥之。开府参军裴谓之上书极谏，齐主谓杨愔曰：

1　临沂：古县名，治所位于今江苏省南京市东北，栖霞山之西，北临长江。
2　以赏俘贸酒：用赏赐所得的战俘去换酒喝。
3　丁匠：夫役和工匠。
4　政术：政治方略。
5　简靖：简约清净。
6　酒狂：纵酒使气。
7　责数：责备数说。
8　厕筹：大便后用以拭秽之木竹小片。
9　浃：湿透。
10　剉：锉刀。
11　仗：仪仗队。

"此愚人，何敢如是？"对曰："彼欲陛下杀之，以成名于后世。"齐主曰："我且不杀，尔焉得名？"齐主与左右饮，曰："乐哉！"都督王纮曰："有大乐，亦有大苦。"齐主曰："何谓也？"对曰："国亡身陨，所谓大苦。"齐主欲斩之，既而舍之。一日，泣谓群臣曰："黑獭不受我命，奈何？"都督刘桃枝曰："臣得三千骑，请擒之以来。"齐主壮之，赐帛千匹。赵道德进曰："桃枝妄言应诛，陛下奈何滥赏？"齐主即回绢赐之[1]。又尝乘马欲下峻岸[2]，道德揽辔回之，齐主怒，将斩之。道德曰："臣死不恨，当于地下启先帝，论此儿酗酗[3]颠狂，不可教训。"齐主默然而止。他日，谓道德曰："我饮酒过，须痛杖我。"道德抶[4]之。典御丞[5]李集面谏，比之桀、纣。齐主令缚置流中，久之引出，谓曰："吾何如桀、纣？"集曰："弥不及矣。"又令沉之，引出更问，如此数四，集对如初。齐主大笑曰："天下有如此痴人，方知龙逄、比干未是俊物[6]。"遂释之。顷之，又有所谏，竟斩之。由此内外惵惵[7]，各怀怨毒。而能委政杨愔，总摄机衡[8]，百度修敕[9]，是以主昏于上，政清于下。愔少历屯厄[10]，及得志，有一餐之惠者必重报之，虽先尝欲杀己者亦不问。典选二十余年，以奖拔[11]贤才为己任。性复强记[12]，一见皆不忘其姓名。

　　秋，七月，梁陈霸先自为司徒、扬州刺史，进爵长城公。梁以侯瑱为司空初，余孝顷为豫章太守。侯瑱镇豫章，孝顷城新吴[13]与相拒。瑱悉众攻之，不克。侯平发兵乘虚攻豫章，瑱众溃，奔溢城。霸先使记室蔡景历说瑱令

1　回绢赐之：收回给刘桃枝的绢帛赐给刘道德。
2　峻岸：陡峭的河岸。
3　酗酗：拼命酗酒。
4　抶：用鞭子或竹板打。
5　典御丞：古官名，尚药省次官，经典御令授权，可全权处理尚药省事务。
6　俊物：杰出人物。
7　惵惵：忧愁貌。
8　机衡：机要的官署或职位。
9　百度修敕：各个方面的政事都处理得当。
10　屯厄：危难，困苦。
11　奖拔：奖励提拔。
12　强记：记忆力强。
13　新吴：古县名，治所位于今江西省宜春市奉新县西北。

降，瑱乃诣阙归罪，霸先以为司空。

八月，**魏陵州[1]獠叛，讨平之**魏江州刺史陆腾讨陵州叛獠，獠因山为城，攻之难拔。腾乃陈伎乐于城一面，獠弃兵，携妻子观之。腾潜师三面俱上，遂平之。

齐主如晋阳齐主将西巡，百官辞于紫陌，齐主使稍骑[2]围之，曰："我举鞭，即杀之。"黄门郎是连子畅曰："陛下如此，群臣不胜恐怖。"齐主乃命勿杀。

九月，**梁陈霸先自为丞相、录尚书事。**

魏及突厥袭吐谷浑，败之突厥木杆可汗假道于凉州以袭吐谷浑，魏宇文泰使凉州刺史史宁率骑随之。吐谷浑奔南山，木杆将追之。宁曰："树敦、贺真[3]二城，吐谷浑之巢穴也，拔其本根，余众自散。"木杆从之，与宁分道破二城，复与会于青海[4]，叹宁勇决，赠遗甚厚。

冬，十月，魏太师、大冢宰、安定公宇文泰卒，世子觉嗣泰能驾御英豪，得其力用[5]，性好质素，不尚虚饰，明达政事，崇佛好古，凡所施设，皆依仿三代而为之。至是，北渡河，还至牵屯山[6]而病，驿召[7]中山公护至泾州，谓曰："吾诸子皆幼，外寇方强，天下之事属之于汝，宜努力以成吾志！"遂卒。世子觉嗣位，为太师、柱国、大冢宰、安定公，出镇同州[8]，时年十五。初，泰尚魏孝武妹冯翊公主，生觉，姚夫人生毓。毓于诸子最长，娶大司马独孤信女。泰将立嗣，谓公卿曰："孤欲立嫡，恐大司马有疑，如何？"众未有言者，仆射李远曰："夫立子以嫡不以长，公何所疑？若以信为嫌，请先斩之。"遂拔刀而起。泰起止之，于是议定。远出外，拜谢信曰："临大事不得不尔。"

1　陵州：古州名，辖今四川省仁寿、井研二县及简阳市、双流县部分地。
2　稍骑：执长矛的骑兵。
3　树敦、贺真：树敦，古地名，位于今青海省海南藏族自治州共和县东，本吐谷浑旧都。贺真，古地名，又作屈真川、吐护真，故址位于今青海省西南茶卡盐池附近之柴集河。
4　青海：古地名，即今青海东北部之青海湖，又称西海、鲜水海、仙海，北魏始名青海。
5　力用：能力和作用。
6　牵屯山：古山名，即崆峒山，今宁夏南部、甘肃东南之六盘山。
7　驿召：以驿马传召。
8　同州：古州名，辖今陕西省大荔、合阳、韩城、澄城、白水等县市地。

信亦谢远曰："今日赖公决此大议。"遂立觉为世子。护名位素卑，至是辅政，群公莫服。护问计于大司寇于谨，谨曰："今日之事，谨必以死争之。若对众定策，公必不得让。"明日，会议，谨曰："昔帝室倾危，非安定公无复今日。一旦违世，嗣子虽幼，中山公，亲其兄子，兼受顾托，军国之事，理须归之。"辞色抗厉[1]，众皆悚动[2]。谨素与泰等夷，护常拜之，至是，谨起再拜，群公亦拜，于是众议始定。谥泰曰文公。

十一月，梁征王琳为司空，不至。

齐并省[3]州县齐主诏以："魏末豪杰，纠合乡部，因缘请托，各立州郡，公私烦费[4]，丁口减于畴日[5]，守、令倍于昔时。"于是并省三州、二百五十三郡、五百八十九县、三镇、三十六戍。

十二月，魏太师觉自为周公。

梁以周迪为临川内史初，侯景之乱，临川民周续起兵郡中，始兴王毅以郡让之而去。续寻为部将所杀，其宗人迪勇冠军中，众推为主，梁朝以为临川内史。时民遭乱，皆弃农业，群聚为盗，唯迪所部独务农桑，各有赢储[6]，政教严明，征敛必至，余郡乏绝者，皆仰以取给。迪性质朴，不事威仪，捋绳破篾[7]，旁若无人，讷[8]于言语而襟怀信实[9]，人皆附之。

齐筑长城齐自西河总秦戍[10]筑长城，东至于海，前后所筑，东西凡三千余里，率[11]十里一戍，其要害置州镇，凡二十五所。

1　抗厉：声音高亢，容色严厉。
2　悚动：震动。
3　并省：合并撤销。
4　烦费：大量耗费。
5　畴日：往日，以前。
6　赢储：充裕的储备。
7　捋绳破篾：搓绳子，破竹篾。
8　讷：说话迟钝。
9　信实：真实可靠。
10　总秦戍：古地名，位于今山西省大同市西北。
11　率：大概。

丁丑（公元 557 年）

梁太平二年。魏恭帝四年。齐天保八年。陈高祖武帝陈霸先永定元年。周孝愍帝宇文觉元年，九月以后世宗明帝毓元年。〇是岁，梁、魏皆亡，陈、周代，并齐三大国，后梁一小国，凡四国。

春，正月，周公觉称天王，废魏主为宋公。宇文护自为大司马魏宇文护以周公觉幼弱，欲早使正位，以定人心。以魏主诏，奉册玺[1]禅位于周，迁魏主出居大司马府。周公即天王位，追尊文公为文王，妣为文后。封魏帝为宋公。以木德承魏水，行夏之时，服色尚黑。以李弼为太师，赵贵为太傅、大冢宰，独孤信为太保、大宗伯，中山公护为大司马。

周主祀圜丘，定郊庙之制周主祀圜丘，自谓先世出于神农，以神农配二丘，始祖献侯莫那配南北郊，文王配明堂，庙号太祖。仍用郑玄义，立太祖与二昭、二穆为五庙，其有德者别为祧庙[2]，不毁。

吐谷浑寇周吐谷浑攻凉、鄯、河三州。秦州都督遣渭州刺史于翼赴援，翼曰："攻取非夷俗[3]所长，寇来不过抄掠耳。掠而无获，势将自走。"数日，间[4]至，果如其言。

二月，梁萧勃起兵广州，次于南康勃起兵于广州，遣欧阳頠及其将傅泰、萧孜为前军。南江州刺史余孝顷以兵会之。

周大司马护杀冢宰赵贵周楚公赵贵、卫公独孤信故皆与太祖等夷，及晋公护专政，皆怏怏不服。贵谋杀护，信止之。护闻之，杀贵，免信官。

梁丞相霸先使周文育击萧勃，获其将欧阳頠、傅泰。勃为其下所杀欧阳頠出南康，屯苦竹滩[5]，傅泰据蹠口城[6]，余孝顷出豫章，据石头。巴山[7]太守

1　册玺：册书与宝玺。册用条玉，加以红线相联，可以卷舒，以金填字。宝即印章。
2　祧庙：远祖庙。
3　夷俗：蛮夷之人的习惯。
4　间：间谍。
5　苦竹滩：古地名，亦名苦竹洲，位于今江西省宜春市辖丰城市西南、赣江东岸富竹洲。
6　蹠口城：古地名，即塘口城，位于今江西省南昌市西南。
7　巴山：古郡名，辖今江西省崇仁、丰城、永丰、新淦等县地。

熊昙朗诱颉共袭高州刺史黄法氍，至城下，昙朗佯败走，法氍乘之，颉失援而走，昙朗取其马仗以归。周文育于豫章立栅，分遣老弱乘故船，沿流俱下，烧豫章栅，伪若遁去者。孝顷望之，大喜，不复设备。文育由间道兼行，据颉及萧孜、傅泰、余孝顷之间，筑城飨士，颉等大骇。文育遣周铁虎等袭颉，擒之。文育盛陈兵甲，与颉乘舟而宴，巡蹰口城下，使其将丁法洪攻泰，擒之。孜、孝顷退走。勃军闻之，恼惧[1]，遂杀勃。

周宇文护自为大冢宰。

周冢宰护弑宋公谥曰魏恭帝。

三月，周冢宰护杀赵公独孤信。

夏，四月，梁铸四柱钱，禁细钱四柱钱一当二十。

梁复以欧阳颉为衡州刺史，使讨广州，克之初，周文育送欧阳颉、傅泰于建康，陈霸先与颉有旧，释而厚待之。萧孜、余孝顷犹据石头，多设船舰，夹水而陈。霸先遣侯安都助周文育击之。安都潜师夜烧其船舰，水陆攻之。萧孜出降，孝顷逃归。霸先以颉声著南土，复以为衡州刺史，使讨岭南。未至，其子纥已克始兴。颉至，诸郡皆降，遂克广州。

六月，梁丞相霸先遣兵击王琳于郢城王琳既不就征，大治舟舰，将攻陈霸先。霸先遣侯安都、周文育将舟师会武昌以击之。

齐大蝗河南、北大蝗，齐主以问魏郡丞崔叔瓒，对曰："《五行志》：'土功不时，蝗虫为灾。'今外筑长城，内兴三台，殆以此乎？"齐主大怒，使左右殴之，攉其发，以溷沃之[2]，曳足以出。

秋，八月，周人归故梁主绎之丧于王琳琳请之也。

九月，梁丞相霸先自为相国，封陈公，加九锡。

周冢宰护弑其君觉及其柱国李远，而立宁都公毓周主觉性刚果[3]，恶

1　恼惧：惊恐。
2　以溷沃之：用污秽物浇他的头。溷，污秽物，粪便。
3　刚果：刚毅果断。

宇文护之专。司会[1]李植、军司马孙恒久居权要，亦恐不见容，乃与宫伯[2]乙弗凤、贺拔提等共谮之曰："护自诛赵贵以来，威权日盛，以臣观之，将不守臣节。愿陛下早图之！"王以为然，数引武士于后园讲习，为执缚[3]之势。植等又引宫伯张光洛同谋，光洛以告护。护乃出植于外，以散其谋。后王思植等每欲召之，护泣谏，王乃止。凤等惧，密谋刻日诛护，光洛又以告护。乃召柱国贺兰祥、领军尉迟纲等谋之，祥等劝护废立。时纲总领禁兵，护遣纲入宫执凤等，因罢散[4]宿卫兵。王方悟，独在内殿，令宫人执兵自守。护遣祥逼王逊位，幽于旧第。召公卿议，废王为略阳公，迎立岐州刺史、宁都公毓。凤、恒等皆被诛。时李植父柱国远镇弘农，护召远及植还朝，远疑有变，沉吟久之，乃曰："大丈夫宁为忠鬼，安可作叛臣邪？"遂就征。既至，护欲全之，以植付远，使自诛之。远素爱植，植又口辩，自陈初无此谋。远将植谒护，护令略阳公与相质。植辞穷，乃曰："本为此谋，欲安社稷，利至尊耳。今日至此，何事云云？"远闻之，自投于床曰："若尔，诚合万死！"于是护乃害植，并逼远，令自杀。寻弑略阳公，黜其后元氏为尼。宁都公至，即天王位。

　　冬，十月，梁陈公霸先进爵为王，遂称皇帝，废梁主为江阴王梁主禅位于陈。陈王使中书舍人刘师知引沈恪勒兵入宫，卫送梁主如别宫[5]。恪排闼见王，叩头谢曰："恪经事[6]萧氏，今日不忍见此。分受死耳，决不奉命！"王嘉其意，更以王僧志代之。王遂即位于南郊，奉梁主为江阴王。

　　陈以蔡景历为中书通事舍人[7]是时，政事皆由中书省，置二十一局，各当尚书诸曹，总国机要，尚书唯听受而已。

1　司会：古官名，天官之属，主管财政经济，及对群官政绩的考察。
2　宫伯：古官名，天官之属，负责管理充当宿卫的贵族子弟，依功过行赏罚。
3　执缚：逮捕，捆绑。
4　罢散：遣散。
5　别宫：正式寝宫以外的宫室。
6　经事：曾经侍奉。
7　通事舍人：古官名，掌诏命及呈奏案章等事。

陈主祠蒋帝庙[1]。

陈置删定郎，治律令。

周祔太祖于太庙七庙共用一太牢，始祖荐首[2]，余皆骨体。

梁王琳及陈人战，败之，获其将周文育、侯安都，遂克江州侯安都至武昌，王琳将樊猛弃城走，周文育自豫章会之。安都闻陈主受禅，叹曰："今兹必败，战无名矣。"时两将俱行，不相统摄，部下交争，稍不相平。军至郢州，围之未克，而王琳至，安都乃悉众诣沌口[3]合战，大败，安都、文育及裨将徐敬成、周铁虎、程灵洗皆被擒。铁虎辞气不屈，琳杀之，囚安都等，总以一长锁系之。移湘州军府就郢城，遣樊猛袭据江州。

陈以萧乾为建安太守时熊昙朗在豫章，周迪在临川，留异在东阳，陈宝应在晋安，共相连结，闽中豪帅往往立砦[4]以自保。陈主患之，使侍郎萧乾谕以祸福，豪帅皆降。即以乾为建安太守。

周以令狐整为丰州[5]刺史初，梁兴州[6]刺史席固以州降魏，魏以为丰州刺史。久之，固不遵北方制度，周人密欲代之，乃以司宪中大夫[7]令狐整权镇丰州。整倾身抚接，人情遂洽。于是除整刺史，徙固湖州[8]。整迁州于武当，旬日之间，城府周备[9]，迁者如归。固部曲多愿留为整左右，整谕以朝制[10]，弗许，莫不流涕而去。

齐人筑重城[11]齐人于长城内筑重城，自库洛枝东至坞纥戍，凡四百余里。

十二月，齐主幽其弟永安王浚、上党王涣于地牢初，齐有术士言：

1　蒋帝庙：供奉东汉末年秣陵县尉蒋子文的庙，蒋子文被封钟山神。
2　荐首：祭献头部。
3　沌口：古地名，位于今湖北省武汉市汉阳区西南，即古沌水入长江之口。
4　砦：通"寨"，防守用的栅栏、营垒。
5　丰州：古州名，辖今湖北省丹江口市、郧县地。
6　兴州：古州名，辖今陕西省略阳县地。
7　司宪中大夫：古官名，主管听察狱讼之事，并掌理大司寇官府中的政令。
8　湖州：古州名，辖今河南省唐河县南部和西南部。
9　周备：周密完备。
10　朝制：朝廷的制度。
11　重城：古代城市在外城中又建内城，故称，也指城墙。

"亡高者黑衣。"齐主因问左右："何物最黑？"对曰："无过于漆。"齐主以上党王涣于兄弟第七，执之。涣杀使者而逃，为人所获，送邺。齐主又与永安王浚有旧怨，及即位，浚为青州刺史，聪明矜恕，吏民悦之。浚以齐主嗜酒，私谓亲近曰："二兄因酒败德，朝臣无敢谏者，大敌未灭，吾甚忧之。欲乘驿至邺面谏，不知见听否？"或密以白齐主，齐主益衔之。浚入朝，从幸东山[1]，齐主裸裎[2]为乐，浚进谏曰："此非人主所宜！"又于屏处[3]召杨愔，讥其不谏。时齐主不欲大臣与诸王交通，愔惧，奏之，齐主大怒。浚还州，又上书切谏。诏征浚，浚惧祸，谢疾不至。齐主遣驰驿收之，老幼泣送者数千人。至邺，与上党王涣皆盛以铁笼，置于地牢，饮食溲秽，共在一所[4]。

戊寅（公元558年）

陈永定二年。周明帝二年。齐天保九年。

春，正月，梁王琳伐陈，次于白水，遣使乞师于齐王琳引兵十万，下至溢城，屯于白水浦[5]，以鲁悉达为将军。陈主亦以悉达为将军，各送鼓吹、女乐，悉达两受之而无所就。琳不敢下，乃遣使求援于齐，且请纳永嘉王庄以主梁祀。余孝顷遣说琳曰："周迪、黄法氍皆依附金陵[6]，阴窥间隙，大军若下，必为后患。不如先定南川[7]，然后东下，孝顷请席卷所部以从下吏。"琳乃遣樊猛、李孝钦、刘广德将兵赴之，使孝顷总督三将，屯于临川故郡，征兵、粮于迪，以观其所为。

周宇文护自为太师。

二月，齐北豫州刺史司马消难叛，入于周消难以齐主昏虐滋甚，阴为

---

1 东山：古山名，位于今河北省张家口市赤城县北。
2 裸裎：赤身露体。
3 屏处：隐蔽之处。
4 饮食溲秽，共在一所：饮食便溺，都在一个屋里。溲秽，便溺。
5 白水浦：古地名，又名白水港，即今江西省九江市东白水湖。
6 金陵：古地名，位于今江苏省南京市清凉山一带，三国吴在此筑城。
7 南川：四川南部，即川南地区。

自全之计，曲意抚循所部。上党王涣之亡也，邺中大扰，疑其赴成皋。御史中丞毕义云遣御史诣北豫州，先禁消难典签、家客等。消难惧，密请降于周。周遣柱国达奚武、大将军杨忠率骑士迎消难，三遣使，消难皆不报。武疑有变，欲还，忠曰："有进死，无退生！"独以千骑夜趋城下。城四面峭绝[1]，但闻击柝[2]声。武麾骑[3]西去，忠勒余骑不动，俟门开而入，驰遣召武。武以消难及其属先归，忠以三千骑为殿。至洛南[4]，皆解鞍而卧。齐众来追，至洛北，忠谓将士曰："今在死地，贼必不敢渡水。"已而果然，乃徐引还。武叹曰："达奚武自谓天下健儿，今日服矣。"

　　齐纳梁永嘉王庄于梁军，以王琳为梁丞相。琳遂以庄称帝。

　　夏，四月，陈主霸先弑江阴王谥曰梁敬帝。

　　五月，陈主舍身于大庄严寺。

　　梁丞相琳伐临川，不克余孝顷等连八城以逼周迪，迪惧，请和。樊猛等欲受盟而还，孝顷贪其利，不许，树栅围之。由是猛等与孝顷不协。黄法氍等救之，分兵攻余孝顷别城，樊猛等不救而没。迪追击，尽擒之。送孝顷于建康，归樊猛于王琳。

　　秋，八月，陈侯安都、周文育自湓城逃归王琳在白水浦，周文育、侯安都等赂守者，得上岸，步投陈军。陈主宥之，复其本官。

　　梁丞相琳归于湘州陈主遣谢哲往谕王琳，琳请还湘州，陈军亦还。

　　冬，齐以常山王演录尚书事初，常山王演以齐主沉湎，忧愤形于颜色。齐主觉之，谓曰："但令汝在，我何为不纵乐？"演唯啼泣拜伏，竟无所言。齐主亦大悲，抵杯于地[5]，曰："自今敢进酒者斩！"未几，沉湎益甚。或于诸贵戚家角力，不限贵贱，唯演至，则内外肃然。演又密撰事条[6]，将谏，其友王

1　峭绝：陡峭耸立。
2　击柝：敲梆子巡夜，亦喻战事、战乱。
3　麾骑：指挥骑兵。
4　洛南：洛水以南。
5　抵杯于地：把酒杯扣在地上。
6　事条：条例，法规。

晞以为不可，演不从，因间极言。齐主大怒，疑演假辞于晞，欲杀之。演私谓晞曰："王博士，明日当作一条事，为欲相活[1]，亦图自全，勿怪。"乃于众中杖晞二十。齐主闻之，以故得不死，髡鞭[2]配甲坊。居三年，演又因谏争，大被殴挞[3]，闭口不食。太后日夜涕泣，齐主不知所为，数往问演疾，谓曰："努力强食，当以王晞还汝。"乃释晞。晞流涕曰："殿下不食，太后亦不食，殿下纵不自惜，独不念太后乎？"言未卒，演强坐而饭。晞由是得免，还为王友。及演录尚书事，除官者皆诣演谢，去必辞。晞言于演曰："受爵天朝，拜恩私第，自古以为不可，宜一切约绝[4]。"演从之。久之，演从容谓晞曰："主上起居不恒，吾岂可以前逢一怒，遂尔结舌？卿宜为撰谏草[5]，吾当伺便极谏。"晞遂条十余事以呈。因谓演曰："今朝廷所恃唯殿下，乃欲学匹夫耿介[6]，轻一朝之命。一旦祸至，奈家业何？"演欷歔不自胜[7]，即焚之。后复承间苦谏，齐主使力士乱捶之，会醉得解。齐主亵黩[8]之游，遍于宗戚，唯至常山第[9]，则不适而去。仆射崔暹屡谏，演深愧谢之。太子殷自幼温裕[10]开朗，礼士好学，关览[11]时政，甚有美名。齐主以其不似己，欲废之。使手刃囚。太子恻然，不断其首。齐主大怒，亲以马鞭撞之，太子由是气悸语吃，精神昏扰[12]。齐主因酣宴[13]，屡云："太子性懦，社稷事重，终当传位常山。"太子少傅魏收谓杨愔曰："太子，国之根本，不可动摇。此言非所以为戏！"愔白收言，齐主乃止。齐主既

---

1 相活：让你活命。
2 髡鞭：剃掉他的头发，鞭打一顿。
3 殴挞：殴打鞭挞。
4 一切约绝：拒绝所有的此类拜会。
5 谏草：谏书的草稿。
6 耿介：正直不阿，廉洁自持。
7 欷歔不自胜：欷歔，叹息声，抽咽声。不自胜，不能克制自己。
8 亵黩：亵渎。
9 常山第：常山王高演的宅第。
10 温裕：平和宽宏。
11 关览：涉猎，阅览。
12 气悸语吃，精神昏扰：受到惊吓，说话结巴，神志不清。
13 酣宴：纵情饮宴。

残忍，有司莫不严酷，或烧犁耳[1]，使囚立其上；或烧车缸[2]，使以臂贯之。唯郎中苏琼所至皆以宽平[3]为治。有人告反者，事或付琼，多得申雪[4]。

齐减百官禄齐主北筑长城，南助萧庄，士马死者以数十万计。重以修筑台殿，赐与无节，府藏之积，不足以供，乃减百官之禄，撤军人常廪[5]，并省州、郡、县、镇、戍之职，以节费用焉。

十二月，齐主杀永安王浚、上党王涣齐主如北城，因视永安王浚、上党王涣于地牢。齐主临穴讴歌[6]，令浚等和之，浚等悲怖[7]声颤，齐主怆然泣下，将赦之。长广王湛素与浚不睦，进曰："猛虎安可出穴？"齐主默然，使左右刺之。浚、涣号哭呼天，乃烧杀之，远近痛愤[8]。齐主遂以浚、涣妃赐左右之杀浚、涣者。及齐主殂，常山王演为政，乃收葬之，令妃还第。

陈高凉太守冯宝卒时海隅[9]扰乱，宝妻洗氏怀集部落，数州晏然。其子仆生九年，是岁，遣率诸酋长入朝，诏以为阳春[10]太守。

己卯（公元 559 年）

陈永定三年。周武成元年。齐天保十年。

春，正月，周王始亲政宇文护上表归政，周王始亲万机。军旅之事，护犹总之。

周改都督为总管。

夏，四月，齐主杀其胶州[11]刺史杜弼齐主之为魏相也，弼为长史。齐

1　犁耳：装在铧上的铁板。
2　车缸：车毂内外口用以穿轴的铁圈。
3　宽平：宽大公平。
4　申雪：申辩表白。
5　常廪：日常的供应。
6　讴歌：歌唱。
7　悲怖：哀痛惶恐。
8　痛愤：悲痛愤怒。
9　海隅：海边。
10　阳春：古郡名，辖今广东省阳江市辖阳春市一带。
11　胶州：古州名，辖今山东省诸城、高密、安丘、胶州、胶南等市县地。

主将受禅，弼谏止之。仆射高德政用事，弼又不为之下，德政数短[1]之。齐主因饮酒，遣使斩之。既而悔之，驿追不及。崔暹卒，齐主亲往哭，谓其妻曰："颇思暹乎？"对曰："思之。"齐主曰："然则往省[2]之。"乃手斩其妻，掷首墙外。

闰月，周更定[3]历。

齐主杀其仆射高德政德政与杨愔同为相，愔忌之。齐主酗饮，德政数强谏，齐主不悦，谓左右曰："高德政恒以精神凌逼[4]人。"德政惧，称疾。愔曰："若用为冀州，病当自差[5]。"从之，德政即起。齐主大怒，杀之。

周令有司毋得纠赦前事[6]周主诏："有司无得纠赦前事。唯库厩仓廪[7]与海内所共，若有侵盗，虽经赦免罪，征备[8]如法。"

周人败吐谷浑，置洮州[9]周贺兰祥与吐谷浑战，破之，拔其洮阳、洪和[10]二城，以其地为洮州。

五月朔，日食。

齐主杀魏宗室二十五家齐太史奏，今年当除旧布新。齐主问于彭城公元韶曰："汉光武何故中兴？"对曰："为诛诸刘不尽。"于是齐主诛始平公世哲等二十五家，囚韶等十九家。韶幽于地牢，绝食而死。

陈豫章内史熊昙朗杀周文育周文育、周迪共讨余孝顷之子公飐，豫章内史熊昙朗引兵会之。王琳遣其将曹庆攻迪，败之。文育退据金口[11]。昙朗因其失利，杀文育而并其众。周敷击破之，昙朗单骑奔巴山。

1　短：指摘缺点，揭发过失。
2　省：探望，问候。
3　更定：改订，修订。
4　凌逼：欺凌逼迫。
5　差：病愈，后作"瘥"。
6　纠赦前事：检举大赦以前的事。
7　库厩仓廪：国家的车马库、粮仓。
8　征备：征服。备，通"服"。
9　洮州：古州名，辖今甘肃省甘南藏族自治州临潭县以西、西顷山以东洮河流域。
10　洪和：古地名，又称侯和城，位于今甘肃省甘南藏族自治州临潭县东南。
11　金口：古地名，位于今江西省抚州市金溪县西北，为金溪水注入抚河之口，因名。

　　齐取梁北江州，刺史鲁悉达奔陈鲁悉达部将引齐军入城，悉达率麾下数千人降陈。

　　六月，霖雨周以霖雨，诏群臣极谏。左光禄大夫乐逊言四事：其一，以为比来守、令代归期促[1]，责其成效，专务威猛。今关东之民沦陷涂炭，若不布政优优[2]，何以使彼劳民[3]，归就乐土？其二，以为顷者[4]魏都洛阳，一时殷盛，贵势[5]竞为侈靡，终使祸乱交兴。比来朝贵器服稍华，百工造作务尽奇巧，臣诚恐物逐好移[6]，有损政俗。其三，以为选曹补拟[7]，宜与众共。众心明白，然后呈奏。其四，以为高洋据有山东，未易猝制，譬犹棋劫[8]相持，争行先后，若一行不当，或成彼利。诚应舍小营大，先保封域，不宜贪利边陲，轻为兴动。

　　周王赐处士韦夐号"逍遥公"，征魏将军寇俊入见夐，孝宽之兄也，志尚夷简[9]，魏、周之际，十征不屈。太祖重之，不夺其志。周王礼敬尤厚，号曰"逍遥公"。晋公护延之至第，访以政事，夐仰视叹曰："酣酒嗜音[10]，峻宇雕墙[11]，有一于此，未或不亡。"护不悦。骠骑大将军、开府仪同三司寇俊少有学行，家人尝卖物，多得绢五匹，俊知之，曰："得财失行，吾所不取。"访主还之。敦睦宗族，与同丰约[12]，教训子孙，必先礼义。自大统中，称老疾，不朝谒。王欲见之，俊不得已，入见。王引与同席，问以旧事，以御舆[13]送之。

　　陈侯安都败梁师于左里。

1　代归期促：接替的期限太短促。
2　优优：宽和貌。
3　劳民：抚慰勉励百姓。
4　顷者：往昔。
5　贵势：居高位、有权势的人。
6　物逐好移：追求美器佳物成为一时之好。
7　补拟：按照候选人的才能拟定补授的官职。
8　棋劫：围棋的劫争，亦用以喻争战。
9　夷简：平易质朴。
10　酣酒嗜音：嗜好喝酒和音乐，形容只顾酒色享乐。甘，嗜好。
11　峻宇雕墙：高大的屋宇和彩绘的墙壁，形容居处豪华奢侈。
12　丰约：丰足或俭约。
13　御舆：御用的车子。

陈主霸先殂，兄子临川王蒨立陈主临戎¹制胜，英谋²独运，而为政务崇宽简，非军旅急务，不轻调发³。性俭素，常膳不过数品，私宴用瓦器蚌盘⁴，穀核充事⁵而已。后宫无金翠之饰，不设女乐。及殂，子昌、顼皆以江陵之陷没于长安，内无嫡嗣，外有强敌，宿将在外，朝无重臣，唯中领军杜棱典宿卫兵。章皇后召棱及中书侍郎蔡景历入禁中定议，急召临川王蒨于南皖⁶。侯安都军还，适至，遂与王俱还至建康。群臣奉王嗣位，王谦让不敢当。后以昌故，未肯下令，群臣犹豫不能决。安都曰："今四方未定，何暇及远？临川王有大功于天下。今日之事，后应者斩！"即按剑上殿，白皇后出玺。是日即位，以侯瑱为太尉，安都为司空。

齐主灭元氏之族齐主尽诛诸元，前后死者凡七百二十一人，悉弃尸漳水，唯元蛮、元文遥等数家获免。定襄令元景安欲请改姓高氏，其从兄景皓曰："安有弃其本宗而从人之姓者乎？丈夫宁可玉碎，何能瓦全！"景安以其言白齐主，齐主诛景皓，赐景安姓高氏。

胡氏曰：元魏固多贤君，孝文治行尤美，江左五朝皆莫及也。其后为高洋所剿，几至于殄⁷焉，是何也？自拓跋珪以来，杀人多也。独孝文宽仁好儒，亦数大举兵。夫兵，凶器，不得已而用之。得已不已，天之所恶也。天之道，生而已矣。天子之德，好生而已矣。故玩兵恃武⁸者，难乎其有后也。虽然，彼已亡之国，固有以取之，而杀之者，亦不仁之极矣。

秋，八月，周王始称皇帝周御正中大夫⁹崔猷建议，以为："圣人沿革，因时制宜。今天子称王，不足以威天下。请遵秦、汉旧制，称皇帝，建年号。"

1　临戎：亲临战阵，从军。
2　英谋：英明的谋略。
3　调发：征调征发。
4　瓦器蚌盘：泛指粗陋的食器，形容生活俭朴。蚌盘，即螺钿，镶嵌蚌壳作为装饰的漆器。
5　穀核充事：穀核，谷类以外的食物。充事，凑合使用。
6　南皖：古地名，即皖口，位于今安徽省安庆市怀宁县东皖水注入长江处。
7　殄：消灭。
8　玩兵恃武：轻率无度地使用武力。
9　御正中大夫：古官名，天官之属，在皇帝左右，负责宣传诏命，参议刑罚爵赏及军国大事。

从之。

陈主封子伯茂为始兴王初，高祖追封兄道谭为始兴昭烈王，以其次子
顼袭封。至是，陈主以顼在长安，本宗乏飨[1]，徙封顼为安成王，而以伯茂为始
兴王。

周以安成公宪为益州总管初，周太祖平蜀，以其形胜之地，不欲使宿
将居之，问诸子："谁可往者？"皆不对。少子安成公宪请行，太祖以其幼，
不许。至是，以为益州总管，时年十六，善于抚绥，留心政术[2]，蜀人悦之。

冬，十月，齐主洋殂，太子殷立齐主嗜酒成疾，自知不能久，谓李后
曰："人生必有死，何足惜？但怜正道[3]尚幼，人将夺之耳。"又谓常山王演曰：
"夺则任汝，慎勿杀也。"召尚书令杨愔、领军平秦王归彦、侍中燕子献、侍
郎郑颐受遗诏辅政。十月，殂于晋阳，群臣无下泣者，唯杨愔涕泗呜咽。太子
殷即位，诏诸杂作[4]一切停罢。

十一月，梁丞相琳败陈师于溢城王琳闻陈高祖殂，乃以孙玚为郢州刺
史，总留任，奉梁主庄出屯濡须口。齐行台慕容俨率众临江，为之声援。琳
攻大雷，陈遣侯瑱、侯安都及徐度将兵御之。吴明彻夜袭溢城，琳遣任忠击明
彻，大破之，因引兵东下。

庚辰（公元560年）

陈世祖文帝蒨天嘉元年。周武成二年。齐主殷乾明元年，肃宗孝昭帝演皇
建元年。

春，二月，梁丞相琳伐陈，败绩，与梁主庄皆奔齐王琳至栅口，侯
瑱出屯芜湖，相持百余日。周人闻琳东下，遣荆州刺史史宁将兵数万乘虚袭郢
州，孙玚婴城自守。琳恐众溃，乃率舟师东下，去芜湖十里而泊。齐军屯西岸，

1　飨：祭献。
2　政术：政治方略。
3　正道：即高殷，高殷字正道。
4　杂作：各种技艺。

为之声势。时西南风急，琳引兵直趋建康。瑱等徐蹑其后，风反为瑱用。琳掷火炬，皆反烧其船。瑱发拍[1]击舰，以牛皮冒[2]蒙冲小船触之。琳军大败。齐军自相蹂践，陈军乘之，斩获万计。琳走奔齐。梁主庄左右皆散，独侍中袁泌以轻舟送庄，达于齐境，拜辞而还，遂奔陈。御史中丞刘仲威奉庄奔齐，樊猛及其兄毅率部曲降陈。

齐太傅、常山王演杀尚书令杨愔等，自为丞相、都督中外诸军事齐显祖之丧，常山王演居禁中护丧事，娄太后欲立之而不果。齐主殷立，演仍居东馆[3]，事皆咨决。杨愔等以演与长广王湛位地亲逼，恐不利于嗣主，忌之。居顷之[4]，演出归第。或谓之曰：“鸷鸟[5]离巢，必有探卵之患，王何宜屡出邪？”中山太守阳休之诣演，演不见。休之谓王晞曰：“昔周公朝读百篇书，暮见七十士，犹恐不足，王何疑而拒客邪？”晞乃谓演曰：“先帝时，东宫委一胡人傅[6]之。今春秋尚富，骤览万机，殿下宜朝夕先后[7]，亲承音旨，而使他姓出纳诏命，大权必有所归，殿下虽欲守藩[8]，其可得邪？借令得遂冲退[9]，家祚[10]亦何得长？”演默然久之，曰：“何以处我？”晞曰：“周公摄政七年，然后复辟[11]，惟殿下虑之。”演曰：“我何敢自比周公？”晞曰：“殿下今日地望[12]，欲不为周公，得邪？”演不应。齐主还邺，人谓演必留守根本，杨愔疑之，使与长广王湛俱从。平秦王归彦总知[13]禁卫，愔留从驾[14]五千兵于西中[15]，阴备非常，归彦由

1　拍：古兵器名，用以投掷石块或火种。
2　冒：盖，蒙。
3　东馆：东宫。
4　顷之：不久。
5　鸷鸟：凶猛的鸟。
6　傅：辅助，教导。
7　先后：辅导，辅助。
8　守藩：王侯驻守其封地。
9　借令得遂冲退：即使您能真的谦让退避。冲退，谦让。
10　家祚：家运，家族的运数。
11　复辟：参与和帮助失位的君王重新掌权。
12　地望：地位名望。
13　总知：总管。
14　从驾：随从皇帝出行。
15　西中：即晋阳。

是亦怨愔。领军将军可朱浑天和每曰："若不诛二王，少主无自安之理。"燕子献谋处娄太后于北宫，使归政李太后。杨愔又以爵赏多滥，悉加澄汰，由是失职之徒，归心二王。归彦初与杨、燕同心，既而中变，尽以其谋告二王。侍中宋钦道请去二王，齐主不许。愔等乃奏李太后，出二王为刺史。宫人李昌仪，即高仲密之妻也，李后以启示之，昌仪密启娄太后。愔等又议不可令二王俱出，乃奏以湛镇晋阳，演录尚书事。二王拜职于尚书省，大会百僚。愔等将赴之，郑颐止之，愔不听。湛伏家僮数十人于后室，与贺拔仁、斛律金等数人约，于坐执愔及天和、钦道、子献，殴之。愔大言曰："诸王反逆，欲杀忠良邪？尊天子，削诸侯，赤心奉国，何罪之有？"使人执颐，颐曰："不用智者言至此，命也！"二王与归彦等拥愔等突入云龙门，开府成休宁抽刃呵[1]演，演使归彦谕之，不从。归彦久为领军，军士服之，皆弛仗[2]，休宁叹息而罢。演入至昭阳殿，娄太后出坐殿上，李太后及齐主侧立。演叩头曰："臣与陛下骨肉至亲，杨遵彦等欲独擅朝权，威福自己，若不早图，必为宗社之害。臣与湛等已共执之，未敢刑戮。专辄[3]之罪，诚当万死。"时卫士二千余人，皆被甲待诏，武卫[4]娥永乐武力绝伦，素为显祖所厚，叩刀[5]仰视。齐主素吃讷[6]，仓猝不知所言，娄太后令却仗[7]，不退，又厉声曰："奴辈即今头落[8]！"乃退，永乐内刀[9]而泣。娄太后因问："杨郎何在？"贺拔仁曰："一眼已出[10]。"娄太后怆然曰："杨郎何所能为，留使岂不佳邪？"乃让齐主曰："此等怀逆[11]，欲杀我二子，次将及我，尔何为纵之？"齐主犹不能言。娄太后怒且悲曰："岂可使我

1　呵：怒责。
2　弛仗：放下兵器。
3　专辄：专断，专擅。
4　武卫：古官名，即武卫将军，负责统率禁旅。
5　叩刀：拔刀稍稍出鞘。
6　吃讷：说话迟钝且结结巴巴。
7　却仗：放下兵器。
8　奴辈即今头落：你们这些奴才不听令，立刻就让你们掉脑袋。
9　内刀：收刀入鞘。
10　一眼已出：一只眼睛的眼球被打出来了。
11　怀逆：心怀叛逆。

母子受汉老妪[1]斟酌？”李太后拜谢，齐主乃曰：“天子亦不敢为叔惜，况此汉辈？但匄[2]儿命，自下殿去，此属任叔父处分。”遂皆斩之。演令归彦引卫士向华林园，以京畿军士入守门镥[3]，斩娥永乐。娄太后临惜丧，哭曰：“杨郎忠而获罪。”演亦悔杀之。以中书令赵彦深代杨愔总机务。鸿胪少卿[4]阳休之私谓人曰：“将涉千里，杀骐骥而策蹇驴[5]，可悲甚矣！”遂以演为大丞相、都督中外诸军、录尚书事。

陈衡阳王昌自周归于陈初，陈高祖以其子昌、顼在长安，屡请之于周，周不遣。至是，乃遣昌还。昌致书陈主，辞甚不逊。陈主召侯安都谓曰：“太子将至，须别求一藩归老。”安都曰：“自古岂有被代天子？臣愚，不敢奉诏！”请自迎之。于是陈主以昌为衡阳王。

三月，齐丞相、常山王演如晋阳演如晋阳，谓王晞曰：“不用卿言，几至倾覆。今当何以处我？”晞曰：“殿下往时位地，犹可以名教出处[6]。今日事势，遂关天时，非复人理所及。”齐主遂诏：“军国之政，皆申晋阳，禀大丞相规算[7]。”

胡氏曰：王晞之言何其悖欤？天时之无舛[8]，即人理也；人理之不逆，即天时也。下尽人理，上顺天时，乃名教之正道也。晞欲遂其邪谋，速演篡夺，以名教、天时、人理分为三事，可谓巧言乱德、利口覆邦者矣。

梁郢州刺史孙玚降陈周军初至郢州，得其外城，遂攻内城，烧其南面五十余楼。孙玚兵不满千人，身自抚循，行酒赋食[9]，士卒皆为之死战。周人不能克，乃授玚刺史。玚伪许以缓之，而潜修守备，一朝而具，乃复拒守。周人

1　汉老妪：汉族老太婆，此处借指李太后。
2　匄：给予，施舍。
3　门镥：门户。
4　鸿胪少卿：古官名，古代中央职能部门鸿胪寺的副主官，主要掌管朝会仪节等。
5　杀骐骥而策蹇驴：杀掉了良马而换上跛足老驴。骐骥，良马。蹇，跛足。
6　以名教出处：名教，以正名定分为主的礼教。出处，出仕和隐退。
7　规算：规划打算。
8　无舛：没有差错。
9　赋食：布散饮食。赋，通“敷”。

闻陈兵至，乃解围去。场集将佐谓之曰："吾与王公同奖梁室，勤亦至矣。今时事如此，岂非天乎？"乃以州降陈。王琳之东下也，陈主征南川兵，周迪、黄法㲞赴之。熊昙朗塞其中路，迪等围之。及琳败，昙朗走死。

　　陈主杀其弟衡阳王昌陈衡阳王昌济江，侯安都中流陨[1]之，使以溺告。安都以功进爵清远公。

　　陈遣使如周初，高祖遣毛喜从安成王顼诣江陵。至是，与昌俱还，因进和亲之策。陈主乃使周弘正通好于周。

　　夏，四月，周冢宰护进毒弑其君毓，毓弟鲁公邕立周明帝明敏有识量，宇文护惮之，使膳部中大夫[2]李安置毒于糖餬[3]而进之。周主觉之，口授遗诏五百余言，且曰："朕子年幼，未堪当国。鲁公邕，朕之介弟[4]，宽仁大度[5]，海内共闻。能弘我周家，必此子也。"遂殂。邕即位。邕性深沉，有远识，非因顾问，未尝辄言。

　　六月，陈人葬梁孝元帝。

　　秋，八月，齐常山王演废其主殷为济南王而自立演以司马王晞儒缓，恐不允武将之意，每夜载入，昼则不与语。尝密谓曰："比诸勋贵，每见，敦迫言我违天不祥，恐当有变。吾欲以法绳之，何如？"晞曰："比者殿下仓猝所行，非复人臣之事。上下相疑，何由可久？殿下虽欲谦退，恐坠先帝之基。"演曰："卿勿多言！"晞又密以问赵彦深，彦深曰："我比亦警此声论[6]，每欲陈闻，则口噤心悸[7]。弟既发端[8]，吾亦当昧死一披肝胆。"因共劝演。演遂言于娄太后。赵道德曰："相王不效周公辅成王，而欲骨肉相夺，不畏后世谓之篡

1　陨：杀害。
2　膳部中大夫：古官名，天官之属，掌管皇帝的饮食事务。
3　餬：古代的一种面食，今称麻圆、麻团、珍袋、油堆、芝麻球等。
4　介弟：对自己弟弟的爱称。
5　宽仁大度：宽仁，宽厚仁慈。大度，气量大，能容人。
6　声论：舆论。
7　口噤心悸：口噤，牙关紧闭，口不能张开。心悸，心脏剧烈跳动。
8　发端：开始，起头。

邪？”未几，演自启太后，以人心未定，恐奄忽[1]变生，须早定名位。太后从之。八月，下令废齐主为济南王，出居别宫，以常山王演入纂[2]大统，且戒之曰：“勿令济南有他也。”演遂即位于晋阳。诏绍封[3]功臣，礼赐耆老，延访[4]直言，褒赏死事，追赠名德。谓王晞曰：“卿何为自同外客，略不可见？”即敕晞与尚书阳休之、鸿胪卿崔劼日入东廊，举录历代礼乐、职官及田市、征税，或不便于时而相承施用，或自古为利而于今废坠[5]，或道德高俊[6]久在沉沦，或巧言眩俗、妖邪害政者，详思条奏，给以御食[7]。齐主识度沉敏，少居台阁，明习吏事，即位尤自勤励[8]，大革显祖之弊。尝问舍人裴泽得失，对曰：“陛下聪明至公，而颇伤细。帝王之度，颇为未弘。”齐主笑曰：“朕初临万机，虑不周悉[9]，故致如此。但恐后又嫌疏漏耳。”群臣进言，皆从容受纳。性至孝，太后不豫，容色贬悴[10]，衣不解带，食饮药物，皆手亲之。太后尝心痛不自堪[11]，齐主立侍帷前，以爪掐掌代痛，血流出袖。友爱诸弟，无君臣之隔。

陈太尉侯瑱攻湘州，周遣军司马贺若敦救之江陵之陷也，巴、湘之地皆入于周，周使后梁守之。陈使侯瑱等将兵逼湘州，周遣军司马贺若敦、独孤盛救之，军于湘州。会粮援断绝，敦恐瑱知之，乃于营内多为土聚[12]，覆之以米，召旁村人，伪有访问，随即遣之。瑱以为实。敦又增修营垒，为久留之计。先是土人多乘轻船，载肉、米饷瑱军。敦乃伪装饷船，伏甲士于中。瑱军望见，逆来争取[13]，甲士出而擒之。又敦军数有乘马投瑱者。敦乃别取一马，牵

1　奄忽：忽然，倏忽。
2　入纂：入朝继承皇位。
3　绍封：袭封，古时子孙承袭先代的封爵。
4　延访：延揽寻访。
5　废坠：衰亡，灭绝。
6　高俊：高超俊逸，不同凡响。
7　御食：御膳。
8　勤励：勤劳奋勉。
9　周悉：周到详尽。
10　贬悴：清减憔悴。
11　自堪：自己能胜任，能忍受。
12　土聚：土堆。
13　逆来争取：迎上来争着取东西。

以趋船，令船中逆以鞭鞭之，如是再三，马畏不上。然后伏兵江岸，使人乘畏船马，诈降瑱军。瑱遣兵迎接，马畏船不上，伏发，尽杀之。后实有馈饷及亡降[1]者，瑱皆拒，击之。瑱袭破独孤盛于杨叶洲[2]，盛收兵登岸，筑城自保。

冬，十一月，齐以卢叔虎为太子庶子齐主问时务于叔虎，叔虎请伐周，曰："我强彼弱，我富彼贫，其势相悬。然未能并吞者，此失于不用强、富也。宜立重镇于平阳，与彼蒲州[3]相对，深沟高垒，运粮积甲。彼闭关不出，则蚕食其地；若彼出兵，则费损必多。我军士年别一代[4]，谷食丰饶。彼来求战，我则不应；彼若退去，我乘其弊。与我相持，农业且废，不过三年，彼自破矣。"齐主深善之。

齐主自将击库莫奚，走之。

十二月，陈制，春、夏不断死刑。

周巴陵降陈周巴陵城主[5]尉迟宪降陈，独孤盛将余众潜遁[6]。

齐以王晞为侍郎，不受齐主斩人于前，问王晞曰："是人应死不？"晞曰："应死，但恨死不得其地耳。臣闻，刑人于市，与众弃之。殿廷[7]非行戮之所也。"齐主改容谢之。欲以为侍郎，苦辞不受。或劝之，晞曰："我少年以来，阅要人[8]多矣，得志少时，鲜不颠覆。且吾性实疏缓[9]，不堪时务，人主恩私，何由可保？万一披猖，求退无地。非不好作要官，但思之烂熟耳。"

胡氏曰：王晞力辞要官，而以易颠难保为戒。则晞之说演，使速取国，其心非为富贵，直欲报显祖之欲杀己而迁怒其子耳，不亦忮[10]乎！

1　亡降：跑来投降。
2　杨叶洲：古地名，一名白田洲，位于今湖北省鄂州市东长江中。
3　蒲州：古州名，辖今山西省永济、万荣、临猗、芮城等市县地。
4　代：轮换。
5　城主：一城之主。
6　潜遁：暗逃。
7　殿廷：宫殿，宫廷。
8　要人：显要人物。
9　疏缓：懒散迟钝。
10　忮：忌恨。

齐置屯田初，齐境籴贵，左丞苏珍芝建议修石鳖[1]等屯，自是淮南军防足食。平州刺史嵇晔建议开督亢陂[2]，置屯田，岁收稻、粟数十万石，北境周赡[3]。又于河内置怀义等屯，以给河南之费。自是稍止转输之劳。

辛巳（公元 561 年）

陈天嘉二年。周高祖武帝邕保定元年。齐世祖武成帝湛太宁元年。

春，正月，周太师护自加都督中外诸军事又诏五府[4]总于天官，事无巨细，皆先断后闻。

齐以王琳为扬州刺史齐主使王琳出合肥召募，更图进取。陈合州刺史裴景徽请为乡导。齐主使琳与卢潜将兵赴之，琳沉吟不决。景徽恐事泄，挺身奔齐。齐主以琳为骠骑、开府、扬州刺史，镇寿阳。

湘州降陈，周师还周湘州城主殷亮降陈。侯瑱与贺若敦相持日久，不能制，乃借船送敦等渡江。敦虑其诈，报云："必须我归，可去我百里之外。"瑱留船江岸，引兵去之。敦乃自拔北归。宇文护以敦失地无功，除名为民。

二月，周以韦孝宽为勋州[5]刺史周人以韦孝宽尝立勋于玉壁，乃置勋州于玉壁，以孝宽为刺史。孝宽有恩信，善用间谍，齐之动静，皆先知之。有主帅以城降齐，孝宽遣谍斩之。齐境生胡[6]数为抄掠，不可诛讨。孝宽欲筑城于险要以制之，遣开府姚岳监之。岳以兵少不敢前，孝宽曰："此城距晋州四百余里，筑之十日可毕。吾一日创手[7]，三日敌境始知，晋州征兵，三日方集，谋议之间，自稽[8]三日，计其军行，二日不到，我之城隍办矣。"乃筑之。齐人果至境上，疑有大军，停留不进。其夜，孝宽使诸村纵火，齐人以为军至，收兵

---

1 石鳖：古地名，位于今江苏省扬州市宝应县西，三国魏邓艾筑以屯田。
2 督亢陂：古地名，亦作督亢渠，位于今河北省保定市辖涿州市东南。
3 周赡：充足，完备。
4 五府：即地官、春官、夏官、秋官、冬官。
5 勋州：古州名，辖今山西省汾水以南、稷山以北地区。
6 生胡：不肯归附的胡人。
7 创手：动工。
8 稽：延迟。

自固。岳卒城而还。

三月，周制十二丁兵[1]周改八丁兵为十二丁兵，率岁一月役。

夏，四月朔，日食。

秋，七月，周更铸钱文曰"布泉"，一当五，与五铢并行。

九月，齐主演弑济南王齐主之诛杨、燕也，许以长广王湛为太弟。既而立太子百年，湛心不平。齐主在晋阳，湛守邺，散骑常侍高元海典机密。齐主以斛律羡为领军，分湛权，湛不听羡视事。是时，济南闵悼王在邺，望气者言："邺中有天子气。"平秦王归彦恐王复立，劝齐主除之。齐主使归彦至邺，征济南王。湛内不自安，问计于高元海。元海曰："有三策：请殿下如梁孝王故事，从数骑入晋阳，见太后、主上，请去兵权，不干朝政，此上策也；不然，表请青、齐刺史，沉靖[2]自居，此中策也。"更问下策，曰："发言即恐族诛[3]。"固逼之，元海曰："济南世嫡，主上夺之。今集文武，示以征济南之敕，执斛律丰乐，斩高归彦，尊立济南，号令天下，以顺讨逆，此万世一时也。"湛大悦，然未能用。林虑[4]令潘子密晓占候，潜谓湛曰："殿下当为天下主。"湛乃送济南王于晋阳，齐主杀之。

冬，十月朔，日食。

十一月，齐主演殂，弟长广王湛立，废太子百年为乐陵王齐主演出畋，马惊，坠地绝肋[5]。娄太后视疾，问济南所在者三，齐主不对。太后怒曰："杀之邪？不用吾言，死其宜矣。"遂去，不顾。齐主乃征湛立之，又与书曰："百年无罪，可以乐处置之[6]，勿效前人。"遂殂。湛犹疑其诈，使所亲先诣殡所发视[7]。使者复命，乃喜，驰赴晋阳即位。立百年为乐陵王。

1　十二丁兵：分成十二拨服役。
2　沉靖：沉默安静。
3　族诛：诛灭整个家族。
4　林虑：古县名，治所即今河南省安阳市辖林州市。
5　绝肋：摔断了肋骨。
6　可以乐处置之：可以找个好地方安置他。
7　发视：打开察看。

周遣使如陈周人许归陈安成王顼，使司会上士[1]京兆杜杲如陈。陈主遣使报之，并赂以黔中[2]地及鲁山郡[3]。

十二月，陈立盐赋、榷酤法庶子虞荔、中丞孔奂以国用不足，奏立之。

壬午（公元 562 年）

陈天嘉三年。齐河清元年。周保定二年。后梁世宗岿天保元年。

春，闰二月，齐以高归彦为冀州刺史，和士开为黄门侍郎平秦王归彦为肃宗所厚，恃势骄盈。至是，侍中高元海等言其必为祸乱，齐主亦寻其反复之迹，渐忌之，以为冀州刺史，敕令早发。督将悉送，拜辞而退，莫敢与语，唯赵郡王睿与语久之。齐主之为长广王也，和士开以善握槊、弹琵琶有宠。及即位，累迁黄门侍郎。高元海及中丞毕义云、黄门郎高乾和皆疾之，将言其事。士开乃奏元海等交纳朋党，欲擅威福，乾和由是被疏。义云纳赂[4]，得为兖州刺史。

陈遣兵讨其江州刺史周迪于临川初，陈主征迪出镇湓城，不至。豫章太守周敷独先入朝，进号安西将军，给鼓吹、女妓、金帛，还豫章。迪不平，阴与留异相结，遣兵袭敷。敷与战，破之。闽州[5]刺史陈宝应亦阴与异合。虞荔弟寄流寓闽中，荔思之成疾，陈主为荔征之，宝应留不遣。寄常从容讽[6]以逆顺，宝应辄引他语以乱之。宝应尝使人读《汉书》，卧而听之，至蒯通说韩信曰："相君之背，贵不可言。"蹶然起坐，曰："可谓智士。"寄曰："通一说杀三士，何足言智？岂若班彪《王命》，识所归乎？"寄知宝应不可谏，恐祸及己，乃着居士[7]服，居东山寺，伴称足疾。宝应使人烧其屋，寄安卧不动，

1　司会上士：古官名，司会属官，协助管理财政事务。
2　黔中：古地区名，约相当于今天重庆市彭水、綦江等县，湖北省利川市、建始县以南，湖南省沅陵、溆浦等县以西，贵州省铜仁、思南、遵义等市县以北地区。
3　鲁山郡：古郡名，即原鲁阳郡，辖今河南省鲁山县和叶县西部。
4　纳赂：行贿。
5　闽州：古州名，辖今福建省中部沿海地区。
6　讽：规劝。
7　居士：不出家的佛教信徒。

亲近将扶之出，寄曰："吾命有所悬，避将安往？"纵火者自救之。陈主乃以
吴明彻为江州刺史，督黄法氍、周敷共讨周迪。

　　齐以卢潜为扬州刺史王琳数欲南侵，卢潜以为未可。齐主许之，琳由是
与潜有隙。齐主征琳赴邺，以潜为扬州刺史。

　　陈改铸五铢钱梁末丧乱，铁钱不行，民间私用鹅眼钱[1]。至是，改铸五铢
钱，一当鹅眼之十。

　　后梁主詧殂，太子岿立后梁主安于俭素，不好酒色，以封疆褊隘，邑居
残毁，郁郁不得志，疽发背而殂。

　　三月，陈安成王顼自周归于陈周遣杜杲送顼南归，陈以为中书监。陈
主谓杲曰："家弟蒙礼遣，实周朝之惠。然鲁山不返，亦恐未能及此。"杲对
曰："安成，长安一布衣耳，而陈之介弟也，其价岂止一城而已哉？本朝敦
睦九族，恕己[2]及物，上遵太祖遗旨，下思继好[3]之义，是以遣之南归。今乃云
以寻常之士，易骨肉之亲，非使臣之所敢闻也。"陈主甚惭，曰："前言戏之
耳。"待杲有加[4]。顼妃柳氏及子叔宝犹在穰城，陈主复遣毛喜如周请之，周人
皆归之。

　　陈遣兵讨其缙州[5]刺史留异于东阳，异奔晋安异外示臣节，恒怀两端[6]。
陈遣侯安都讨之，至是败走。

　　夏，四月，齐太后娄氏殂齐主不改服，服绯袍[7]，登三台，置酒作乐。宫
女进白袍，和士开请止乐，齐主怒挝之。

　　齐青州言河水清齐主遣使祭之，改元。

1　鹅眼钱：钱体轻小如鹅眼、鸡目之类的劣钱。
2　恕己：扩充自己的仁爱之心。
3　继好：继续和好，多指两国之间的关系。
4　有加：形容程度更深更高。
5　缙州：古州名，辖今浙江省金华江、衢江流域各市县地。
6　两端：游移于两者之间的态度。
7　绯袍：红色官服。

周始命贵臣[1]**食邑**先是，周之群臣受封爵者，皆未给租赋。至是，诏听寄食他县。

五月，齐以斛律光为尚书令光，金之子也。

秋，齐冀州刺史高归彦作乱，伏诛归彦至冀州，内不自安，欲待齐主如晋阳，乘虚入邺。事觉，齐主遣段韶、娄睿讨之。归彦闭城拒守，长史宇文仲鸾等不从，皆杀之。齐主使尚书封子绘乘传至信都，巡城谕以祸福，吏民降者相继。既而城破，获归彦送邺，并其子孙十五人皆弃市。齐主知归彦前谮清河王岳，以归彦家百口赐岳家。

九月朔，日食。

冬，十月，陈诏省诸费用诏以军旅费广，百姓空虚，凡供乘舆饮食、衣服及宫中调度，悉从减削。至于百司，宜亦思省约[2]。

十二月，齐主杀其兄之子太原王绍德齐主逼通昭信李后[3]，曰："若不从，当杀尔子。"后惧，从之。既而有娠。其子太原王绍德至阁，不得见，有怨言。后大惭，由是生女不举[4]。齐主诟曰："尔杀我女，我何得不杀尔儿？"对后以刀镮筑杀绍德。后大哭，齐主愈怒，裸后[5]挞之，遣为尼。

癸未（公元563年）

陈天嘉四年。周保定三年。齐河清二年。

春，正月，齐以高元海为兖州刺史齐主终日酣饮，朝事专委高元海。又以元海庸俗，轻之。兖州刺史毕义云作书与元海论时事，给事中李孝贞得而奏之。齐主由是疏元海，以孝贞兼中书舍人，征义云还朝。和士开复谮元海，齐主以马鞭棰元海，责曰："汝昔教我反，以弟反兄，不义也；以邺城抗并

1　贵臣：本指公卿大夫家地位高的家臣，后泛指显贵的大臣。
2　省约：减省。
3　逼通昭信李后：逼昭信李后和他通奸。
4　不举：不抚养。
5　裸后：把李后的衣服剥光。

州，无智也。"出之兖州。

陈周迪众溃，奔晋安迪至晋安，陈宝应以兵资之，留异亦遣子忠臣随之。虞寄与宝应书曰："自天厌梁德，英雄互起，陈氏夷凶翦乱，海内乐推[1]，此乃天时，非人力也。且兵革以后，民皆厌乱，其孰能弃坟墓，捐妻子，出万死不顾之计，从将军于白刃之间乎？非我族类，其心必异。不爱其亲，岂能及物？留将军身縻国爵[2]，子尚王姬，犹且弃而弗顾。危急之日，岂能同忧共患，不背将军者乎？至于师老[3]力屈，惧诛利赏，必有韩、智[4]晋阳之谋，张、陈[5]井陉之势。北军万里远斗，锋不可当。将军自战其地，人多顾后，众寡不敌，将帅不侔，师出无名，未知其利。"宝应大怒，然以寄民望，优容之。

周太师护杀梁公侯莫陈崇崇从周主如原州。周主夜还长安，人窃怪其故，崇曰："不过晋公死耳。"或以告护，护遣使将兵就第，逼令自杀。

二月，周颁《大律》[6]周主命司宪大夫[7]拓跋迪造《大律》十五篇，行之。其制罪：一曰杖刑，自十五至五十；二曰鞭刑，自六十至百；三曰徒刑，自一年至五年；四曰流刑，自二千五百里至四千五百里；五曰死刑，磬[8]、绞、斩、枭、裂。凡二十五等。

三月朔，日食。

齐城轵关齐诏司空斛律光督步、骑二万城轵关，仍筑长城二百里，置十二戍。

夏，四月，周主养老于太学周主将视学，以太傅、燕国公于谨为三老，

1　乐推：乐意拥戴。
2　身縻国爵：身系国家的爵位。
3　师老：用兵的时间太长，士气低落。老，衰竭。
4　韩、智：韩康子、智伯。事见公元前403年。
5　张、陈：张耳、陈余。事见公元前204年。
6　《大律》：又称《北周律》，仿《尚书·大诰》，计有刑名、法例、祀享、朝会、婚姻等，共1537条。
7　司宪大夫：古官名，司宪中大夫的简称，主管听察狱讼之事，并掌理大司寇官府中的政令，属秋官。
8　磬：勒死，吊死。

仍赐以延年杖，遂幸太学。谨入门，周主迎拜，谨答拜。有司设席于中楹[1]，太师护设几，谨升席，南面，凭几而坐。大司马豆卢宁正舄[2]。周主立于斧扆[3]之前，西面。有司进馔，周主跪设酱豆[4]，袒割[5]。谨食毕，周主跪授爵以酳。有司撤。周主北面，立而访道[6]。谨起，立于席后，对曰："木受绳则正，后从谏则圣。明王虚心纳谏以知得失，天下乃安。"又曰："去食去兵，信不可去[7]，愿陛下守信勿失。"又曰："有功必赏，有罪必罚，则为善者日进，为恶者日止。"又曰："言行者，立身之基，愿陛下三思而言，九虑而行，勿使有过。君子之过，如日月之食，人莫不知，愿陛下慎之。"周主再拜受言，谨答拜。礼成而出。

胡氏曰：宪老乞言[8]，古先哲王成己、致治之要道也。然三代而后，寥寥千五百年，行此礼者，不越数君。然亦好名慕古，以耸一时观听而为之，未有真得进言之益者也。乌乎！古之善政，若井田、封建之类，其遂不可行于世耶？

六月，陈杀其司空侯安都初，安都镇京口，恃功骄横，宾客千人。部下将帅多不遵法度，检问收摄[9]，辄奔归安都。陈主衔之，安都弗之觉。侍宴酒酣，或箕踞倾倚。尝陪乐游园禊饮，谓陈主曰："何如作临川王时？"陈主曰："此虽天命，抑亦明公之力。"宴讫，启借供帐水饰[10]。明日，载妻妾入宴，安都坐御座，宾客居群臣位。陈主恶之，舍人蔡景历希旨称安都谋反。陈主虑其不受召，故以为江州刺史。安都过建康，陈主与宴，又集其将帅会于朝堂，于坐

1　楹：厅堂前部的柱子。
2　正舄：把于谨脱下的鞋子放端正。舄，鞋。
3　斧扆：古代朝堂所用状如屏风的器具，东西当门和窗户之间，其上有斧形图案，故名。
4　酱豆：盛酱的食器。
5　袒割：裸露右膊切牲肉，古代天子敬老、养老之礼。
6　访道：询问治理国家的办法。
7　去食去兵，信不可去：即使失去食物和军队，也不能失去信用。
8　宪老乞言：宪老，师法老人。乞言，古代帝王及其嫡长子奉养德高望重的老人，以便向他们求教。
9　检问收摄：检问，查察问罪。收摄，管束。
10　供帐水饰：供帐，供宴饮用的帷帐、用具、饮食等物。水饰，装有用水力机械操纵的各色木偶的彩船。

悉收之。下诏暴其罪恶，明日，赐死。初，高祖与诸将宴，杜僧明、周文育、侯安都各称功伐，高祖曰："卿等悉良将也，而皆有所短。杜公志大而识暗，狎于下而骄于上；周侯交不择人，而推心过差[1]；侯郎慠诞[2]而无厌，轻佻而肆志。并非全身之道。"卒皆如其言。

齐主杀其河南王孝瑜　齐侍中和士开有宠，奸谄百端，赏赐不可胜纪。每侍左右，言辞容止，极诸鄙亵[3]，无复君臣之礼。尝谓齐主曰："自古帝王尽为灰土，尧、舜、桀、纣竟复何异？陛下宜及少壮，极意为乐，纵横行之。一日取快[4]，可敌千年。国事尽付大臣，何虑不办？"齐主大悦。于是委赵彦深掌官爵，元文遥掌财用，唐邕掌外兵，白建掌骑兵，冯子琮、胡长粲掌东宫。三四日一视朝，书数字[5]而已。使士开与胡后握槊[6]，河南康献王孝瑜谏曰："皇后，天下之母，岂可与臣下接手？"赵郡王睿及士开共谮孝瑜奢僭[7]，山东唯闻有河南王，不闻有陛下。齐主酖杀之。诸侯在宫中者，莫敢举声，唯河间王孝琬大哭而出。

秋，九月，陈广州刺史欧阳頠卒，以其子纥代之。

周及突厥侵齐　初，周人欲与突厥连兵伐齐，许纳其女为后，遣杨荐及王庆往结之。齐人惧，亦遣使求婚于突厥。木杆贪齐币[8]重，欲执荐等送齐。荐知之，责木杆曰："太祖昔与可汗共敦[9]邻好，悉以蠕蠕降众付可汗使者，以快可汗之意。如何今日遽欲背恩忘义，独不愧鬼神乎？"木杆惨然良久，曰："君言是也。吾意决矣！"周公卿请发十万人击齐，柱国杨忠独以为得万骑足矣。乃遣忠将步、骑一万，与突厥伐齐。达奚武将步、骑三万，自南道出，会

1　过差：过分，失度。
2　慠诞：高傲放诞。
3　鄙亵：鄙陋轻慢。
4　取快：得到快乐。
5　数字：几个字。
6　握槊：古时类似双陆的一种博戏。
7　奢僭：奢侈逾礼，不合法度。
8　币：古人用作礼物的丝织品。
9　敦：推崇，崇尚。

于晋阳。忠拔齐二十余城。突厥以十万骑会之，三道俱入。时大雪，平地数尺，齐主自邺倍道赴晋阳，斛律光将步、骑三万屯平阳。周师及突厥逼晋阳，齐主欲走避之，赵郡王睿、河间王孝琬叩马谏。齐主命六军进止皆取¹睿节度，而使并州刺史段韶总之。

冬，十一月，陈讨周迪，败之，遂进军讨陈宝应周迪复越东兴岭²为寇。诏护军章昭达将兵讨破之。迪潜窜山谷，民相与匿之，虽加诛戮³，无肯言者。章昭达进军渡岭⁴，趋建安，讨陈宝应。诏益州刺史余孝顷督军自东道会之。

甲申（公元 564 年）

陈天嘉五年。周保定四年。齐河清三年。

春，正月，齐主及周师战于晋阳，周师败绩齐主登北城，军容甚整。突厥咎⁵周人曰："尔言齐乱，故来伐之，今何可当邪？"周人以步卒为前锋，从西山下，去城二里许。诸将咸欲逆击之，段韶曰："步卒力势⁶有限，今又积雪，逆战非便，不如陈以待之。彼劳我逸，破之必矣。"既至，齐悉其锐兵，鼓噪而出。突厥震骇，引上西山，不肯战，周师大败而还。突厥还至长城，马死且尽，截稍杖⁷之以归。达奚武至平阳，闻忠退，亦还。初，周人常惧齐兵西渡，每至冬月，守河椎冰⁸。及是，齐璧幸用事，朝政渐紊⁹，反椎冰以备周兵之逼。斛律光忧之，曰："国家常有吞关陇之志，今日至此，而唯玩声色¹⁰乎？"

1　取：接受。
2　东兴岭：古山名，位于今江西省抚州市黎川县和福建省南平市光泽县之间。
3　诛戮：诛杀，杀害。
4　渡岭：越过东兴岭。
5　咎：责备。
6　力势：力量和势头。
7　杖：拄着。
8　椎冰：砸冰。
9　紊：乱。
10　玩声色：喜好声色犬马。

二月朔，日食。

三月，齐颁律令，制田赋初，齐显祖[1]命刊定[2]齐律，久而不成。决狱者罕依律文，相承谓之“变法从事”。世祖即位，思革其弊，乃督修者，至是而成。其刑名有五：一曰死，辕、枭、斩、绞；二曰流，投边裔[3]为兵；三曰刑，自五岁至一岁；四曰鞭，自百至四十；五曰杖，自三十至十。凡十五等。其流内官及老、小、阉、痴，并过失应赎者，皆以绢代金。是后为吏者始守法令。又敕仕门[4]子弟常讲习之。又令民十八受田、输租调，二十充兵，六十免力役，六十六还田，免租调。一夫受露田八十亩，妇人四十亩，奴婢依良人[5]，牛受六十亩。大率一夫一妇调绢一匹，绵八两，垦租[6]二石，义租五斗。奴婢准良人之半。牛调二尺，垦租一斗，义租五升。垦租送台，义租纳郡，以备水旱。

周初令百官执笏。

夏，六月，白虹贯日。齐主湛杀其兄之子乐陵王百年时白虹围日再重[7]，又横贯而不达，赤星[8]见，齐主欲以百年厌之。百年尝作数“敕”字，教书者封奏之。齐主怒，使召百年。百年知不免，割带玦[9]，留与其妃斛律氏而入。齐主遣左右乱捶之，气息将尽，乃斩之，弃诸池，池水尽赤。妃把玦哀号，不食，月余亦卒，玦犹在手，拳不可开。其父光自擘[10]之，乃开。

秋，八月朔，日食。

九月，周封李昞为唐公以追录佐命元功封。昞，虎之子也。

齐人归宇文护之母于周初，周太祖[11]之从贺拔岳在关中也，遣人迎护于

1　齐显祖：即齐文宣皇帝高洋。
2　刊定：修改审定。
3　边裔：边远的地方。
4　仕门：仕宦之家。
5　良人：平民，百姓。
6　垦租：田租的一种，应交给朝廷。下文“义租”应交给地方政府。
7　再重：两重。
8　赤星：古星名，属苍龙七宿，位于龙左角，其色赤，故曰赤星，亦指祭祀赤星的祠坛。
9　带玦：佩带上的玉。玦，古时佩带的玉器，半环形，有缺口。
10　擘：通“掰”。
11　周太祖：即宇文泰。

晋阳。护母阎氏及周主之姑皆留晋阳，齐人以配中山宫。及护用事，遣间使入齐求之，莫知音息[1]。齐遣使者至玉壁，求通互市，护使人与语。韦孝宽亦为致书言之。是时，周人谋与突厥再伐齐。齐主方惧，许归护母，且求通好。先遣其姑归，令人为护母作书，言护幼时数事。护得书，悲不自胜。齐人复使其母与书，邀护重报[2]，往返再三。时段韶拒突厥军于塞下，齐主遣徐世荣乘传问之。韶以周人反复，本无信义。护名为相，其实主也。既为母请和，不遣一介[3]之使。若据移书，即送其母，恐示之以弱。不如且外许之，待和亲坚定，遣之未晚。齐主不听，即遣之。阎氏至周，举朝称庆，周主为之大赦。每四时伏腊，率诸亲戚行家人礼，称觞上寿。

冬，十月，周太师护会突厥侵齐突厥自幽州还，留屯塞北，更集诸部兵，遣使告周，欲与共击齐，如前约。宇文护新得其母，未欲伐齐，又恐负突厥约，更生边患，不得已，征内外诸军，凡二十万人。周主授护斧钺，亲劳其军。护遣尉迟迥将前锋趋洛阳，权景宣趋悬瓠，杨檦出轵关。

周迪诱陈南豫州刺史周敷，杀之周迪复出东兴，陈宣城太守钱肃以城降之，迪众复振。周敷率所部击之。迪绐敷，言欲还朝，乞挺身共盟。敷许之，方登坛，为迪所杀。

十一月，陈克晋安，获陈宝应、留异，诛之陈宝应据建安、晋安二郡，水陆为栅，以拒章昭达。昭达与战不利，因据上流，伐木为筏，施拍其上。乘江涨，坏其水栅，又攻其步军。方合战[4]，余孝顷自海道适至，并力乘之。宝应大败，谓其子曰："早从虞公计，不至今日。"昭达追擒之，及留异送建康，斩之。陈主命昭达礼遣虞寄诣建康。既见，劳之曰："管宁[5]无恙。"以为衡阳王掌书记[6]。

---

1 音息：音信，消息。
2 重报：再次回信。
3 一介：一个。
4 合战：交战。
5 管宁：将虞寄比为三国时著名隐士管宁。
6 掌书记：古官名，为掌管军政、民政机关的机要秘书。

齐击周师，败之，获其少师杨檦。十二月，及宇文护战于洛阳，大败之初，杨檦为邵州[1]刺史，镇捍[2]东境二十余年，数与齐战，未尝不捷，由是轻之。既出轵关，独引兵深入，又不设备。齐太尉娄睿将兵奄至，大破之，檦遂降。周人攻洛阳，不克。宇文护命诸将堑断[3]河阳路，遏齐救兵，然后同攻洛阳。诸将以为齐兵必不敢出，唯张[4]斥候而已。齐遣兰陵王长恭及大将军斛律光救洛阳，未敢进。齐主召并州刺史段韶谓曰："洛阳危急，今欲遣王救之。突厥在北，复须镇御[5]，如何？"对曰："北虏侵边，事等疥癣[6]。今西邻窥逼[7]，乃腹心之病。"齐主乃遣韶督精骑一千救洛阳。齐主亦自晋阳赴之。韶至洛阳，与诸将观周军形势。至太和谷[8]，与周军遇，驰告诸营，追集[9]骑士，结阵以待之。韶为左军，长恭为中军，光为右军。周人不意其至，皆恟惧。韶遥谓曰："汝宇文护才得其母，遽来为寇，岂欲送死耶？"周人以步兵上山逆战，韶且战且却以诱之，待其力弊，然后下马击之。周师大败，死者甚众。在城下者，亦解围遁去，委弃资械，弥满[10]川泽，唯齐公宪、达奚武、王雄在后拒战。雄驰马冲斛律光阵，光退走。雄追之，按矟不及光者丈余，欲生擒之。光惟余一矢，射雄中额，雄走至营而卒。军中益惧，齐公宪拊循督励[11]，众心小安。至夜，收军，宪欲待明更战，武曰："洛阳军散，人情震骇，若不因夜速还，明日欲归不得矣。"乃还。齐以韶为太宰，光为太尉，长恭为尚书令。杨忠引兵应接突厥，军粮不给。忠乃招诱稽胡酋长咸在坐，诈使王杰勒兵鸣鼓而至，曰："大冢宰已平洛阳，欲与突厥共讨稽胡之不服者。"坐者皆惧，忠慰谕而遣之。

---

1 邵州：古州名，辖今山西省垣曲县及河南省济源市等地。
2 镇捍：镇守捍卫。
3 堑断：挖断。
4 张：部署，设置。
5 镇御：镇守防御。
6 疥癣：疥癣一类的疾患，也比喻小患。
7 窥逼：伺机进逼。
8 太和谷：古地名，位于今河南省洛阳市东北。
9 追集：召集，征募。
10 弥满：充满，到处都是。
11 督励：督促勉励。

于是诸胡相率馈输[1]，军粮填积。属周师罢归，忠亦还。护本无将略[2]，是行又非本心，故无功。

齐山东大水饥死者不可胜计。

周灭宕昌，置宕州[3]宕昌王梁弥定屡寇周边，周讨灭之，以其地置宕州。

乙酉（公元 565 年）

陈天嘉六年。周保定五年。齐后主纬天统元年。

春，二月，周遣使如突厥逆女[4]。

夏，四月，陈侍中、安成王顼免顼以帝弟之重，势倾朝野。直兵[5]鲍僧睿恃顼势为不法，御史中丞徐陵为奏弹之。从南台[6]官属，引奏案[7]而入，陈主为敛容正坐。陵进读奏版[8]，时顼侍殿上，流汗失色。陵遣殿中御史引顼下殿。陈主为之免顼侍中，朝廷肃然。

彗星见。

齐主湛传位于太子纬，自称太上皇帝。以祖珽为秘书监珽有文无行，尝为高祖功曹，因宴失金叵罗[9]，于珽髻上得之。又坐诈盗官粟，鞭，配甲坊。又尝坐赃当绞，除名。显祖爱其才，复令直中书省[10]。齐主为长广王，珽言："殿下有非常骨法[11]。"及即位，擢拜中书侍郎，迁散骑常侍。与和士开共为奸谄。珽私说士开曰："君之宠幸，振古[12]无比。宫车一日晚驾[13]，欲何以克终？"

1　馈输：送军粮。
2　将略：用兵的谋略。
3　宕州：古州名，辖今甘肃省宕昌、舟曲二县地。
4　逆女：迎娶女子。
5　直兵：古官名，直兵参军的简称，诸公府、将军府直兵曹长官，掌亲兵卫队。
6　南台：御史台，因在宫阙西南，故称。
7　奏案：批阅奏本的几案。
8　奏版：亦作奏牍，写在版牍上的奏章。
9　金叵罗：金制酒器。
10　复令直中书省：又叫他到中书省值班。
11　骨法：人或其他动物的骨相特征。
12　振古：远古，往昔。
13　宫车一日晚驾：宫车有一天迟出，帝王死亡的讳辞。

士开因从问计，斑曰：“宜说主上云：‘文襄、文宣、孝昭之子，俱不得立，今宜令皇太子早践¹大位，以定君臣之分。’若事成，中宫、少主必皆德君，此万全计也。请君微说主上，令粗解，斑当自外上表论之。”士开许诺。会彗星见，太史奏云：“除旧布新之象。”斑于是上书言：“陛下虽为天子，未为极贵，宜传位东宫，且以上应天道。”齐主从之，传位于纬，以太子妃斛律氏为后。于是群公上尊号为太上皇帝，军国大事咸以闻。使侍郎冯子琮、左丞胡长粲辅导少主。斑拜秘书监，大被亲宠。

秋，七月朔，日食。

陈遣兵击周迪，杀之。

冬，十月，周杀其中州²刺史贺若敦周以函谷关城为通洛防³，以贺若敦为中州刺史镇之。敦恃才负气，以湘州之役全军而返，谓宜受赏，翻得除名，对台使出怨言。宇文护怒，征还，逼令自杀。临死，谓其子弼曰：“吾志平江南，今而不果，汝必成吾志。吾以舌死，汝不可不思！”因引锥刺弼舌出血以诫之。

丙戌（公元566年）

陈天康元年。周天和元年。齐天统二年。

春，正月，日食。

夏，四月，陈以孔奂为太子詹事陈主不豫，台阁众事，并令仆射到仲举、尚书孔奂共决之。疾笃，奂、仲举与司空、尚书令、扬州刺史、安成王顼，尚书袁枢、舍人刘师知入侍医药。陈主以太子伯宗柔弱，谓顼曰：“吾欲遵太伯之事。”顼拜泣固辞。陈主又谓仲举、奂等曰：“今三方鼎峙，四海事重，宜须长君。卿等宜遵此意。”孔奂流涕对曰：“皇太子圣德日跻，安成王

1　践：登上，承袭。
2　中州：古州名，治所位于今河南省洛阳市新安县。
3　通洛防：古地名，配合函谷关而建的关城，位于今河南省洛阳市新安县东。

足为周旦[1]。若有废立之心，臣诚不敢奉诏。"陈主曰："古之遗直，复见于卿。"乃以奂为太子詹事。

司马公曰：孔奂处腹心之重任，决社稷之大计，苟以世祖之言为不诚，则当面辨、廷争以绝觊觎；以为诚邪，则当请下诏书，宣告中外。若谓太子嫡嗣，不可动摇，欲保辅而安全之，则当尽忠竭节，以死继之。奈何于君之存，则逆探其情而求合；及其既没，则权臣移国而不能救，嗣主失位而不能死，斯乃奸谀[2]之尤者，而世祖谓之遗直，以托六尺之孤，岂不悖哉？

陈主蒨殂，太子伯宗立陈主起自艰难，知民疾苦。性明察俭约，每夜刺闺取外事分判者[3]，前后相续。敕传更签[4]于殿中者，必投签于阶石之上，令锵然有声，曰："吾虽眠，亦令惊觉。"

五月，陈以安成王顼为司徒、录尚书事，徐陵为吏部尚书陵以梁末以来选授多滥，乃为书示众曰："永定[5]之时，圣朝草创，白银难得，黄札[6]易营，致令员外、常侍路上比肩，咨议、参军市中无数。今衣冠礼乐，日富年华[7]，何可犹作旧意，非理望也[8]？"众咸服之。

秋，八月，周信州蛮反，讨平之周信州蛮冉令贤等据巴峡[9]反，党与连结二千余里，前后讨之，不克。诏开府陆腾督王亮、司马裔讨之。令贤于江南据险要，置十城，远结涔阳[10]蛮为声援，自率精卒固守水逻城[11]。诸将皆欲先取水逻，腾曰："令贤内恃水逻之固，外托涔阳之援，资粮充实，器械精新。以

1　周旦：即周公姬旦。
2　奸谀：奸诈谄媚的人。
3　刺闺取外事分判者：从宫中小门取待处理的外朝之事的人。刺闺，古代夜有急报，投刺于宫门以告警。闺，宫中小门。
4　更签：亦称更筹，古代夜间报更用的计时竹签。
5　永定：陈武帝陈霸先的年号，存续时间为公元 557 至 559 年。
6　黄札：亦称黄纸札，用黄纸书写、封授官爵的文书。
7　日富年华：一天天完善起来。
8　非理望也：不符合常理和民望。
9　巴峡：古地名，指今重庆市奉节县东长江瞿塘峡和巫山县之巫峡。
10　涔阳：古地名，位于今湖南省常德市澧县东北。
11　水逻城：古地名，位于今重庆市巫溪县、巫山县境。

我悬军攻其严垒，脱一战不克，更成其气。不如顿军汤口[1]，先取江南，翦其羽毛，然后进军水逻，此制胜之术也。"乃遣王亮率众拔其八城。遂间募骁勇，进攻水逻。令贤兄子龙真据水逻旁石胜城[2]，腾密诱降之。水逻众溃，令贤走，追斩之。信州旧治白帝，腾徙之于八陈滩[3]北，以司马裔为信州刺史。

周万荣郡[4]民作乱，讨平之周小吏部[5]辛昂奉使梁、益，且为陆腾督军粮。时临[6]、信、楚[7]、合等州民多从乱，昂谕以祸福，赴者如归。乃令老弱负粮，壮夫拒战，咸乐为用。使还，会巴州万荣郡民反，攻围郡城。昂谓其徒曰："凶狡猖狂，若待上闻，孤城必陷。苟利百姓，专之可也。"募兵得三千人，倍道兼行，出其不意，直趋贼垒。贼以为大军至，望风瓦解。周以为渠州[8]刺史。

冬，十二月，齐主湛杀其河间王孝琬孝琬怨执政，为草人而射之。和士开、祖珽谮之曰："草人以拟圣躬也。"齐上皇[9]颇惑之。会孝琬得佛牙，置第内，夜有光。上皇闻之，使搜之，得填库稍幡[10]数百，以为反具，挝之，折胫而死。

齐始用士人为县令魏末以来，县令多用厮役，由是士流耻为之。齐仆射元文遥以为县令治民之本，遂请革选[11]，密择贵游子弟，发敕用之。悉召集神武门，令赵郡王睿宣旨，慰谕而遣之。齐之士人为县自此始。

丁亥（公元 567 年）

陈主伯宗光大元年。周天和二年。齐天统三年。

1　汤口：古地名，汤溪水（今东瀼水）入长江之口，位于今重庆市云阳县东。
2　石胜城：古地名，位于今重庆市巫山县境内。
3　八陈滩：古地名，亦称八阵碛，位于今重庆市奉节县东南，梅溪河注入长江处。
4　万荣郡：古郡名，辖今四川省达州市达川区西北地及平昌县东南地。
5　小吏部：古官名，亦称吏部下大夫，佐吏部中大夫掌官员的选举与迁转。
6　临：临州，古州名，辖今重庆市忠县地。
7　楚：楚州，古州名，辖今重庆市渝北区以南，江津以东，涪陵以西地区。
8　渠州：古州名，辖今四川省渠县、大竹、邻水、广安等县地。
9　上皇：太上皇的简称。
10　填库稍幡：填满库房的长矛和旗幡。
11　革选：淘汰和选拔。

春，正月朔，日食。

二月，陈安成王顼杀中书舍人刘师知，又杀仆射到仲举初，陈高祖[1]为梁相，用刘师知为中书舍人。师知涉学工文，练习仪体[2]，历世祖朝，委任甚重，与安成王顼、到仲举同受遗诏辅政。师知、仲举恒居禁中，参决众事。顼与左右三百人入居尚书省。师知见顼为朝野所属，忌之，与左丞王暹等谋出顼于外。东宫舍人殷不佞素以名节自任，驰诣相府，矫敕谓顼曰："今四方无事，王可迁东府经理州务。"中记室毛喜驰语顼曰："此必非太后意。须更闻奏，无使奸人得肆其谋。出外，即受制于人，譬如曹爽愿作富家翁，其可得邪？"领军将军吴明彻亦赞之。顼乃称疾，召师知与语，使喜入言于太后。太后曰："伯宗幼弱，政事并委二郎。此非我意。"陈主亦曰："此自师知等所为，朕不知也。"喜以报顼，顼因囚师知，入见太后。以师知付廷尉，赐死。以仲举为光禄大夫。暹亦被诛。不佞，不害之弟也，少有孝行，顼雅重之，免官而已。自是国政尽归于顼。右卫将军韩子高与仲举通谋，未发。仲举既废，心不自安，子高亦自危，求出。顼召文武议立皇太子，仲举、子高入，皆执之，下狱，赐死。以始兴王伯茂为中卫大将军。师知、子高之谋，伯茂预之，顼恐其扇动中外，使居禁中。

夏，四月，陈湘州刺史华皎叛，附于周皎闻韩子高死，内不自安，缮甲聚徒，抚循所部，遣使潜引周兵，又自归于梁。陈安成王顼遣吴明彻等袭之。梁主亦上书言状。周人议出师应之，司会崔猷曰："前岁东征，死伤过半。比虽循抚[3]，疮痍未复。今陈氏保境息民，共敦邻好，岂可利其土地，纳其叛臣，违盟约之信，兴无名之师乎？"宇文护不从，遣襄州总管卫公直等将兵助之。

闰六月，齐左丞相、咸阳王斛律金卒金门中，一皇后、二太子妃、三

1　陈高祖：即陈霸先。
2　涉学工文，练习仪体：学识广博擅长文学，熟悉朝仪礼制。
3　循抚：安抚。

公主。每朝见，常听乘步挽车[1]至阶，或以羊车迎之。然金不以为喜，尝谓其子大将军光曰："我虽不读书，闻古来外戚，鲜有能保其族者。我家直以勋劳[2]致富贵，何必藉女宠[3]也？"

秋，八月，**齐以东平王俨为司徒**俨，齐主之弟也，有宠于上皇及胡后，为司徒，领御史中丞。魏故事，中丞出，与皇太子分路，王公皆遥驻车，去牛，顿轭[4]于地，以待其过。少迟，则前驱以赤棒棒之。自迁邺后，此仪废绝。上皇欲尊宠俨，命一遵旧制。俨恒在宫中，坐含光殿视事，诸父皆拜之。器玩服饰，皆与齐主同。俨性刚决[5]，尝言于上皇曰："尊兄[6]懦，何能率左右？"上皇每称其才，有废立意，胡后亦劝之，既而中止。

九月，**周人、梁人会华皎侵陈，败绩。陈遂袭周沔州[7]，执其刺史裴宽**梁以华皎为司空，遣其柱国王操将兵二万会之。周卫公直总水陆军与皎俱下，与吴明彻战于沌口。明彻募军中小舰，令先出当西军大舰，受其拍。西军诸舰发拍皆尽，然后以大舰拍之，西军大败。皎、直皆奔江陵。周与陈既交恶，周沔州刺史裴宽白襄州总管，请益戍兵。未至，程灵洗舟师奄至城下。攻之三十余日，陈人登城，宽犹率众执短兵拒战。又二日，乃擒之。

齐山东饥。

冬，十一月朔，日食。

齐流祖珽于光州珽与黄门侍郎刘逖友善。珽欲求宰相，乃疏[8]仆射赵彦深、元文遥及和士开罪状，令逖奏之，逖不敢通。彦深等闻之，先诣上皇自陈。上皇大怒，执珽诘之。珽因陈士开等朋党弄权、卖官鬻狱事。上皇曰："尔

1　步挽车：不用牛马，用人力拉的车。
2　勋劳：功勋，大的功劳。
3　藉女宠：藉，借助。女宠，帝王宠爱的女子。
4　轭：牛鞅，牛拉东西时架在脖子上的短粗曲木。
5　刚决：刚毅果断。
6　尊兄：对同辈年长者或己兄的敬称。
7　沔州：古州名，辖今湖北省汉川市及武汉市蔡甸、汉阳二区地。
8　疏：上奏章陈述。

乃谤我！"鞭，配甲坊，寻徙光州，桎梏[1]置地牢中。夜，以芜菁子[2]为烛，眼为所熏，由是失明。

戊子（公元 568 年）

陈光大二年。周天和三年。齐天统四年。

春，三月，周纳后阿史那氏突厥木杆可汗更许齐婚，留周使数年不返。会大雷风，坏其穹庐，旬日不止。木杆惧，以为天谴，即备礼送其女于周。周主行亲迎之礼。

周太傅、燕公于谨卒谨勋高位重，而事上益恭，尽忠补益[3]，特被亲信。教训诸子，务存静退[4]。卒，谥曰"文"。

陈攻梁江陵，不克陈吴明彻乘胜进攻江陵，引水灌之，梁主出顿纪南以避之。周总管高琳与梁王操守江陵，昼夜拒战十旬，击明彻，败之。明彻退保公安，梁主乃得还。

夏，四月，齐以和士开为仆射齐仆射徐之才善医，上皇有疾，之才疗之。既愈，中书监和士开欲得次迁[5]，乃出之才为兖州刺史而代之。

秋，七月，周随公杨忠卒忠子坚为小宫伯[6]，宇文护欲引以为腹心。忠曰："两姑之间难为妇，汝其勿往！"坚乃辞之。至是，忠卒，坚袭爵。

冬，十一月朔，日食。

陈安成王顼废其主伯宗为临海王，而杀始兴王伯茂始兴王伯茂以安成王顼专政，不平，肆[7]恶言。顼遂以太后令诬陈主，云与刘师知、华皎等通

1　桎梏：拘系，囚禁。
2　芜菁子：中药名，又称蔓菁子，具有养肝明目、行气利水、清热解毒之功效。
3　补益：裨补助益。
4　静退：恬淡谦逊，不竞名利。
5　次迁：按次序得到升迁。
6　小宫伯：古官名，负责协助左、右宫伯中大夫掌宫庭侍卫，轮番在宫内值勤，兼管临朝及出行的警卫。
7　肆：放肆，无所顾忌地说。

谋，废为临海王，以安成王入篡[1]。又下令黜伯茂为温麻侯，置诸别馆，使盗杀之。

齐主湛殂齐上皇疾作，驿追徐之才，未至，疾亟，以后事属和士开，握其手曰："勿负我！"遂殂。士开秘丧[2]，三日不发。黄门侍郎冯子琮问其故，士开曰："至尊年少，恐王公有贰心者，欲尽追集，然后议之。"士开素忌太尉、赵郡王睿及领军娄定远，子琮恐其矫遗诏出睿于外，夺定远禁兵，乃说之曰："群臣富贵者，皆至尊父子之恩，但令在内贵臣一无改易，王公必无异志。且升遐[3]之事，行路皆传，久而不举，恐有他变。"士开乃发丧。世祖骄奢淫泆，役繁赋重，吏民苦之。

周梁州獠叛，讨平之周梁州恒棱[4]獠叛，总管长史赵文表讨之。诸将欲四面进攻，文表曰："如此，则獠无生路，必尽死以拒我，未易可克。今吾示以威恩，为恶者诛之，从善者抚之，善恶既分，破之易矣。"遂以此意遍令军中。恒棱闻之，犹豫未决，文表军已至其境。獠中先有二路，一平一险。有獠帅数人来见，请为乡导。文表曰："此路宽平，不须为导。卿但慰谕子弟，使来降也。"既遣之，乃谓诸将曰："獠帅谓吾从宽路而进，必设伏以邀我，当更出其不意。"乃引兵自险路入。乘高而望，果有伏兵。獠既失计，争率众来降。文表皆慰抚之，乃征其租税，无敢违者。周以文表为蓬州[5]刺史。

己丑（公元569年）

陈高宗宣帝顼太建元年。周天和四年。齐天统五年。

春，正月，陈主顼立。

二月，齐徙东平王俨为琅邪王。

1　入篡：入朝继承皇位。
2　秘丧：不公开死讯。
3　升遐：帝王去世的婉辞，亦指后妃等死亡。
4　恒棱：古县名，治所位于今四川省南充市仪陇县一带。
5　蓬州：古州名，辖今四川省南充市仪陇县及营山县大部地。

　　齐杀其太尉、赵郡王睿初，和士开为世祖所亲狎，出入卧内，遂得幸¹于胡后。及世祖殂，齐主深委任之，威权益盛，与娄定远等俱用事，时号"八贵"。太尉、赵郡王睿与定远、元文遥等皆言于齐主，请出士开。会胡太后觞²朝贵于前殿，睿面数士开受纳货赂、秽乱宫掖之罪，太后曰："王欲欺孤寡邪？且饮酒，勿多言！"睿等词色愈厉。仪同三司安吐根曰："不出士开，朝野不定。"太后不可。睿等投冠于地，拂衣而起。明日，复诣云龙门，令文遥入奏。太后及齐主召问士开，对曰："陛下谅暗始尔，大臣皆有觊觎。今若出臣，正是自剪羽翼。宜谓睿等云：'文遥与臣，俱受先帝任用，可并用为州，且令出纳，待过山陵，然后遣之。'"齐主及太后乃以士开为兖州刺史。葬毕，太后欲留士开过百日，睿不许。有中人密谓睿曰："太后意既如此，殿下何宜苦违？"睿曰："吾受委不轻，今嗣主幼冲，岂可使邪臣在侧？不守之以死，何面戴天³？"遂更见太后，苦言之。太后令酌酒⁴赐睿，睿正色曰："今论国家大事，非为卮酒⁵。"言讫，遽出。士开载美女、珠帘，诣娄定远献之，定远喜，谓曰："欲还入不？"士开曰："不愿更入，但乞王保护，长为大州⁶足矣。"定远信之，送至门。士开曰："今当远出，愿得一辞觐⁷二宫。"定远许之。士开由是得见太后及齐主，进说曰："先帝一旦登遐⁸，臣愧不能自死。观朝贵意势⁹，欲以陛下为乾明¹⁰。臣出之后，必有大变，臣何面目见先帝于地下？"因恸哭，齐主、太后皆泣。问计，士开曰："臣已得入，复何所虑？正须数行诏书耳。"于是诏出定远为青州刺史，责赵郡王睿以不臣之罪。旦日，睿将复入

1　得幸：得以亲近。
2　觞：向人敬酒。
3　戴天：立于天地之间。常以否定式或反诘式表示仇恨之深或可耻之甚。
4　酌酒：倒酒。
5　卮酒：一大杯酒。卮，古代酒器。
6　大州：掌管较大州的刺史。
7　辞觐：觐见辞行。
8　登遐：对人死的讳称，也特指帝王之死。
9　意势：意图和架势。
10　乾明：北齐废帝高殷的第一个年号，存续时间为公元560年。

谏，妻子咸止之，睿曰："社稷事重，吾宁死事先皇，不忍见朝廷颠沛[1]。"至殿门，又有人谓曰："入恐有变。"睿曰："吾上不负天，死亦无恨。"入见太后，论执[2]弥固。出至永巷，遇兵，执送华林园，拉杀之。睿清正[3]自守，朝野冤惜[4]之。复以士开为仆射。定远归士开所遗，加以余珍赂之。

　　夏，四月，齐以高阿那肱为尚书令，韩长鸾为领军，陆令萱为女侍中，穆提婆为侍中，祖珽为秘书监齐主年少，多嬖宠。武卫将军高阿那肱素以谄佞为世祖所厚，多令在东宫侍齐主，由是有宠，累迁并省[5]尚书令，封淮阴王。都督韩长鸾亦以尝卫东宫，累迁侍中、领军，总知内省[6]机密。宫婢陆令萱者，坐其夫骆超谋叛，配掖庭，子提婆亦没为奴。齐主之在襁褓，令萱养之。令萱巧黠[7]，善取媚，有宠于胡太后，和士开、阿那肱皆为之养子。齐主以令萱为女侍中。令萱引提婆入侍齐主，朝夕戏狎[8]，累迁开府仪同三司。斛律后之从婢穆舍利有宠于齐主，令萱乃为之养母，因令提婆冒姓穆氏。然士开用事最久，诸幸臣皆依附之。齐主思祖珽，复以为海州[9]刺史。珽乃遗陆媪弟仪同悉达书[10]曰："赵彦深心腹阴沉，欲行伊、霍事，仪同姊弟岂得平安，何不早用智士邪？"士开亦以珽有胆略，欲引为谋主，乃弃旧怨，虚心待之，与陆媪言于齐主曰："三帝之子，皆不得立。今至尊独在帝位者，祖孝征之力也。其人心行[11]虽薄，奇略出人，缓急可使。且目已盲，必无反心。"齐主乃召以为秘书监。士开谮齐主之舅胡长仁，出刺齐州。长仁怨愤，遣人刺之。事觉，士开

1　颠沛：灭亡。
2　论执：发表并坚持自己的意见。
3　清正：清廉公正。
4　冤惜：以之为冤并痛惜。
5　并省：古官署名。北齐都邺，但高氏父子在即位前长期居住晋阳，北齐历代皇帝也常驻晋阳，故于晋阳设并州尚书省，简称"并省"，主持并州及其周围地区的事务。
6　内省：门下省。
7　巧黠：狡黠，滑头。
8　戏狎：嬉戏，调戏。
9　海州：古州名，辖今江苏省连云港市及赣榆、东海、沭阳、灌云等县地。
10　遗陆媪弟仪同悉达书：给陆令萱的弟弟仪同三司陆悉达写信。陆媪，即陆令萱。
11　心行：品行。

问斑，斑引薄昭事，遣使赐死。

秋，八月，陈广州刺史欧阳纥反欧阳纥在广州十余年，威惠著于百越。自华皎叛，陈主疑之，征为左卫将军。纥惧，遂举兵攻衡州。陈主遣徐俭持节谕旨。俭语纥曰："吕嘉[1]之事，诚当已远，将军独不见周迪、陈宝应乎？"纥默然不应。陈主乃遣车骑将军章昭达讨之。

冬，十二月，周齐公宪侵齐，围宜阳。

周、陈复通好。

庚寅（公元570年）

陈太建二年。齐武平元年。周天和五年。

春，二月，齐以斛律光为右丞相。

陈人讨欧阳纥，斩之。封阳春太守冯仆母冼氏为石龙太夫人欧阳纥召阳春太守冯仆至南海，诱与同反。仆遣使告其母冼夫人，夫人曰："我忠贞两世，今不能惜汝而负国也。"遂发兵拒境，率诸酋长迎章昭达。昭达至始兴，纥惧，出顿洭口[2]，多聚沙石，盛以竹笼，置于水栅之外。昭达令人潜行斫笼，因纵大舰突之。纥败，擒之，斩于建康市[3]。纥之反也，士人流寓者皆惶骇，前著作佐郎萧引独恬然，曰："管幼安、袁曜卿[4]亦但安坐耳。君子直己以行义，何忧惧乎？"至是，陈主征以为侍郎。冯仆以其母功，封信都侯，迁石龙[5]太守。遣使者持节，册命冼氏为石龙太夫人，赐以绣幰[6]、安车、鼓吹、麾节[7]、卤簿，如刺史之仪。

1 吕嘉：汉武帝时南越国丞相，因谋反被杀。
2 洭口：古地名，即洭水（今连江）合溱水（今北江）之口，位于今广东省清远市辖英德市西南。
3 建康市：建康的街市。
4 管幼安、袁曜卿：即管宁、袁涣，皆为以前的名士。
5 石龙：古郡名，辖今广东省化州市及广西陆川县部分地。
6 幰：古代车上的帷幔。
7 麾节：指挥旗和符节。

秋，七月，齐以和士开为尚书令士开威权日盛，朝士不知廉耻者，或为之假子。士开伤寒，医云："应服黄龙汤[1]。"士开有难色，有候之者，请先尝之，一举而尽。

陈遣兵攻梁，周人救之。陈师还章昭达攻梁，梁主与周总管陆腾拒之。周人于峡口南岸筑城，横引大索[2]，编苇为桥，以渡军粮。昭达为长戟，施于楼船上，仰割之。索断，粮绝，遂攻其城，下之。梁主告急于周，周使将军李迁哲将兵救之。昭达兵不利，引还。

九月，齐立子恒为太子齐穆夫人生子恒，陆令萱欲以为太子，恐斛律后怒，乃白齐主，使后母养之，立以为太子。

冬，十月朔，日食。

齐以萧庄为梁王齐复以梁永嘉王庄为梁王，许以兴复，竟不果。及齐亡，庄愤邑，卒于邺。

周平越巂，置西宁州[3]。

齐筑城于汾北[4]，周齐公宪还救之周、齐争宜阳，久不决。勋州刺史韦孝宽谓其下曰："宜阳一城之地，不足损益，两国争之，劳师弥年。彼若弃之，来图汾北，我必失地。宜速于华谷、长秋[5]筑城，以杜[6]其意。脱其先我，图之实难。"乃画地形，且陈其状，宇文护不听。齐斛律光果于汾北筑华谷、龙门二城。光请孝宽相见。光曰："宜阳小城，久劳争战。今既舍彼，欲于汾北取偿，幸勿怪也。"孝宽曰："宜阳，彼之要冲；汾北，我之所弃。我弃彼取，其偿安在？君不抚循百姓，而极武穷兵，苟贪寻常之地，涂炭疲弊之民，窃为

1　黄龙汤：指粪汁，可入药。
2　大索：大绳子。
3　西宁州：古州名，辖今四川省西昌市及越西、冕宁、德昌等县地。
4　汾北：汾水以北。
5　华谷、长秋：华谷，古地名，位于今山西省运城市稷山县西北。长秋，古地名，位于今山西省运城市新绛县西北。
6　杜：杜绝，制止。

君不取也。”光进围定阳[1]，筑南汾城以逼之。周人释宜阳之围以救汾北。

辛卯（公元571年）

陈太建三年。齐武平二年。周天和六年。

春，正月，齐斛律光及周韦孝宽战于汾北，周师败绩光筑十三城于西境，马上以鞭指画而成，拓地五百里而未尝伐功[2]。

夏，四月朔，日食。

六月，齐太宰段韶围周定阳，克之，获汾州刺史杨敷齐段韶引兵围定阳，周汾州刺史杨敷固守不下。韶急攻之，曰：“此城三面重涧[3]，皆无走路，唯虑东南一道耳。简精兵专守之，此必成擒。”乃令壮士千余人伏于东南涧口。城中粮尽，敷走，伏兵击，擒之，遂取汾州。敷，愔之族子也。敷子素，少多才艺，以其父守节陷齐，未蒙赠谥，申理再三，周主大怒，命左右斩之。素大言曰：“臣事无道[4]天子，死其分也。”周主壮其言，赠敷大将军，谥曰“忠壮”。素渐见礼遇，命为诏书，下笔立成，词义兼美。周主曰：“勉之，勿忧不富贵！”素曰：“但恐富贵来逼臣，臣无心图富贵也。”

齐取周四戍齐斛律光与周师战于宜阳城下，取周建安等四戍，捕虏[5]千余人而还。未至邺，齐主敕使散兵。光以军士有功，未得慰劳，乃密表请遣使宣旨。军还，将至紫陌，驻营待使。齐主恶之，亟召光入见，然后宣劳[6]散兵。

秋，七月，齐琅邪王俨杀和士开齐琅邪王俨以和士开、穆提婆等专权，意不平。二人忌之，出俨居北宫。时俨犹带中丞[7]。士开等又欲出之于外，治书侍御史王子宜说俨曰：“殿下被疏，正由士开间构，何可出北宫也？”俨

1　定阳：古县名，治所即今山西省临汾市吉县。
2　伐功：夸耀自己的功劳。
3　重涧：深的溪谷。
4　无道：暴虐，没有德政。
5　捕虏：俘获。
6　宣劳：表达慰劳之意。
7　犹带中丞：仍保留御史中丞的职位。

谓侍中冯子琮曰："士开罪重，杀之何如？"子琮心欲废齐主而立俨，因劝成之。俨令子宜弹士开罪，请禁推[1]。子琮杂他文书奏之，齐主可之。俨诳领军库狄伏连，使收士开。伏连请复奏，子琮曰："琅邪受敕，何必更奏？"伏连信之，发军士伏于神虎门外，执士开送台，俨斩之。俨党因逼俨率军士三千人屯千秋门。齐主使刘桃枝召俨，俨欲诱令萱而杀之，因对曰："尊兄若赦臣，请令令萱来迎。"令萱闻之，战栗。齐主又使韩长鸾召俨，俨将入，所亲刘辟强牵衣谏曰："若不斩穆提婆母子，殿下无由得入。"广宁王孝珩、安德王延宗至，曰："何不入？"辟强曰："兵少。"延宗顾众而言曰："孝昭杀杨遵彦，止八十人。今有数千，何谓少？"齐主急召斛律光。光闻俨杀士开，抚掌大笑曰："龙子所为，固自不似凡人。"入见。齐主率宿卫者四百人，授甲，将出战，光曰："小儿辈弄兵，与交手即乱。鄙谚云：'奴见大家[2]心死。'至尊宜自至千秋门，琅邪必不敢动。"齐主从之。光步道[3]，使人走出，曰："大家来！"俨徒骇散。齐主遥呼之，俨犹立不进，光就谓曰："天子弟杀一夫，何所苦？"执其手，强引以前，请于齐主曰："琅邪王年少，轻为举措[4]，稍长自不然，愿宽其罪。"齐主拔刀镮筑其辫头，良久，乃释之。收库狄伏连、王子宜、刘辟强，肢解[5]之。齐主欲尽杀俨府吏，光曰："此皆勋贵子弟，诛之，恐人心不安。"于是罪之有差。太后责俨，俨曰："冯子琮教儿。"太后遂杀子琮。

　　九月，齐太宰、平原王段韶卒 韶有谋略，得士死力，功高望重，而雅性温慎[6]，得宰相体。事后母孝，闺门雍肃[7]，勋贵之家无能及者。卒，谥"忠武"。

　　齐主杀其弟琅邪王俨 陆令萱说齐主曰："人称琅邪聪明雄勇，当今无敌，

1　禁推：拘禁犯人并加以推究审问。
2　大家：奴仆对主人的称呼。
3　步道：步行作前导。
4　举措：举动。
5　肢解：古代碎裂肢体的一种酷刑。
6　雅性温慎：性格向来温和谨慎。雅，素，向来。温慎，温和谨慎。
7　雍肃：和睦庄重。

观其相表[1]，殆非人臣。自专杀以来，常怀恐惧，宜早为之计。"齐主未决，以食舆[2]密迎侍中祖珽，问之。珽称："周公诛管叔，季友酖庆父[3]。"齐主乃使将军赵元侃诱俨，元侃曰："臣昔事先帝，见先帝爱王。今宁就死，不忍行此。"齐主乃出元侃刺豫州。而召俨，使刘桃枝拉杀之，时年十四，遗腹[4]四男，皆幽死[5]。既而赠俨楚恭哀帝，以慰太后心。

冬，十月，齐主幽其太后胡氏于北宫齐胡太后出入不节，与沙门统[6]昙献通，齐主闻而未之信。后朝太后，见二尼，悦而召之，乃男子也。于是昙献事亦发，皆伏诛。遂幽太后于北宫。太后或为齐主设食，齐主亦不敢尝。

十二月，周以基、平、郢州[7]与梁梁华皎如周，过襄阳，说卫公直曰："梁主民少国贫，望借数州以资之。"直然之，遣使言状。周主诏以基、平、郢三州与之。

1　相表：外貌，表相。
2　食舆：竹舆床，竹轿。
3　周公诛管叔，季友酖庆父：均是为了国家大业诛杀兄弟的典故。
4　遗腹：父亲死后出生的。
5　幽死：囚禁而死。
6　沙门统：古官名，全国最高僧官，亦称"沙门大统""沙门都统""昭玄统"，主管全国僧众。
7　基、平、郢州：基，基州，古州名，辖今湖北省钟祥市南部一带。平，平州，古州名，辖今湖北省宜昌市辖当阳市、远安县等地。郢州，古州名，辖今湖北省仙桃、天门、钟祥、荆门等市县部分区域。

卷

三十五

起壬辰陈宣帝太建四年、齐后主武平三年、周武帝建德元年，尽癸卯[1]陈后主叔宝至德元年、隋文帝坚开皇三年凡十二年。

壬辰（公元 572 年）

陈太建四年。齐武平三年。周建德元年。

春，二月，齐以祖珽为仆射胡太后既幽北宫，珽引魏保太后故事，欲立陆令萱为太后，且谓人曰："陆虽妇人，然实雄杰[2]，女娲以来，未之有也。"令萱亦谓珽为"国师"，由此得仆射。

三月朔，日食。

周主讨其太师宇文护，杀之初，周太祖为魏相，立左右十二军，总属相府。太祖殂，皆受晋公护处分。护第兵卫[3]盛于宫阙，诸子、僚属皆贪残恣横，士民患之。周主深自晦匿，无所关预，人不测其浅深。护问稍伯大夫[4]庾季才曰："比日天道如何[5]？"对曰："顷上台[6]有变，公宜归政请老。"护遂疏之。卫公直有怨于护，劝周主诛之。周主乃密与直及宫伯中大夫宇文神举、内史下大夫王轨、右侍上士宇文孝伯谋之。周主每于禁中见护，常行家人礼。至是，引护入谒太后，谓曰："太后好饮，屡谏未纳。"因出怀中《酒诰》授之，曰："愿兄以此入谏。"护入，读未毕，周主以玉珽[7]自后击之，护踣于地，直出斩之。召宫伯长孙览等收护子弟、亲党杀之。初，护既杀赵贵等，诸将多不自安。柱国侯龙恩为护所亲，其从弟开府仪同三司植谓之曰："主上春秋既富，安危系于数公。若多所诛戮，以自立威权，岂唯社稷有累卵之危，吾宗亦缘此而败，兄安得不言？"龙恩不能从。植又承间言于护曰："公以骨肉之亲，当

---

1 癸卯：即公元 583 年。
2 雄杰：才能出众的人。
3 兵卫：士兵和守卫之具。
4 稍伯大夫：古官名，地官府民部中大夫属官，每方置一人，掌本方行政事务。
5 比日天道如何：近日来天文星象怎么样。
6 上台：古星名，三台星之一，在文昌星之南，象征三公、宰辅。
7 玉珽：玉制手板，玉笏。

社稷之寄，愿推诚王室，拟迹伊、周，则率土幸甚！"护阴忌之，植以忧卒。及护败，龙恩及弟万寿皆死，高祖以植为忠，特免其子孙。齐公宪素为护所亲任，护欲有所陈，多令宪闻奏[1]。或有可不[2]，宪每曲而畅之，周主亦察其心。直素忌宪，固请诛之，周主不许。初，宇文孝伯与周主同日生，太祖爱而养之，幼与周主同学。及即位，欲引致左右，托言欲与讲习，故护弗之疑。孝伯为人沉正忠谅[3]，朝政得失，外间细事，无不以闻，至是以为车骑大将军。周主阅护书记[4]，得庾季才书两纸，盛言纬候[5]灾祥，宜返政归权，命赐粟、帛，迁太中大夫。

　　周主亲政，以其弟齐公宪为大冢宰，卫公直为大司徒周主始亲政，颇事威刑[6]，虽骨肉无所宽借[7]。齐公宪虽迁冢宰，实夺之权。又谓宪侍读裴文举曰："昔魏末不纲[8]，太祖辅政。及周室受命，晋公复执大权。积习生常[9]，愚者谓法应如是。卿虽陪侍齐公，不得遽同为臣，欲死于所事，宜辅以正道，劝以义方，辑睦我君臣，协和我兄弟，勿令自致嫌疑。"文举咸以白宪，宪指心抚几[10]曰："吾之夙心[11]，公宁不知？但当尽忠竭节耳，知复何言[12]！"卫公直性浮诡贪狠[13]，意望大冢宰，既不得，殊怏怏。更请为大司马，欲据兵权。周主揣知其意，曰："汝兄弟长幼有序，岂可返居下列？"由是用为大司徒。

　　夏，六月，齐主杀其左丞相、咸阳王斛律光，以祖珽知骑兵、外兵

1　闻奏：奏闻。
2　可不：不同的意见。
3　沉正忠谅：沉正，稳重正直。忠谅，忠信。
4　书记：书牍。
5　纬候：谶纬之学，多指天象符瑞、占验灾异之术。
6　威刑：严厉的刑法。
7　宽借：宽容，宽纵。
8　不纲：朝廷失去纲纪，政治混乱。
9　积习生常：积弊已久，习以为常。
10　抚几：凭几，拍几，表示感叹。
11　夙心：平素的心愿。
12　知复何言：还有什么话说。知，又。
13　浮诡贪狠：浮诡，虚伪诡诈。贪狠，贪婪狠毒。

事祖珽势倾朝野，斛律光恶之，谓诸将曰："边境消息，兵马处分，盲人[1]全不与吾辈语，恐误国事。"珽觉之，私赂光从奴[2]问之，奴曰："自公用事，相王每夜抱膝叹曰：'盲人入，国必破矣！'"穆提婆求娶光庶女[3]，不许。齐主赐提婆晋阳田，光言于朝曰："此田，神武[4]以来常种禾饲马，以拟[5]寇敌。今赐提婆，无乃阙[6]军务乎？"由是祖、穆皆怨之。斛律后无宠，珽因而间之。光弟羡为幽州刺史，亦善治兵，突厥畏之，谓之"南可汗"。性节俭，不好声色，罕接宾客，杜绝馈饷，不贪权势。每朝廷会议，常独后言，言辄合理。行兵效其父金之法，营舍未定，终不入幕[7]。或竟日不坐，身不脱介胄，常为士卒先。士卒有罪，唯大杖挝背，未尝妄杀，众皆争为之死。结发[8]从军，未尝败北。周韦孝宽密为谣言曰："百升飞上天，明月照长安。"又曰："高山不推自崩，槲木[9]不扶自举。"令谍传之于邺。珽因续之曰："盲老公背受大斧，饶舌老母不得语。"使其妻兄郑道盖奏之。珽与陆令萱因解之曰："百升者，斛也。盲老公，谓珽。饶舌老母，似谓陆氏也。且斛律累世大将，明月声震关西，丰乐威行突厥，女为皇后，男尚公主，谣言甚可畏也。"齐主以问韩长鸾，长鸾以为不可，事遂寝。会丞相府佐封士让密启云："光前西讨，还逼帝城，将行不轨。家藏弩甲，奴僮千数。若不早图，恐事不可测。"齐主召珽告之。珽请遣使赐以骏马，光必入谢，因而执之。齐主如其言。光入，至凉风堂，刘桃枝自后扑之，不仆[10]，顾曰："桃枝常为如此事。我不负国家。"桃枝与三力士拉杀之，血流于地，划[11]之，迹终不灭。于是下诏称其谋反，并杀其二子。珽使郎[12]邢祖

1　盲人：喻胡涂、不明事理的人。
2　从奴：随从的奴仆。
3　庶女：妾所生的女儿。
4　神武：即北齐奠基人神武帝高欢。
5　拟：靠近。
6　阙：消减，毁坏。
7　入幕：进入军帐。
8　结发：束发，指初成年。
9　槲木：落叶乔木，材质坚硬。
10　仆：向前跌倒。
11　划：削去，铲平。
12　郎：郎官。

信簿录¹光家，得弓十五，宴射箭百，刀七，赐稍二。斑问："更得何物？"祖信曰："得枣杖²二十束，拟奴与人斗者，不问曲直，即杖之一百。"斑大惭。及出，人尤其抗直³，祖信慨然曰："贤宰相尚死，我何惜余生？"遣贺拔伏恩乘驿捕羡，至幽州，门者白："使衷甲，马有汗，宜闭城门。"羡曰："敕使岂可拒也？"出见之。伏恩执而杀之，及其五子。周主闻之，为赦其境内。

胡氏曰：斛律明月能为将矣，相则未也。方是时，祖斑之徒浊乱⁴齐室，光为上相，不能明告于君，数诸人迷国⁵之罪，放流殛窜⁶，而以空言肆詈⁷，夫将何补？若自量智力不足办者，委权而去，犹或免于满溢，而光之智大不及此也，其及⁸宜矣。

斑遂与侍中高元海共执齐政。元海妻，陆令萱之甥也，元海数以令萱密语告斑。斑求为领军，元海密言于齐主曰："孝征汉人，目盲，不可！"齐主以告斑。斑遂以元海所泄密语告令萱，令萱怒，出元海刺郑州⁹。斑自是专主机衡¹⁰，总知骑兵、外兵事。齐主常令中要人扶侍出入¹¹，每同御榻，论决政事。

秋，八月，齐主废其后斛律氏。

周使杜杲如陈杲至陈，陈主谓之曰："若合从图齐，宜以樊、邓见与¹²。"对曰："合从图齐，岂敝邑之利？必须城镇，宜待得之于齐，先索汉南¹³，使臣不敢闻命。"

1　簿录：查抄登记。
2　枣杖：由枣木制成的带节的杖。
3　抗直：刚强正直。
4　浊乱：搅扰使之混乱。
5　迷国：使国迷乱。
6　放流殛窜：将罪犯放逐到边远地区的四种刑罚。
7　肆詈：恣意漫骂。
8　及：指被害。
9　郑州：古州名，辖今河南省许昌、禹州二市及鄢陵、长葛、临颍、扶沟等县地。
10　机衡：重要的官署或职位。
11　令中要人扶侍出入：让亲近的太监搀扶祖斑出入。
12　以樊、邓见与：把樊城、邓城送给我们。
13　汉南：指汉水以南地区。

齐立昭仪胡氏为后初，胡太后自愧失德，欲求悦于齐主，乃饰其兄女置宫中，令齐主见之。齐主果悦，纳为昭仪。及斛律后废，陆令萱欲立穆夫人，太后欲立昭仪，力不能遂[1]，乃卑辞厚礼以求令萱，结为姊妹。令萱亦以昭仪宠幸方隆，不得已，与祖珽白齐主立之。

九月朔，日食。

冬，十月，齐立昭仪穆氏为右后齐陆令萱欲立穆昭仪为后，以胡后有宠，不可间，乃使人行厌盅[2]之术，胡后遂精神恍惚，言笑无恒，齐主恶之。令萱一旦忽以后服被[3]昭仪，坐之帐中，谓齐主曰："如此人不作皇后，遣何物人作？"齐主乃立为右皇后，以胡氏为左皇后。

十一月，周毁上善殿周主游道会苑，以上善殿壮丽，焚之。

十二月，齐主废其后胡氏陆令萱一旦于太后前作色言曰："何物亲侄，作如此语？"太后问其故，令萱曰："不可道。"固问之，乃曰："语大家[4]云：'太后行多非法，不可以训[5]。'"太后大怒，呼后出，立剃其发，送还家，废为庶人。自是令萱、提婆势倾内外，卖官鬻狱[6]，赐与倾府藏。自太后以下皆受其指麾，杀生与夺，唯意所欲。寻以右后穆氏为皇后。

突厥木杆可汗死，弟佗钵可汗立。又分立东、西二可汗木杆舍其子大逻便而立其弟，是为佗钵可汗。分立尔伏可汗统东面，步离可汗统西面。周人与之和亲，岁给缯絮绵彩[7]十万。齐亦厚赂之。佗钵益骄，谓其下曰："但使我在南两儿常孝，何忧于贫？"阿史那后无宠于周主。神武公窦毅尚襄阳公主，生女尚幼，密言于周主曰："今齐、陈鼎峙，突厥方强，愿舅抑情慰抚，以生民为念。"周主深纳之。

1　遂：成功。
2　厌盅：以巫术致灾祸于人。
3　被：披。
4　大家：宫中近臣或后妃对皇帝的称呼。
5　训：效法。
6　卖官鬻狱：收受贿赂，出卖官爵，枉法断狱。
7　缯絮绵彩：泛指各种丝织品。

癸巳（公元 573 年）

陈太建五年。齐武平四年。周建德二年。

春，正月，齐以高阿那肱录尚书事阿那肱与穆提婆、韩长鸾共处衡轴[1]，号曰"三贵"，蠹国害民，日月滋甚。长鸾尤疾士人，朝夕唯事谮诉[2]，常带刀走马，瞋目张拳，有啖人之势，朝士咨事，莫敢仰视。

齐置文林馆齐主颇好文学，祖珽奏置文林馆，以侍郎李德林、颜之推同判[3]馆事，共撰《修文殿御览》。

三月，周获白鹿周太子获白鹿以献，周主诏曰："在德不在瑞。"

夏，四月，陈将军吴明彻将兵击齐，取江北数郡陈主谋伐齐，公卿各有异同，唯镇前将军吴明彻决策请行。陈主谓公卿曰："朕意已决，可举元帅。"众议以中权将军淳于量位重，共署推之。仆射徐陵独曰："吴明彻家在淮左[4]，悉彼风俗，将略人才，当今亦无过者。"尚书裴忌曰："臣同徐仆射。"陵应声曰："裴忌亦良副[5]也。"遂以明彻都督征讨，忌监军事，统众伐齐。明彻出秦郡，黄法氍出历阳。齐人议御陈师，开府仪同三司王纮曰："官军比屡失利，人情骚动。若复出顿江淮，恐北狄、西寇乘弊而来，则世事去矣。莫若薄赋省徭，息民养士，使朝廷协睦[6]，遐迩[7]归心，天下皆当肃清[8]，岂直陈氏而已？"不从。遣军救历阳，法氍击破之。齐又遣开府仪同三司尉破胡救秦州。赵彦深私问计于秘书监源文宗，文宗曰："朝廷精兵必不肯多付诸将，数千以下，适足为吴人之饵。破胡人品，王之所知，败绩之事，匪朝伊夕[9]。莫若专委王琳，招募淮南三四万人，风俗相通，能得死力。兼命旧将将之，屯于淮北，

1　衡轴：原指古代天文仪器的转轴，后比喻中枢要职。
2　谮诉：谗毁攻讦。
3　判：评定，判决。
4　淮左：淮河以东地区。
5　良副：好的副手。
6　协睦：和睦。
7　遐迩：远近。
8　肃清：彻底清除坏人、坏事、坏思想等。
9　匪朝伊夕：非晨即夕，极言时间之短。

足以固守。且琳之于顼，必不肯北面事之，明矣。若不推赤心于琳，更遣余人掣肘，复成速祸，弥不可为。"彦深叹曰："此策诚足制胜，争之十日，已不见从。时事至此，安可尽言？"因相顾流涕。文宗名彪，子恭之子也。文宗子师，摄祠部郎，尝白高阿那肱："龙见当雩[1]。"阿那肱惊曰："其色如何？"师曰："龙星[2]初见，礼当雩祭，非真龙也。"阿那肱怒曰："汉儿多事，强[3]知星宿！"遂不祭。师出，窃叹曰："礼既废矣，齐能久乎？"齐师选长大有膂力者[4]为前队，号苍头、犀角、大力，其锋甚锐。又有西域胡善射，弦无虚发，陈军尤惮之。将战，吴明彻谓巴山太守萧摩诃曰："若殪此胡，则彼军夺气矣！"摩诃曰："当为公取之。"明彻乃召降人使指示之，摩诃驰马冲齐军。胡挺身出阵，彀弓[5]未发，摩诃掷铣铘[6]中其额，应手而仆。大力十余人出战，摩诃又斩之。于是齐军大败。破胡之出师也，王琳谓曰："吴兵甚锐，宜以长策[7]制之，慎勿轻斗！"破胡不从而败。齐乃使琳赴寿阳，召募以拒陈。瓦梁[8]、庐江、历阳、合肥皆降于陈。法氍禁侵掠，抚戍卒，与之盟而纵之。高唐、齐昌[9]、瓜步、胡墅[10]等城亦降于陈。

五月，齐以祖珽为北徐州刺史齐自和士开用事以来，政体隳紊[11]。及珽执政，颇收举才望[12]，沙汰人物，又欲黜诸阉竖及群小辈，陆令萱、穆提婆议颇同异。珽乃讽中丞丽伯律，令劾主书王子冲纳赂，事连提婆，欲使与令萱皆连坐。且欲引后党为援，乃请以胡后兄君瑜为中领军，君璧为御史中丞。令萱怒，

---

1 龙见当雩：龙出现了，应当举行求雨的雩祭。
2 龙星：古星名，东方苍龙七宿的统称。七宿中的任何一宿，也可称为龙星。
3 强：硬充。
4 长大有膂力者：身材高大、四肢有力的士兵。
5 彀弓：张满弓。
6 铣铘：古代一种形似小凿的短兵器，可用于投掷。
7 长策：能起长远作用的策略。
8 瓦梁：古地名，位于今江苏省南京市六合区西。
9 齐昌：古县名，治所位于今湖北省黄冈市蕲春县西南。
10 胡墅：古地名，位于今江苏省南京市北长江北岸。
11 隳紊：败坏紊乱。
12 收举才望：收举，接受，容纳。才望，有才能声望的人。

排[1]出之。胡后寻废。斑日以益疏，诸宦者更共谮之。齐主以问令萱，令萱下床拜曰："老婢应死，孝征大是奸臣，人实难知。"齐主令韩长鸾检案[2]，得其诈出敕、受赐等十余事，出刺北徐州。

　　齐主杀其兰陵王长恭齐兰陵武王长恭貌美而勇，以邙山之捷威名大盛，武士歌之，为《兰陵王入阵曲》，齐主忌之。及代段韶督诸军攻定阳，颇务聚敛，其所亲尉相愿责之，长恭未应。相愿曰："岂非以邙山之捷，欲自秽[3]乎？"长恭曰："然。"相愿曰："朝廷若忌王，即当用此为罪，无乃避祸而更速之乎？"长恭涕泣问计，相愿曰："王但属疾在家，勿预时事而已。"长恭然之，而未能退。及江淮用兵，恐复为将，有疾不疗，齐主酖杀之。

　　六月，陈克齐涢口[4]等城。

　　齐主游南苑，杀其从官六十人，以高阿那肱为司徒。

　　秋，七月，陈败齐师，克巴、青州、山阳、广陵等城齐遣陆骞救齐昌，出巴、蕲[5]，遇陈将周炅。炅留羸弱、设疑兵以当之，身率精锐，由间道邀其后，大破之，克巴州。齐王琳保寿阳。陈吴明彻以琳初入，众心未固，乘夜攻之，城溃。山阳、盱眙降陈。陈复克齐青州、马头、广陵等城。

　　八月，周太子赟纳妃杨氏妃，随公坚之女也。太子好昵近[6]小人，左宫正[7]宇文孝伯言于周主曰："皇太子春秋尚少，志业[8]未成，请妙选正人，为其师友，调护圣质[9]。如或不然，悔无及矣。"周主敛容曰："正人岂复过卿？"乃复以尉迟运为右宫正。周主尝问万年丞乐运曰："太子何如人？"对曰："中人。"周主顾谓齐公宪曰："百官佞[10]我，唯运所言，乃忠直耳。"因问运中人之

1　排：排斥。
2　检案：调查核实情况。
3　自秽：抹黑自己。
4　涢口：古地名，即今湖北省武汉市东北长江北岸涢口，为古涢水入长江之处。
5　巴、蕲：巴水、蕲水。蕲水，古水名，即今湖北省黄冈市蕲春县西南之蕲河。
6　昵近：亲近。
7　宫正：古官名，东宫属官，分左、右，掌辅佐太子，纠正过失。
8　志业：志向与事业。
9　圣质：神圣的秉性，多用于圣人和帝王。
10　佞：用花言巧语谄媚。

状，对曰："如齐桓公是也，管仲相之则霸，竖貂[1]辅之则乱，可与为善，可与为恶。"周主曰："我知之矣。"乃妙选宫官[2]以辅之，太子不悦。

冬，十月，齐主杀其侍中张雕、崔季舒齐国子祭酒张雕以经授齐主，因与宠胡[3]何洪珍相结。洪珍荐雕为侍中，大见委信。雕欲立效[4]以报恩，论议抑扬，无所回避，省宫掖不急之费，禁约[5]左右骄纵之臣，贵幸侧目，阴谋陷之。左丞封孝琰、侍中崔季舒皆祖珽所厚，尝谓珽为"衣冠宰相"，近习恶之。会齐主将如晋阳，季舒与雕议，以为寿阳被围，大军出拒，信使往还，须禀节度[6]。且道路相惊，以为大驾畏避南寇，则人情必致骇动。遂与从驾文官连名进谏。时贵臣赵彦深等意有异同，季舒与争未决。长鸾遽言于齐主曰："诸汉官连名总署[7]，未必不反！"齐主悉召已署名者集含章殿，斩雕、季舒等六人，遂如晋阳。

胡氏曰：张雕侍读齐君，义兼师友，乃交结嬖人，欲行其志。其意必曰："姑与之合，少贬无伤也。不如是不可以成大功。"是其用经，不如王良之用辔也。忘诡遇[8]之贱，冀十禽之获，志不得就，用殒厥躯[9]。末哉，雕之为儒哉！

陈师攻齐寿阳，克之，杀其刺史王琳，遂取齐昌、徐州等城吴明彻攻寿阳，堰肥水以灌城，城中肿泄[10]死者什六七。齐皮景和等救寿阳，众数十万，去寿阳三十里，顿军不进。诸将皆惧。明彻曰："兵贵神速，而彼结营不进，自挫其锋，其不敢战明矣。"乃攻拔之，擒王琳等，送建康。琳体貌闲雅，喜怒不形于色，佐吏千数，皆能识其姓名。刑罚不滥，轻财爱士，得将卒心，齐人亦

1　竖貂：齐桓公宠臣，齐桓公死后，与易牙等各立派系，争权夺利，使齐国内廷斗争不息。
2　宫官：太子属官。
3　宠胡：得宠的胡人。
4　立效：立功。
5　禁约：管束，禁止约束。
6　节度：调度，指挥。
7　连名总署：联名上书。
8　诡遇：违背礼法，驱车横射禽兽。语出《孟子·滕文公下》："吾为之范我驰驱，终日不获一；为之诡遇，一朝而获十。"
9　用殒厥躯：只能使自己身死丧命。
10　肿泄：病名，腹泻及手足浮肿。

重其忠义。及被擒，故将卒见者，皆歔欷不能仰视，争为请命，及致资给。明彻恐其为变，遣使追斩之，哭者声如雷。有一叟以酒脯来祭，哭尽哀，收其血而去。闻者莫不流涕。齐主闻之，颇以为忧，提婆等曰："假使国家尽失黄河以南，犹可作一龟兹国。更可怜人生如寄[1]，唯当行乐，何用愁为？"左右嬖臣因共赞和[2]之。齐主即大喜，酣歌鼓舞[3]。陈以明彻为车骑大将军、豫州刺史。陈主置酒，举杯属徐陵曰："赏卿知人。"陵避席曰："定策圣衷[4]，非臣力也。"遂克齐昌、淮阴、朐山[5]、济阴、济南、徐州等城。齐北徐州民多起兵以应陈，逼其州城。祖珽命不闭城门，禁人不得出衢路[6]。反者疑城已空，不设备。珽忽令鼓噪震天，反者皆惊走。既而复结阵向城，珽令参军王君植将兵拒之，自乘马临阵左右射。反者先闻其盲，谓不能出，忽见之，大惊。穆提婆欲令城陷，不遣援兵。珽且战且守，反者竟散走。陈悬王琳首于建康市，故吏朱场致书徐陵，请许其葬，陈主许之。场瘗琳于八公山侧，义故会葬者数千人。寻有寿阳人茅智胜等密送其柩于邺。齐赠开府仪同三司，谥曰"忠武"，给辒辌车[7]以葬之。

　　齐立婢冯氏为淑妃 穆后爱衰，其侍婢冯小怜大幸，齐主与之誓同生死，以为淑妃。

　　陈定州刺史田龙升以江北叛，入于齐，陈讨平之 初，梁定州刺史田龙升以城降于陈安州刺史周炅。至是，陈征炅入朝，龙升以江北六州、七镇叛，入于齐。陈遣炅讨斩之，尽复江北之地。

甲午（公元 574 年）

　　陈太建六年。齐武平五年。周建德三年。

1　人生如寄：人的生命短促，就象暂时寄居在人世间一样。寄，寓居，暂住。
2　赞和：赞成附和。
3　酣歌鼓舞：酣歌，尽兴歌唱。鼓舞，击鼓跳舞。
4　圣衷：天子的心意。
5　朐山：古城名，位于今江苏省连云港市西南锦屏山侧。
6　衢路：道路。
7　辒辌车：古代的卧车，亦用作丧车。

春，正月，周诏齐公宪等皆进爵为王。

二月朔，日食。

齐朔州行台高思好举兵反，败死思好，本高氏养子，骁勇，得边镇人心。齐主使嬖臣至州，不礼之。思好怒，遂反，云："欲入，除君侧之恶。"进军至阳曲，军败，投水死。其麾下二千人，刘桃枝围之，且杀且招，终不降，以至于尽。

三月，周太后叱奴氏殂周叱奴太后殂。周主居倚庐[1]，朝夕一溢米[2]。卫王直谮齐王宪，言其饮酒食肉。周主曰："吾与齐王异生，俱非正嫡，特以吾故，同祖括发[3]。汝当愧之。汝，亲太后子，特承慈爱，但当自勉，无论他人！"及葬，周主跣行至陵所[4]。诏曰："三年之丧，达于天子。但军国务重，须自听朝[5]。衰麻之节，苫庐[6]之礼，率遵前典，以申罔极。百僚宜依遗令，既葬而除。"公卿固请依权制，周主不许，卒申三年之制。五服[7]之内，亦令依礼。

胡氏曰：自汉文短丧之后，能断然行三年者，惟晋武帝、魏孝文、周高祖，可谓难得矣。然《春秋》之义，责备[8]贤者。晋武既为裴、杜所惑，行礼不备；魏孝文之礼若备矣，而服非所服；周高祖衰麻苫块[9]，卒三年之制，最为贤行。然推明通丧[10]，止于五服之内，不及群臣，非所以教天下著于君臣之义也。而又在丧频出游幸，无门庭之寇兴师伐邻，皆礼所不得为者。由高祖不学，左右无稽古之臣以辅成之也。

1　倚庐：古人为父母守丧时居住的简陋棚屋。
2　朝夕一溢米：早上一把米，晚上一把米。形容丧事之后为了表现悲伤吃得很少。
3　同祖括发：一起服丧。古丧礼，死者已小敛，吊丧者袒衣括发而吊。袒，敞开上衣。括发，束发。
4　陵所：陵墓所在地。
5　听朝：临朝听政。
6　苫庐：古代亲丧时所居之室。
7　五服：古代以亲疏为差等的五种丧服。
8　责备：以尽善尽美要求人。
9　苫块："寝苫枕块"的略语。古礼，居父母之丧，孝子以草垫子为席，土块为枕。苫，草席。块，土块。
10　推明通丧：推明，阐明。通丧，上下通行的丧礼。

夏，五月，周废佛、道教，毁淫祠初，周主定三教先后，以儒为先，道为次，释为后。至是，遂禁佛、道二教，经、像悉毁，沙门、道士并还俗。诸淫祀、非祀典所载者，尽除之。

胡氏曰：物坏则虫育，木朽则蠹生，人少则禽兽繁，气衰则邪沴[1]入。中国之有异端也亦然。圣王不作，三纲沦，九法斁[2]，于是反常悖道之说，肆行而不可遏矣。周武奋然攘而辟之，其意善矣。然终不能绝，何也？曰：欲辟异端者，必隆儒术，求贤人，明仁义，兴教化，而后人心正、邪说息矣。周武于此阙如[3]也，又况继以嗣子之狂昏[4]哉？

周更铸五行大布钱一当十，与布泉并行。

周立通道观以一圣贤之教也。

秋，七月，周卫王直反，伏诛周主如云阳，以尉迟运、长孙览辅太子守长安。卫王直积怨愤，因周主在外，遂率其党袭肃章门[5]，纵火焚之。运取宫中材木、床榻以益火，膏油灌之，火转炽，直不得进，乃退。运率留守兵击之，直乃大败，奔荆州。周主还，擒直杀之，以运为大将军。

冬，十二月，陈以孔奂为吏部尚书时新复淮泗，攻战降附，功赏纷纭。奂识鉴精敏[6]，不受请托，事无凝滞[7]，人皆悦服。

齐杀其南阳王绰绰喜为残虐，尝见妇人抱儿，取以饲狗，复以儿血涂妇人，纵狗食之。齐主闻之，锁诣行在[8]，至而宥之。问："在州何事最乐？"对曰："聚蝎于器，置狙[9]其中，观之极乐。"齐主即命索蝎，置浴斛[10]，使人裸卧

1　邪沴：妖邪灾害。
2　斁：败坏。
3　阙如：缺少，没有。
4　狂昏：愚昧昏庸。
5　肃章门：北周都城长安城（今陕西西安市西北）内宫门。
6　识鉴精敏：识鉴，见地和鉴别人材的能力。精敏，精细敏锐。
7　凝滞：困阻。
8　锁诣行在：锁上并送到自己在外地的住处。
9　狙：猕猴。
10　浴斛：澡盆。

斛中，号叫宛转。齐主与绰临观，喜噱[1]不已，因让之曰："如此乐事，何不早驰驿奏闻？"由是大有宠。韩长鸾疾之，使人诬告其反，杀之。

乙未（公元 575 年）

陈太建七年。齐武平六年。周建德四年。

春，二月朔，日食。

三月，周使开府仪同三司伊娄谦如齐，齐人留之齐主言语涩呐[2]，不喜见朝士，非宠私昵狎[3]，未尝交语。性懦，不堪人视[4]，虽大臣奏事，莫得仰视。承世祖奢泰之余，后宫皆宝衣玉食，竞为新巧。盛修官苑，穷极壮丽，所好不常，数毁又复，夜则燃火照作[5]，寒则以汤为泥。每有灾异寇盗，不自贬损，唯多设斋以为修德。好自弹琵琶，为无愁之曲，民间谓之"无愁天子"。于华林园立贫儿村，自衣蓝缕[6]之服，行乞其间以为乐。宠任陆令萱、穆提婆、高阿那肱、韩长鸾等宰制[7]朝政，宦官邓长颙、陈德信、胡儿何洪珍等并参预机权[8]。官由财进，狱以贿成。苍头刘桃枝等皆开府封王。其余歌舞人、见鬼人[9]等滥得富贵者，殆将万数。庶姓封王者以百数，开府千余人，仪同无数，乃至狗、马及鹰亦有仪同、郡君之号，皆食其禄。一戏之赏，动逾巨万。既而府藏空竭，乃赐郡县，使卖官取直[10]。由是为守、令者率皆商贾，竞为贪纵，民不聊生。周主谋伐之，命边镇益储偫[11]，加戍卒。齐人闻之，亦增守御。周柱国于翼

1 喜噱：大声欢笑。
2 涩呐：说话、写文章迟钝。
3 宠私昵狎：宠爱亲近的人。
4 不堪人视：受不了别人看他。
5 燃火照作：点起火把照明工作。
6 蓝缕：破旧的衣服，衣服破旧。蓝，通"褴"。
7 宰制：统辖支配。
8 机权：枢机大权。
9 见鬼人：以祷祝神鬼为业的人。
10 取直：收取钱财。
11 储偫：储备，也特指储存物资以备需用。

谏曰:"疆场相侵,互有胜负,徒损兵储[1],无益大计。不如解严继好,使彼懈
而无备,然后乘间,出其不意,一举可取也。"周主从之。韦孝宽上疏陈三策:
"其一曰:齐自长淮[2]之南,悉为陈氏所取。内离外叛,计尽力穷。大军若出轵
关,方轨而进,兼与陈氏共为掎角,并令广州义旅出自三鸦[3],又募山南骁锐沿
河而下,复遣北山稽胡绝并、晋之路,百道俱进,并趋虏庭,必当望旗奔溃,
所向摧殄。其二曰:若国家更为后图,未即大举,宜与陈人分其兵势。三鸦以
北,万春[4]以南,广事屯田,预为贮积[5],募其骁悍[6],立为部伍。彼既东南有敌,
戎马相持,我出奇兵,破其疆场。彼若兴师赴援,我则坚壁清野,待其去远,
还复出师。常以边外[7]之军,引其腹心之众。我无宿舂[8]之费,彼有奔命之劳,
一二年中,必自离叛。且齐氏淫暴,政出多门,鬻狱卖官,忌害忠直,阖境嗷
然,覆亡可待。乘间电扫[9],事等摧枯[10]。其三曰:若欲更存遵养[11],且复相时[12],则
宜还崇邻好,申其盟约,安民和众,通商惠工,蓄锐养威,观衅而动。斯乃
长策远驭,坐自兼并[13]也。"书奏,周主引开府仪同三司伊娄谦入内殿,从容谓
曰:"朕欲用兵,何者为先?"对曰:"齐氏沉溺倡优,耽昏曲蘗[14]。其折冲之将
斛律明月,已毙于谮口[15]。上下离心,道路以目,此易取也。"乃使谦聘于齐以
观衅。其参军高遵以情告齐人,齐人留谦等不遣。

1　兵储:军中的储备。
2　长淮:指淮河。
3　并令广州义旅出自三鸦:下令广州的义军从三鸦出兵。广州,古州名,非两广地区的广
　　州,辖今河南鲁山、宝丰、叶、郏、襄城、舞阳等县及平顶山市地。三鸦,古地名,即
　　鲁阳关,一名平高城,位于今河南省平顶山市鲁山县西南。
4　万春:古地名,位于今山西省运城市辖河津市东北。
5　贮积:储藏,积蓄。
6　骁悍:勇猛强悍,勇猛强悍的人。
7　边外:边远地区。
8　宿舂:本指隔夜舂米备粮,后亦指少量的粮食。
9　电扫:像闪电划过,比喻迅速扫荡净尽。
10　事等摧枯:这事就像摧枯拉朽一样容易。
11　遵养:顺应时势或环境而积蓄力量。
12　相时:观察时机。
13　兼并:两全。
14　耽昏曲蘗:耽昏,沉湎昏迷。曲蘗,酒。
15　谮口:说坏话的嘴,谗人。

夏，四月，陈焚文锦于云龙门陈监豫州陈桃根得青牛以献，陈主还之。又表上织成罗文[1]锦被，诏于云龙门外焚之。

胡氏曰：作为奇巧以荡上心者，陈桃根也，罗文锦被，夫何罪焉？义当诘责桃根，削其官任，以戒中外，犹恐不能绝也。今徒费其物而不治其人，彼必谓上于我本无怒心，姑以敦朴示天下尔，则亦何所惮哉？

秋，七月，周主伐齐，克河阴。攻金墉，不克而还先是，周主独与齐王宪及内史王谊谋伐齐，又遣纳言卢韫乘驲[2]三诣安州总管于翼问策，他人莫知。至是，始下诏伐齐，将出河阳。内史上士[3]宇文敬曰："齐虽无道，藩镇有人。今出师河阳，精兵所聚，恐难得志。如出汾曲[4]，戍小，山平，则攻之易拔矣！"民部中大夫[5]赵煚曰："河南、洛阳四面受敌，纵得之，不可守。请从河北直指太原，倾其巢穴，可一举而定。"遂伯下大夫[6]鲍宏曰："往日屡出洛阳，彼既有备，故每不捷。如进兵汾、潞[7]，直掩晋阳，出其不虞，似为上策。"周主皆不从，率众六万，直指河阴。八月，入齐境，禁伐树践稼，犯者皆斩。攻河阴大城，拔之。齐王宪进围洛口，拔二城，焚浮桥。齐都督傅伏自永桥[8]夜入中潬城[9]，周人围之，不下。洛州刺史独孤永业守金墉，周主攻之，不克。永业通夜[10]办马槽二千，周人闻之，以为大军且至，惮之。九月，周主有疾，夜引兵还。傅伏谓行台乞伏贵和曰："周师疲弊，愿得精骑二千追击，可破也。"贵和不许。齐王宪等降、拔三十余城，皆弃不守。

1　罗文：罗状的花纹。
2　驲：古代驿站专用的车。
3　内史上士：古官名，内史中大夫属官，协助掌管皇帝诏书的撰写和宣读。
4　汾曲：古水名。汾水源出山西省宁武县管涔山，东南流经太原市，至新绛县而西折入黄河，其西折处谓汾曲。
5　民部中大夫：古官名，地官府民部司长官，掌管民户数额。
6　遂伯下大夫：古官名，地官府民部中大夫属官，佐遂伯中大夫掌本方事务。
7　潞：潞州，古州名，辖今山西省长治市及武乡、沁县、襄垣、黎城、屯留、潞城、平顺、长子、壶关及河北省涉县地。
8　永桥：古地名，即今河南省焦作市武陟县西南大虹桥乡。
9　中潬城：古地名，河阳三城之一，位于今河南省焦作市辖孟州市南黄河中沙洲上。
10　通夜：通宵，整夜。

闰月，陈败齐师于吕梁。

冬，十二月朔，日食。

丙申（公元 576 年）

陈太建八年。齐隆化元年。周建德五年。

春，二月，周遣其太子赟伐吐谷浑。

夏，六月朔，日食。

陈太子詹事江总免初，陈太子叔宝欲以江总为詹事，孔奂曰："江有潘、陆之华，而无园、绮之实[1]，不可！"太子深以为恨，自言于陈主。将许之，奂奏曰："江总文华之士，太子文华不少，岂藉于总？愿选敦重之才，以居辅导之职。"陈主曰："然则谁可者？"奂曰："王廓世有懿德[2]，识性敦敏[3]，可以居之。"太子时在侧，曰："廓，父名泰，不宜为太子詹事。"奂曰："范晔即范泰之子，亦为太子詹事。"太子固争，陈主从之。总遂与太子为长夜之饮，养良娣[4]陈氏为女。太子丞微行，游总家。陈主怒，免总官。

齐司徒赵彦深卒彦深既卒，朝贵典机密者，唯侍中斛律孝卿一人而已，其余皆嬖幸也。

周太子赟还长安太子在军多失德，宫尹[5]郑译、王端等皆有宠。军还，大将军王轨等言之。周主怒，杖太子，除译等名。太子复召译，戏狎如初。周主遇太子甚严，每朝见，进止与群臣无异，以其嗜酒，禁酒不得至东宫。有过，辄加捶挞[6]。尝谓之曰："古来太子被废者几人？余儿岂不堪立邪？"乃敕宫官录其言动，每月奏闻。太子畏惧，矫情修饰，由是过恶不上闻。王轨尝

1　有潘、陆之华，而无园、绮之实：有潘岳、陆机那样的文采，却没有园公、绮里季那样的真实才能。
2　懿德：美德。
3　识性敦敏：识性，审察事物、判别是非的禀性。敦敏，笃实敏捷。
4　良娣：古代太子姬妾的称号，位在妃下。
5　宫尹：古官名，太子宫长官，总揽太子宫事。
6　捶挞：杖击鞭打。

与小内史[1]贺若弼言："太子必不克负荷！"弼劝轨陈之。轨后因侍坐，言曰："太子仁孝无闻，恐不了陛下家事。陛下恒以贺若弼有文武奇才，亦常以此为忧。"周主以问弼，对曰："皇太子未闻有过。"既退，轨让弼反复，弼曰："太子，国之储副，岂易发言？事有蹉跌，便至灭族。本谓公密陈臧否，何得遂至昌言[2]？"轨默然久之，乃曰："吾专心国家，遂不存私计。向者对众，实非所宜。"后因内宴，捋帝须曰："可爱好老公，但恨后嗣弱耳。"先是，周主问宇文孝伯曰："吾儿比来何如？"对曰："太子比惧天威，更无过失。"罢酒，周主责孝伯曰："轨有此言，公为诳矣。"孝伯再拜曰："臣闻父子之际，人所难言。臣知陛下不能割慈忍爱，遂尔结舌[3]。"周主默然久之，乃曰："朕已委公矣，公其勉之！"轨又数言："太子非社稷主，普六茹坚[4]有反相。"周主不悦，曰："必天命有在，将若之何？"杨坚闻之惧，深自晦匿。周主深以轨等言为然，但汉王赞次长，又不才[5]，余子皆幼，故得不废。齐王宪亦言："坚相貌非常，恐非人下，请早除之。"周主以问畿伯下大夫[6]来和，和素附坚，对曰："随公正是守节人耳。"

　　胡氏曰：赞之不才，高祖知之矣。若为家国远虑，以大业付齐王宪，岂遂亡乎？唐、虞为天下择人，尚付之异姓。东宫既不才，余子又幼弱，曷若授之齐王之为愈乎？其语王轨"天命"云者，拒谏咈然[7]之意也。吁！亦蔽矣。

　　冬，十月，周主伐齐，取平阳。十一月，齐主攻之，不克。十二月，周主复伐齐。齐主大败，走晋阳，遂奔邺。晋阳人立安德王延宗以守，周主拔而执之周主谓群臣曰："前入齐境，见其行师，殆同儿戏。况其朝廷昏乱，政由群小，百姓嗷然，朝不谋夕。天与不取，恐贻后悔。晋

1　小内史：古官名，亦称小内史下大夫，佐内史中大夫掌纶诰，并参议刑罚爵赏以及军国大事。
2　昌言：直言不讳。
3　结舌：不敢说话，或想说而说不出话。
4　普六茹坚：即隋朝开国皇帝杨坚，杨坚鲜卑姓氏为普六茹。
5　汉王赞次长，又不才：汉王宇文赞是第二个儿子，同样不成材。
6　畿伯下大夫：古官名，地官府民部中大夫属官，佐畿伯中大夫掌本方事务。
7　咈然：不悦貌。咈，通"怫"。

州，高欢所起之地，镇摄要重[1]。今往攻之，彼必来援，吾严军以待，击之必克。然后乘破竹之势，鼓行而东，足以穷其巢穴，混同文轨[2]矣。"诸将多不愿行，周主曰："机不可失。有沮吾军者，当以军法裁之！"于是自将伐齐。先是，齐晋州行台张延隽公直勤敏，储偫有备，百姓安业，疆场无虞。诸嬖幸恶而代之，由是公私烦扰。周主至晋州，遣内史王谊监诸军攻平阳城，降之。齐兵大溃，遂克晋州。齐主方与冯淑妃猎于天池[3]，告急者三至，丞相高阿那肱曰："大家正为乐，边鄙小事，何急奏闻？"至暮，使至，则平阳已陷矣。齐主将还，妃请更杀一围[4]，从之。十一月，自率大军至平阳，声势甚盛。周主欲西还以避其锋，大将军宇文忻谏曰："以陛下之圣武[5]，乘敌人之荒纵[6]，何患不克？若使齐得令主，君臣协力，虽汤、武之势，未易平也。"京兆王韶曰："取乱侮亡[7]，正在今日。释之而去，臣所未谕。"周主虽善其言，竟以梁士彦为晋州刺史而还。齐师遂围平阳，昼夜攻之。城中危急，楼堞皆尽，外援不至，众皆震惧。士彦忼慨自若，谓将士曰："死在今日，吾为尔先。"于是勇烈齐奋，呼声动地，无不一当百，齐师少却。乃令妻妾、军民、妇女昼夜修城，三日而就。齐人作地道攻平阳，城陷十余步，将士乘势欲入，齐主敕且止，召冯淑妃观之。淑妃妆点[8]，不时至[9]。周人以木拒塞之，城遂不下。周主还长安，明日，下诏复伐齐。十二月，至平阳，置阵二十余里。齐兵陈于城南堑北，自旦至申，相持不决。齐高阿那肱曰："吾兵虽多，堪战者少，不如勿战，却守高梁桥[10]。"齐主意未决，诸内参[11]曰："彼亦天子，我

1　要重：重要的职位或地域。
2　混同文轨：混同，合一，统一。文轨，文字和车轨，古代以同文轨为国家统一的标志。
3　天池：古地名，俗称祁连池，位于今山西省忻州市宁武县西南管涔山上。
4　更杀一围：再围猎一次。
5　圣武：圣明英武。
6　荒纵：荒淫放纵。
7　取乱侮亡：夺取政治混乱的国家，羞辱将亡的国家。
8　妆点：梳妆打扮。
9　时至：及时赶到。
10　高梁桥：古桥名，位于今山西省临汾市北涝水（又名高梁水）上。
11　内参：太监。

亦天子。彼尚能远来，我何为守堑示弱？"齐主曰："此言是也。"于是填堑
南引。周主大喜，勒诸军击之。兵才合，齐主与冯淑妃并骑观战。东偏小却，
淑妃怖曰："军败矣！"穆提婆曰："大家去！大家去！"齐主即以淑妃奔高
梁桥，开府仪同三司奚长谏曰："半进半退，战之常体[1]。陛下马足一动，人
情骇乱，不可复振。愿速还安慰之！"将军张常山自后至，亦曰："军寻收
讫[2]，至尊宜回。"齐主将从之，穆提婆曰："此言难信。"齐主遂以淑妃北走。
齐师大溃，死者万余人，资械委弃山积，安德王延宗独全军而还。齐主以淑
妃为有功，将立为左皇后，遣内参诣晋阳取袆翟[3]等，遇于中途，命淑妃着之
而后去。周主入平阳，既而欲还，梁士彦叩马谏曰："今齐师遁散[4]，众心皆
动，因其惧而攻之，其势必举。"周主从之，遂率诸将追齐师。诸将固请西
还，周主曰："纵敌患生。卿等若疑，朕将独往。"诸将乃不敢言。齐主入晋
阳，问计于朝臣，皆曰："宜省赋息役，以慰民心。速收遗兵[5]，背城死战。"
齐主欲向北朔州[6]，遂奔突厥，群臣皆以为不可，不从。有告阿那肱谋反者，
以为妄，斩之。周师至，齐主以安德王延宗为并州刺史，谓曰："并州兄自
取之，儿今去矣。"延宗曰："陛下为社稷勿动，臣为陛下出死力，战必能破
之。"穆提婆曰："至尊计已成，王不得辄沮。"齐主乃夜斩[7]五龙门而出，欲
奔突厥，从官多散，乃回向邺。穆提婆西奔周军，陆令萱自杀。周主以提婆
为柱国，诏谕齐臣曰："若达天命[8]，官爵有加。"自是降者相继。

　　胡氏曰：穆提婆，亡齐之臣也，周高祖声言其罪，戮诸齐境，则齐人悦服
矣。既不能然，又宠秩之，且以官爵诱降齐之臣子，急于近利而昧于远图。行

1　常体：通例。
2　收讫：收拢完毕。
3　袆翟：袆，袆衣，王后所穿，上有五彩鸡形图案的祭服。翟，翟衣，古代贵妇用翟羽为
　　饰或织以翟羽纹样的衣服。
4　遁散：逃散。
5　遗兵：残兵。
6　北朔州：古州名，亦名朔州，辖今山西省朔州市及应县、山阴、神池、五寨、偏关、河
　　曲等县地。
7　斩：砍断门闩。
8　达天命：通晓上天的意旨。

于齐，非所以伐罪吊民；施于国，非所以教忠明义，不学之过也。

　　并州将帅请于延宗曰："王不为天子，诸人实不能为王出死力！"延宗不得已，遂即位。众闻之，不召而至者，前后相属。延宗发府藏及后宫以赐将士，籍没内参十余家。齐主闻之，谓近臣曰："我宁使周得并州，不欲安德得之。"延宗见士卒，皆亲执手称名，流涕呜咽，众争为死。童儿女子，亦乘屋¹攘袂，投砖石以御敌。周主至晋阳，延宗身自拒战，劲捷²若飞，所向无前。周主攻其东门，入之。延宗击之，死者二千余人。周主左右略尽，齐人奋击，几中之，仅得免，时已四更。齐人既捷，饮酒醉卧，延宗不复能整。周主欲遁去，诸将亦多劝还，宇文忻勃然进曰："陛下自克晋州，乘胜至此。今伪主奔波，关东响振³，破竹之势已成，奈何弃之而去？"齐王宪及王谊亦以为去必不免，降将段畅等又盛言城内空虚，周主乃驻马，鸣角收兵，俄顷复振。明旦，还攻东门，克之。延宗力屈被擒，周主下马执其手曰："两国非有怨恶，直为百姓来耳。终不相害，勿怖也！"使复衣帽而礼之。大赦，削齐乱制，收礼⁴文武。召伊娄谦劳之，执高遵付谦，任其报复，谦顿首请赦之。

　　司马公曰：赏有功，诛有罪，此人君之任也。高遵叛臣，周高祖不自行戮，使谦复怨，失政刑矣。为谦者，宜辞而不受，归诸有司，以正典刑，乃请而赦之，以成其私名，美则美矣，非公义也。

　　齐主入邺，广宁王孝珩请使任城王湝将幽州兵趋并州，独孤永业将洛州兵趋长安，自将京畿兵鼓行逆战。又请出宫人、珍宝赏将士，齐主不悦。斛律孝卿请齐主亲劳将士，为之撰辞，且曰："宜忼慨流涕，以感激人心。"齐主既出，不复记所受言，遂大笑。左右亦笑，将士皆怒，无复战心。行台仆射

1　乘屋：登上屋顶。
2　劲捷：敏捷有力。
3　响振：响应振动。
4　收礼：招收并礼遇。

高劢将兵卫太后、太子还邺。宦官苟子溢犹纵暴民间，劢将斩之。或谓劢曰："独不虑后患邪？"劢攘袂曰："今西寇已据并州，正坐此辈浊乱朝廷。若得今日斩之，明日受诛，亦无恨矣。"周主出齐宫中珍宝及宫女二千人，颁赐将士，加立功者官爵有差。问高延宗以取邺之策，辞。强问之，乃曰："若任城王据邺，臣不能知。若今主自守，陛下兵不血刃。"齐主引诸贵臣问以御周之策，高劢曰："今之叛者，多是贵人。至于卒伍，犹未离心。请追五品以上家属，置之三台，因胁之以战。若不捷，则焚台。此曹顾惜妻子，必当死战。且王师频北，贼徒轻我，今背城一决，理必破之。"齐主不能用。望气者言当有革易[1]，齐主引高元海等议禅位太子。

丁酉（公元 577 年）

陈太建九年。齐幼主恒承光元年。周建德六年。〇是岁齐亡，陈、周二大国，并后梁一小国，凡三国。

春，正月朔，齐主纬传位于太子恒。周师围邺，纬出走。周主入邺。齐丞相高阿那肱引周师追纬及恒，获之，遂灭齐齐太子恒即位，生八年矣。齐主纬自为太上皇帝。莫多娄敬显、尉相愿谋伏兵斩高阿那肱，立太宰、广宁王孝珩，不果。孝珩求拒周师，谓阿那肱等曰："朝廷不遣孝珩击贼，岂畏孝珩反邪？孝珩若破宇文邕，遂至长安反，亦何预国家事？以今日之急，犹如此猜忌邪？"高、韩[2]恐其为变，出孝珩为沧州刺史。相愿拔佩刀斫柱，叹曰："大事去矣，知复何言！"周师至邺，围之。齐人出战，大败，纬从百骑东走。周师入邺，齐王公以下皆降。留守大将军慕容三藏，绍宗之子也，犹拒战，周主引见，礼之。周主先以马脑酒钟[3]遗齐将鲜于世荣，世荣碎之。至是，在三台前鸣鼓不辍，周人执之。世荣不屈，乃杀之。周主执莫多娄敬显，数之

---

1 革易：革除改变。
2 高、韩：即高阿那肱、韩长鸾。
3 马脑酒钟：玛瑙酒杯。

曰："汝有死罪三：前自晋阳走邺，携妾弃母，不孝也；外为伪朝戮力，内实通启[1]于朕，不忠也；送款之后，犹持两端，不信也。用心如此，不死何待？"遂斩之。使将军尉迟勤追齐主。齐国子博士熊安生，博通五经，闻周主入邺，遽令扫门，语家人曰："周帝重道尊儒，必将见我。"俄而周主幸其家，不听拜，亲执其手，引与同坐，赏赐甚厚，给安车、驷马以自随。又遣就中书侍郎李德林宅，慰谕引入，访以齐事。齐洛州刺史独孤永业有甲士三万，闻晋州败，请出兵，不报。闻并州陷，乃降周。纬留胡太后于济州，使高阿那肱守关，自与穆后、冯妃、幼主恒、韩长鸾等数十人奔青州，欲入陈。而高阿那肱密召周师，约生致齐主，屡启云："周师尚远，已令烧断桥路。"纬由是淹留自宽。周师至关，阿那肱即降之。周师奄至青州，纬囊金[2]系鞍后，与后、妃、幼主等十余骑南走。尉迟勤追及，尽擒之，并胡太后送邺。周主诏："故斛律光、崔季舒等，宜追加赠谥，并为改葬，子孙随荫叙录[3]，田宅没官者还之。"指斛律光名曰："此人在，朕安得至此？"诏毁东山、南园、三台，以其瓦木诸物赐民。高纬至邺，周主降阶[4]，以宾礼见之。

二月，齐广宁王孝珩、任城王湝起兵信都，周齐王宪伐而执之齐广宁王孝珩以五千人会任城王湝于信都，共谋匡复。周主使齐王宪、柱国杨坚击之，至信都，湝所署[5]领军尉相愿以众降。宪与湝战，破之，执湝及孝珩，谓曰："任城王何苦至此？"湝曰："下官神武皇帝之子，兄弟十五人，幸而独存。逢宗社颠覆，今日得死，无愧坟陵[6]。"宪壮之，命归其妻子。又亲为孝珩洗疮傅药[7]，礼遇甚厚。宪善用兵，多谋略，得将士心。齐人惮其威声，皆望风沮溃。刍牧不扰，军无私焉。周主以齐降将封辅相[8]，为北朔州总管。前长史赵

1　通启：通书信。
2　囊金：把金子装入袋子中。
3　随荫叙录：依照门荫，按规定的等级次第授给官职。
4　降阶：走下台阶，以示恭敬。
5　署：任命。
6　坟陵：帝王的陵墓，亦代指祖先。
7　傅药：涂药。
8　辅相：宰相，亦泛指大臣。

穆等谋执辅相迎湝，不果，乃迎定州刺史、范阳王绍义。至马邑，自肆州以北二百八十余城皆应之。绍义引兵南出，欲取并州，至新兴，而肆州已为周守，遂奔突厥。突厥佗钵可汗甚爱重之，凡齐人在北者，悉以隶之。于是齐之州、镇，唯东雍州行台傅伏、营州刺史高宝宁不下，其余皆入于周。凡得州五十，郡一百六十二，县三百八十，户三百三万二千五百。宝宁者，齐之疏属，有勇略，久镇和龙，甚得夷夏之心。

梁主朝周于邺自秦兼天下，无朝觐之礼，至是始命有司草具[1]其事。致积，致饩，设九傧、九介[2]，受享于庙，三公、三孤[3]、六卿致食，劳宾、还贽、致享[4]，皆如古礼。

周诏举山东明经干治[5]者周主西还，诏：“山东诸州，各举明经干治者二人，若奇才异术，卓尔不群[6]者，不拘此数。”

三月，齐东雍州行台傅伏降周初，周主招齐东雍州刺史傅伏，不从。既克并州，复遣韦孝宽招之，令其子以上大将军[7]、武乡公告身[8]赐伏。伏不受，谓孝宽曰：“事君有死无贰，此儿为臣不能竭忠，为子不能尽孝，人所仇疾[9]，愿速斩之，以令天下！”周主自邺还，至晋州，遣高阿那肱等百余人临汾水召伏，伏隔水问：“至尊何在？”阿那肱曰：“已被擒矣。”伏仰天大哭，率众入城，于听事前北面哀号，良久，然后出降。周主见之曰：“何不早下？”伏流涕对曰：“臣三世为齐臣，食齐禄，不能自死，羞见天地。”周主执其手曰：“为臣当如此！”乃以所食羊肋骨赐伏曰：“骨亲肉疏，所以相付。”遂引使宿卫，授上仪同大将军[10]。他日，又问：“前救河阴，得何赏？”对曰：“蒙授特

1　草具：初步制定，草拟。
2　致积，致饩，设九傧、九介：送柴米，送活羊，设九个宾相、九个传话的使者。
3　三孤：少师、少傅、少保。
4　劳宾、还贽、致享：慰劳宾客、还礼、宴享宾客。
5　明经干治：明经，通晓经义。干治，干练而有治民之才。
6　卓尔不群：超乎寻常，与众不同。
7　上大将军：古官名，位在大将军上，掌征战。
8　告身：古代授官的凭信，类似后世的任命状。
9　仇疾：仇恨。
10　上仪同大将军：古官名，授予有军勋的功臣及其子弟，无具体职掌，九命。

进、郡公。"周主谓高纬曰："朕三年教战，决取河阴，正为傅伏善守城，不可动，遂敛军而退。公当时赏功，何其薄也！"

夏，四月，周主至长安，封高纬为温公周主至长安，置高纬于前，列其王公等于后，备大驾，布六军，奏凯乐[1]，献俘于太庙。观者皆称万岁。封纬为温公。周主与齐君臣饮酒，令纬起舞。高延宗悲不自持，屡欲仰药[2]，其侍婢禁止之。

周以李德林为内史上士自是诏诰[3]格式及用山东人物，并以委之。

五月，周主毁其宫室之壮丽者周主诏以："路寝、会义诸殿，皆晋公护专政时所为，事穷壮丽，有逾清庙，悉可毁撤。雕斫之物，并赐贫民。缮造之宜，务从卑朴[4]"。"并、邺诸堂殿壮丽者准此。"又制："庶人以上，唯听衣绸、绵绸、丝布、圆绫、纱、绢、绡、葛、布等九种，余悉禁之。朝祭[5]之服，不拘此制。"

司马公曰：周高祖可谓善处胜矣。他人胜则益奢，高祖胜而愈俭。

秋，八月，周定权衡、度量[6]。

周免齐杂户[7]初，魏虏西凉之人，没为隶户[8]，齐氏因之，至是悉放为民。

周获九尾狐，焚之郑州获九尾狐，已死，献其骨。周主曰："瑞应之来，必彰有德。今无其时，恐非实录。"命焚之。

冬，十月，陈司空吴明彻侵周，围彭城陈主闻周人灭齐，欲争徐、兖，诏吴明彻督诸军北伐。军至吕梁，周徐州总管梁士彦率众拒战，明彻击

1　凯乐：胜利的曲子。
2　仰药：服毒药。
3　诏诰：古文体名，古代帝王、皇太后或皇后发布的命令、文告。
4　卑朴：卑下朴实。
5　朝祭：上朝、祭祀。
6　权衡、度量：权衡，称量物体轻重的器具。权，秤锤。衡，秤杆。度量，计量长短和容积的标准。
7　杂户：户口的一种，其身分低于平民，高于奴隶，包括隶户、兵户、府户、营户、别户、绫罗户、细茧户、罗縠户、监户、佛图户、寺户等。
8　隶户：没入为奴隶的人家。

破之。士彦婴城自守，明彻围之。陈主锐意[1]以为河南指麾可定，蔡景历谏曰："师老将骄，不宜过穷远略[2]。"陈主怒，以为沮众，免官，削爵土。

周主杀温公高纬，夷其族周人诬温公高纬与穆提婆谋反，并其宗族皆赐死。众人多自辨理[3]，高延宗独攘袂泣而不言，以椒塞口而死。纬弟仁英、仁雅以疾得免。以高湝妻卢氏赐其将斛斯征。卢氏蓬首垢面，长斋[4]，不言笑。征放之，乃为尼。齐后、妃贫者，至以卖烛为业。

十一月，周讨稽胡，降之初，周败齐于晋州，齐所弃甲仗，稽胡乘间窃之。仍立刘蠡升之孙没铎为主。至是，周将讨之，议欲穷其巢穴。齐王宪曰："步落稽种类多，山谷险绝，且当翦其魁首，余加慰抚。"遂以宪督军击没铎，擒之，余众皆降。

周省后宫妃嫔之数周主性节俭，常服布袍，寝布被，后宫不过十余人。至是，诏："唯置妃二人，世妇[5]三人，御妻[6]三人，此外皆减之。"每行兵，亲在行阵，步涉山谷，人所不堪。抚将士有恩，而明察果断，用法严峻，由是将士畏威，而乐为之死。

是月晦，日食。

周颁《刑书要制》群盗赃一匹，及正、长隐五丁、若地顷以上[7]，皆死。

十二月，周徙并州军民四万户于关中。

齐范阳王高绍义称帝于北朔州高宝宁自黄龙[8]劝进于高绍义，绍义称帝，以宝宁为相。突厥举兵助之。

---

1 锐意：意志坚决，一心想要去做。
2 过穷远略：穷兵远攻。
3 辨理：申辩。辨，通"辩"。
4 长斋：指佛教徒长期坚持过午不食，后亦指长期素食。
5 世妇：古宫中女官名，掌管宾客、祭祀事务。
6 御妻：古宫中女官名，掌侍御天子居寝等后宫之事，位在世妇之下，也称女御、御女。
7 正、长隐五丁、若地顷以上：闾正、里正、族正、保长、党长隐瞒五个丁口、一百亩地以上的。
8 黄龙：古地名，又称和龙城、龙城、龙都，即今辽宁省朝阳市。

戊戌（公元 578 年）

陈太建十年。周宣帝赟宣政元年。

春，二月，周上大将军王轨救彭城，获吴明彻 吴明彻围周彭城，环列舟舰，攻之甚急。周王轨引兵轻行，据淮口，结长围，以铁锁贯车轮数百，沉之清水，以遏陈船归路。军中恟惧，萧摩诃言于明彻曰："闻王轨始锁下流，其两端筑城未立，请往击之。不然，吾属皆为虏矣。"明彻奋髯[1]曰："搴旗[2]陷阵，将军事也。长算远略[3]，老夫事也。"摩诃失色而退。一旬之间，水路遂断，周兵益至。明彻苦背疾，摩诃复请曰："今求战不得，进退无路。潜军突围，未足为耻。愿公率步卒、乘马舆[4]徐行，摩诃领铁骑数千驱驰前后，必当使公安达京邑。"明彻曰："此良图也。然吾为总督，必须身居其后。弟马军宜在前，不可缓。"摩诃因率马军夜发。明彻决堰，退军至清口，水势渐微，舟碍车轮，不得过。王轨引兵蹙之，众溃，明彻被执，将士、辎重皆没于周。独萧摩诃与将军任忠、周罗睺全军得还。初，陈主谋取彭、汴[5]，以问五兵尚书毛喜，对曰："淮左新平，边民未辑[6]。周氏始吞齐国，难与争锋。且弃舟楫，用车骑，去长就短，非我所便。不若安民保境，寝兵[7]结好，斯久长之术也。"至是，陈主谓之曰："卿言验矣。"即日，召蔡景历，复以为征南咨议参军。明彻忧愤而卒。

三月，周主初服常冠 其制以皂纱全幅向后幞发，仍裁为四脚[8]。

胡氏曰：君子大复古，重变古，非泥于古也。以生人之具，皆古大圣人因时制宜，各有法象[9]、意义，不可以私智更改之也。周家纱幞，此后世巾帻[10]、朝

---

1 奋髯：抖动胡须，激愤或激昂貌。
2 搴旗：拔取敌方旗帜。
3 长算远略：深谋远虑。长算，长远之计。
4 马舆：车马。
5 彭、汴：彭城、汴州。汴州，古州名，辖今河南省开封市与开封、封丘、兰考、杞县、通许、尉氏等县地。
6 未辑：尚未和睦。
7 寝兵：息兵，停止战争。
8 以皂纱全幅向后幞发，仍裁为四脚：用整幅的黑纱从前向后包扎头发，并裁成四个帽翅。
9 法象：效法，模仿。
10 巾帻：头巾，以幅巾制成的帽子。

冠之所自始也，稽之法象，果何所则？求之意义，果何所据？然而行之数百年，莫有以为非也。治天下莫大于礼。必欲尽善，其必考古而立制，夫亦何独冠为然哉？

夏，五月，周主邕伐突厥，有疾而还。六月，殂。太子赟立，以郑译为内史中大夫[1]突厥寇掠幽州。周主率诸军伐之，以疾留云阳宫，诏停诸军。驿召宇文孝伯，执其手，以后事付之，令驰驿入京镇守，以备非常。六月朔，殂，年三十六。太子即位，即逞奢欲，曾无戚容，扪[2]其杖痕，大骂曰："死晚矣！"阅视[3]官人，逼而淫之。超拜郑译为内史中大夫，委以朝政。不逾月而葬。诏议即吉。乐运以为葬期既促，事讫即除，太为汲汲，不从。

周主赟杀其叔父齐王宪周主以齐王宪属尊望重，忌之，谓宇文孝伯曰："公能为朕图齐王，当以其官相授。"孝伯叩头曰："先帝遗诏，不许滥诛骨肉。齐王，陛下叔父，功高德茂，社稷重臣。陛下若无故害之，臣又顺旨曲从，则臣为不忠之臣，陛下为不孝之子矣。"周主不怿，由是疏之。乃与于智、郑译等密谋，使智告宪有异谋。遣孝伯召宪入殿，伏壮士执之。宪自辨理，周主使智证之。宪目光如炬，与智相质，既而叹曰："死生有命，宁复图存[4]？但老母在堂，恐留兹恨耳！"因掷笏于地，遂缢之。周主召宪僚属，使证成宪罪。参军李纲以死自誓，终无挠辞，抚棺号恸，躬自瘗之，哭拜而去。

闰月，周立后杨氏。

高绍义入幽州，周人击之。绍义奔突厥高绍义闻周高祖殂，以为得天助。幽州人卢昌期起兵据范阳迎之，绍义引突厥兵赴之。周遣东平公神举将兵讨昌期，擒之。绍义还，入突厥。高宝宁救范阳，未至，闻昌期死，还据和龙。

1　内史中大夫：古官名，亦称内史、大内史，春官府内史司长官，掌撰拟与宣读皇帝诏
　　书，参议军国大事。
2　扪：抚摸。
3　阅视：检阅视察。
4　宁复图存：我难道还想逃生吗。

秋，七月，周以杨坚为上柱国、大司马。

九月，陈主及其群臣盟陈主立方明坛[1]于娄湖，以始兴王叔陵为王官伯[2]，盟百官。自幸娄湖誓众，分遣大使颁下四方，以相警戒。

冬，十一月，突厥寇周。

己亥（公元 579 年）

陈太建十一年。周宣帝赟大成元年，静帝阐大象元年。

春，正月，周作《刑经圣制》周主初立，以高祖《刑书要制》为太重而除之，又数行赦宥。乐运上疏曰："《虞书》所称'眚灾肆赦[3]'，谓过误为害，当缓赦之。《吕刑》云'五刑之疑有赦'，谓刑疑从罚，罚疑从免也。谨寻经典，未有罪无轻重，溥天[4]大赦之文。今岂可数施非常之惠，以肆[5]奸宄之恶乎？"周主不纳。既而民轻犯法，又自以奢淫多过失，恶人规谏，欲为威虐[6]，慑服群下，乃更为《刑经圣制》，用法益深，大醮[7]于正武殿，告天而行之。密令左右伺察群臣，小有过失，辄行诛谴。又居丧才逾年，即恣声乐、百戏，日夜不休。多聚美女，增置位号。游宴沉湎，旬日不出。于是乐运舆榇诣朝堂，陈帝八失："其一，事多独断，不参宰辅。其二，采女实宫，仪同以上女不许辄[8]嫁。其三，一入后宫，数日不出，所须闻奏，多附宦者。其四，宽刑未几，更严前制。其五，高祖斫雕为朴[9]，今乃遽穷奢丽。其六，徭赋下民，以奉俳优、角抵。其七，上书字误者，即治其罪。其八，玄象垂诫[10]，不能修布德政。若不革兹八事，臣见周庙不血食矣！"周主大怒，将杀之。朝臣恐惧，莫

1　方明坛：设有上下四方神明之象的祭坛。
2　王官伯：古官名，天子委派的主盟老臣。
3　眚灾肆赦：因过失或不幸事故而犯罪，可以赦免。
4　溥天：遍天下。
5　肆：放纵。
6　威虐：凶恶残酷。
7　大醮：为禳除灾祟而举行的祭祀。
8　辄：立即。
9　斫雕为朴：去掉雕饰，崇尚质朴。
10　玄象垂诫：天空的星象出现了告诫的预兆。

有救者，内史中大夫元岩叹曰：“臧洪同死，人犹愿之，况比干乎？若乐运不免，吾将与之俱毙！”乃诣阁请见，曰：“乐运不顾其死，欲以求名。陛下不如劳而遣之，以广圣度[1]。”周主感悟。明日，召运谓曰：“朕思卿所奏，实为忠臣。”赐御食而罢之。

二月，周治洛阳宫周以洛阳为东京，发山东诸州兵四万人治其宫室。

周主杀其徐州总管王轨及宫正宇文孝伯轨闻郑译用事，自知及祸，谓所亲曰：“吾昔在先朝，实申社稷至计。今日之事，断可知矣。此州控带淮南，邻接强寇，欲为身计，易如反掌。但忠义之节不可亏违，况荷先帝厚恩，岂可以获罪于嗣主，遽忘之邪？正可于此待死，冀千载之后，知吾心耳！”周主从容问译曰：“我脚杖痕，谁所为也？”对曰：“事由乌丸轨[2]。”宇文孝伯因言轨捋须[3]事。周主遣使杀轨，内史元岩不肯署诏[4]。御正中大夫颜之仪切谏，不听。岩进，脱巾顿颡[5]，三拜三进，周主曰：“汝欲党轨邪？”岩曰：“臣非党轨，正恐滥诛，失天下之望。”周主怒，使阉竖搏[6]其面。轨遂死，岩亦废于家。周主之为太子也，尉迟运为宫正，数进谏，不用。至是，谓宇文孝伯曰：“吾徒必不免祸，为之奈何？”孝伯曰：“今堂上有老母，地下有武帝，为臣为子，知欲何之？且委质事人，本徇名义[7]。谏而不入，死焉可逃？足下若为身计，宜且远之。”于是运求出为秦州总管。他日，周主托以齐王宪事，让孝伯曰：“公知齐王谋反，何以不言？”对曰：“臣知齐王忠于社稷，为群小所谮，言必不用，所以不言。且先帝付嘱[8]微臣，唯令辅导陛下。今谏而不从，实负顾托。以此为罪，是所甘心。”周主大惭，命将出赐死。运至秦州，亦以忧死。

胡氏曰：宇文孝伯以贵戚之卿，膺顾命之重，至是，亦无所逃其死矣。然

1　圣度：帝王的气度。
2　乌丸轨：即王轨，曾被宇文泰赐姓鲜卑姓氏“乌丸”，以示尊荣。
3　捋须：抚摩自己的胡须，常谓显示豪迈之气。
4　署诏：在诏书上署名。
5　顿颡：屈膝下拜，以额角触地，多表示请罪或投降。
6　搏：击打。
7　本徇名义：本应遵从君臣名分。
8　付嘱：吩咐叮嘱。

死之非难，处死之难也。使孝伯于齐王宪、乌丸轨之死也引义力争，争而不从，死之可也。而孝伯于此二者，谏既不力，又赞成之，盖将以自免也。曾不量无道之君，心常忌克，而同姓大臣居嫌疑之地，有辅拂[1]之憎，难乎，其以智计全矣！故如宇文孝伯知不免死，而不能处死者也。

周与突厥和亲 突厥佗钵可汗请和于周，周主以赵王招女为千金公主，妻之。

周主赟传位于太子阐，自称天元皇帝 天元传位，骄侈弥甚，所居称"天台"，自比上帝[2]。冕服[3]、车旗，皆倍[4]常制。以樽、彝、珪、瓒[5]饮食。群臣朝者，致齐[6]三日，清身一日。不听人有"天""高""上""大"之称。游戏不节，晨出夜还。公卿以下，常被楚挞[7]。每捶人，皆以百二十为度，谓之"天杖"。其后又加至二百四十。后、妃、嫔、御，亦多杖背。于是内外恐怖，人不自安。周主阐仍居东宫，号正阳宫。

周徙石经还洛阳。

夏，四月，周主赟立妃朱氏为天元帝后。

五月，周诸王皆就国 随公杨坚私谓大将军、汝南公庆曰："天元实无积德，视其相貌，寿亦不长。又诸藩微弱，各令就国，曾无深根固本之计。羽翮[8]既剪，何能及远哉？"

秋，七月，陈初用大货六铢钱。

周主赟立四后 改天元帝后朱氏为天皇后，立妃元氏为天右皇后，陈氏为天左皇后，与天元皇后杨氏，凡四后云。

1　辅拂：辅弼，辅佐。
2　上帝：天上主宰万物的神。
3　冕服：古代大夫以上的礼冠与服饰。凡吉礼皆戴冕，而服饰随事而异。
4　倍：增加一倍。
5　樽、彝、珪、瓒：代指金、玉制成的食器。
6　致齐：古代在举行祭祀前清心洁身的礼式。齐，通"斋"。
7　楚挞：杖打。
8　羽翮：鸟羽，亦比喻辅翼或辅佐者。翮，羽轴下段不生羽瓣而中空的部分。

冬，十月，周赞复道、佛像天元与二像并坐，大陈杂戏[1]，令士民纵观[2]。

十一月，周行军元帅[3]韦孝宽侵陈，克寿阳及广陵。

周铸永通万国钱—当千。

十二月，周初作乞寒胡戏[4]天元以灾异屡见，舍仗卫，如天兴宫。百官上表请还，乃还御正武殿，集百官、宫人、外命妇，大列妓乐[5]，作乞寒胡戏。

周取陈江北地南、北兖、晋三州及盱眙、山阳、阳平、马头、秦、历阳、沛、北谯、南梁[6]等九郡民，并自拔还江南。周又取谯、北徐州。自是江北之地尽没于周。

陈将军周法尚叛，降于周法尚与长沙王叔坚不相能[7]，叔坚谮其欲反，法尚奔周。陈主遣樊猛击之，法尚战而伪走，伏兵邀之，猛仅以身免。

庚子（公元 580 年）

陈太建十二年。周大象二年。

春，正月，周税入市者人一钱。

三月，周杞公亮作乱，韦孝宽讨，诛之周杞公亮与韦孝宽将兵伐陈。其子妇尉迟氏有美色，入朝，天元逼而淫之。亮闻之，惧，还至豫州，夜袭孝宽营，不克而走。孝宽追斩之。天元即召其妇入宫，拜长贵妃。

---

1 大陈杂戏：布置了大批杂戏。杂戏，古代各种娱乐形式，包括百戏、杂乐、歌舞戏、傀儡戏等。
2 纵观：恣意观看。
3 行军元帅：古官名，北周的最高统兵官，统一道或数道行军总管，兵停则罢，多以亲王或重臣为之。
4 乞寒胡戏：古代西域的一种乐舞，亦作泼寒胡戏，每年十一月严寒时，由勇壮少年裸体结队而舞，鼓乐伴奏，观者以水泼之。
5 妓乐：妓人表演的音乐舞蹈。
6 北谯、南梁：北谯，古郡名，治所位于今安徽省滁州市定远县西北。南梁，古郡名，治所位于今安徽省滁州市全椒县东南。
7 相能：彼此亲善和睦。

周主赟立五后周天元将立五后，以问小宗伯[1]辛彦之，对曰："皇后与天子敌体，不宜有五。"博士何妥曰："帝喾四妃，虞舜二妃，先代之数，何常之有？"天元大悦，免彦之官。以陈氏为天中太皇后，尉迟妃为天左太皇后，造下帐[2]五，使五后各居之。陈宗庙祭器，自读祝版[3]而祭之。又以五辂[4]载妇人，自率左右步从。又令命妇执笏拜天台者，俯伏如男子。

夏，五月，周主赟殂。随公杨坚自为大丞相，假黄钺，居东宫。征诸王还长安周杨后性柔婉[5]，不妒忌，四皇后及嫔御等，咸爱而仰之。天元昏暴滋甚，喜怒乖度[6]。尝谴后，逼令引诀[7]。后母独孤氏诣阁陈谢，叩头流血，然后得免。后父大前疑[8]、随公坚，位望隆重，天元忌之，尝因忿谓后曰："必灭尔家！"因召坚，欲杀之而不果。郑译与坚少同学，奇坚相表，倾心相结。坚既不自安，尝私于译曰："久愿出藩[9]，愿少留意。"译曰："以公德望，天下归心。欲求多福，岂敢忘也？"会天元将遣译攻陈，译请元帅，天元曰："卿意如何？"译因请令坚行，天元从之。以坚为扬州总管，使译发兵会寿阳。将行，会坚暴[10]有足疾，不果行。天元不豫，小御正[11]刘昉素以狡诌[12]得幸，与御正中大夫颜之仪并见亲信。天元召入卧内，欲属以后事，而瘖不能言。昉见周主阐幼冲，以杨坚后父，有重名，遂与译及御饰大夫[13]柳裘、韦谟、御正下士皇甫绩谋引坚辅政。坚不敢当，昉曰："公若为，速为之。不为，昉自为也。"坚乃称受诏，居中侍疾。天元遂殂，秘不发丧。昉、译矫诏，以坚总知中外兵

1　小宗伯：古官名，国有大礼则辅佐大宗伯，小礼则为专掌礼仪之官。
2　下帐：陵墓中所设的帷帐。
3　祝版：书写祝文的木版、纸版等，祭祀时所用。
4　五辂：即五路，帝王所乘的五种车子，即玉路、金路、象路、革路、木路。
5　柔婉：柔顺。
6　乖度：失当。
7　引诀：自杀。
8　大前疑：古官名，夏时设有天子四辅臣，前疑为四辅之首，另有后丞、左辅、右弼。
9　出藩：出任地方长官。
10　暴：突然而且猛烈。
11　小御正：古官名，"御正下大夫"的省称，佐御正中大夫掌本司事务。
12　狡诌：狡诈诌媚。
13　御饰大夫：古官名，掌天子饰物，其下设御饰下士以佐其职。

马事。之仪不从，昉等逼之仪联署[1]，之仪厉声曰："主上升遐，嗣子幼冲，阿衡[2]之任，宜在宗英[3]。赵王合膺重寄[4]，公等奈何一旦欲以神器假人？之仪有死而已，不能诬罔先帝！"昉等乃代署而行之。诸卫既受敕，并受坚节度。坚恐诸王在外生变，征赵、陈、越、代、滕五王入朝。就之仪索符玺[5]，之仪正色曰："此天子之物，自有主者，宰相何故索之？"坚大怒，将杀之，以其民望，出为西边郡守。周主入居天台，尊杨后为皇太后，朱后为帝太后，陈、元、尉迟三后并为尼。以杨坚为假黄钺、左大丞相，百官总己以听。坚使邘公杨惠谓李德林曰："今欲与公共事，必不得辞！"德林曰："愿以死奉公！"坚大喜。始，刘昉、郑译议以坚为大冢宰，译自摄大司马，昉又求小冢宰[6]。坚私以问德林，德林曰："宜作大丞相，假黄钺、都督中外诸军事，不尔，无以压众心。"坚从之，以正阳宫为丞相府。时众情未一，坚引司武上士[7]卢贲置左右，潜令部伍仗卫，因召公卿谓曰："欲求富贵者宜相随。"往往偶语，欲有去就。贲严兵而至，众莫敢动。至东宫，门者拒不纳。贲叱之，坚乃得入。贲遂典丞相府宿卫。以郑译为长史，刘昉为司马，李德林为府属。内史下大夫[8]高颎，明敏有器局，习兵事，多计略。坚欲引之，遣杨惠谕意[9]。颎欣然许之，曰："纵令公事不成，颎亦不辞灭族！"乃以为司录[10]。时汉王赞居禁中。刘昉饰美妓进赞，因说之曰："大王，先帝之弟，时望所归。孺子幼冲，岂堪大事？今群情尚扰，宜且归第，待事宁后，入为天子，此万全计也。"赞年少庸下，从之。坚革宣

1　联署：会同签名。

2　阿衡：宰相。

3　宗英：皇室中才能杰出的人。

4　合膺重寄：理当担负辅政重任。

5　符玺：印信。

6　小冢宰：古官名，小冢宰上大夫的省称，佐大冢宰卿掌宫廷供奉、侍卫以及全国财政收支、百官俸给等事务。

7　司武上士：古官名，司武上大夫属官，佐其总管宿卫军事。

8　内史下大夫：古官名，亦称内史下大夫、内史次大夫，佐内史中大夫掌纶诰，并参议刑罚爵赏以及军国大事。

9　谕意：表明意思，示意。

10　司录：古官名，大丞相府、都督中外诸军事府及开府将军、诸州府重要僚属，总录一府之事，位在长史、司马下。

帝苛酷之政，更为宽大，删略[1]旧律，作《刑书要制》，奉而行之。躬履节俭，中外悦之。坚夜召太史中大夫[2]庾季才，问曰："天时、人事何如？"季才曰："天道精微，难可意测。以人事卜之，符兆[3]定矣。"独孤夫人亦谓坚曰："骑虎之势，必不得下，勉之！"坚以相州总管尉迟迥位望素重，必不附己，召之会葬，而以韦孝宽为相州总管赴邺。陈王纯时镇齐州，坚使门正[4]崔彭征之。彭以两骑往，止传舍，遣人召纯。纯至，彭执而锁之，因大言曰："陈王有罪，诏征入朝，左右不得辄动！"其从者愕然。

周复佛、道二教。

周相州总管、蜀公尉迟迥举兵相州，讨丞相坚。坚遣韦孝宽将兵拒之尉迟迥知丞相坚将不利于周室，谋举兵讨之。韦孝宽至朝歌，疑有变，称疾徐行，使人伺之。孝宽兄子艺为魏郡守，迥遣迎孝宽，悉以迥谋语孝宽。孝宽携艺西走，每至亭驿[5]，尽驱传马[6]而去，谓驿司[7]曰："蜀公将至，宜速具酒食。"迥寻遣骑追孝宽，至驿，辄逢盛馔，又无马，遂迟留不进。孝宽得免。迥集文武士民，令之曰："杨坚藉后父之势，挟幼主以作威福，不臣之迹，暴于行路。吾与国舅甥[8]，任兼将相，今欲与卿等纠合义勇，匡国庇民，何如？"众咸从命。迥乃自称大总管，奉赵王招少子以号令。坚以郧公韦孝宽为行军元帅以讨迥。初，天元使杨尚希抚慰山东，至相州，闻天元殂，谓左右曰："蜀公将有他计，吾不去，惧及于难。"遂夜遁，归长安。坚遣镇潼关。

周丞相坚杀毕王贤周雍州牧、毕刺王贤谋杀坚。事泄，坚杀贤，并其三子。

1　删略：删减省略。
2　太史中大夫：古官名，春官府太史司长官，掌历法的编撰，下设太史上士以佐其职。
3　符兆：征兆。
4　门正：掌城门的关闭及出入。
5　亭驿：古代供旅客歇宿的处所。
6　传马：驿站所用的马。
7　驿司：管理驿站的官员。
8　与国舅甥：和太祖文皇帝是舅舅和外甥的关系。

秋，七月，突厥执齐高绍义，归之于周周送千金公主于突厥，遣贺若谊赂佗钵可汗，以求高绍义。佗钵伪与绍义猎于南境，使谊执之。绍义至长安，徙蜀，病死。

周青州总管尉迟勤举兵应相州勤，迥之弟子也，举兵应迥。迥所统相、卫、黎、洺、贝、赵、冀、瀛、沧，勤所统青、齐、胶、光、莒[1]等州皆从之，众数十万。荥、申、楚、潼、兖州、兰陵亦应迥。迥遣将取建、潞，围恒、沂，拔曹、亳[2]。遣使招并州刺史李穆。穆子士荣，以穆所居天下精兵处，阴劝穆从迥，穆深拒之。坚使穆子浑往布腹心，穆使浑奉熨斗[3]于坚曰："愿执威柄以慰安[4]天下。"又以十三镮[5]金带遗坚。十三镮金带者，天子之服也。坚大悦。穆兄子崇为怀州刺史，初欲应迥，后知穆附坚，慨然太息曰："合家富贵者数十人，值国有难，竟不能扶倾继绝，复何面目处天地间乎？"不得已，亦附于坚。

周丞相坚自加都督中外诸军事。

周郧州[6]总管司马消难举兵应相州。

周丞相坚杀赵王招、越王盛赵王招谋杀坚，邀坚过其第，引入寝室，伏壮士于室后。坚左右皆不得从，唯腹心元胄坐户侧。酒酣，招以佩刀刺瓜连啖坚，欲因而刺之。胄进曰："相府有事，不可久留。"招叱之使却，胄瞋目愤气[7]，扣刀入卫，扶坚趋去。招将追之，胄以身蔽户，招不得出。坚乃诬招与越王盛谋反，皆杀之，及其诸子。赏赐元胄不可胜计。周室诸王数欲伺隙杀坚，都督李圆通尝保护之，由是得免。

1　莒：莒州，古州名，辖今山东省沂水、沂源、蒙阴、莒县、莒南、日照及江苏省赣榆等县市地。
2　取建、潞，围恒、沂，拔曹、亳：攻取建州、潞州，包围恒州、沂州，拿下了曹州、亳州。
3　熨斗：熨烫衣料用具，亦称"火斗""金斗"。
4　慰安：安抚，安慰。
5　镮：环，泛指圆圈形物。
6　郧州：古州名，辖今湖北省安陆、云梦、孝感等市县一带。
7　愤气：气愤。

八月，周丞相坚遣司录高颎监相州诸军周韦孝宽军至永桥城，诸将请先攻之，孝宽曰："城小而固，若攻而不拔，损我兵威。今破其大军，此何能为？"于是引军壁于武陟[1]，与尉迟迥隔沁水[2]，相持不进。孝宽长史李询密启丞相坚云："总管梁士彦、宇文忻、崔弘度并受尉迟迥金。"坚以为忧，与郑译谋代之，李德林曰："公与诸将皆国家贵臣，未相服从，今正以挟令[3]之威控御[4]之耳！前所遣者，疑其乖异，后所遣者，安知其能尽腹心邪？又取金之事，虚实难明，今一旦代之，或惧罪逃逸。若加縻絷[5]，则自郧公以下，莫不惊疑。且临敌易将，此燕、赵之所以败也。如愚所见，但遣公一腹心，明于智略，素为诸将所信服者，速至军所，使观其情伪。纵有异意，必不敢动，动，亦能制之矣。"坚大悟，乃命少内史崔仲方往监诸军，为之节度，辞以父在山东。又命刘昉、郑译，昉辞以未尝为将，译辞以母老，坚不悦。府司录高颎请行，坚喜，遣之。颎受命亟发，遣人辞母而已。自是坚措置军事，皆与德林谋之。

周司马消难以郧州降陈消难举兵，丞相坚遣王谊讨之。消难遂以九州、八镇降陈，遣其子永为质以求援。陈遣樊毅等应之。

周益州总管王谦起兵于蜀，丞相坚遣行军元帅梁睿击之。

后梁遣使如周梁使中书舍人柳庄奉书入周，丞相坚执庄手曰："孤昔从役[6]江陵，深蒙梁主殊眷[7]。今猥蒙顾托，当相与共保岁寒[8]耳！"时诸将竞劝梁主举兵，与尉迟迥连谋，以为进可以尽节周氏，退可以席卷山南[9]，梁主疑未决。会庄至，具道坚语，且曰："昔袁绍、刘表、王凌、诸葛诞，皆一时雄杰，据要地，拥强兵，然功业莫就，祸不旋踵，良由魏、晋挟天子，保京都，仗大

1　武陟：古县名，治所位于今河南省焦作市武陟县东南。
2　沁水：古水名，即今山西东南部之沁河，源出沁源县北绵山二郎神沟，东流至武陟县南入黄河。
3　挟令：即"挟天子以令诸侯"。
4　控御：驭马使就范。引申指控制，驾驭。
5　縻絷：拘禁。
6　从役：赴任官事。
7　殊眷：特别的恩宠和关怀。
8　岁寒：一年的严寒时节。亦比喻忠贞不屈的节操。
9　山南：古时泛指太华、终南两山以南之地。

顺¹以为名故也。今尉迟迥昏耄已甚，消难、王谦，常人之下者，非有匡合²之才。周朝将相，多为身计，竞效节于杨氏。以臣料之，迥等终当覆灭，随公必移周祚。未若保境息民，以观其变。"梁主然之。

周尉迟迥兵败自杀高颎至，为桥于沁水。尉迟迥之子魏安公惇军沁东，于上流纵火栰³，颎豫为土狗⁴以御。惇布阵二十余里，麾兵小却，欲待孝宽军半渡击之。孝宽因其却，鸣鼓齐进。军既渡，颎命焚桥，以绝士卒反顾⁵心。惇兵大败，孝宽乘胜进，追至邺。迥卒十三万，陈于城南。勤率众五万，自青州赴迥，以三千骑先至。迥素习军旅，老犹被甲临阵。其麾下兵皆关中人，为之力战，孝宽等军不利而却。邺中士民观战者数万人，宇文忻曰："事急矣！吾当以诡道⁶破之。"乃先射观者。观者皆走，转相腾藉⁷，声如雷霆。忻乃传呼⁸曰："贼败矣！"众复振，因其扰而乘之。迥军败，保城，孝宽纵兵围之。迥掷弓于地，骂坚极口⁹而自杀。迥起兵六十八日而败。韦孝宽分兵悉平关东。梁主闻迥败，谓柳庄曰："若从众人之言，社稷已不守矣。"

周丞相坚以高颎为司马丞相坚之初得政也，待刘昉、郑译甚厚，言无不从。及辞监军，坚始疏之，以颎代昉为司马，阴敕¹⁰官属不得白事于译。译惧，求解职。

司马消难奔陈，周复取郧州。

周丞相坚以其世子勇为洛州总管总统旧齐之地。

冬，十月，日食。

1　大顺：顺乎伦常天道。
2　匡合：纠合力量，匡定天下。
3　火栰：古代水战中用以驰近并能焚毁对方战船的着火木筏。
4　土狗：堵水的土袋，前锐后广，前高后低，状如蹲坐的狗，故名。
5　反顾：回头看，比喻反悔。
6　诡道：诡诈之术。
7　腾藉：奔腾践踏。
8　传呼：传声呼喊。
9　极口：竭尽口舌，多谓尽力褒扬、规劝或抨击。
10　阴敕：密令。

周丞相坚杀陈王纯。

周王谦败死。

十一月，周相州总管、郧公韦孝宽卒孝宽久在边境，屡抗强敌，所经略布置，人初莫之解，见其成事，方乃惊服。笃意[1]文史，敦睦宗族，所得俸禄，不及私室。

十二月，周丞相坚自为相国，进爵随王，加九锡。

周随王坚杀代王达、滕王逌。

辛丑（公元581年）

陈太建十三年。周大象三年，二月以后，隋高祖文帝杨坚开皇元年。○是岁，周亡，隋代，凡三国。

春，二月，隋王坚称皇帝庚季才劝隋王以今月甲子应天受命，李穆、卢贲亦劝之。于是周主逊居[2]别宫，隋王即皇帝位。时周境内，有州二百一十一，郡五百八，隋皆有之。初，隋主与周载下大夫[3]荣建绪有旧，将受禅，建绪出为息州[4]刺史，隋主谓曰：“且踌躇[5]，当共取富贵。”建绪正色曰：“明公此旨，非仆所闻。”及是来朝，隋主曰：“卿亦悔否？”对曰：“臣位非徐广，情类杨彪。”窦毅之女，闻周亡，自投堂下，抚膺太息曰：“恨我不为男子，救舅氏之患！”毅及襄阳公主掩其口，曰：“汝勿妄言，灭吾族！”由是奇之。及长，以适唐公李渊。渊，昞之子也。

隋改官名崔仲方劝隋主除周六官，依汉、魏之旧。于是置三师、三公，及尚书、门下、内史、秘书、内侍五省，御史、都水二台，太常等十一寺，

1　笃意：专心致志。
2　逊居：退居。
3　载下大夫：古官名，即“载师下大夫”，地官府载师司次官，佐载师中大夫掌封邑的划分，管理全国农、牧、盐业生产及征役的征发等事务。
4　息州：古州名，辖今河南省息县、正阳、新蔡三县及淮滨县淮河以北部分。
5　踌躇：停留，徘徊不进。

左、右卫等十二府，以分司[1]统职。又置上柱国至都督十一等勋官[2]，以酬勤劳。特进至朝散大夫七等散官，以加文武官之有德声[3]者。改侍中为纳言。以高颎为仆射兼纳言，虞庆则为内史监[4]，李德林为内史令[5]。

隋主追尊考[6]为武元帝。

隋立后独孤氏后家世贵盛，而能谦恭，雅好读书，言事多与隋主意合，甚宠惮之，宫中称为"二圣"。隋主每临朝，后辄与方辇[7]而进，至阁乃止。使宦官伺隋主，政有所失，随则匡谏。退朝，同反燕寝[8]。有司奏称："周礼，百官之妻，命于王后，请依古制。"后曰："妇人预政，或从此为渐，不可开其源也。"崔长仁，后之中外兄弟[9]也，犯法当斩，隋主以后故，欲免之，后曰："国家之事，焉可顾私？"长仁竟坐死。后性俭约，隋主常合止利药[10]，须胡粉一两，求之宫中，不得。隋主亦惩周氏之失，不以权任假借外戚，后兄弟不过将军、刺史。外家吕氏素微贱，求访不知所在。及即位，始求得舅子永吉，乃追封外祖为齐郡公，以永吉袭爵。

隋立世子勇为太子，诸子皆为王广为晋王，俊为秦王，秀为越王，谅为汉王。

隋废周主阐为介公，改封周太后杨氏为乐平公主初，刘、郑矫诏，以隋主辅政。杨后虽不预谋，然以嗣主幼冲，恐权在他族，闻之甚喜。后知其父有异图，意颇不平，形于言色。及禅位，愤惋愈甚。隋主愧之，改封乐平公主，欲夺其志[11]。公主誓不许，乃止。

1　分司：分掌，分管。
2　勋官：授给有功官员的一种荣誉称号，没有实职。
3　德声：仁德的声誉，古代多用以称颂官吏治政。
4　内史监：古官名，内史省长官。
5　内史令：古官名，内史省长官，次于内史监。
6　考：死去的父亲。
7　方辇：并排两辇。
8　燕寝：古代帝王休息的宫室。
9　中外兄弟：即中表兄弟，父亲的姐妹之子与母亲的兄弟姐妹之子。
10　止利药：止泻药。
11　夺其志：改变她的意志，令其改嫁。

隋主尽灭宇文氏之族虞庆则劝隋主尽灭宇文氏，高颍、杨惠亦依违从之，李德林固争，以为不可。隋主作色曰："君书生，不足与议此！"于是周太祖以下子孙皆死，而德林品位[1]遂不进。

胡氏曰：隋文以书生斥李德林，此猾胥、险吏[2]之常态也。隋得天下，无功不德，特以姿相[3]奇伟，盖与萧道成同。而其亡国则有二焉：一曰隋文以胥吏治国，二曰独孤后以妒忌治家，如是而已矣。

隋征苏威为太子少保威，绰之子也，少有令名，周宇文护强以女妻之。威见护专权，恐祸及己，屏居山寺，以讽读[4]为娱。周高祖闻其贤，除车骑大将军，辞疾不拜。隋主为丞相，高颍荐之。隋主召见，与语，大悦。居月余，闻将受禅，遁归田里。颍请追之，隋主曰："此不欲预吾事耳，置之。"及受禅，征拜太子少保，追封绰为邳公，以威袭爵。

三月，隋以贺若弼为吴州[5]总管，韩擒虎为庐州[6]总管隋主有并吞江南之志，问将于高颍。颍荐弼与擒虎。故以弼镇广陵，擒虎守庐江，使潜为经略。

隋以苏威为纳言初，苏绰在西魏，以国用不足，为征税法颇重，既而叹曰："今所为者正如张弓，非平世法也。后之君子，谁能弛之？"威闻其言，每以己任。至是，奏减赋役，务从轻简，隋主从之。隋主常怒一人，将杀之。威入阁进谏，隋主不纳，将自出斩之。威当前不去，隋主避之而出，威又遮止[7]。隋主拂衣而入，良久，乃召威谢曰："公能若是，吾无忧矣。"谓朝臣曰："苏威不值[8]我，无以措其言；我不得苏威，何以行其道？杨素才辩无

1　品位：官品和爵位。
2　猾胥、险吏：猾胥，刁滑的小吏。险吏，奸险的官员。
3　姿相：姿容仪态。
4　讽读：诵读。
5　吴州：古州名，辖今江苏省苏州、昆山二市以南，上海市嘉定、奉贤二区以西南，浙江省长兴、安吉、桐庐等县以东，富春江以北地区。
6　庐州：古州名，辖今安徽省合肥、巢湖、庐江、无为、舒城、六安、霍山、金寨等市县地。
7　遮止：拦阻，拦住。
8　值：遇上。

双，至于斟酌古今，助我宣化，非威之匹也。威若逢乱世，南山四皓，岂易屈哉[1]？"威尝言于隋主曰："臣先人每戒臣云：'只读《孝经》一卷，足以立身治国，何用多为？'"隋主深然之。威与高颎同心协赞[2]，政刑大小，无不与谋。卢贲、刘昉、元谐、李询、张宾等谋黜颎、威，五人相与辅政。谋泄，昉等委罪于宾、贲。公卿奏二人当死，隋主以故旧，不忍诛，并除名为民。

夏，四月，**隋放散乐**[3]，**禁杂戏。**

隋筑长城长城之役，汾州胡千余人亡叛。隋主召汾州刺史韦冲问之，对曰："夷狄反复，由牧宰[4]不称所致。臣请以理绥静[5]，可不劳兵而定。"隋主然之，命冲绥怀叛者，月余皆至。

五月，**隋主坚弑介公阐**谥曰周静帝。

秋，七月，**隋定服色**初，隋诏朝服尚赤，戎服尚黄，常服通用杂色。至是，隋主始服黄，百僚毕贺。于是百官常服同于庶人，皆着黄袍。隋主朝服亦如之，唯以十三环带[6]为异。

八月，吐谷浑寇凉州，隋遣兵击败之。

九月，隋以蜀王秀为益州总管。

隋仆射高颎督诸军侵陈。

隋铸五铢钱初，周、齐所铸钱凡四等，及民间私钱，名、品甚众，轻重不等。隋主患之，更铸五铢钱，背、面、好、肉皆有周郭[7]，每一千重四斤二两。悉禁古钱及私钱，置样于关，不如样者，没官销毁。自是钱币始一，民间便之。

1　威若逢乱世，南山四皓，岂易屈哉：苏威如果遭逢乱世，肯定会像西汉初年的南山四皓那样隐居避世，岂能轻易使他屈服出仕。
2　协赞：协助，辅佐。
3　放散乐：释放原属于太常寺、负责演奏散乐的乐户。散乐，民间乐舞。
4　牧宰：泛指州县长官。州官称牧，县官称宰。
5　绥静：安抚平定。
6　十三环带：装饰有十三个金环的腰带，为天子所佩。
7　背、面、好、肉皆有周郭：背面、正面、钱身、钱孔的边缘都有凸起的轮廓。

隋上柱国郑译有罪，除名译自以被疏，阴呼道士醮章[1]祈福，婢告以为巫蛊。译又与母别居，为宪司[2]所劾，除名。隋主下诏曰：“译若留之于世，在人为不道之臣；戮之于朝，入地为不孝之鬼。宜赐以《孝经》，令其熟读。”仍遣与母共居。

冬，十月，隋初行新律初，周法比于齐律，烦而不要[3]。隋主命高颎、郑译及杨素、裴政等更加修定。政练习典故，达于从政，乃采魏、晋旧律，下至齐、梁，沿革重轻，取其折衷，去枭、轘、鞭法，非谋叛，无族罪[4]。始制死刑二，绞、斩；流刑三，自二千里至三千里；徒刑五，自一年至三年；杖刑五，自六十至百；笞刑五，自十至五十。又制议、请、减、赎、官当之科[5]，以优士大夫。除讯囚[6]酷法，考掠不得过二百；枷杖[7]大小，咸有程序。民有枉屈，县不为理者，听以次经郡、州省[8]。若仍不为理，听诣伸诉[9]。自是法制遂定，后世多遵用之。隋主尝怒一郎，于殿前笞之。谏议大夫刘行本进曰：“此人素清，其过又小，愿少宽之。”隋主不顾，行本前曰：“陛下不以臣不肖，置臣左右，臣言若是，陛下安得不听？若非，当致之于理。岂得轻臣而不顾也？”因置笏于地而退，隋主敛容谢之，原所笞者。

隋以梁彦光为相州刺史，房恭懿为海州刺史初，彦光为岐州刺史，岐俗质厚[10]，彦光以静镇之，奏课[11]连为天下最。隋主下诏褒美，赐粟帛，徙相州

1　醮章：设斋祭天，并向天庭上表章奏告。
2　宪司：御史的别称。
3　烦而不要：条文烦琐而不得要领。
4　族罪：罪及父、母、妻三族。
5　议、请、减、赎、官当之科：八议、申请减罪、官品减罪、纳铜赎罪、官职抵罪的条款。
6　讯囚：审讯囚犯。
7　枷杖：枷锁和用刑的棍棒。
8　省：检查。
9　听诣伸诉：允许直接向朝廷提出申诉。
10　质厚：质朴敦厚。
11　奏课：把计簿、户籍按规定时间报送朝廷。

刺史。邺自齐亡，衣冠士人多迁入关，唯工商、乐户[1]移实州郭[2]，风俗险诐[3]，好兴谣讼[4]，目彦光为"着帽饧[5]"。隋主闻之，免彦光官。彦光请复为之，发擿奸伏，有若神明，豪猾潜窜，阖境大治。于是招致名儒，每乡立学，亲临策试[6]，褒勤黜怠。于是风化大变，无复讼者。新丰令房恭懿，政为三辅之最。每朝谒，隋主呼至榻前，访以治民之术。谓诸州朝集使[7]曰："房恭懿志存体国，爱养我民，卿等宜师之。"因擢为海州刺史。由是吏多称职，百姓富庶。

十二月，隋听民出家，赋钱[8]写书、造像隋主诏境内之民，任听出家，仍令计口[9]出钱，营造经像[10]。于是时俗风靡，民间佛书，多于《六经》数十百倍。

突厥佗钵可汗死，分立四可汗佗钵可汗病且卒，谓其子庵逻曰："吾兄不立其子，委位于我。我死，汝当避大逻便。"及卒，国人以大逻便母贱，庵逻实贵，竟立为嗣。大逻便心不服庵逻，每遣人詈辱之。庵逻不能制，因以国让摄图。国人共迎之，号沙钵略可汗，居都斤山[11]。庵逻降居独洛水[12]，称第二可汗。沙钵略以大逻便为阿波可汗，还领所部。又沙钵略从父玷厥居西面，号达头可汗。诸可汗各统部众，分居四面。沙钵略勇而得众，北方皆畏附之。

突厥伐隋，隋遣都尉长孙晟如突厥隋主既立，千金公主伤其宗祀覆没，日夜请为周复仇。沙钵略谓其臣曰："我，周之亲也。今隋公自立而不能制，

1　乐户：供富人取乐的人户，专门从事吹弹歌唱，名隶乐籍，户称"乐户"，其社会地位低贱。
2　州郭：州城。
3　险诐：阴险邪僻，多用形容人品卑劣、阴险狡诈之流。
4　谣讼：造谣诉讼。
5　着帽饧：戴着帽子的饴糖。
6　策试：古代以策问试士，因称对臣下或举子的考试为"策试"。
7　朝集使：汉代，各郡每年遣使进京报告郡政及财经情况，称为上计吏。后世袭汉制，改称朝集使。
8　赋钱：税钱。
9　计口：计算人数。
10　经像：佛像。
11　都斤山：古山名，即于都斤山，即今蒙古国西南杭爱山。
12　独洛水：古水名，即今蒙古国中北部土拉河。

复何面目见可贺敦乎？"乃与高宝宁合兵伐隋。隋主患之，峻[1]长城，命虞庆则镇并州，屯兵以备之。初，奉车都尉长孙晟送千金公主入突厥。可汗爱其善射，留之竟岁[2]，命诸子弟、贵人与之亲友。突利设处罗侯，沙钵略之弟也，尤得众心，阴与晟盟。晟与之游猎，因察山川形势，部众强弱，靡不知之。至是，晟上书曰："今诸夏[3]虽安，戎虏尚梗[4]，宜密运筹策，渐以攘之。玷厥之于摄图，兵强而位下，外名相属，内隙已彰，鼓动其情，必将自战。又处罗侯者，奸多势弱，曲取众心，国人爱之，因为摄图所忌，其心殊不自安。阿波首鼠，介[5]在其间，颇畏摄图，受其牵率[6]，唯强是与，未有定心。今宜远交而近攻，离强而合弱，通使玷厥，说合阿波，则摄图回兵自防右地[7]。又引处罗，遣连奚、霫[8]，则摄图分众，还备左方。首尾猜嫌，腹心离阻[9]，十数年后，乘衅[10]讨之，必可一举而空其国矣。"隋主纳之。遣太仆元晖出伊吾道，诣达头，赐以狼头纛[11]。达头使来，引居沙钵略使上。以晟出黄龙[12]道，赍币赐奚、霫、契丹，遣为乡导，得至处罗侯所，深布心腹，诱之内附。反间既行，果相猜贰。

壬寅（公元582年）

陈太建十四年。隋开皇二年。

春，正月，陈主顼殂。始兴王叔陵作乱，伏诛，太子叔宝立叔陵，

1　峻：增高，加高。
2　竟岁：终年，整年。
3　诸夏：泛指中原地区。
4　戎虏尚梗：北方突厥仍然不遵王命。
5　介：隔开，间隔。
6　牵率：带领，引导。
7　右地：西部地区。下文"左方"指东部地区。
8　引处罗，遣连奚、霫：交结处罗侯，派出使节联络东边的奚、霫部族。
9　离阻：分离，阻隔。
10　乘衅：利用机会，趁空子。
11　狼头纛：用狼头作标志的大旗。胡三省注："突厥之先，狼种也，子孙为君长，牙门建狼头纛，示不忘本也。"
12　黄龙：古边塞名，位于今辽宁省铁岭市辖开原市西北。

陈主之次子也，性苛刻狡险[1]，好发古冢[2]，为扬州刺史，与新安王伯固密图不轨。陈主不豫，太子与叔陵及长沙王叔坚并入侍疾。陈主殂，太子哀哭俯伏[3]，叔陵抽剉[4]药刀斫之，中项，闷绝。柳后来救，又斫之。叔坚手搤叔陵夺其刀，叔陵走出云龙门，驰车还东府，召左右断青溪道，赦东城囚以充战士，散金帛赏赐。又召诸王、将帅，莫有至者，唯伯固单马赴之。叔坚白柳后，以太后命召右卫将军萧摩诃入见受敕[5]，率马、步数百趋东府，屯城西门。叔陵惶恐，自知不济，欲奔隋，台军邀斩之。伯固亦为乱兵所杀。太子即位。

隋以晋王广为河北行台尚书令，蜀王秀为西南行台尚书令，秦王俊为河南行台尚书令隋主惩周氏孤弱而亡，故使二子分莅[6]方面，盛选僚佐。以王韶、李雄、李彻总晋王府库事，元岩为益州长史。韶、雄、岩，俱有骨鲠名。彻，前朝旧将，故用之。雄家世以学业自通，雄独习骑射。其兄子旦让之，雄曰：“自古圣贤，文武不备而能成其功业者鲜矣。雄虽不敏，颇观前志，但不守章句[7]耳。”至是，隋主谓雄曰：“吾儿更事未多，卿才兼文武，吾无北顾之忧矣。”二王欲为不法，韶、岩辄不奉教，或自锁，或排阁切谏，二王甚惮之。

陈遣使请和于隋。二月，隋师还陈遣使请和于隋。隋高颎奏，礼不伐丧，隋主乃诏颎等班师。

夏，五月，突厥伐隋，入长城高宝宁引突厥寇隋平州，突厥悉发五可汗控弦之士四十万，入长城。

六月，隋作新都于龙首山[8]隋主嫌长安城制度狭小，苏威因劝迁都。隋

1　狡险：狡诈阴险。
2　发古冢：发掘古墓。古冢，古墓。
3　俯伏：弯着身子。
4　剉：用锉刀去掉物体的芒角，后作“锉”。
5　受敕：接受诏命。
6　莅：治理，管理。
7　章句：指文章、诗词。
8　龙首山：古山名，一名龙首原，位于今陕西省西安市旧城北。

主夜与威及高颎共议。明旦，庾季才奏曰："臣仰观玄象[1]，俯察图记[2]，必有迁都之事。且汉营此城，将八百岁，水皆咸卤，不甚宜人。愿陛下协天人之心，为迁徙之计。"隋主愕然，谓颎、威曰："是何神也？"乃诏颎等创新都于龙首山。

冬，十二月，隋遣兵拒突厥，却之隋太子勇屯兵咸阳，虞庆则屯弘化[3]，以备突厥。行军总管达奚长儒将兵二千，与突厥可汗十余万众遇于周槃[4]，军中大惧。长儒神色慷慨，且战且行，转斗三日，昼夜凡十四战，五兵咸尽，士卒以拳殴之，手皆骨见，杀伤万计。虏气稍夺，于是解去。诏以长儒为上柱国。时冯昱、叱列长乂、李崇皆为突厥所败。于是突厥纵兵，入寇武威等七郡，六畜[5]咸尽。沙钵略更欲南入，达头引兵而去。长孙晟又说沙钵略之子染干，诈告沙钵略曰："铁勒等反。"沙钵略惧，引兵还。

隋罢江陵总管隋主既立，待梁主恩礼弥厚，纳其女为晋王妃，罢江陵总管。梁主始得专制其国。

癸卯（公元 583 年）

　　陈后主叔宝至德元年。隋开皇三年。

春，正月，陈以长沙王叔坚为江州刺史初，陈主病创[6]，不能视事，政无大小，皆决于叔坚，权倾朝廷。叔坚颇骄纵，陈主忌之。尚书孔范、舍人施文庆日求其短，构之。陈主乃出叔坚刺江州。

二月朔，日食。

陈以毛喜为永嘉内史陈中书通事舍人司马申既掌机密，颇作威福。陈主

1　玄象：天象。
2　图记：图谶。
3　弘化：古县名，治所位于今陕西省榆林市靖边县北白城子，辖境相当今陕西榆林市和横山县西部、内蒙古乌审旗南部地。
4　周槃：古地名，位于今甘肃省庆阳市合水县西南。
5　六畜：指猪、牛、羊、马、鸡、狗，也泛指各种家畜、家禽。
6　病创：受伤。

欲用侍中毛喜为仆射，申恶喜强直，言于陈主曰："喜，臣之妻兄，高宗时称陛下有酒德，请逐去宫臣[1]，陛下宁忘之邪？"陈主乃止。寻以创愈，置酒自庆，引江总以下展乐[2]赋诗。既醉，而命喜。时山陵初毕，喜不怿，欲谏，则陈主已醉。升阶[3]，佯为心疾，仆于阶下，移出省中。陈主醒，谓吏部尚书江总曰："彼实无疾，但欲非我所为耳。"欲杀之，不果。以为永嘉内史。

三月，隋迁于新都。

隋减调役[4]，弛酒、盐禁初令民二十一成丁，减役者岁为二十日，调绢为二丈。周末榷酒坊、盐池、盐井，至是皆罢之。

隋诏求遗书秘书监牛弘上表曰："典籍屡经丧乱，率多散逸。周氏聚书，仅盈万卷。平齐所得，才益五千。兴集之期，属膺圣世[5]。为国之本，莫此为先。"隋主从之，诏献书一卷，赉缣一匹。

夏，四月，吐谷浑寇隋临洮。

隋遣元帅、卫王爽伐突厥，大破之突厥数入寇，隋主下诏曰："往者周、齐抗衡，俱通突厥，以虏轻重，为国安危[6]。朕以厚敛兆庶[7]，多惠豺狼。未尝感恩，资而为贼。节之以礼，不为虚费，省徭薄赋，国用有余。因入贼之物，加赐将士；息道路之民，务为耕织。清边制胜，成策在心[8]。诸将今行，义兼含育[9]，有降者纳，有违者死。"于是命卫王爽等为行军元帅，分八道出塞击之。与沙钵略可汗遇于白道，总管李充言于爽曰："突厥狃于骤胜，必轻我而无备，以精兵袭之，可破也。"诸将多以为疑，唯长史李彻赞成之，遂与充率精骑五千掩击突厥，大破之。沙钵略潜遁。其军无食，粉骨为粮，加以疾疫，

1　称陛下有酒德，请逐去宫臣：说陛下酗酒成性，并请求赶走东宫僚属。
2　展乐：奏乐。
3　升阶：自堂下拾级而上。
4　调役：赋税和徭役。
5　兴集之期，属膺圣世：大规模汇集典籍，应当在圣明之世。
6　以虏轻重，为国安危：认为突厥的向背，关系着国家的安危。
7　兆庶：天子之民，百姓。
8　清边制胜，成策在心：清除边患，克敌制胜，朕早已胸有成竹。
9　含育：包容化育。

死者甚众。幽州总管阴寿出卢龙塞[1]，击高宝宁。突厥不能救，宝宁为其下所杀，和龙悉平。

陈郢州叛，降隋。隋主弗纳。

隋命左、右仆射分判[2]六部隋改度支尚书为民部，都官尚书为刑部。命左仆射判吏、礼、兵三部事，右仆射判民、刑、工三部事。废光禄、卫尉、鸿胪寺及都水台[3]。

五月，隋总管窦荣定与突厥战于凉州，突厥请盟而还隋秦州总管窦荣定率九总管步、骑三万出凉州，与突厥阿波可汗相拒，阿波屡败。前上大将军史万岁，坐事配敦煌，诣军门，请自效。荣定遣人谓突厥曰："士卒何罪而杀之？但当各遣一壮士决胜负耳。"突厥许诺，因遣一骑挑战。荣定遣万岁出应之，斩其首而还。突厥大惊，请盟而去。长孙晟时为偏将，使谓阿波曰："摄图、阿波，兵势本敌[4]。今摄图日胜，为众所崇；阿波不利，为国生辱。摄图必以罪归阿波，灭北牙[5]矣。阿波自度能御之乎？"又谓其使曰："今达头与隋连和，而摄图不能制，可汗何不依附天子，连结达头，相合为强？此万全计也。"阿波然之，遣使随晟入朝。沙钵略闻之，遂袭北牙，大破之。阿波还，无所归，西奔达头。达头大怒，遣阿波率兵而东，其部落归之者将十万骑，遂与沙钵略相攻，屡破之，复得故地，兵势益强。贪汗可汗素睦于阿波，沙钵略夺其众而废之。贪汗亡奔达头。沙钵略从弟地勤察别统部落，亦以众叛，归阿波。连兵不已，各遣使诣长安请和、求援，隋主皆不许。

六月，突厥寇幽州，隋总管李崇战死突厥寇幽州，隋总管李崇率步、

1　卢龙塞：古要塞名，位于今河北省唐山市迁西县北喜峰口一带，为河北平原通向东北的交通要道。
2　判：裁定事务。
3　都水台：古官署名，主管治水，以都水使者为主官。
4　敌：匹敌，对等。
5　北牙：阿波可汗所占有的北方管辖区。

骑三千拒之。转战十余日，师人¹多死，遂保砂城²，突厥围之。城荒颓³，不可守。军士苦饥，死亡略尽。突厥谕之使降，崇知不免，令其士卒曰："崇丧师徒，罪当万死。今日效命，以谢国家。"乃挺刃突阵而死。

秋，八月朔，日食。

陈以长沙王叔坚为司空叔坚未之⁴江州，复留为司空，实夺之权。

冬，十一月，隋罢郡为州兵部尚书杨尚希曰："今或地无百里，而数县并置，或户不满千，而二郡分领。僚众费多，租调岁减。宜存要去闲，并小为大，则国家不亏粟帛，选举易得贤良矣。"苏威亦以为请，隋主从之，罢郡为州。

十二月，陈司空、长沙王叔坚免叔坚既失恩，心不自安，为厌媚醮祠⁵以求福。陈主召将杀之，叔坚对曰："臣犯天宪，罪当万死。臣死之日，必见叔陵，愿宣明诏，责之于九泉之下。"乃赦，免官。

隋更定律，置博士隋既颁律令，苏威屡欲有所更易。李德林曰："修律令时，公何不言？今既颁行，且宜专守，自非大为民害，不可数更。"至是，隋主览刑部奏，断狱数犹至万，以律尚严密，乃敕威及牛弘等更定之。除死罪八十一条，流罪一百五十四条，徒、杖等千余条，定留五百条，凡十二卷。自是刑网⁶简要，疏而不失。仍置律博士、弟子员。

隋沿河置仓，运粟以给长安隋主以长安仓廪尚虚，诏西自蒲、陕，东至卫、汴⁷，水次十三州，募丁运米。又于卫州置黎阳仓⁸，陕州置常平仓，华州

1　师人：兵士。
2　砂城：古地名，又作沙城，即今河北省张家口市怀来县。
3　荒颓：荒废破败。
4　之：往，去。
5　厌媚醮祠：厌媚，祈祷鬼神以迷惑或伤害别人。醮祠，僧道设坛向神佛祭奠祷告。
6　刑网：形容刑法的严密如罗网一样，触犯后便无法逃脱。
7　西自蒲、陕，东至卫、汴：西起蒲州、陕州，东至卫州、汴州。卫州，古州名，辖今河南省新乡、卫辉、辉县、浚县、淇县、滑县、新乡等市县地。
8　黎阳仓：古粮仓名，位于今河南省鹤壁市浚县西南，相传三国时袁绍筑仓于此。

置广通仓[1]，转相灌输[2]，漕关东及汾、晋[3]之粟，以给长安。

　　隋杞州[4]刺史和干子免时刺史多任武将，类[5]不称职。治书侍御史柳彧上表曰：“昔汉光武与二十八将披荆棘，定天下，及功成之后，无所任职。伏见诏书，以和干子为杞州刺史。干子弓马武用，是其所长，治民莅职[6]，非其所解。如谓优老[7]，可加厚赐。若令刺举[8]，所损殊多。”隋主善之。干子竟免。彧见隋主勤于听受，百僚奏请，多有烦碎，上疏谏曰：“自古圣帝，莫过唐、虞，然皆劳于求贤，而逸于任使。陛下留心治道，无惮疲劳，乃至营造细小之事，出给[9]轻微之物，一日之内，酬答[10]百司。日旰忘食，夜分未寝，动以文簿[11]忧劳圣躬。愿察臣言，少减烦务[12]。唯经国大事，非臣下所能裁断者，奏请详决[13]。自余细务，责成所司。”隋主嘉之，曰：“柳彧直士，国之宝也。”彧又奏曰：“窃见京邑，爰及[14]外州，每以正月望夜[15]，燃灯游戏，竭赀破产，竞此一时。尽室并孥[16]，无问贵贱，男女混杂，缁素不分。秽行因此而生，盗贼由斯而起。无益有损，请行禁断[17]。”诏从之。

1　广通仓：古粮仓名，位于今陕西省渭南市辖华阴市东北渭河入黄河口处。
2　灌输：流通。
3　汾、晋：汾州、晋州。
4　杞州：古州名，辖今河南省开封、兰考二县以南，通许县以北，尉氏县以西，睢县以东地。
5　类：大抵，大都。
6　莅职：到任，就职。
7　优老：优待老人。
8　刺举：检举奸恶，举荐有功。
9　出给：给予。
10　酬答：应答。
11　文簿：文册簿籍。
12　烦务：繁杂的事务。
13　详决：审定，审理判决。
14　爰及：至于。爰，援引。
15　望夜：农历十五日之夜。
16　尽室并孥：全家男女老少一起出动。
17　禁断：禁止，使不再发生。

卷 三十六

起甲辰陈后主至德二年、隋文帝开皇四年，尽丁卯[1]隋炀帝大业三年凡二十四年。

甲辰（公元 584 年）

陈至德二年。隋开皇四年。

春，正月朔，日食。

梁主入朝于隋。

隋颁《甲子元历》张宾、刘晖等所造也。

二月，突厥达头可汗降隋。

夏，四月，隋伐吐谷浑，败之隋将军贺娄子干发五州兵击吐谷浑，克之。隋主以陇西频被寇掠，而俗不设村坞，命子干勒[2]民为堡，仍营田积谷。子干上书曰："陇西、河右，土旷民稀，边境未宁，不可广佃[3]。比见屯田之所，获少费多，虚役人功，卒逢践暴[4]。且陇右之民，以畜牧为事，若更屯聚，弥不自安。但使镇戍连接，烽堠[5]相望，民虽散居，必谓无虑。"隋主从之。

五月，陈以江总为仆射。

六月，隋作广通渠隋主以渭水多沙，深浅不常，漕者苦之，诏宇文恺凿渠引渭，自大兴城[6]东至潼关三百余里，名广通渠。漕运通利[7]，关内赖之。

秋，八月，陈将军夏侯苗叛，降于隋。隋主弗纳陈将军夏侯苗请降于隋，隋主以通和[8]，不纳。

---

1 丁卯：即公元 607 年。
2 勒：统率。
3 佃：耕种田地。
4 践暴：践踏，糟蹋。
5 烽堠：又称墩堠、瞭望台、瞭望塔、望楼、烽火台等，高耸而可以供人瞭望周围环境的塔楼式建筑。
6 大兴城：古地名，即隋新都，故址即今陕西省西安市。
7 通利：通畅，无阻碍。
8 通和：互相往来和好。

　　九月，隋诏公私文翰并宜实录隋主不喜辞华，故有是诏。时泗州[1]刺史司马幼之文表华艳[2]，诏付所司治罪。治书侍御史李谔亦上书曰："魏之三祖，崇尚文词，遂成风俗。江左齐、梁，其弊弥甚，竞一韵之奇，争一字之巧，连篇累牍，不出月露之形[3]，积案盈箱，唯是风云之状[4]。世俗以之相高，朝廷以之擢士。以儒素为古拙，以词赋为君子。故其文日繁，其政日乱，良由弃大圣之轨模[5]，构无用以为用也。今朝廷虽有是诏，而州县仍踵弊风[6]。躬仁孝之行者，不加收齿[7]；工轻薄之艺者，举送天朝。请加采察[8]，送台推劾[9]。"又言："士大夫矜伐干进[10]，无复廉耻，乞明加罪黜[11]，以惩风轨[12]。"诏以其奏颁示四方。

　　康熙御批：文取达意而止，原不贵乎繁缛[13]，自六朝竞尚瑰丽[14]，渐失古质遗风，遂致文人佻达[15]成习，行不顾言[16]，愈趋愈下。隋李谔上言，可谓切中时弊。

　　隋与突厥和亲突厥沙钵略可汗数为隋所败，乃请和亲。千金公主自请改姓杨氏，为隋主女。隋更封以为大义公主。沙钵略遣使致书，自称"从天生大突厥天下贤圣天子沙钵略可汗"。隋主复书曰："大隋天子贻书大突厥沙钵略可汗：得书，知大有善意。既为沙钵略妇翁[17]，今日视沙钵略与儿子不异。时遣大臣往彼省女，复省沙钵略也。"于是遣仆射虞庆则往使。沙钵略陈兵坐见

1　泗州：古州名，辖今江苏省宿迁、邳州、睢宁、泗阳、涟水、灌南、泗洪及安徽省泗县等市县地。
2　文表华艳：文表，公文表章。华艳，华丽。
3　月露之形：喻指辞藻华美而内容空泛的诗文。月露，月光下的露滴。
4　风云之状：像风云那样雄大高远的志向。
5　大圣之轨模：上古圣贤制定的法式、规则。轨模，法式楷模。
6　弊风：不良的风气。
7　收齿：录用，接纳。
8　采察：查访。
9　推劾：审问。
10　矜伐干进：矜伐，恃才夸功，夸耀。干进，谋求在仕途中进取。
11　罪黜：因罪被黜。
12　风轨：教化法度。
13　繁缛：多而琐细。
14　瑰丽：奇特绚丽。
15　佻达：轻薄放荡。
16　行不顾言：指做事不守信用。顾言，顾及到已经说过的。
17　妇翁：妻父，岳父。

庆则，称病不能起。长孙晟曰："突厥与隋俱大国天子，但可汗是大隋女婿，奈何不敬妇翁？"沙钵略笑，乃起拜顿颡，跪受玺书，以戴于首。既而大惭，与群下聚哭。庆则要以称臣，沙钵略谓左右曰："何谓臣？"左右曰："隋言臣，犹此云奴耳。"沙钵略曰："得为大隋天子奴，虞仆射之力也。"赠马千匹，以从妹妻之。

　　冬，十一月，隋遣使如陈隋主遣薛道衡等如陈，戒之曰："当识朕意，勿以言辞相折[1]。"

　　陈起临春、结绮、望仙阁陈主起三阁，各高数十丈，连延[2]数十间，皆以沉檀[3]为之，金玉、珠翠为饰，珠帘、宝帐[4]、服玩瑰丽，近古未有。其下积石为山，引水为池，杂植花卉。自居临春，张贵妃居结绮，龚、孔二贵嫔居望仙，复道往来。以官人袁大舍等为女学士。江总虽为宰辅，不亲政务，日与尚书孔范、散骑[5]王瑳等文士十余人，侍宴后庭，谓之"狎客"。使诸妃嫔及女学士与狎客共赋诗，采其尤艳丽者，被以新声[6]。其曲有《玉树后庭花》《临春乐》等，大略皆美诸妃嫔之容色。君臣酣歌，自夕达旦。张贵妃名丽华，本兵家女，性敏慧[7]，有神采，善候[8]人主颜色。又有厌魅[9]之术，置淫祀宫中，聚女巫鼓舞。百司启奏，并因宦者以进。陈主置妃膝上，共决之。由是宦官近习，内外连结。宗戚纵横，货赂公行。大臣有不从者，因而谮之。于是大臣皆从风诣附。孔范与孔贵嫔结为兄妹。陈主恶闻过失，每有恶事，范必曲为文饰，称扬赞美，由是宠遇优渥[10]，言听计从。群臣有谏者，辄以罪斥之。中书舍人施文

1　相折：争高低。
2　连延：连续绵延。
3　沉檀：沉香木和檀木。二者均为香木。
4　宝帐：华美的帐子。
5　散骑：古官名，皇帝的侍从官，出入则骑从，在乘舆车旁。
6　被以新声：谱上新曲。
7　敏慧：聪明有智慧。
8　候：探察。
9　厌魅：用迷信方法祈祷鬼神以迷惑或伤害别人。
10　优渥：优厚。

庆颇涉书史，尝事陈主于东宫，聪敏强记，明闲[1]吏职，大被亲幸。又荐所善沈客卿、阳惠朗、徐哲、暨慧景等有吏能[2]，陈主皆擢用之。客卿有口辩，颇知典故。惠朗、慧景，家本小吏，考校簿领，毫厘不差，督责苛碎，聚敛无厌，士民嗟怨。关市之税，岁入数十倍。陈主大悦，益以文庆为知人，转相汲引，珥[3]貂蝉者五十人。孔范自谓文武才能举朝莫及，白陈主曰："诸将起自行伍，匹夫敌耳。"自是将帅微有过失，即夺其兵，分配文吏[4]。由是文武解体，以至覆灭。

康熙御批：陈构三阁，将以居处、娱乐，势必轩窗弘敞[5]，若果高数十丈，则凌风插云，乌能卓立[6]乎？

乙巳（公元585年）

陈至德三年。隋开皇五年。

春，正月朔，日食。

隋颁《五礼》礼部尚书牛弘所修也。

夏，五月，隋初置义仓[7]，貌阅[8]户口，作输籍法[9]度支尚书长孙平奏："令民间每秋家出粟麦一石以下，贫富为差，储之当社，委社司检校[10]，以备凶年，名曰'义仓'。"隋主从之。

胡氏曰：赈饥[11]莫要乎近其人。隋义仓取之于民不厚，而置仓于当社，饥

1　明闲：通晓熟悉。
2　吏能：为政的才能。
3　珥：戴，插。
4　文吏：文职官吏。
5　轩窗弘敞：轩窗，窗户。弘敞，高大宽敞。
6　卓立：耸立，独立。
7　义仓：地方上为防备荒年而设置的公益粮仓。
8　貌阅：验看人的面貌，以核实户籍册上登记的人数和年龄。
9　输籍法：制定各户等级和纳税标准的办法，用以查清隐藏户口，以防止人民逃税和抑制士族、豪强占有劳动人口，从而确保政府收入，加强中央集权。
10　储之当社，委社司检校：民户交纳的粮食储存于所在的祭祀社神之所，委派社中官吏查核。
11　赈饥：救济饥民。

民之得食也，其庶矣乎[1]！后世义仓之名固在，而置仓于州县，一有凶饿[2]，无状[3]有司固不以上闻[4]也；良有司敢以闻矣，比及报可[5]，委吏属[6]出而施之，文移反复，给散[7]艰阻，监临胥吏相与侵没[8]。其受惠者，大抵城郭之近，力能自达之人耳。居之远者，安能扶老携幼，数百里以就龠合[9]之廪哉？必欲有备无患，当以隋氏为法，而择长民[10]之官，行劝农之法，辅以救荒之政。本末具举，民之饥也，庶有瘳[11]乎！

　　时民间多妄称老、小，以免赋役。隋主命州县大索貌阅，户口不实者，里正、党长远配[12]。大功以下，皆令析籍，以防容隐[13]。于是计帐得新附一百六十四万余口。高颎又言："民间课输[14]无定簿，难以推校[15]，请为输籍法。"隋主从之。自是奸无所容矣。

　　梁主岿殂，太子琮立孝慈俭约[16]，境内安之。

　　秋，八月，突厥可汗遣子入朝[17]于隋突厥阿波可汗浸强，诸胡皆附，号西突厥。沙钵略既为达头所困，又畏契丹，遣使告急于隋，请将部落度[18]漠南。隋主命晋王广以兵援之，给以衣食，赐之车服、鼓吹。沙钵略因击西突厥，破之。

1　其庶矣乎：大致就差不多了。
2　凶饿：灾荒饥饿。
3　无状：罪大不可言状。
4　上闻：向朝廷呈报。
5　报可：批复照准。
6　吏属：下属官吏。
7　给散：发放。
8　侵没：侵占吞没。
9　龠合：借指少量的粮食。
10　长民：为民之长。
11　瘳：病愈。此处借指得到救助。
12　里正、党长远配：里、党的负责人都要发配到边远的地方去。
13　大功以下，皆令析籍，以防容隐：堂兄弟以下仍然同居的大家族，都命令他们分家居住，自立门户，以防止出现隐瞒户口人丁的情况。大功，指丧礼五服中为之服大功的亲属。
14　课输：征收赋税。
15　推校：推求考校。
16　孝慈俭约：孝慈，对尊长孝敬，对下属或后辈慈爱。俭约，俭省节约。
17　入朝：属国、外国使臣或地方官员谒见天子。
18　度：越过。

而阿拔国乘虚掠其妻子。官军为击阿拔，败之。沙钵略大喜，乃立约，以碛[1]为界，因上表曰："天无二日，土无二王，大隋皇帝真皇帝也，岂敢阻兵恃险，偷窃名号？今屈膝稽颡，永为藩附。"遣其子库合真入朝。自是岁时贡献不绝。

陈主杀其中书通事舍人傅缂缂负才使气，人多怨之。施文庆、沈客卿共谮缂受高丽使金，陈主收缂下狱。缂于狱中上书曰："夫君人者，恭事上帝，子爱下民，省嗜欲，远谄佞，未明求衣[2]，日旰忘食，是以泽被区宇，庆流子孙[3]。陛下顷来酒色过度，不虔郊庙大神，专媚淫昏[4]之鬼，小人在侧，宦竖弄权，恶忠直若仇雠，视生民如草芥，后宫曳绮绣，厩马余菽粟[5]，百姓流离，僵尸蔽野[6]，货贿公行，帑藏损耗，神怒民怨，众叛亲离。臣恐东南王气，自斯尽矣。"书奏，陈主大怒。顷之，意稍解，遣使谓曰："我欲赦卿，卿能改过不？"对曰："臣心如面，面可改，则心可改矣！"陈主益怒，遂赐死。陈主每当郊祀，常称疾不行，故缂言及之。

隋复置江陵总管梁大将军戚昕以舟师袭公安，不克而还。隋主征梁主叔父吴王岑入朝，拜大将军，因留不遣。复置江陵总管以监之。

隋筑长城隋主发丁三万，于朔方、灵武筑长城，东距河，西至绥州[7]，绵历[8]七百里。四年，又发民十五万，缘边筑数十城，以遏胡寇。

丙午（公元586年）

陈至德四年。隋开皇六年。梁后主琮广运元年。

1　碛：沙漠。
2　未明求衣：天没有亮就穿衣起床，形容勤于政事。
3　泽被区宇，庆流子孙：恩泽布施于天下海内，吉庆流传于子孙后代。
4　淫昏：淫乱昏愦。
5　后宫曳绮绣，厩马余菽粟：后宫妃嫔宫女都穿着华丽的丝织品，御用马匹菽粟、麦等粮食都吃不完。
6　蔽野：遮盖原野，形容数量众多。
7　东距河，西至绥州：东至黄河，西至绥州。绥州，古州名，辖今陕西省绥德、清涧、子长、子洲、米脂、佳县、吴堡等县及横山县东部、榆林市南部地。
8　绵历：绵延。

春，正月，党项羌请降于隋。

隋颁历于突厥。

二月，隋制刺史上佐每岁入朝考课。

秋，闰八月，隋杀其上柱国[1]梁士彦、宇文忻、刘昉初，士彦讨尉迟迥，破之，代为相州刺史。忻与隋主少相厚，善用兵，有威名。隋主皆忌之，以谴[2]去官。昉亦被疏远，俱怀怨望。忻欲使士彦于蒲州起兵，己为内应。士彦之甥裴通预其谋而告之。隋主隐其事，以士彦为晋州刺史，欲观其意。士彦欣然，谓昉等曰："天也！"隋主因其朝谒，执而诘之，遂皆伏诛。隋主素服临射殿[3]，命百官射三家资物[4]以为诚。

冬，十月，隋以杨尚希为礼部尚书隋主每旦临朝，日昃不倦，尚希谏曰："周文王以忧勤[5]损寿，武王以安乐延年。愿陛下举大纲，责成宰辅。繁碎之务，非人主所宜亲也。"隋主善之，而不能从。

隋以秦王俊为山南行台尚书令。

陈以江总为尚书令。

吐谷浑太子诃请降于隋，隋主弗纳吐谷浑可汗夸吕在位百年，屡因喜怒废杀太子。后太子惧，谋执夸吕而降，请兵于隋。边吏请以兵应之，隋主不许。太子谋泄被杀，复立其少子嵬王诃。复惧诛，谋率部落万五千户降隋，遣使请兵。隋主曰："浑贼风俗，特异[6]人伦，父既不慈，子复不孝。朕以德训人，何有成其恶逆乎？"乃谓使者曰："父有过失，子当谏争，岂可潜谋[7]非法，受不孝之名？溥天之下，皆朕臣妾，各为善事，即称朕心。嵬王既欲归朕，朕唯教嵬王为臣子之法，不可远遣兵马，助为恶事。"嵬王诃乃止。

1　上柱国：古官名，原指保卫国都之官，军事武装的高级统帅，后引申为功勋的荣誉称号。
2　谴：官员获罪降职。
3　射殿：给皇帝练习射箭用的大殿。
4　资物：资财物品。
5　忧勤：多指帝王或朝廷为国事而忧虑勤劳。
6　特异：特殊，非同一般。
7　潜谋：暗中谋划。

丁未（公元587年）

陈祯明元年。隋开皇七年。○是岁梁亡，凡二国。

春，正月，隋制诸州岁贡士三人。

二月，隋开扬州山阳渎[1]。

突厥沙钵略可汗死，弟莫何可汗处罗侯立初，沙钵略以其子雍虞闾懦弱，遗令立其弟叶护处罗侯。沙钵略死，雍虞闾遣使迎之。处罗侯曰："自木杆以来，多以弟代兄，以庶夺嫡，失先祖之法，不相敬畏。汝当嗣位，我不惮拜汝。"雍虞闾曰："叔与我父，共根连体，岂可反屈于卑幼[2]乎？且亡父之命，何可废也？愿叔勿疑。"遣使相让者五六，处罗侯竟[3]立，是为莫何可汗。以雍虞闾为叶护[4]。莫何勇而有谋，以隋所赐旗鼓[5]西击阿波。阿波之众以为隋兵助之，多望风降附。遂生擒阿波，上书请其死生之命。隋主以问长孙晟，晟对曰："若突厥背诞[6]，须齐[7]之以刑。今其昆弟自相夷灭，阿波之恶，非负国家，因其困穷，取而为戮，恐非招远之道。不如两存之。"高颎亦曰："骨肉相残，教之蠹也，宜存养以示宽大。"隋主从之。

夏，五月朔，日食。

秋，九月，隋灭梁，以其主萧琮为莒公隋征梁主入朝，梁主率其群臣二百余人发江陵。隋主遣武乡公崔弘度将兵戍江陵，梁主叔父安平王岩、弟瓛等恐弘度袭之，遣使请降于陈。九月，陈荆州刺史陈慧纪引兵至江陵，岩等驱文武、男女十万口奔陈。隋主闻之，废梁国，遣高颎安集遗民。拜梁主琮柱国，赐爵莒公。

---

1 山阳渎：古运河名，自今江苏省淮安市北通淮河，东南流经射阳湖，南至扬州市江都区东，西折经扬州市南入长江。
2 卑幼：晚辈年龄幼小者。
3 竟：终于。
4 叶护：古突厥、回纥等民族官名，地位仅次于可汗，世袭，由可汗的子弟或宗族中的强者担任。
5 旗鼓：旗与鼓，古代军中指挥战斗的用具。
6 背诞：违命放诞，不受节制。
7 齐：整治。

冬，十一月，隋主如冯翊，祠故社[1]是行也，李德林以疾不从，敕书[2]追之，与议伐陈之计。及还，隋主马上举鞭南指，曰："待平陈之日，以七宝庄严公，使自山以东无及公者[3]。"

陈临平湖开初，隋主与陈邻好甚笃，每获陈谍，皆给衣、马礼遣之，而陈侵掠如故，故隋伐之。会高宗殂，隋主即命班师，遣使赴吊[4]，书称姓名顿首。陈主答书末云："想彼统内如宜，此宇宙清泰[5]。"隋主不悦，以示朝臣，上柱国杨素以为主辱臣死，再拜请罪。隋主问取陈之策于高颎，对曰："江北田收[6]差晚，江南水田早熟。量彼收获之际，微征士马，声言掩袭，彼必屯兵守御，废其农时。彼既聚兵，我便解甲。再三若此，彼以为常。后更集兵，彼必不信。犹豫之顷，我乃济师[7]，登陆而战，兵气益倍。江南土薄，舍多茅竹，储积皆非地窖。当密遣人因风纵火，待彼修立[8]，复更烧之，不出数年，财力俱尽矣。"隋主用其策，陈人始困。于是信州总管杨素、吴州总管贺若弼及光州刺史高勤等争献平江南之策。虢州[9]刺史崔仲方上书曰："今唯须武昌以下，更帖精兵，密营度计[10]。益、信、襄、荆、基、郢等州，速造舟楫，多张形势[11]。若贼以精兵赴援上流，则下流诸将即可择便横度[12]；如其拥众自卫，则上江[13]水军鼓行以前。彼虽恃九江、五湖[14]之险，非德无以为固，徒有三吴、百越之兵，

1　故社：出生地的社神。
2　敕书：皇帝慰谕公卿、训诫朝臣的文书之一。
3　以七宝庄严公，使自山以东无及公者：用七宝来装饰您，使崤山以东的士大夫，没有人能像您那样显贵。七宝，佛教语，七种珍宝，具体名称佛经中说法不一。庄严，佛教谓用善美之物盛饰国土。
4　赴吊：前往吊丧。
5　想彼统内如宜，此宇宙清泰：想你统治的地方应该安好，国家清净平安。清泰，清净平安。
6　田收：农田的收成。
7　济师：军队渡水。
8　修立：修建。
9　虢州：古州名，辖今河南省西部灵宝、栾川以西、伏牛山以北地。
10　更帖精兵，密营度计：再增加精兵，秘密进行筹划部署。帖，添补，增添。度计，谋划。
11　多张形势：多方壮大声势。
12　横度：横越。
13　上江：即长江上游地区。
14　五湖：古代吴越地区湖泊，具体所指说法不一。

无恩不能自立矣。"隋主以仲方为基州刺史。及陈受萧岩等降，隋主益忿，谓高颎曰："我为民父母，岂可限一衣带水[1]不拯之乎？"命大作战船。人请密之，隋主曰："吾将显行天诛，何密之有？"使投其柹于江，曰："若彼惧而能改，吾复何求！"杨素在永安，造五牙大舰，起楼五层，高百余尺，置六拍竿[2]，高五十尺，容战士八百人；其次黄龙、平乘、舴艋，大小有差。晋州刺史皇甫绩言陈有三可灭："大吞小，一也。以有道伐无道，二也。纳叛臣萧岩，于我有词[3]，三也。陛下若命将出师，臣愿展丝发[4]之效！"隋主劳而遣之。时江南妖异[5]特众，临平湖草久塞，忽然自开。陈主恶之，乃自卖于佛寺为奴以厌之。

　　陈主杀其太市令[6]章华吴兴章华，好学能文，以无伐阅，除太市令，郁郁不得志。上书极谏，略曰："陛下不思先帝之艰难，不知天命之可畏，溺于嬖宠，惑于酒色，祠七庙而不出，拜三妃而临轩[7]。老臣宿将，弃之草莽[8]；谄佞谀邪，升之朝廷。今疆场日蹙，隋军压境。陛下如不改弦易张，臣见麋鹿复游于姑苏矣[9]！"陈主大怒，斩之。

　　胡氏曰：人臣之义，固不可视君垂亡而不谏，然有可否之义焉。章华忠矣，然位非公卿，官非谏争，危言劘[10]上，以蹈斧钺，而其本心乃以见摈于时，郁郁不得志而发也。则虽死于直言，又安得继泄冶[11]之后乎？

1　一衣带水：隔着一条衣带那样狭窄的水。意指虽有江河湖海相隔，但距离不远，不足以成为交往的阻碍。
2　拍竿：古时战具名，置于兵车、战舰上，利用杠杆和滑车，遥掷石块、钉板、火种等物以打击敌方。
3　于我有词：对我们来说，师出有名。
4　丝发：丝毫，形容细微。
5　妖异：反常怪异的现象。
6　太市令：古官名，太府卿属官，掌百族交易之事。
7　祠七庙而不出，拜三妃而临轩：祭祀祖宗七庙时托辞不出，册封三位妃子时却亲临殿堂。
8　草莽：草野，民间。
9　麋鹿复游于姑苏矣：意指国家将会很快灭亡，姑苏城变成一片废墟，任由动物游荡其间。
10　劘：规劝，谏争。
11　泄冶：春秋时陈国大夫，因谏陈灵公与夏姬私通之事被陈灵公所杀。

戊申（公元 588 年）

陈祯明二年。隋开皇八年。

春，三月，隋下诏伐陈诏曰："陈叔宝据手掌之地，恣溪壑[1]之欲，劫夺闾阎，驱逼内外，穷奢极侈，俾昼作夜[2]，斩直言之客，灭无罪之家，欺天造恶，祭鬼求恩。君子潜逃，小人得志。天灾地孽，物怪人妖。背德违言，播荡疆场。可出师授律，应机诛殄[3]。在斯一举，永清吴越。"又送玺书暴陈主二十恶，写诏三十万纸，遍谕江外。

夏，五月，陈主废其太子胤，立子深为太子胤性聪敏，好文学，然颇有过失。詹事袁宪切谏，不听。时沈后无宠，陈主疑其母子怨望，恶之。张、孔二妃日夜构成[4]其短，孔范之徒又于外助之。陈主欲立张贵妃子始安王深为嗣，尚书蔡徵顺旨称赞，袁宪厉色折之。陈主卒废胤为吴兴王，而立深为太子。深亦聪慧，有志操，容止俨然，虽左右近侍，未尝见其喜愠[5]。陈主闻袁宪尝谏胤，即日用宪为仆射。陈主遇沈后素薄，张贵妃专后宫之政，后澹然，未尝有所忌怨[6]，身居俭约，衣服无锦绣之饰，唯寻阅图史及释典[7]为事，数上书谏争。陈主欲废之而立张贵妃，会国亡，不果。

冬，十月，隋以晋王广为淮南行省尚书令、行军元帅，率师伐陈隋置淮南行省于寿春，以晋王广为尚书令。陈主遣王琬、许善心聘于隋，隋人留之。遂有事于太庙，命晋王广、秦王俊、清河公杨素皆为行军元帅。广出六合，俊出襄阳，素出永安，庐州总管韩擒虎出庐州，吴州总管贺若弼出广陵，凡总管九十，兵五十一万八千，皆受晋王节度。旌旗舟楫，横亘[8]数千里。以高颎为元帅，长史王韶为司马，军事皆取决焉。颎谓郎中薛道衡曰："江东可克

1　溪壑：溪谷，亦借以比喻难以满足的贪欲。
2　穷奢极侈，俾昼作夜：奢侈至极，昼夜寻欢作乐。
3　出师授律，应机诛殄：出师讨伐，以正国法，乘机诛灭暴君。
4　构成：凭空捏造别人的某种过失或缺点。
5　愠：怒。
6　忌怨：妒忌怨恨。
7　图史及释典：图史，图书和史籍。释典，佛经。
8　横亘：横跨，绵延横陈。亘，延续不断。

平?"道衡曰:"克之。郭璞[1]言:'江东分王三百年,复与中国合。'今此数将
周[2],一也。主上恭俭勤劳,叔宝荒淫骄侈,二也。国之安危,在所寄任[3]。彼以
江总为相,唯事诗酒;拔小人施文庆,委以政事;萧摩诃、任蛮奴为大将,皆
一夫之用耳,三也。我有道而大,彼无德而小,量其甲士,不过十万,西自巫
峡[4],东至沧海[5],分之则势悬而力弱,聚之则守此而失彼,四也。席卷之势,事
在不疑。"秦王俊督诸军屯汉口[6],为上流节度。陈以周罗睺督诸军拒之。杨素
引舟师下三峡,军至流头滩[7]。陈将军戚昕以青龙[8]百余艘、兵数千人守狼尾滩[9],
地势险峭[10],隋人患之。素曰:"胜负大计,在此一举。若昼日下船,彼见我虚
实,滩流迅激[11],制不由人,则吾失其便。不如以夜掩之。"乃夜率黄龙[12]数千艘,
衔枚而下。遣将军刘仁恩率甲骑击昕,败之,悉俘其众,劳而遣之,秋毫不
犯。遂率水军东下,舟舻被江,旌甲曜日[13]。陈之镇戍,相继以闻。施文庆、沈
客卿并抑而不言。陈江中无一斗船[14],上流兵皆阻杨素军,不得至。湘州刺史、
晋熙王叔文在职既久,大得人和,陈主忌之。自度素与群臣少恩,恐不为用,
乃以施文庆代叔文,配以精兵二千,欲令西上。文庆深以为喜,然惧出外之
后,执事者持己短长[15],因进沈客卿自代。未发间,二人共掌机密。护军将军樊

1　郭璞:两晋文学家、训诂学家,也是当时最著名的术士,传说他擅长预卜先知和诸多奇
　　异的方术。
2　周:满,完备。
3　寄任:所委托的重要职任。
4　巫峡:古地名,长江三峡之一,西起重庆市巫山县大宁河口,东至湖北省巴东县官渡口。
5　沧海:指大海,以其一望无际、水深呈青苍色,故名。古代亦为东海的别称。
6　汉口:古地名,又称夏口、沔口、鲁口,即今湖北省武汉市汉水入长江之处。
7　流头滩:古地名,位于今湖北省宜昌市夷陵区西长江中。
8　青龙:古战舰名。
9　狼尾滩:古地名,位于今湖北省宜昌市夷陵区西长江中。
10　险峭:险恶峻峭。
11　迅激:迅速而猛烈。
12　黄龙:古战舰名。
13　舟舻被江,旌甲曜日:舰船布满江面,旌旗甲胄鲜明映日。曜日,映日。
14　斗船:战船。
15　持己短长:掌握自己当权时的内幕。

毅言于袁宪曰："京口、采石俱是要地，各须锐兵[1]五千，并出金翅[2]二百，缘江上下，以为防备。"宪及骠骑将军萧摩诃皆以为然。施文庆恐无兵从己，而客卿又利文庆之任，己得专权，白陈主曰："此是常事，边城将帅足以当之。若出人、船，必恐惊扰。"及隋军临江，间谍骤至，宪等奏请再三，文庆曰："元会将逼，南郊复迩[3]，今若出兵，事便废阙。"复以货[4]动江总，使抑宪等，由是议久不决。陈主从容谓侍臣曰："王气在此，齐兵三来，周师再来，无不摧败。彼何为者邪？"孔范曰："长江天堑[5]，限隔南北，今日虏军岂能飞渡邪？边将欲作功劳，妄言事急。臣每患官卑，虏若渡江，定作太尉公矣。"陈主以为然，故不为深备，奏伎[6]、纵酒、赋诗不辍。

突厥莫何可汗死，兄子颉伽施多那都蓝可汗立。

吐谷浑褥王[7]木弥降隋吐谷浑褥王拓跋木弥请以千余家降隋，隋主曰："浑贼凶狂，妻子怀怖[8]。叛夫背父，不可收纳。然其本意正自避死，今若违拒[9]，又复不仁。但宜慰抚，任其自拔[10]，不须出兵应接。"

己酉 隋高祖文皇帝开皇九年（公元589年）

春，正月，总管贺若弼、韩擒虎进军灭陈，获其主叔宝正月朔，陈主朝会，大雾四塞，陈主昏睡，至晡时乃寤[11]。是日[12]，贺若弼自广陵引兵济江。先是，弼以老马多买陈船而匿之，买弊船[13]五六十艘，置于渎内。陈人觇之，

1　锐兵：精锐的士卒。
2　金翅：古代战舰名。
3　元会将逼，南郊复迩：元旦的大朝会即将来临，南郊大祀也接近了。迩，接近。
4　货：贿赂。
5　天堑：天然的壕沟，言其险要可以隔断交通。
6　奏伎：表演技艺。
7　褥王：小王。
8　妻子怀怖：连他的妻儿都心怀恐惧。
9　违拒：违抗，不服从。
10　自拔：主动摆脱痛苦或罪恶的境地。
11　寤：睡醒。
12　是日：这一天。
13　弊船：破船。

以为中国[1]无船。又令缘江防人交代[2]之际，必集广陵，大列旗帜，营幕被野[3]。陈人以为隋兵大至，急发兵为备，既而知之，不复设备。又缘江时猎，人马喧噪[4]。及是济江，陈人遂不之觉。韩擒虎将五百人自横江宵济采石，守者皆醉，遂克之。戍主驰启告变[5]。陈主以萧摩诃、樊毅、鲁广达并为都督，司马消难、施文庆并为大监军，遣樊猛率舟师出白下。既而贺若弼拔京口，军令严肃，秋毫不犯。有军士于民间酤酒者，弼立斩之。所俘获六千余人，弼皆释之，给粮劳遣[6]，付以敕书，令分道宣谕。于是所至风靡。韩擒虎进攻姑孰，半日拔之。父老来谒者，昼夜不绝。于是弼自北道、擒虎自南道并进，缘江诸戍，望风尽走。弼进据钟山[7]。晋王广遣总管杜彦与韩擒虎合军，屯于新林。陈人大骇，降者相继。时建康甲士尚十余万人，陈主唯昼夜啼泣，台内处分，一以委施文庆。文庆既知诸将疾己[8]，恐其有功，乃奏曰："此等怏怏，哪可专信？"由是诸将凡有启请[9]，率皆不行。贺若弼之攻京口也，萧摩诃请逆战，不许。及弼至钟山，摩诃又曰："弼悬军深入，垒堑[10]未坚，出兵掩袭，可以必克！"又不许。任忠言于陈主曰："兵法：客贵速战，主贵持重。今国家足食足兵，宜固守台城，缘淮立栅，北军虽来，勿与交战。分兵断江路，无令彼信得通。给臣精兵一万，金翅三百艘，下江[11]径掩六合。彼大军必谓其渡江将士已被俘获，自然挫气[12]。淮南士人与臣旧相知悉，今闻臣往，必皆景从。臣复扬声欲往徐州，断彼归路，则诸军不击自去。待春水既涨，上江周罗睺等众军必沿流赴

1　中国：指中原地区的隋朝。
2　交代：前后任相接替，移交。
3　被野：布满野外。
4　缘江时猎，人马喧噪：时常派遣军队沿江打猎，人欢马叫。喧噪，喧哗吵闹。
5　驰启告变：携带告急文书飞骑赶赴都城报告隋军已渡江的消息。
6　劳遣：好言安慰，遣返回乡。
7　钟山：古山名，位于今江苏省南京市中山门外。
8　疾己：痛恨自己。
9　启请：启奏请求。
10　垒堑：营垒和壕沟。
11　下江：顺江而下。
12　挫气：丧气。

援[1]，此良策也。"陈主不能从。明日，欻然[2]曰："兵久不决，令人腹烦[3]，可呼萧郎一出击之。"任忠叩头苦请勿战。孔范又奏："请作一决，当为官勒石燕然[4]。"陈主从之，多出金帛充赏。使鲁广达陈于白土冈[5]，任忠、樊毅、孔范、萧摩诃军以次而北，亘二十里，首尾进退不相知。贺若弼登山望之，驰下，以所部甲士八千勒阵待之。陈主通于萧摩诃之妻，故摩诃无战意。唯鲁广达以其徒力战，与弼相当。隋师退走数四，弼纵烟以自隐。陈兵斩首，皆走献求赏。弼知其骄惰[6]，更引兵趋孔范。范兵暂交即走，诸军乱溃[7]，不可复止。擒萧摩诃，释而礼之。任忠驰见陈主，言败状，曰："官好住[8]，臣无所用力矣。"陈主与金两縢[9]，使募人出战，忠曰："陛下当就上流众军，臣以死奉卫。"陈主信之，敕出部分。会韩擒虎自新林进军，忠遂率数骑迎降于石子冈，引擒虎军直入朱雀门。陈人欲战，忠挥之曰："老夫尚降，诸君何事？"众皆散走，唯袁宪在殿中。陈主谓曰："我从来遇卿不胜余人，今但追愧[10]耳！"陈主遑遽[11]，将避匿[12]，宪正色曰："大事如此，去欲安之？不若正衣冠，御正殿，依梁武帝见侯景故事。"陈主不从，曰："吾自有计。"乃从宫人十余出景阳殿，将自投于井，宪苦谏不从。后阁舍人夏侯公韵以身蔽井，陈主与争，久之，乃得入。既而军人窥井，呼之不应，欲下石，乃闻叫声，以绳引之，惊其太重。及出，乃与张贵妃、孔贵嫔同束[13]而上。沈后居处如常。太子深年十五，闭阁而坐，舍人孔伯

1　赴援：赶来救援。
2　欻然：忽然。
3　腹烦：心烦。
4　请作一决，当为官勒石燕然：请求与隋军决战，获胜之日，为陛下刻石记功，永垂青史。官，古时用以称天子。勒石燕然，典出东汉将军窦宪率领汉军及南匈奴、东胡乌桓、西戎氐羌大破北匈奴，封燕然山，勒石记功，成为了后世功臣名将向往的功业巅峰。
5　白土冈：古地名，位于今江苏省南京市东，钟山南麓。
6　骄惰：骄纵怠惰。
7　乱溃：混乱溃散。
8　好住：行人临去时慰嘱居留者之词，相当于安居保重。
9　縢：囊，袋。
10　追愧：后悔惭愧。
11　遑遽：惊惧不安。
12　避匿：躲藏。
13　同束：同一根绳子。

鱼侍侧。军士叩阁而入，深安坐劳之，军士咸致敬焉。贺若弼乘胜至乐游苑，鲁广达犹督余兵苦战不息，所杀、获数百人。会日暮，乃解甲，面台再拜恸哭，谓众曰："不能救国，负罪深矣。"士卒皆涕泣歔欷，遂就擒。弼烧门入，闻擒虎已得叔宝，呼视之，叔宝惶惧，流汗股栗，向弼再拜。既而弼耻功在擒虎后，与之相询，挺刃而出，欲令叔宝作降笺归己，不果。

晋王广入建康，诛陈都督施文庆等五人高颎先入建康，晋王广使人驰告之，令留张丽华。颎曰："昔太公蒙面以斩妲己，此岂可留也？"斩之。广闻之变色，曰："昔人云：'无德不报。'我必有以报高公矣！"由是恨颎。寻入建康，以施文庆谄佞，沈客卿聚敛，与阳慧朗、徐析、暨慧景皆为民害，斩之以谢三吴。使高颎与记室裴矩收图籍，封府库，一无所取，闻者贤之。以贺若弼违令先期[1]，收以属吏。帝驿召之，且诏广曰："平定江表，弼与擒虎之力也。"赐物万段[2]，别诏褒美。开府王颁，僧辩之子也，夜发陈高祖陵，焚骨取灰，投水而饮之。既而自缚，归罪于广，广以闻而赦之。

以许善心为散骑常侍帝使以陈亡告许善心，善心衰服[3]号哭于西阶之下，藉草[4]东向坐三日。敕书唁[5]焉。明日，就馆，拜散骑常侍。善心哭尽哀，改服，垂泣，再拜受诏，明日乃朝，伏泣殿下，悲不能兴。上顾左右曰："我平陈国，唯获此人。既能怀其旧君，即我之诚臣[6]也。"

陈水军都督周罗睺降初，罗睺守江夏，秦王俊不得进逾月。陈南康内史吕忠肃据巫峡，凿岩缀铁锁，横截上流，以遏隋船。竭其私财，以充军用。杨素击之，四十余战，忠肃守险力争，隋兵死者五千余人。既而隋师屡捷，忠肃弃栅而遁。复据荆门之延洲[7]，素遣五牙四艘，以拍竿破其舰，遂大破之。于是

1　先期：在约定日期之前决战。
2　赐物万段：赏赐贺若弼布帛等物一万段。
3　衰服：穿着丧服。
4　藉草：坐在草垫上。
5　唁：对遭遇非常变故者表示慰问。
6　诚臣：忠臣。
7　延洲：古地名，位于今湖北省宜昌市辖宜都市西北荆门山东。

巴陵以东，无复城守者。及建康平，诸城皆解甲，罗睺乃与诸将大临三日，放兵散，然后诣俊降，上江皆平。王世积在蕲口[1]，移书告谕江南诸郡，皆降。

　　遣使巡抚陈地州郡。

　　二月，置乡正、里长苏威奏请五百家置乡正，使治民间辞讼。李德林以为："本废乡官判事，为其里间亲识，剖断[2]不平。今令乡正治民，为害更甚。"上竟用威议，仍以百家为里，置里长一人。

　　将军宇文述拔吴、东扬州，执其刺史萧岩、萧瓛以归，杀之陈吴州刺史萧瓛能得物情，陈亡，吴人推瓛为主。右卫大将军宇文述等讨之，破其栅，执瓛。东扬州刺史萧岩以会稽降，与瓛皆送长安，斩之。

　　陈湘州刺史陈叔慎起兵长沙，败死杨素之下荆门也，遣庞晖将兵略地，南至湘州，城中将士刻日请降。刺史、岳阳王叔慎年十八，置酒会僚吏，酒酣，叹曰："君臣之义，尽于此乎？"长史谢基伏而流涕，助防[3]、遂兴侯正理起曰："主辱臣死，诸君独非陈国之臣乎？今天下有难，实致命之秋也。纵其无成，犹见臣节，青门之外，有死不能[4]！今日之机，不可犹豫，后应者斩！"众咸许诺。乃刑牲[5]结盟，遣人诈奉降书于庞晖。晖入，叔慎伏甲执之以徇，并其众皆斩之。叔慎坐于射堂[6]，招合士众，数日之中，得五千人。衡阳太守樊通、武州[7]刺史邬居业皆举兵助之。隋刺史薛胄将兵适至，击之。叔慎遣陈正理、樊通拒战，兵败。胄乘胜入城，擒叔慎、居业，送秦王俊，斩之。

　　陈冯魂以岭南降，陈地悉平岭南未有所附，数郡共奉高凉郡太夫人洗氏为主。诏遣柱国韦洸等安抚岭外。陈豫章太守徐璒据南康拒之，洸等不得进。晋王广遣陈叔宝遗夫人书，谕以国亡，使之归隋。夫人集首领数千人，尽日恸

1　蕲口：古地名，一名蕲阳口，位于今湖北省黄冈市蕲春县西南长江北岸。
2　剖断：辨明是非，加以判处。
3　助防：古官名，为边远州属官，有以侯爵担任者。
4　青门之外，有死不能：于青门之外种瓜，宁死不为。青门之外，典出《史记》，据《史记·萧相国世家》载，邵平本为秦时东陵侯，秦亡为民，隐于长安城东，以种瓜为生。
5　刑牲：古时为了祭祀或盟约而杀牲畜。
6　射堂：古时习射的场所。
7　武州：古州名，辖今湖南省沅江流域。

哭，遣其孙冯魂率众迎洗。洗击斩徐璒，岭南皆定。表魂为仪同三司，册洗氏为宋康郡夫人。衡州司马任瓌劝都督王勇据岭南，求陈氏子孙立以为帝。勇不能用，以所部来降，瓌弃官去。于是陈国皆平，得州三十，郡一百，县四百。诏夷建康城邑宫室，更于石头城置蒋州[1]。

夏，四月，晋王广班师，俘陈叔宝至京师，献于太庙。论功行赏有差帝坐广阳门观[2]，引陈叔宝于前，使纳言宣诏劳之。内史令宣诏，责以君臣不能相辅，乃至灭亡。叔宝及其群臣并愧惧伏地，屏息不能对。既而宥之。鲁广达追伤[3]本朝沦覆[4]，得疾不疗，愤慨而卒。帝给赐[5]叔宝甚厚，叔宝愿得一官号，帝曰："叔宝全无心肝！"既而以陈氏子弟多，恐其在京城为非，乃分置边州，给田业使为生，岁时赐衣服以安全[6]之。进杨素爵为越公，贺若弼宋公。弼与韩擒虎争功于帝前，弼曰："臣在蒋山死战，破其锐卒，擒其骁将，震扬威武，遂平陈国。"擒虎曰："臣以轻骑五百直取金陵，执陈叔宝。弼夕方至，臣启关[7]纳之，安得与臣比？"帝曰："二将俱为上勋。"于是进擒虎上柱国，高颎爵齐公，从容命颎与弼论平陈事。颎曰："弼先献十策，后苦战破贼，臣文吏耳，焉敢与之论功？"帝大笑，嘉其有让。初，上尝使颎问方略于李德林。至是，赏其功，授柱国，封郡公。已宣敕[8]，或说颎曰："今归功德林，诸将必当愤惋，而公亦为虚行矣。"颎入言之，乃止。贺若弼撰其所画策上之，谓之《御授平陈七策》，帝弗省，曰："我不求名，公宜自载家传。"后突厥来朝，帝谓之曰："汝闻江南有陈国乎？"因命左右引突厥诣韩擒虎前曰："此是执得陈国天子者。"擒虎厉色顾之，突厥惶恐，不敢仰视。庞晃等短[9]高颎，帝怒，

1　蒋州：古州名，辖今江苏省南京市、江宁、溧水、高淳县及安徽省芜湖市、当涂、繁昌二县地。
2　观：古代宫殿、官府、祠庙、陵墓前由双阙组成的出入口。
3　追伤：追念伤悼。
4　沦覆：沦亡覆没。
5　给赐：赐予。
6　安全：保护，保全。
7　启关：开门。
8　宣敕：发布命令。
9　短：指摘缺点，揭发过失。

皆黜之。亲礼愈密。因谓颎曰："公犹镜也，每被磨莹[1]，皎然益明。"

复故陈境十年，余州一年。

投陈孔范等于边裔晋王广之戮陈五佞也，未知孔范、王瑳、王仪、沈瓘之罪，故得免。至是，始暴其恶，投之边裔，以谢吴越之人。瑳，忌刻[2]贪鄙；仪，倾巧侧媚[3]；瓘，险酷邪诌[4]。故同罪焉。

以陈江总、袁宪等为开府仪同三司以江总、袁宪、萧摩诃、任忠为开府仪同三司。帝嘉袁宪雅操[5]，下诏，以为江表称首[6]。又以陈散骑常侍袁元友数直言，擢拜主爵侍郎[7]。谓群臣曰："平陈之初，我悔不杀任蛮奴[8]。受人荣禄，兼当重寄[9]，不能横尸徇国，乃云无所用力，与弘演纳肝[10]何其远也！"见周罗睺，慰谕之，许以富贵。罗睺泣对曰："臣荷陈氏厚遇，本朝沦亡，无节可纪。得免于死，陛下之赐也，何富贵之敢望？"贺若弼谓罗睺曰："闻公郢、汉捉兵，即知扬州可得[11]。"罗睺曰："若得与公周旋，胜负未可知也。"伐陈之役，以陈降将羊翔为乡导，位至上开府仪同三司[12]，班在罗睺上。韩擒虎戏之曰："不知机变[13]，乃立羊翔之下。"罗睺曰："昔尝谓公天下节士，今日之言，非所望也。"擒虎有愧色。初，陈散骑常侍韦鼎聘于周，遇帝而异之，谓曰："公当大贵，贵则天下一家，岁一周天[14]，老夫当委质于公矣。"及归，尽卖田宅。

1　磨莹：磨治光亮。
2　忌刻：亦作"忌克"，对人忌妒刻薄。
3　侧媚：用不正当的手段讨好别人。
4　险酷邪诌：心狠手辣，残酷苛暴，而嘴里却好话说尽，投人所好。
5　雅操：高尚的操守。
6　称首：第一。
7　主爵侍郎：古官名，吏部主爵曹长官，掌封爵事。
8　任蛮奴：即任忠，字蛮奴。
9　重寄：重大的托付。
10　弘演纳肝：弘演为春秋时卫国大夫，奉命远使未归时，狄人突然攻卫，杀懿公，尽食其肉，独舍其肝。弘演为卫侯收尸，尸体零落不全，只有一只肝尚完好。弘演手取懿公之肝纳入腹中，从者只好把弘演的尸体当作懿公的棺材，草草掩埋。
11　闻公郢、汉捉兵，即知扬州可得：听到您前往郢、汉地区提调部队，即料到扬州地区唾手可得。
12　上开府仪同三司：古官名，隋朝为从三品散实官。
13　机变：机智权变。
14　岁一周天：岁星经过一周天，即十二年后。

或问其故，鼎曰："江东王气尽于此矣。"至是，召为上仪同三司[1]。

诏除毁兵仗诏曰："今率土大同，含生遂性[2]。禁卫之余，镇守之外，戎旅军器，皆宜停罢。武力之子，俱可学经。民间甲仗，悉皆除毁。"

杀安乐公元谐谐性豪侠，有气调[3]，好排诋[4]，不能取媚[5]左右，与王谊善。谊诛，或告谐谋反，按验，伏诛。

闰月，以苏威为仆射，杨素为纳言。

秋，七月，群臣请封禅，不许。

八月，以王雄为司空左卫大将军王雄贵宠特盛，宽容下士，朝野倾属[6]。帝阴忌之，以雄为司空，实夺之权。雄乃杜门，不通宾客。

冬，十二月，诏定雅乐帝践祚之初，柱国郑译请修正雅乐，诏太常卿牛弘、国子祭酒辛彦之、博士何妥等议之，积年不决。译言："古乐十二律，旋相为宫，各用七声，世莫能通。"译因龟兹人苏祇婆善琵琶，始得其法，推演为十二均、八十四调，以校太乐所奏，例皆乖越[7]。又于七音之外更立一声，谓之"应声"。与邳公世子苏夔议累黍[8]定律。时人以音律久无通者，非译、夔一朝可定。帝素不悦学，而牛弘不精音律，何妥自耻不逮，常欲沮坏[9]其事，乃立议非之。或欲令各造乐，而择其善者。妥又恐乐成，善恶易见，乃请张乐[10]试之，先白帝云："黄钟象人君之德。"及奏黄钟之调，帝曰："滔滔和雅[11]，与我心会。"妥因奏止用黄钟一宫，不假余律，上悦，从之。时又有乐工万宝常，妙达[12]音律。上召问之，宝常曰："此亡国之音也。"上不悦。宝常请以水

1　上仪同三司：古勋官名，隋朝为从四品散实官。
2　率土大同，含生遂性：天下统一，百姓得以任情随性。含生，一切有生命者，多指人类。
3　气调：气概，风度。
4　排诋：排斥诋毁。
5　取媚：讨好。
6　倾属：倾心向往。
7　乖越：错过，不相称。
8　累黍：按一定方式排列黍粒以定分、寸、尺及音律律管的长度。
9　沮坏：毁坏，破坏。
10　张乐：置乐，奏乐。
11　滔滔和雅：黄钟调演奏的音乐似滔滔洪流，浑厚典雅。
12　妙达：精通。

尺¹为律，上从之。宝常造诸乐器，其声率下译调二律，其声雅淡，不为时人所好，苏夔尤忌之。夔父威方用事，凡言乐者皆附之，宝常乐竟寝，不行。及平陈，获宋、齐乐器、工人，上廷奏之，叹曰："此华夏正声也。"乃调五音为五夏、二舞、登歌、房内等十四调，宾祭²用之。太常置清商署以掌之。至是，牛弘又奏："中国旧音，多在江左，今得梁、陈旧乐，请加修缉³，以备雅乐。其后魏、后周之乐，杂有边裔之声，请悉停之。"乃诏弘与许善心、姚察及虞世基参定。

　　以辛公义为岷州⁴刺史岷俗畏疫，一人病，阖家避之，病者多死。公义命皆舆置厅事⁵，暑月⁶，厅廊皆满。公义设榻，昼夜处其间，以秩禄具医药，身自省问⁷。病者既愈，乃召其亲戚，谕之曰："死生有命，岂能相染？若能相染，吾死久矣。"皆惭，谢而去。其后人有病者，争就使君，其家亲戚固留养之，始相慈爱，风俗遂变。后迁并州刺史，下车，先至狱中，露坐验问。十余日间，决遣⁸咸尽，还领新讼，事皆立决。有须禁者，公义即宿厅事，终不还阁⁹。或谏曰："公事有程¹⁰，何自苦？"公义曰："刺史无德，不能使民无讼，岂可禁人在狱，而安寝于家乎？"罪人闻之，咸自款服¹¹。后有讼者，乡间父老遽晓之曰："此小事，何忍勤劳使君？"讼者多两让而止。

庚戌十年（公元590年）

　　春，二月，以李德林为湖州刺史德林恃才好胜，同列疾之，由是以佐

1　水尺：调校五音律吕的仪器。
2　宾祭：招待贵宾和举行大祭。
3　修缉：编纂整理。
4　岷州：古州名，辖今甘肃省定西市岷县地。
5　舆置厅事：将病人抬到自己的厅事大堂内。
6　暑月：夏月，约相当于农历六月前后。
7　省问：探望，问候。
8　决遣：审判发落。
9　还阁：回后堂休息。
10　程：规章，程序。
11　款服：亦作"款伏"，服罪。

命元功，十年不徙级。数与苏威异议，高颎常助威，帝多从之。尝赐德林庄店，使自择之，德林请高阿那肱店。店人诉本高氏强夺民田所为，威因奏德林诬罔自入，帝益恶之。虞庆则等奉使关东还，奏："乡正专理辞讼，党与爱憎，公行货贿。"帝令废之。德林曰："兹事臣本以为不可，然始置即停，朝成暮毁，非帝王设法之义。自今群臣于律令辄欲改张[1]，愿陛下即以军法从事。不然，纷纭未已。"帝怒，大诟[2]曰："尔欲以我为王莽邪？"先是，德林称父为太尉咨议，以取赠官。黄门侍郎陈茂言："德林父实终于校书。"帝甚衔之。至是，面数其罪，出为湖州刺史，迁怀州，卒。

以柳庄为饶州[3]刺史给事黄门侍郎柳庄有识度，博学，善辞令，明习典故，雅达政事，帝及高颎、苏威皆重之。与陈茂同僚，不能降意，茂谮而出之。

杀楚州[4]参军李君才于殿内帝性猜忌，不悦学，既任智[5]以获大位，因以文法自矜，明察临下，恒令左右觇视内外，有过失，则加以重罪。又患令史赃污，私使人以钱帛遗之，得犯立斩。每于殿廷捶人，捶楚不甚，即命斩之。高颎、柳彧等谏曰："朝堂非杀人之所，殿廷非决罚之地。"不纳。颎等乃尽诣朝堂请罪，帝不怿，乃令殿内去杖。后李君才言帝宠高颎过甚，帝怒，命杖之，而殿内无杖，遂以马鞭捶杀之。因复置杖。未几，怒甚，又于殿廷杀人。兵部侍郎冯基固谏，不从。寻悔，宣慰基而怒群臣之不谏者。

夏，五月，诏军人悉属州县诏曰："魏末丧乱[6]，军人权置坊、府，南征北伐，居处无定。今可悉属州县，其垦田、籍帐[7]，一与民同。军府统领，宜依旧式。仍罢缘边新置军府。"

1　改张：即改弦更张，换掉旧的琴弦，再安上新的，比喻去旧更新，改变制度或作法等。
2　诟：怒骂，辱骂。
3　饶州：古州名，辖今江西省鄱江、信江两流域（婺源、玉山除外）。
4　楚州：古州名，辖今江苏省盱眙、淮安、淮阴、宝应、建湖、金湖、洪泽等县市地。
5　任智：凭借智谋。
6　丧乱：死亡祸乱，后多以形容时势或政局动乱。
7　籍帐：登记户口、田地、赋税等的簿册。

六月，制民年五十免役收庸[1]。

秋，七月，以杨素为内史令。

冬，十一月，江南乱，以杨素为行军总管，讨平之江表自东晋以来，刑法疏缓，世族陵驾寒门。平陈之后，尽反其政。苏威复作《五教》，使民诵之，士民嗟怨。民间复讹言隋欲徙之入关，远近惊骇。于是越州[2]高智慧、苏州[3]沈玄侩皆举兵反，自称天子，攻陷州县。陈之故境，大抵皆反，大者有众数万，小者数千，执县令杀之，曰："更能使侬诵《五教》邪？"诏遣杨素讨之。素将济江，使麦铁杖戴束藁[4]，夜，浮渡江觇贼，还而复往，为贼所擒，遣兵三十人防之。铁杖取贼刀乱斩防者，尽杀之而归。素大奇之，奏授仪同三司。素率舟师自扬子津[5]入击贼。玄侩败走，追擒之。智慧据浙江东岸为营，周亘百余里，船舰被江[6]。素击之。子总管[7]来护儿曰："吴人轻锐，利在舟楫，必死之贼，难与争锋。公宜严阵以待之，勿与接刃。请假奇兵数千潜渡，掩破其壁，使退无所归，进不得战，此韩信破赵之策也。"素从之。护儿以轻舸数百直登江岸，袭破其营，因纵火，烟焰张天[8]。素纵兵奋击，大破之。智慧逃入海，素遣总管史万岁率众二千，逾岭越海，攻破溪洞[9]不可胜计。前后七百余战，转斗千余里，寂无声问[10]者十旬，远近皆谓已没。万岁置书竹筒中，浮之于水，得者以告。素上其事，上嗟叹，厚赐其家。素追智慧，克温州[11]。智慧走保闽、越。上以素久于

1　免役收庸：交纳一定的绢代替应服的劳役。
2　越州：古州名，辖今广东省茂名、电白以西，广西容县、灵山以南，合浦以东地区及海南省。
3　苏州：古州名，辖今江苏省苏州市吴中区、常熟市以东，浙江省桐乡、海盐东北和上海市部分地区。
4　束藁：一束干草。
5　扬子津：古渡口名，位于今江苏省扬州市邗江区南扬子桥附近，古时在长江北岸，由此可南渡至京口。
6　被江：布满江面。
7　子总管：古官名，军中武官，领千人。
8　张天：布满天空。
9　溪洞：古代指今部分苗族、侗族、壮族及其聚居地区。
10　声问：音讯，音信。
11　温州：古州名，辖今湖北省荆门市京山县一带。

外，令驰传入朝。素以余贼未殄，复请行泛海¹，奄至泉州²。贼帅王国庆自以海路艰阻，不设备，弃州走，余党皆散。素分兵追捕，密令人说国庆，使斩送智慧以自赎。余党悉降，江南大定。素用兵多权略，驭众严整。每将临敌，辄求人过失而斩之，多至百余人，流血盈前，言笑自若。及其对阵，先令一二百人赴敌，或不能陷阵而还者，悉斩之。更令二三百人复进，还亦如之。将士股栗，有必死之心，由是战无不胜，称为名将。素时贵幸，言无不从。从素行者，微功必录。至他将虽有大功，多为文吏³所谴却。故素虽残忍，士亦以此愿从焉。

胡氏曰：伐仇讨逆，诛暴解纷，兵之大用也。仇未复，逆未除，暴未诛，纷未解，则有不得已而杀人者，杀敌而已，未闻先杀吾人而使之致力于杀人也，特三令五申以警惧之而已。杨素部曲，皆练习精锐，而所当者又非强敌，乃残忍如此，而后成功，犹称名将，不亦异乎？

番禺夷反，遣给事郎⁴裴矩讨平之。以冯盎为高州刺史，洗氏为谯国夫人番禺夷王仲宣反，岭南首领多应之，引兵围广州。韦洸中流矢卒，诏以其副慕容三藏检校⁵军事。又诏裴矩巡抚岭南。矩至南康，得兵数千人，击斩仲宣。遣别将至南海。高凉洗夫人遣其孙冯暄将兵救广州，逗留不进。夫人大怒，遣使执暄，系狱，更遣孙盎会三藏等合击仲宣，仲宣众溃。洗氏亲被甲，乘介马，张锦伞，引彀骑⁶，卫从裴矩巡抚二十余州。苍梧首领陈坦等皆来谒见，矩承制署为刺史、县令，使还统其部落，岭表遂定。上以矩为民部⁷侍郎，拜盎高州刺史，赠冯宝谯国公，册洗氏为谯国夫人，开幕府，置官属，给

1　泛海：乘船过海，渡海。
2　泉州：古州名，辖境相当于今天福建全省。
3　文吏：文法之吏，指执法吏。
4　给事郎：古官名，为值勤散官，常出使监察。后掌省读奏案，即前代给事中之职。
5　检校：以他官派办某事，加“检校”，非正式官衔。
6　彀骑：持弓弩的骑兵。
7　民部：古官署名，由度支改称，尚书省六部之一，职掌财赋户籍，统度支、民部、金部、仓部四曹。

印章，听便宜行事。赦暄逗留之罪。番州[1]总管赵讷贪虐，俚、獠亡叛[2]，夫人上封事论之。上遣推讷，竟致于法[3]。敕夫人招慰亡叛。夫人亲载诏书，称使者，历十余州，所至皆降。上嘉之，赐临振县[4]为汤沐邑。

辛亥十一年（公元591年）

春，二月，吐谷浑可汗夸吕死，子世伏立夸吕闻陈亡，大惧，遁逃保险，遣使入贡。寻卒。

以刘旷为莒州刺史平乡[5]令刘旷有异政[6]，以义理晓谕讼者，皆引咎而去，狱中草满，庭可张罗。高颎荐之，故有是命。

是月晦，日食。

秋，八月，杀滕王瓒初，帝微时，与瓒不协。帝为周相，瓒恐为家祸，阴欲图帝。其妃，周高祖妹顺阳公主也，亦与独孤后不平。帝命出之，瓒不可。至是，从幸栗园[7]，遇鸩，暴卒。

壬子十二年（公元592年）

秋，七月，苏威以开府就第，尚书卢恺除名何妥与苏威争议事，积不相能。威子夔与妥议乐，复不同。议者以威故，同夔者什八九。妥恚曰："吾席间函丈[8]四十余年，反为昨暮儿[9]所屈邪？"遂奏："威与卢恺、薛道衡、王弘、李同和等共为朋党。"帝大怒。威免官爵，以开府就第，卢恺除名。知名

1　番州：古州名，辖今广东省东至翁源、龙门、增城、东莞、宝安、深圳等市县，北至南雄、仁化、乐昌等市县，西至乳源、英德、怀集、广宁、四会、佛山、高鹤、开平、台山等市县，南至海。
2　俚、獠亡叛：岭南各地的俚族、獠族多逃亡反叛。
3　上遣推讷，竟致于法：隋文帝派遣使者到番州审查赵讷，将他依法治罪。
4　临振县：古县名，治所位于今海南省三亚市北。
5　平乡：古县名，治所位于今河北省邢台市平乡县西南。
6　异政：不同往常的政令措施。
7　从幸栗园：跟随文帝前往长安城南栗园。
8　席间函丈：两桌座位相隔一丈，便于指画。
9　昨暮儿：初生儿，比喻幼稚无知。

之士得罪者百余人。自周以来，选无清浊[1]。及恺摄吏部，与薛道衡等甄别士流，故涉朋党之谤，以至得罪。未几，上曰："苏威德行者，但为人所误耳。"命复通籍。威好立条章[2]，每岁责民间五品不逊[3]，答者或云："管内无五品之家。"其不相应领[4]，类如此。又为余粮簿，欲使有无相赡。民部侍郎郎茂以为烦迂不急[5]，皆奏罢之。茂尝为卫国[6]令，有民张元预兄弟不睦，丞、尉请加严刑，茂曰："元预兄弟本相憎疾，又坐得罪，弥益其忿，非化民[7]之意也。"乃徐谕之以义。元预等各感悔[8]，顿首请罪，遂相亲睦。

是月晦，日食。

八月，制诸州死刑，悉移大理[9]奏裁[10]帝以天下用律者多蹉驳[11]，罪同论异，故有是命。

冬，十月，新义公韩擒虎卒。

十二月，以杨素为仆射，与高颎专掌朝政。领军大将军贺若弼除名杨素性疏辩[12]，高下在心，唯颇推高颎，敬牛弘，厚接薛道衡，视苏威以下蔑如[13]也。其才艺、风调优于颎，至于推诚体国，处物平当[14]，有宰相识度，则不如颎远矣。贺若弼自谓功名出朝臣之右，当为宰相。及素为仆射，不平形于言色，由是免官，怨望愈甚。久之，上下弼狱，谓之曰："我以高颎、杨素为宰相，汝每昌言毁之，何也？"弼曰："颎是臣之故人，素，臣之舅子，臣知其为人，

---

1 自周以来，选无清浊：自从北周建立以来，选拔官吏不管品德好坏。
2 条章：条例规章。
3 责民间五品不逊：责备民间各地不重视推行儒家仁、义、礼、智、信五常的教化。
4 应领：回应领会。
5 烦迂不急：繁琐迂阔，不能应急。
6 卫国：古县名，治所位于今河南省濮阳市清丰县东南。
7 化民：教化百姓。
8 感悔：受到触动而悔改。
9 大理：古官署名，即大理寺，国家最高审判机构，掌决正刑狱。
10 奏裁：奏请裁决。
11 蹉驳：错乱，驳杂。
12 疏辩：粗疏而有辩才。
13 蔑如：没有什么了不起。
14 推诚体国，处物平当：以至诚治理国家，处事公平。

诚有此语。”公卿奏弼罪当死，上曰：“臣下守法不移，公可自求活理[1]。”弼曰：“臣将八千兵擒陈叔宝，窃以此望活。”上曰：“此已格外重赏。”弼曰：“臣今还格外望活。”上低回[2]者数日，特令除名。岁余，复其爵位。

诏免河北、河东功、调，减田租有司言：“府藏皆满，无所容，积于廊庑[3]。”于是更辟左藏院以受之。上乃诏曰：“宁积于人，无藏府库。河北、河东今年田租三分减一，兵减半功，调全免。”

遣使均田时天下户口岁增，京辅[4]及三河地少而人众，衣食不给，帝乃发使四出，均天下之田。其狭乡[5]每丁才至二十亩，老少又少焉。

癸丑十三年（公元593年）

春，二月，作仁寿宫诏杨素营仁寿宫于岐州之北，素奏宇文恺、封德彝为土木监[6]。于是夷山堙谷[7]以立宫殿，崇台累榭，宛转相属[8]。役使严急，丁夫多死，覆以土石，因而筑之。死者以万数。

禁藏谶纬。

秋，七月晦，日食。

诏议明堂制度帝命礼部尚书牛弘等议明堂制度。宇文恺献木样，帝命有司度地立之。而诸儒议久不决，乃罢之。

突厥突利可汗请婚，许之帝之灭陈也，以陈叔宝屏风赐突厥大义公主。

---

1 活理：生存的办法。
2 低回：情感或思绪萦回。
3 廊庑：堂前的廊屋。
4 京辅：国都及其附近地区。
5 狭乡：隋唐实行均田制时，称公地多、人口少的地方为宽乡，人口多、公地少的地方为狭乡。
6 土木监：古官名，为营建宫室临时设置的官员，主持整个建筑工程，负责宫室的建筑各方面事务。
7 夷山堙谷：把山头铲平，把山谷填满。
8 崇台累榭，宛转相属：修筑高台，于其上建很多房屋，绵延相连。榭，建筑在台上的房屋。

公主以其宗国之覆，心常不平，书屏风为诗，叙陈亡以自寄[1]。帝闻而恶之，礼赐渐薄。公主遂扇惑[2]都蓝可汗，颇为边患。帝遣将军长孙晟使突厥，因发公主私事，废之。内史侍郎[3]裴矩请说都蓝，使杀公主。时处罗侯之子染干号突利可汗，居北方，遣使求婚。帝使矩谓之曰："能杀大义公主，乃许婚。"突利遂谮公主于都蓝，都蓝因发怒杀公主，更表请婚，朝议将许之。长孙晟曰："雍虞闾[4]反复无信，直以与玷厥有隙，故欲依倚[5]国家。虽与为婚，终当叛去。今若尚主，承藉威灵，玷厥、染干，必受其征发。强而更反，后恐难图。且染干者，处罗侯之子，素有诚款，前尝乞婚，不如许之，招令南徙，兵少力弱，易以抚驯[6]，使敌雍虞闾，以为边捍[7]。"上曰："善。"复遣晟慰谕染干，许尚公主。

甲寅**十四年**（公元 594 年）

夏，四月，行新乐协律郎[8]祖孝孙从陈阳山[9]太守毛爽受京房律法。牛弘使孝孙参定雅乐，布管飞灰，顺月皆验[10]。又每律生五音，十二律为六十音，因而六之，为三百六十音，分直一岁之日[11]，以配七音，而旋相为宫[12]之法，由是著明[13]。弘等乃奏请复用旋宫法，帝犹记何妥之言，不听。于是弘等复附帝意，

1　自寄：寄托自己的情感。
2　扇惑：煽动蛊惑。
3　内史侍郎：古官名，内史省次官。
4　雍虞闾：都蓝可汗的名字。下文"玷厥"为达头可汗的名字。
5　依倚：倚靠，依傍。
6　抚驯：使之驯服。
7　边捍：边防，边境防务。
8　协律郎：古官名，掌管音律，属太常寺。
9　阳山：古郡名，郡治位于今广东省清远市辖英德市西北。
10　布管飞灰，顺月皆验：律管中葭灰飞动，顺序和十二个月份全部符合。葭灰，古人烧苇膜成灰，置于律管中，放密室内，以占气候。某一节候到，某律管中葭灰即飞出，示该节候已到。
11　分直一岁之日：分别和一年的三百六十五天对应起来。
12　旋相为宫：十二律中各律都可以轮流作宫音，即宫音可在十二律中循环往复转动。决定以何律作为宫音后，整个音级各音均按次推移。
13　著明：显著分明。

销毁前代金石，以息异议。又作武舞[1]，以象功德。至是乐成，诏行之，乃禁民间所造繁声。万宝常闻新乐，泫然[2]泣曰："淫厉[3]而哀，天下不久尽矣！"宝常竟饿死。且死，悉取其书烧之，曰："用此何为？"

六月，始给公卿以下职田[4] 先是，台、省、府、寺及诸州皆置公廨钱[5]，收息取给。工部尚书苏孝慈以为，官司出举兴生[6]，烦扰百姓，败损风俗，请皆禁止，给地以营农[7]。于是始诏："公卿以下，皆给职田，毋得治生，与民争利。"

秋，七月，以苏威为纳言。

诏直太史刘孝孙等定历，已而罢之 初，张宾历[8]既行，刘孝孙及刘焯并言其失。宾方有宠，刘晖附之，斥罢孝孙等。后宾卒，孝孙复上其事，诏留直太史，累年不调，乃抱其书，使弟子舆榇诣阙下伏哭，执法拘而奏之。帝以问何妥，妥言其善。使与张胄玄校宾历，久之不定。上令参问日食事，杨素等奏："太史奏日食二十有五，皆无验，而胄玄所刻妙中[9]，孝孙验亦过半。"于是上引孝孙、胄玄等，亲劳之。孝孙请先斩刘晖，乃可定历。帝不怿，又罢之。孝孙寻卒。

关中旱、饥。八月，帝如洛阳 上遣左右视民食，得豆屑、杂糠以献。上流涕以示群臣，深自咎责，为之不御酒肉者期年。至是，率民就食于洛阳，敕斥候不得驱逼。男女参厕[10]于仕卫之间，遇扶老携幼者，辄引马避之。至艰险处，见负担者，令左右扶助。

---

1 武舞：雅舞的一种，舞时手执斧盾，内容为歌颂统治者武功，用于郊庙祭祀及朝贺、宴享等大典。
2 泫然：泪水滴落的样子。
3 淫厉：暴戾，过于猛烈。
4 职田：政府按官职品级授给官吏作为俸禄的田地，以租田收取的租粟为俸禄。
5 公廨钱：官府为取得办公费用和官吏俸禄而投入商业活动或高利贷活动的本钱。
6 出举兴生：官府放贷，收息盈利。
7 营农：从事农耕。
8 张宾历：张宾修撰的《甲子元历》。
9 妙中：全都得到验证。
10 参厕：参与，置身。

冬，闰十月，诏高仁英、萧琮、陈叔宝修其宗祀，官给器物[1]诏以齐、梁、陈宗祀废绝，命高仁英、萧琮、陈叔宝以时修祭，所须器物，有司给之。叔宝侍宴出，帝目之曰："此败岂不由酒？以作诗之功，何如思安时[2]事？当贺若弼渡京口，彼人密启告急，叔宝饮酒，遂不之省[3]。高颎至日，见启在床下，犹未开封。诚可笑也。"

齐州刺史卢贲有罪，除名贲坐民饥闭粜[4]，除名。皇太子为言："贲有佐命功，不可弃。"帝曰："微刘昉、郑译、卢贲、柳裘、皇甫绩等，则我不至此。然此等皆反复子也，当周宣帝时，以无赖得幸。及帝大渐[5]，此辈行诈，顾命于我。我将为政，又欲乱之。自为难信，非我弃之。众人见此，谓我薄于功臣，斯不然矣。"贲遂废，卒于家。

胡氏曰：是非之心，人皆有之。隋文固险黠忮忍[6]，而其本心则未尝泯亡[7]。方其图集大利，以权数相倾，则攘臂褰裳[8]、争先相附者为能。及夫所欲既得，而反思可否，则洁身顾义、不预危事者为是。此苏威所以蒙殊常之顾，而译、贲废死，刘昉极刑也，亦可为倾覆轻薄[9]、厌常为新者之深鉴矣。

散骑侍郎王劭上《皇隋灵感志》帝好禨祥小数[10]，劭前后上表，言帝受命符瑞甚众，又采歌谣、谶纬，捃摭[11]佛书，曲加诬饰[12]，撰《皇隋灵感志》三十卷奏之，上令宣示天下。劭集诸州朝集使，盥手[13]焚香，闭目而读之，曲

1　官给器物：祭祀时所需要的器物，由朝廷供给。
2　安时：安定时势。
3　不之省：没有查问这件事。
4　闭粜：禁止卖粮给百姓。
5　大渐：病危。
6　险黠忮忍：险黠，阴险狡黠。忮忍，嫉妒残忍。
7　泯亡：泯灭消失。
8　攘臂褰裳：攘臂，捋起袖子，露出胳膊，表示振奋。褰裳，撩起下裳。
9　倾覆轻薄：倾覆，邪僻不正，反复无常。轻薄，轻佻浮薄。
10　禨祥小数：禨祥，祈禳求福之事。小数，细微末节，指无关宏旨的学问。
11　捃摭：采取，采集。
12　诬饰：虚妄粉饰，虚假不实。
13　盥手：洗手。古人常以手洁表示敬重。

折其声，有如歌咏，涉旬而罢。帝益喜，赏赐优洽[1]。

乙卯**十五年**（公元 595 年）

春，正月，帝东巡，祀天于泰山以岁旱谢愆咎[2]也，礼如南郊。

二月，收天下兵器。

三月，还宫。

仁寿宫成，以封德彝为内史舍人[3]仁寿宫成，幸之。时天暑，役夫[4]死者相次于道，杨素悉焚除之，帝不悦。及至，见制度壮丽，大怒曰："杨素为吾结怨天下！"素闻之，虑获谴。封德彝曰："公勿忧，俟皇后至，必有恩诏[5]。"明日，帝果召素入对，后劳之曰："公知吾夫妇老，无以自娱，盛饰[6]此宫，岂非忠孝？"赐赉厚甚。素负贵恃才，多所凌侮，唯赏重[7]德彝，引与论议，屡荐于帝，擢为内史舍人。

夏，六月，凿砥柱。

焚相州所贡绫文布于朝堂。

秋，七月，纳言苏威免，寻复其位威坐从祠[8]不敬，免，俄而复位。帝谓群臣曰："世人言苏威诈清，家累金玉，此妄言也。然其性狠戾[9]，不切世要[10]，求名太甚，从己则悦，违之必怒，此其大病耳。"

冬，十月，以韦世康为荆州总管世康和静谦恕[11]，为吏部尚书十余年，

---

1 优洽：优厚。
2 愆咎：罪过。
3 内史舍人：古官名，内史省属官，协助天子管理爵、禄、废、置等政务，后改称中书舍人。
4 役夫：服役的人。
5 恩诏：帝王降恩的诏书。
6 盛饰：装扮华丽。
7 赏重：赏识尊重。
8 从祠：陪祭。
9 狠戾：凶恶残暴。
10 世要：世上的要事。
11 谦恕：谦逊仁恕。

时称廉平。常有止足¹之志，谓子弟曰："禄岂须多，防满则退；年不待暮，有疾便辞。"因恳乞骸骨，不许，使镇荆州。时天下唯有四总管，并、扬、益、荆，以晋、秦、蜀三王及世康为之。

十二月，敕盗边粮²一升以上皆斩。

诏文武官以四考受代³。

赐汴州刺史令狐熙帛三百匹熙考绩为天下之最，赐帛，颁告天下。

丙辰**十六年**（公元 596 年）

夏，六月，初制工商不得仕进。

秋，八月，诏死罪三奏⁴，然后行刑。

以光化公主妻吐谷浑。

丁巳**十七年**（公元 597 年）

春，二月，遣太平公史万岁讨南宁羌，平之初，梁睿之克王谦也，夷獠皆附，唯南宁州⁵酋帅爨震不服。睿上疏乞因平蜀之众略定之，帝未之许。至是，乃以史万岁为行军总管，率众击之。入自蜻蛉川⁶，过诸葛亮纪功碑，渡西洱河⁷，入渠滥川⁸，行千余里，破其三十余部，虏获男女二万余口。诸夷大惧，遣使请降，献明珠径寸，于是勒石颂隋德。万岁请将其酋长爨翫入朝。翫赂万岁，万岁舍之。

1　止足：凡事知止知足，不要贪得无厌。语出《老子》："知足不辱，知止不殆，可以长久。"
2　边粮：边防用粮。
3　以四考受代：连考四年，决定升降更替。
4　死罪三奏：判决死刑的罪犯，必须呈奏三次。
5　南宁州：古州名，辖今云南省宣威市以南，寻甸、宜良、玉溪以东，弥勒县以北地区。
6　蜻蛉川：古地名，亦作青蛉川，即今云南省大姚、姚安两县境龙川江支流苴宁河及其上源青蛉河。
7　西洱河：古水名，即今洱海，位于今云南省大理市东。
8　渠滥川：古地名，位于今云南省大理市东的凤仪坝子。

桂州[1]乱，遣军讨平之。以令狐熙为总管桂州俚帅[2]李光仕作乱，遣周法尚讨，斩之。上以夷、越数反，以令狐熙为桂州总管，许以便宜从事，承制补授。熙至部，大弘恩信[3]，其溪洞渠帅更相谓曰："前时总管皆以兵威相胁，今者乃以手教[4]相谕，我辈其可违乎？"于是相率归附。先是州县生梗[5]，长吏多寄治于总管府，熙悉遣之，为建城邑，开学校，华、夷感化焉。

三月，诏诸司论属官罪，听律外决杖[6]帝以所在属官不敬惮其上，事难克举[7]，故有是诏。于是上下相驱，迭行捶楚，以残暴为干能，守法为懦弱。又以盗贼繁多，命盗一钱以上皆弃市。或三人共盗一瓜，事发即死。于是行旅皆晏起[8]早宿，天下懔懔[9]。有数人劫执事[10]而谓之曰："吾岂求财者邪？但为枉人[11]来耳。而为我奏至尊，自古立法，未有盗一钱而死也。而不以闻[12]，吾更来，而属无类矣！"帝闻，乃为停之。又尝乘怒欲以六月杖杀人，大理少卿赵绰固争，帝曰："六月虽曰生长，此时必有雷霆。我则天[13]而行，有何不可？"遂杀之。掌固[14]来旷告绰滥免徒囚，推验无实，帝怒，命斩之。绰又固争，帝拂衣入阁。绰托奏他事，复入，再拜曰："臣有死罪三：不能制驭掌固，使触天刑[15]，一也。囚不合死，不能死争，二也。本无他事，妄言求入，三也。"帝意解。会独孤后在坐，命赐绰酒及二金杯。旷因免死。萧摩诃子世略在江南作乱，摩诃当从坐，绰固谏，上命绰退，绰曰："臣奏狱未决，不敢退。"帝乃释之。刑部侍

1　桂州：古州名，辖今广西龙胜、永福以东和荔浦以北地区。
2　俚帅：俚族首领。
3　大弘恩信：大力推行恩德信义。
4　手教：手书，对来信的敬称。
5　生梗：桀骜不驯。
6　听律外决杖：允许在法律规定之外斟酌处以杖刑。
7　克举：及时开展。
8　晏起：很晚才起床。
9　懔懔：危惧貌。
10　执事：执法官吏。
11　枉人：被冤枉的人。
12　不以闻：不将我们的话转奏朝廷。
13　则天：以天为法，治理天下。
14　掌固：古官名，掌管仓库及厅事铺设，经考试可转府、史。
15　天刑：上天的法则。

郎辛亶尝衣绯裈[1]，帝以为厌蛊，斩之。绰曰："法不当死，臣不敢奉诏。"帝怒甚，命引绰斩之。绰曰："宁杀臣，不可杀亶。"至朝堂，解衣就刑。上复使人问之，对曰："执法一心，不敢惜死。"帝乃释之。帝以绰诚直[2]，前后赏赐万计。与大理卿薛胄俱名平恕[3]，然胄原情[4]而绰守法。帝晚节[5]用法益峻，元会衣剑有不齐者[6]，御史不劾，杀之。谏议大夫毛思祖谏，又杀之。帝既喜怒不恒，不复依准科律[7]。信任杨素，素复任情不平，与鸿胪少卿陈延有隙，尝经蕃客馆[8]，庭中有马屎，又众仆于毡上樗蒲，以白帝。帝大怒，主客令[9]及樗蒲者皆杖杀之，捶延几死。帝遣亲卫大都督屈突通往陇西检覆群牧，得隐匿马二万余匹。帝大怒，将斩太仆卿以下千五百人。通谏曰："人命至重，陛下奈何以畜产之故杀千余人？臣敢以死请！"帝瞋目叱之，通又顿首曰："臣一身分死[10]，就陛下匄千余人命。"帝感悟，皆减死论。擢通为右武候将军。

上柱国刘昶子居士有罪，伏诛昶与帝有旧，帝甚亲之。其子居士任侠，不遵法度，数有罪，帝每原之。居士转骄恣，取公卿子弟雄健者，以车轮括[11]其颈而棒之，能不屈者为壮士，释而与交。党与三百人，多所侵夺。或告居士谋为不轨，帝怒，斩之。

夏，四月，颁新历杨素、牛弘等复荐张胄玄历术。帝令素与数人立议六十一事，皆旧法久难通者，令刘晖与胄玄辩析之。晖不能答，胄玄通者五十四。拜太史令，令参定新术。至是历成，颁之。晖等除名。

秋，七月，桂州乱，遣将军虞庆则讨平之桂州人李世贤反，上议讨

1　绯裈：红色的裤子。裈，古代有裆的裤子。
2　诚直：忠诚正直。
3　平恕：持平宽仁。
4　原情：推究本情。
5　晚节：晚年。
6　衣剑有不齐者：衣冠、佩剑不整齐的武官。
7　科律：法令，法律。
8　蕃客馆：接待番邦客人的宾馆。
9　主客令：古官名，掌接待少数民族和外国宾客事务。
10　分死：定死，必死。
11　括：束，套住。

之，诸将数人请行，帝顾庆则曰："位居宰相，爵乃上公，国家有贼，遂无行意，何也？"庆则恐惧请行，卒讨平之。

并州总管、秦王俊有罪，免俊幼仁恕，喜佛教。及为并州总管，奢侈好内[1]，其妃进毒得疾[2]，征还，免官。废妃，赐死。杨素谏曰："秦王之过不至此，愿陛下详之。"帝曰："若如公意，何不别制天子儿律？周公尚诛管、蔡，况我不及周公，安敢亏法[3]乎？"卒不许。

以安义公主妻突厥突利可汗突厥突利可汗来逆女，帝舍之太常，教习六礼，妻以宗女安义公主[4]。帝欲离间都蓝，故特厚其礼。令长孙晟说之，使率众南徙，居度斤[5]旧镇，赐赉优厚。都蓝怒曰："我，大可汗也，反不如染干乎？"于是朝贡遂绝，亟[6]掠边鄙。突利伺知动静，辄遣奏闻，由是边鄙每先有备。

冬，钦州[7]刺史宁长贞来朝初，散骑侍郎何稠使岭南，及还，钦州刺史宁猛力请随入朝，稠以其疾笃，遣还而卒。帝不怿，稠曰："猛力与臣约，假令身死，当遣子入侍矣。"猛力临终，果诫其子长贞，葬毕登路[8]。至是，长贞嗣为刺史，如言入朝。帝大悦曰："何稠著信[9]蛮夷，乃至于此！"

十二月，杀鲁公虞庆则庆则之讨桂州也，以妇弟[10]赵什住为长史。什住通于庆则爱妾，恐事泄，乃宣言庆则不欲行。帝闻之，礼赐甚薄。庆则还，至

1　好内：贪恋妻妾姬侍。
2　其妃进毒得疾：他的妃子在瓜中置毒进献给杨俊，杨俊因此中毒得病。
3　亏法：破坏法令。
4　舍之太常，教习六礼，妻以宗女安义公主：招待他住在太常寺，并派人教他学习中国传统婚制的纳采、问名、纳吉、纳征、请期、亲迎六礼，将宗室之女安义公主嫁给他为妻。宗女，君主同宗的女儿。
5　度斤：古山名，即于都斤山，即今蒙古国西南之杭爱山。
6　亟：屡次。
7　钦州：古州名，辖今广西钦州及灵山县等地。
8　登路：上路，启程。
9　著信：拥有良好的声誉。
10　妇弟：妻之弟。

临桂岭¹，曰："此诚险固，加以足粮，若守得其人，攻不可拔！"什住入奏事，因告庆则谋反，按验坐死²。拜什住为柱国。

高丽王汤卒汤闻陈亡，大惧，治兵积谷，为拒守之策。是岁，帝赐汤玺书，责之。会病卒，子元嗣。帝使使拜元为辽东王。

吐谷浑弑其可汗世伏吐谷浑大乱，国人杀世伏，立其弟伏允为主。遣使陈谢，且请依俗尚主，从之。自是朝贡岁至。

戊午十八年（公元598年）

春，二月，高丽寇辽西，遣汉王谅将兵讨之高丽王元率靺鞨³万余人寇辽西，营州总管韦冲击走之。帝大怒，以汉王谅、王世积将水陆三十万伐高丽，以高颎为谅长史。

夏，五月，禁畜猫鬼⁴、蛊毒、厌魅野道⁵者独孤后之弟、延州⁶刺史陀有婢事猫鬼，能使之杀人。会后与杨素妻郑氏俱有疾，医皆曰："猫鬼疾也。"上意陀所为，令高颎等杂治之，具得其实。诏夫妇皆赐死，后为之请，曰："陀若蠹政害民者，妾不敢言。今为妾身，敢请其命。"陀弟整亦诣阙求哀，于是免陀死。诏自今有犯者投四裔。

秋，九月，罢汉王谅兵谅军出临渝关⁷，值水潦，馈运不继，军中饥疫。总管周罗睺自东莱泛海趋平壤城，亦遭风，船多飘没⁸。九月，师还，死者什八九。高丽王元亦遣使谢罪，于是罢兵。

冬，十二月，置行宫十二所自京师至仁寿宫之道也。

1　临桂岭：古地名，五岭之一，位于今广西富川瑶族自治县东南、贺县西北、湖南江华瑶族自治县西南，南北走向，为湘江支流潇水和西江支流贺水的分水岭。
2　坐死：因犯罪被处死。
3　靺鞨：古代居住在东北地区长白山、松花江、黑龙江一带的民族，为女真族的祖先。
4　猫鬼：古代行巫术者畜养的猫，谓有鬼物附着其身，可以咒语驱使害人，因称。
5　野道：邪道。
6　延州：古州名，辖今陕西省延安市、延川县和延长县大部地。
7　临渝关：古关隘名，即榆关，今河北省秦皇岛市东北山海关。
8　飘没：洪水将物体漂走淹没。飘，通"漂"。

南宁夷爨翫反。太平公史万岁以罪除名爨翫复反。蜀王秀奏："史万岁受赂纵贼，致生边患。"帝怒，命斩之。高颎及元旻等皆谏曰："万岁雄略过人，将士乐为致力，虽古名将，未能过也。"上意少解，于是除名。

己未十九年（公元599年）

春，二月，遣杨素等分道伐突厥都蓝可汗。未至，都蓝击突利可汗，败之。夏，四月，突利来奔。诸军遂破都蓝及达头部突厥突利可汗奏都蓝可汗欲攻大同城[1]。诏以汉王谅为元帅，高颎出朔州道，杨素出灵州道，燕荣出幽州道，以击都蓝，皆取谅节度[2]。然谅竟不行。都蓝闻之，与达头可汗结盟，合兵掩袭突利，大败之，遂入蔚州[3]。突利部落散亡，夜与长孙晟以五骑南走，比旦[4]，收得数百骑，与其下谋奔玷厥。晟知之，密遣使者入伏远镇[5]，令速举烽[6]。突利见四烽俱发，以问晟，晟绐之曰："隋法，贼少举二烽，来多举三烽，大逼举四烽。彼见贼多而近耳。"突利大惧投城[7]，晟留其达官[8]执室领其众，自将突利驰驿入朝。四月，至长安。帝大喜，厚待之。以晟为左勋卫骠骑将军，持节护突厥。高颎使柱国赵仲卿将兵三千为前锋，与突厥战，大破之。突厥复大举而至，仲卿为方阵，四面拒战五日。会高颎大兵至，合击之，突厥败走，追奔七百余里而还。杨素军与达头遇。先是诸将与突厥战，虑其骑兵奔突[9]，皆以戎车、步、骑相参，设鹿角[10]为方阵，骑在其内。素曰："此自固之

1　大同城：古地名，隋时为防御突厥所筑，故址位于今内蒙古巴彦淖尔市乌拉特前旗东北。
2　取谅节度：受汉王杨谅指挥调度。
3　蔚州：古州名，辖今山西省灵丘、广灵、天镇及河北省蔚县、阳原、涞源等地。
4　比旦：等到早上。
5　伏远镇：古地名，位于今山西省大同市境内。
6　举烽：点燃报警烽火。
7　投城：进城避难。
8　达官：古代突厥可汗之下的首领。
9　奔突：横冲直撞。
10　鹿角：军营的防御物，用带枝的树木削尖埋在营地周围，以阻止敌人。因形似鹿角，故名。

道，未足以取胜也。"于是更为骑阵。达头喜曰："天赐我也！"下马仰天而拜，率骑兵十万直前。周罗睺曰："贼阵未整，请击之。"先率精骑逆战，素以大兵继之，突厥大败，杀伤不可胜计。

六月，杀宜阳公王世积世积为凉州总管，其亲信皇甫孝谐有罪，吏捕之，亡抵世积[1]，世积不纳。孝谐因上变，告世积尝令道人相其貌，有恶言。世积坐诛，以孝谐为上大将军。

秋，八月，除左仆射高颎名独孤后性妒忌，后宫莫敢进御[2]。尉迟迥女孙没宫中[3]，得幸，后阴杀之。帝大怒，单骑入山谷间二十余里。高颎、杨素等追及，扣马苦谏。帝告之故，颎曰："陛下岂以一妇人而轻天下？"帝意解，还宫。后流涕拜谢，颎、素等和解之，因置酒极欢。先是，后以颎父客，甚亲礼之，至是，闻颎谓己为"一妇人"，遂衔之。时太子勇失爱，帝潜有废立之志，从容谓颎曰："有神告晋王妃，言王必有天下，若之何？"颎曰："长幼有序，其可废乎？"后知颎不可夺，阴欲去之。会帝令选东宫卫士入上台[4]，颎奏曰："若尽取强者，恐宫卫太劣。"帝作色曰："太子左右，何须壮士？我熟见前代，公不须仍蹈旧风！"颎子表仁娶太子女，故帝以此言防之。颎夫人卒，后请为之娶。帝告之，颎流涕谢曰："臣今已老，退朝，唯斋居[5]读佛经而已，纳室非所愿也。"帝乃止。既而爱妾生男，帝闻之喜，后不悦曰："陛下尚复信高颎邪？始陛下欲为颎娶，而颎面欺[6]，今其诈已见矣。"帝由是疏颎。伐辽之役，颎固谏，不从。及师无功，后言于帝曰："颎初不欲行，陛下强遣之，妾固知其无功矣。"又帝以汉王谅年少，专委军事于颎，谅所言多不用，甚衔之。及还，泣言于后曰："儿幸免为高颎所杀。"帝闻之，弥不平。及击突厥，进图

1　亡抵世积：逃亡来到王世积府第。
2　进御：为君王所御幸。
3　没宫中：籍没入宫。籍没，登记并没收。
4　上台：宫廷，朝廷。
5　斋居：斋戒闲居。
6　面欺：当面欺骗。

入碛[1]，遣使请兵，近臣缘[2]此言颎欲反。帝未之答，颎已破突厥而还矣。及王世积诛，推核[3]之际，有宫禁中事，云于颎得之，上大惊。有司又奏颎与世积交通。贺若弼、宇文敬、薛胄、斛律孝卿、柳述等明颎无罪，上愈怒，皆以属吏。自是朝臣莫敢言，颎遂坐免，以齐公就第。帝谓侍臣曰："我于高颎，胜于儿子，自其解落[4]，瞑然[5]忘之。人臣不可以身要君也。"顷之，颎国令[6]言颎子表仁谓颎曰："司马仲达[7]托疾不朝，遂有天下。公今遇此，焉知非福？"于是帝大怒，囚颎鞫之。有司请斩之，帝曰："去年杀虞庆则，今兹斩王世积，如更诛颎，天下其谓我何？"于是除名为民。颎初为仆射，其母诫之曰："汝富贵已极，但有一斫头耳[8]，尔其慎之。"颎由是常恐祸变。至是，欢然[9]无恨色。先是，国子祭酒元善言于帝曰："杨素粗疏，苏威怯弱，可付社稷，唯高颎耳。"帝初然之。及颎得罪，帝深责之，善忧惧而卒。

　　九月，以牛弘为吏部尚书弘选举先德行而后文才，务在审慎，虽致停缓[10]，而所进用多称职。侍郎高孝基鉴赏机晤，清慎绝伦，然爽俊有余，迹似轻薄，时宰多以此疑之[11]，弘独推心任委[12]，得人为多。

　　冬，十月，以突厥突利为启民可汗，妻以义成公主，处之朔州突厥归启民者，男女万余。帝命长孙晟于朔州筑大利城[13]以处之。时安义公主已卒，

1　进图入碛：谋划进一步深入大漠之中。
2　缘：因为。
3　推核：审问。
4　解落：解官免职。
5　瞑然：模模糊糊地。
6　国令：古官名，隋、唐诸王、公等封国官长，掌通判国司事。
7　司马仲达：即司马懿，字仲达。
8　有一斫头耳：有掉脑袋的危险。
9　欢然：喜悦的样子。
10　停缓：停滞缓慢。
11　鉴赏机晤，清慎绝伦，然爽俊有余，迹似轻薄，时宰多以此疑之：有鉴赏之才，机敏明察，清廉谨慎无人可比，可惜太过于豪爽俊逸，反使人觉得他有些轻薄不端，当时的大臣多因此对他有些疑虑。
12　任委：信任重用。
13　大利城：古地名，位于今内蒙古自治区和林格尔县西北土城子。

复以宗女义成公主以妻之。晟奏："请徙五原，以河为固，于夏、胜[1]之间，东西至河，南北四百里，掘为横堑[2]，令处其内，使得畜牧。"帝从之。又令赵仲卿屯兵二万，为启民防达头。

十二月，突厥弑其都蓝可汗雍虞闾帝遣杨素、韩僧寿、史万岁、姚辩分道击都蓝。未出塞，都蓝为部下所杀，达头自立为步迦可汗，其国大乱。长孙晟曰："今官军临境，虏主[3]被弑，乘此招抚，可以尽降。请遣染干部下分道招慰。"帝从之。降者甚众。

庚申二十年（公元 600 年）

春，二月，贺若弼坐事下狱，赦出之弼复坐事下狱，帝数之曰："公有三太猛：嫉妒心太猛，自是非人心太猛，无上心太猛。"既而释之。他日，帝谓侍臣曰："弼将伐陈，谓高颎曰：'不作高鸟尽、良弓藏邪？'后又语颎曰：'皇太子于己无所不尽，公终久何必不得弼力，何脉脉邪[4]？'意图镇广陵，又图荆州，皆作乱之地也。"

夏，四月，突厥达头可汗犯塞，诏晋王广等击却之突厥达头可汗犯塞，诏晋王广及杨素、汉王谅及史万岁分道击之。长孙晟毒水上流[5]，突厥人畜多死，大惊，夜遁。晟追之，斩首千余级。万岁出塞，与虏遇。达头遣使问："隋将谁？"候骑报："史万岁也。"达头惧而引去。万岁驰追百余里，纵击，大破之，逐北入碛数百里而还。

六月，秦王俊卒，国除俊久疾，未能起，遣使奉表陈谢。帝谓其使者曰："我戮力创业，作训垂范[6]，汝为吾子而欲败之，不知何以责汝？"俊惭

1　胜：胜州，古州名，辖今内蒙古准格尔旗、达拉特旗、伊金霍洛旗、东胜市等地。
2　横堑：与前方平行的濠沟。
3　虏主：敌方君主。
4　公终久何必不得弼力，何脉脉邪：您长久以来为什么不找我帮忙，如此沉默不语呢。脉脉，默默。
5　毒水上流：在泉水上游投毒。
6　垂范：垂示范例，给下级或晚辈做示范。

怖¹，疾遂笃。六月，卒。上哭之，数声而已。俊所为侈丽之物，悉命焚之。僚佐请立碑，上曰："欲求名，一卷史书足矣，何用碑为？若子孙不能保家，徒与人作镇石²耳。"俊子浩，崔妃所生，庶子曰湛。群臣希旨，奏二子、母皆有罪，不合承嗣³，帝从之。以秦国官为丧主。

　　冬，十月，废太子勇为庶人初，帝使太子勇参决⁴政事，时有损益，帝皆纳之。勇性宽厚，率意任情，无矫饰之行。帝性节俭，勇尝饰蜀铠⁵，帝见而不悦，戒之曰："自古帝王，未有好奢侈而能久长者。汝当以俭约为先，乃能奉承宗庙。吾昔日衣服，各留一物，时复观之，以自警戒。今赐汝以我旧所带刀一枚，并菹酱⁶一盒，汝昔作上士⁷时常所食也。若存记前事，应知我心。"后遇冬至，百官皆诣勇，勇张乐受贺。帝不悦，下诏停之。自是恩宠始衰，渐生猜阻。勇多内宠，昭训⁸云氏尤幸。其妃元氏无宠，遇疾而卒，独孤后意其有他，深以责勇。然昭训自是遂专内政，生长宁王俨及平原王裕、安成王筠，诸姬子又数人。后弥不平，遣人伺求⁹勇过。晋王广知之，弥自矫饰，后庭有子皆不育¹⁰，后由是数称广贤。大臣用事者，广皆倾心与交。帝及后每遣左右至广所，广必与萧妃厚礼之，往来者无不称其仁孝¹¹。帝与后尝幸其第，广悉屏匿¹²美姬于别室，唯留老丑者，衣以缦彩¹³，给事左右。屏帐改用缣素¹⁴，故绝乐器之弦，不令拂去尘埃。帝见之喜，由是爱之，特异诸子。尝密令来和遍视诸子，

1　惭怖：羞愧惶恐。
2　镇石：压物的石块。
3　承嗣：继承爵位。
4　参决：参与决策。
5　蜀铠：蜀地出产的铠甲。
6　菹酱：酱菜。
7　上士：古官名，天官、地官等六府皆置此职，正三命。
8　昭训：古代后妃和太子妾的封号。
9　伺求：窥伺探察。
10　育：抚育。
11　仁孝：仁爱孝顺。
12　屏匿：隐藏。
13　缦彩：没有文饰的衣服。
14　屏帐改用缣素：房间里的屏帐都改用细绢。屏帐，室中张设的帷帐。缣素，细绢。

对曰："晋王贵不可言。"广美姿仪[1]，敏慧严重[2]，好学能文，敬接朝士，由是声名籍甚[3]。自扬州入朝，将还镇，入宫辞后，伏地流涕，曰："臣性识[4]愚下，不知何罪失爱东宫，恒蓄盛怒，欲加鸩毒。"后忿然曰："睍地伐[5]渐不可耐，我为之娶元氏女，竟不以夫妇礼待之，专宠阿云，使有如许豚犬[6]。前新妇遇毒而夭，我亦不能穷治，何故复于汝发如此意？我在尚尔，我死后，当鱼肉汝乎？每思东宫竟无正嫡，至尊千秋万岁之后，遣汝等兄弟向阿云儿前再拜问讯，此是几许苦痛邪？"广又拜，呜咽不能止，后亦悲不自胜。自是后决意欲废勇立广矣。司马张衡为广画夺宗[7]之策。广问计于安州总管宇文述，述曰："皇太子失爱已久，令德不闻。大王仁孝著称，才能盖世，数经将领[8]，频有大功，主上、内宫咸所钟爱，四海之望，实归大王。然废立大事，未易谋也。能移主上意者，唯杨素耳。素所与谋者，唯其弟约。述雅知约，请朝京师，与约图之。"广大悦，多赉金宝，资述入关。约时为大理少卿。述请约与饮，博，佯不胜，以所赉金宝尽输之，因说之曰："此晋王之赐，令述与公为欢乐耳。"约惊问故，述因道广意，且说之曰："公兄弟功名盖世，当途[9]用事有年[10]矣，朝臣为足下家所屈辱者，可胜数哉？又储后[11]以所欲不行，每切齿于执政[12]。主上一旦弃群臣，公亦何以取庇[13]哉？今太子失爱于皇后，主上素有废黜之心。请立晋王，在贤兄之口耳。诚能因此时建大功，王必永铭骨髓。斯则去累卵之危，成泰山之安矣。"约然之，以白素，素闻之大喜。后数日，入侍宴，微称："晋

1　姿仪：容貌，仪表。
2　敏慧严重：敏慧，聪明，有智慧。严重，严肃稳重。
3　籍甚：盛大，盛多。
4　性识：天分，悟性。
5　睍地伐：太子杨勇的字。
6　豚犬：用以谦称自己的儿子。此处代指杨勇的儿子。
7　夺宗：夺取嫡长子地位。
8　将领：率领。此处指率领大军出征。
9　当途：掌握政权，也指掌握政权的人。
10　有年：已有多年。
11　储后：储君，太子。
12　执政：当政的大臣，此处借指杨素。
13　取庇：靠别人庇护。

王孝悌恭俭，有类至尊。"后泣曰："公言是也。阿麿¹大孝爱，睍地伐常欲潜杀之。"素因盛言太子不才，后遂遗素金，使赞帝废立。勇颇知之，忧惧，计无所出，使人造诸厌胜²。帝又使素观勇所为。素至东宫，还言："勇怨望，恐有他变。"帝益疑之。后又遣人伺觇³东宫，纤介事皆闻奏，因加诬饰以成其罪。帝遂疏忌勇，东宫宿卫名籍⁴，悉令属诸卫府，有勇健者咸屏去⁵之。广又令段达私赂东宫幸臣姬威，令伺太子动静，密告杨素。于是内外喧谤⁶，过失日闻。段达因胁威告之。九月，诏执左庶子唐令则等数人付所司讯鞫⁷，命杨素陈东宫事状以告近臣。帝曰："此儿不堪承嗣久矣，皇后恒⁸劝我废之。我以布衣时所生，地复居长⁹，望其渐改，隐忍至今。其妇初亡，我疑其遇毒，尝责之，勇怼曰：'会杀元孝矩¹⁰。'此欲害我而迁怒耳。长宁初生，朕与皇后共抱养之，自怀彼此，连遣来索¹¹。且云定兴女¹²，在外私合而生，想此何必是其体胤¹³？傥其非类，便乱宗祏¹⁴。我终不以万姓付不肖子！我恒畏其加害，如防大敌。今欲废之，以安天下！"左卫大将军元旻谏曰："废立大事，诏旨若行，后悔无及。谗言罔极¹⁵，惟陛下察之。"帝不应，命姬威悉陈太子罪恶。威对曰："尝令师姥¹⁶卜吉凶，语臣云：'至尊忌在十八年，此期促¹⁷矣。'"帝泫然曰："谁非父母生，乃至于此！"于是禁勇及诸子、党与，杨素锻炼以成其狱。居数日，有

1　阿麿：即杨广，杨广字阿麿。
2　造诸厌胜：制造各种巫术诅咒之物。
3　伺觇：伺察，窥探。
4　名籍：名册。
5　屏去：退除，除却。
6　喧谤：众口诽谤。
7　讯鞫：审讯。
8　恒：经常，常常。
9　地复居长：论年纪又是长子。
10　会杀元孝矩：一定要杀掉元孝矩。会，必定，一定。元孝矩，杨勇的岳父。
11　自怀彼此，连遣来索：杨勇心中另有想法，连续派人来要。彼此，不一致的意见。
12　云定兴女：指杨勇的昭训云氏。
13　体胤：亲生的后代。
14　宗祏：宗庙中藏神主的石室。亦借指宗庙，宗祠。
15　罔极：无穷尽。
16　师姥：巫婆。
17　促：快到了。

司奏元旻尝曲事[1]勇，在仁寿宫，勇以书与之，题云"勿令人见"。帝乃执旻。威又言："至尊在仁寿宫，太子常饲马千匹，云：'径往守城门，自然饿死。'"素以威言诘勇，勇不伏[2]，曰："窃闻公家马数万匹，勇忝备[3]太子，马千匹，乃是反乎？"素又发东官服玩，似加瑂饰[4]者，悉陈之于庭，以示文武，为太子之罪。帝及后迭遣使责问勇，勇不服。十月，使人召勇，勇惊曰："得无[5]杀我邪？"帝戎服陈兵，御武德殿，集百官、诸亲，引勇及诸子列于殿庭，宣诏废勇，及其男、女并为庶人。勇再拜泣下，舞蹈[6]而去，左右莫不闵默[7]。长宁王俨上表乞宿卫，辞情哀切，帝览之闵然[8]。杨素进曰："伏愿圣心同于蝮手[9]，不宜复留意。"遂诏元旻、唐令则、邹文腾等诛戮有差，移勇于内史省。赏杨素物三千段。文林郎[10]杨孝政上书谏曰："皇太子为小人所误，宜加训诲[11]，不宜废黜。"帝怒，挞其胸。初，云昭训父定兴出入东官无节，数进其奇服异器，以求悦媚。左庶子裴政屡谏，勇不听。政谓定兴曰："公所为不合法度。又元妃暴卒，道路籍籍[12]，此于太子，非令名也。公宜自引退，不然，将及祸。"定兴以告勇，勇疏政，出之。唐令则为勇所昵狎[13]，每令以弦歌教内人[14]，右庶子刘行本责之曰："庶子当辅太子以正道，何有取媚于房帏[15]之间哉？"令则甚惭而不能改。刘臻、明克让、陆爽并以文学为勇所亲，行本怒其不能调护[16]，每谓三人

1　曲事：曲意奉事。
2　不伏：不服。
3　忝备：位居。
4　瑂饰：雕刻装饰。
5　得无：难道。
6　舞蹈：臣下朝见君上时的礼节。
7　闵默：忧郁不语。
8　闵然：忧伤貌。
9　蝮手：即"蝮蛇螫手，壮士断腕"，手腕被腹蛇咬伤，便立即截断手腕，以免毒液延及全身，危及生命。引申为事到紧要关头，必须下决心当机立断，宁可牺牲局部而照顾全局。
10　文林郎：古官名，文官散官，无实职，从九品上。
11　训诲：教导。
12　籍籍：众口喧腾貌。
13　昵狎：亲近。
14　以弦歌教内人：教官中的女伎弹琴歌舞。内人，宫中的女伎。
15　房帏：泛指内室，闺房。
16　调护：调教辅佐。

曰："卿等正解读书耳[1]！"夏侯福尝于阁内与勇戏，大笑，声闻于外。行本付执法者治之。数日，勇为之请，乃释之。勇尝得良马，欲令行本乘而观之，行本正色曰："至尊令臣辅导殿下，非弄臣也。"勇惭而止。及勇败，二人已卒，帝叹曰："向使裴政、刘行本在，勇不至此。"勇尝宴宫臣，唐令则自弹琵琶，歌《妩媚娘》。洗马[2]李纲起白勇曰："令则身为宫卿[3]，职当调护，乃于广座[4]自比倡优，进淫声，秽视听[5]。事若上闻，岂不为殿下之累邪？臣请速治其罪！"勇曰："我欲为乐耳，君勿多事！"纲遂趋出。至是，帝召东宫官属切责之，皆惶惧无敢对者。纲独曰："废立大事，今文武大臣皆知其不可而莫肯发言，臣何敢畏死，不一为陛下别白[6]言之乎？太子性本中人[7]，可与为善，可与为恶。向使陛下择正人辅之，足以嗣守鸿基[8]。今乃以唐令则为左庶子，邹文腾为家令，二人唯知以弦歌、鹰犬娱悦[9]太子，安得不至于是邪？此乃陛下之过，非太子之罪也。"因伏地流涕呜咽。帝惨然[10]良久，曰："李纲责我，非为无理，然我择汝为宫臣，而勇不亲任，虽更得正人，何益哉？"对曰："臣之所以不被亲任者，良由奸臣在侧故也。陛下但斩令则、文腾，更选贤才以辅太子，安知臣之终见疏弃[11]也？自古国家废立冢嫡[12]，鲜不倾危，愿陛下深留圣思，无贻后悔。"帝不悦，罢朝，左右皆为之股栗。会尚书右丞缺，有司请人，帝指纲曰："此佳右丞也。"即用之。

杀太平公史万岁万岁伐突厥还，杨素忌之，奏寝[13]其功。会废太子，万岁

1　卿等正解读书耳：意指你们就只会读书。
2　洗马：古官名，太子属官，掌宾赞受事，太子出行则为前导。
3　宫卿：古官名，即太子庶子，太子宫中的官。
4　广座：众人聚坐的场所。
5　进淫声，秽视听：进献靡靡之音，污浊太子的视听。
6　别白：辩白，辨析。
7　中人：中等的人，常人。
8　鸿基：伟大的基业。
9　娱悦：使人或自己快乐。
10　惨然：形容心里悲伤。
11　疏弃：疏远嫌弃。
12　冢嫡：嫡长子。
13　寝：搁置。

方与将士在朝堂称冤，帝问万岁何在，素曰："谒东宫矣。"帝以为然，召之。既见帝，言将士有功，为朝廷所抑，词气愤厉[1]。帝大怒，令左右扑杀[2]之。既而追之，不及。天下共冤惜之。

十一月，立晋王广为皇太子。是日，天下地震广请降章服，宫官[3]不称臣，许之。以宇文述为左卫率，郭衍为左监门率[4]，亦预夺宗之谋也。帝囚故太子勇于东宫，付广掌之。勇频请见上申冤，而广遏之，不得闻。初，帝之克陈也，天下皆以为将太平，监察御史房彦谦私谓所亲曰："主上忌刻[5]而苛酷，太子卑弱，诸王擅权，天下虽安，方忧危乱。"其子玄龄亦密言于彦谦曰："主上本无功德，以诈取天下，诸子皆骄奢不仁，必自相诛夷，今虽承平，其亡可翘足待。"彦谦，法寿之玄孙也。高孝基名知人[6]，见玄龄，叹曰："仆阅人多矣，未见如此郎者，异日必为伟器，恨不见其大成耳。"见杜杲之兄孙如晦，谓曰："君有应变之才，必任栋梁之重。"俱以子孙托之。

禁毁佛、天尊及神像帝晚年深信佛道、鬼神，故有是诏。

征同州刺史、蔡王智积入朝智积，帝之弟子也，性修谨[7]，门无私谒，自奉简素，帝甚怜之。智积有五男，止教读《论语》《孝经》，不令交通宾客。或问其故，智积曰："卿非知我者！"其意恐诸子有才能以致祸也。

以土伽为雍令齐州行参军王伽送流囚李参等七十余人诣京师，行至荥阳，谓曰："卿辈自犯国刑，身婴缧绁[8]，固其职也。重劳援卒[9]，岂不愧心？"参等辞谢。伽乃悉脱其枷锁，停援卒，与约曰："某日当至京师，如致前却[10]，

1　愤厉：激愤。
2　扑杀：打死。
3　宫官：太子属官统称。
4　左监门率：古官名，掌东宫诸门禁。
5　忌刻：为人刻薄善妒。
6　名知人：以知人闻名。
7　修谨：行事或处世谨慎，恪守礼法。
8　身婴缧绁：身受牢狱之苦。婴，绕，缠绕。缧绁，古时捆绑犯人的绳索，引申为监狱。
9　重劳援卒：使押送你们的兵卒辛苦。援卒，押送罪犯的兵卒。
10　前却：进退。此处指不能前进，并如期抵达。

吾当为汝受死。"遂舍之而去。流人[1]感悦，如期而至，一无离叛。帝闻而惊异，召见与语，称善久之。于是悉召流人，宴而赦之。因下诏曰："使官尽王伽，民皆李参，刑厝[2]其何远哉？"乃擢伽为雍令。

辛酉仁寿元年（公元601年）

春，正月，改元初，太史令袁充表曰："京房有言：'太平，日行上道；升平[3]，行次道；霸代[4]，行下道。'盖日去极近，则影短而日长；去极远，则影长而日短。今自隋兴，昼日渐长，开皇元年，冬至之影长一丈二尺七寸二分。自尔渐短，至十七年，短于旧三寸七分矣。"上临朝，谓百官曰："日长之庆，天之佑也。今当改元，宜取此意以为号。"仍命百工作役，并加程课[5]，丁匠苦之。

以苏威为仆射。

二月朔，日食。

夏，五月，突厥九万口来降。

六月，遣十六使巡省[6]风俗。

废太学及州、县学，改国子为太学诏以学校生徒[7]多而不精，唯简留国子学生七十人，太学、四门及州、县学并废。刘炫上表切谏，不听。寻改国子为太学。

冬，十一月，祀南郊初，帝受周禅，恐民心未服，故多称符瑞以耀之，其伪造而献者，不可胜计。至是郊祀，板文备述以报谢云。

1　流人：被流放的人。
2　刑厝：置刑法而不用。
3　升平：盛世。
4　霸代：称王称霸者迭兴。
5　程课：征发赋税徭役。
6　巡省：巡行视察。
7　生徒：学生，门徒。

以卫文昇为遂州[1]总管山獠[2]作乱，资州[3]刺史卫文昇初到官，单骑造其营，说以利害，渠帅感悦，解兵而去，前后归附者十余万口。帝大悦，故有是命。

以冯盎为汉阳太守潮、成[4]等五州獠反，高州酋长冯盎驰诣京师，请讨之。帝敕杨素与盎论贼形势，素叹曰："不意蛮夷中有如是人！"即遣盎发江、岭[5]兵击之。事平，除盎汉阳太守。

壬戌二年（公元602年）

春，三月，突厥入寇，杨素击破，走之突厥思力俟斤等南渡河，大掠启民[6]人畜而去。行军元帅杨素率诸军追击，转战六十余里，大破之，悉得人畜以归启民。自是突厥远遁，碛南无复寇钞。

秋，七月，以韦云起为通事舍人兵部尚书柳述尚兰陵公主，怙宠使气[7]，自杨素之属皆下之。帝问符玺直长[8]韦云起以外间不便事，述时侍侧，云起曰："柳述骄豪，未尝经事，兵机要重，非其所堪。臣恐物议以为陛下官不择贤，专私所爱，斯亦不便之大者。"帝甚然之，顾谓述曰："云起之言，汝药石[9]也，可师友之。"会诏内外官各举所知，述举云起，除通事舍人。

征蜀王秀还京师益州总管、蜀王秀，容貌瑰伟[10]，有胆气，好武艺。帝每谓独孤后曰："秀必以恶终。我在当无虑，至兄弟，必反矣。"大将军刘哙之

1　遂州：古州名，辖今四川省遂宁、蓬溪、潼南等市县地。
2　山僚：古代西南少数民族名，居住于今天四川、云南、广西一带的山区。
3　资州：古州名，辖今四川省资阳市以南，内江市以北沱江流域。
4　潮、成：潮州、成州。潮州，古州名，辖今广东省平远、梅县、丰顺、揭西、普宁、惠来等市县以东地区。成州，古州名，辖今甘肃省礼县、西和等县地。
5　江、岭：江南、岭南一带。
6　启民：启民可汗的部落。
7　怙宠使气：依仗着文帝的宠信，飞扬跋扈。
8　符玺直长：古官名，隋朝门下省符玺局次官，置四员。
9　药石：药和治病的石针。
10　瑰伟：状貌魁梧美好。

计西爨[1]也，帝令杨武通将兵继进。秀以僰人万智光为武通行军司马，帝遣责之，因谓群臣曰："坏我法者，子孙也。譬如猛虎，物不能害，反为毛间虫所损食耳。"自长史元岩卒，秀渐奢僭，车马被服，拟于乘舆。及晋王广为太子，秀意甚不平。太子恐其为患，阴令杨素求其罪而谮之。帝遂征秀，秀犹豫，欲谢病不行。司马源师谏，秀作色曰："此自我家事，何预卿也？"师垂涕对曰："师忝参府幕[2]，敢不尽心？敕追已淹时月[3]，王乃迁延未去。圣上发雷霆之诏，降一介之使，王何以自明？愿熟计之。"朝廷恐秀生变，以独孤楷为益州总管，驰传代之。楷至，讽谕[4]久之，乃就路[5]。楷察秀有悔色，因勒兵为备。秀行四十余里，将还袭楷，觇知[6]有备，乃止。

八月，**皇后独孤氏崩**后崩，太子对帝及宫人哀恸绝气，若不胜丧[7]者。其处私室，饮食言笑如平常。又每朝令进二溢[8]米，而私取肥肉脯鲊[9]，置竹筒中，以蜡闭口，衣襆[10]裹而纳之。

冬，十月，**以杨达为纳言。**

闰月，**诏修定五礼**[11]诏杨素、苏威与牛弘等修之。

葬献皇后帝令上仪同三司萧吉为皇后择葬地，得吉处，云："卜年二千，卜世二百。"帝曰："吉凶由人，不在于地。"然竟从吉言。吉退，告人曰："皇太子遣宇文左率深谢余云：'公前称我当为太子，竟有其验。今卜山陵，令我早立，当以富贵相报。'吾语之曰：'后四载，太子御天下。'然太子得政，隋

1　西爨：古地区名，依方国瑜《中国西南历史地理考释》，西爨范围约东起今贵州西缘，西至云南牟定县、南华县，北边包括武定、禄劝等县，南边沿红河至屏边、河口等县。
2　府幕：府署的幕僚。
3　敕追已淹时月：皇上追究您的诏令，已经过了很长时间。
4　讽谕：用委婉的言语进行劝说。
5　就路：上路。
6　觇知：暗中了解。
7　不胜丧：悲痛到支撑不住。
8　溢：容量单位，一升的二十四分之一。二溢，即早一溢、晚一溢，形容食量极少。
9　脯鲊：脯，干肉。鲊，一种用盐和红曲腌的鱼。
10　衣襆：衣裳包裹。
11　五礼：古代的五种礼制，即吉礼、凶礼、军礼、宾礼、嘉礼。

必亡矣。吾前给云‘二千’者，三十也；‘二百’者，二传[1]也。汝其识之！”

十二月，废蜀王秀为庶人。除治书侍御史柳彧名，配怀远镇[2]蜀王秀至长安，帝不与语，使使切让之。秀谢罪，太子、诸王流涕庭谢。帝曰：“顷者秦王靡费财物，我以父道训之。今秀蠹害[3]生民，当以君道绳之。”于是付执法者。开府庆整谏曰：“庶人勇既废，秦王已薨，陛下见子[4]无多，何至如是？蜀王性甚耿介，今被重责，恐不自全。”帝大怒，欲断其舌，因谓群臣曰：“当斩秀于市，以谢百姓。”乃令杨素等推治之。太子阴作偶人，缚手钉心，枷锁杻械[5]，书帝及汉王姓名，密埋之华山下，杨素发之。又云秀妄述图谶，并作檄文，置秀集中[6]，以闻。帝曰：“天下宁有是邪？”乃废秀为庶人，幽之内侍省。素尝以少遣敕送南台[7]，命治书侍御史柳彧治之。彧据案坐，立素于庭，辩诘[8]事状。素由是衔之。秀尝从彧求李文博所撰《治道集》，彧与之。秀遗彧奴婢十口。及秀得罪，素奏彧以内臣交通诸侯，除名为民，配戍怀远镇。久之，贝州[9]长史裴肃遣使上书，曰：“高颎以天挺[10]良才，元勋佐命，为众所疾，以至废弃。愿陛下录其大功，忘其小过。又二庶人得罪已久，宁无革心[11]？愿陛下弘君父之慈，顾天性之义，各封小国，观其所为。若能迁善，渐更增益；如或不悛，贬削非晚。”书奏，帝谓杨素曰：“裴肃忧我家事，此亦至诚也。”于是征肃入朝。太子闻之，谓左庶子张衡曰：“使勇自新，欲何为也？”衡曰：“观肃之意，欲令如吴太伯、汉东海王耳。”肃至，帝面谕而罢之。

1　二传：传两代。
2　怀远镇：古军镇名，治所位于今辽宁省沈阳市辽中县。
3　蠹害：危害。
4　见子：现有的子嗣。
5　阴作偶人，缚手钉心，枷锁杻械：暗中制做了偶人，捆住手脚，用针钉住偶人的心，将偶人上了枷锁。偶人，用土木、陶瓷等制成的人形物。
6　置秀集中：将这些材料都收到杨秀的文集里。
7　以少遣敕送南台：因犯小过被皇帝下令送到御史台。
8　辩诘：辩难诘问。
9　贝州：古州名，辖今河北省清河县、山东省临清市及武城、夏津等县地。
10　天挺：天生卓越超拔。
11　革心：改正错误思想。

诏杨素三五日一入省论大事素兄弟、诸父并为尚书、列卿，诸子位至柱国、刺史，广营资产，家僮数千，姬妾亦千数，第宅华侈，制拟宫禁。既败太子及蜀王，威权愈盛，违忤[1]者诛夷，附会者进擢[2]，朝廷靡然[3]，莫不畏附。敢与抗者，独柳彧及尚书右丞李纲、大理卿梁毗而已。始，毗为西宁州刺史十一年，蛮夷酋长皆以金多者为豪俊，递相攻夺[4]，略无宁岁，毗患之。后因诸酋长相率以金遗毗，毗置金坐侧，对之恸哭，而谓之曰："此物饥不可食，寒不可衣，汝等以此相灭，不可胜数。今将此来，欲杀我耶？"一无所纳。于是蛮夷感悟，遂不相攻击。帝闻而善之，征为大理卿，处法平允。毗见素专权，恐为国患，乃上封事曰："臣闻臣无有作威作福，其害于而家，凶于而国。今杨素幸遇[5]愈重，权势日隆，所私皆非忠谠，所进咸是亲戚，子弟布列[6]，兼州连县。天下无事，容[7]息异图[8]；四海有虞，必为祸始。陛下若以素为阿衡，臣恐其心未必伊尹也。伏愿揆鉴[9]古今，量为处置，俾鸿基永固，率土幸甚！"书奏，帝大怒，收毗系狱，亲诘之。毗极言："素擅宠弄权，杀戮无道。又太子及蜀王罪废之日，百僚无不震悚，惟素扬眉奋肘，喜见容色，利国家有事以为身幸[10]。"帝乃释之。其后，帝亦浸疏忌素，乃下敕曰："仆射，国之宰辅，不可躬亲细务，三五日一向省，评论[11]大事。"外示优崇，实夺之权也。素由是不复通判[12]省事。出杨约为伊州[13]刺史。于是吏部尚书柳述益用事，参掌机密。素深恶之。太子尝问于贺若弼曰："杨素、韩擒虎、史万岁皆称良将，其优劣何

1　违忤：违背，不顺从。
2　进擢：提拔。
3　靡然：草木顺风而倒貌。喻望风响应，闻风而动。
4　递相攻夺：递相，轮流更换。攻夺，攻取。
5　幸遇：宠幸恩遇。
6　布列：遍布。
7　容：也许，大概。
8　异图：谋叛的意图。
9　揆鉴：考察借鉴。
10　利国家有事以为身幸：视国家有难为自己的幸事。
11　评论：商议，商量。
12　通判：公正裁决。
13　伊州：古州名，辖今河南省汝州市及汝阳、宝丰、鲁山三县地。

如?"弼曰:"杨素猛将,非谋将;韩擒虎斗将,非领将[1];史万岁骑将,非大将。"太子曰:"然则大将谁也?"弼拜曰:"唯殿下所择!"弼意自许[2]也。

交州俚帅作乱,遣总管刘方讨降之交州俚帅李佛子作乱。杨素荐瓜州刺史刘方有将帅之略,诏以为交州道行军总管,统二十七营而进。方军令严肃,有犯必斩。然仁爱士卒,有疾病者,亲临抚养,士卒亦以此怀之。逾岭遇贼,击破之。进军临营,谕以祸福。佛子惧,请降。

癸亥三年（公元603年）

秋,八月,幽州总管燕荣有罪,诛荣性严酷,鞭挞左右,动至千数。元弘嗣当为幽州长史,惧,固辞。帝乃敕荣曰:"弘嗣杖十以上,皆须奏闻。"荣怒,遣弘嗣监纳仓粟,扬得一糠一粃[3],辄罚之。每笞虽不满十,然一日之中,或至三数。久之,遂收付狱,绝其粮。其妻诣阙称冤,帝遣使按验。征还,赐死。以弘嗣代荣,酷又甚之。

九月,置常平官[4]。

龙门[5]王通献策,不报通诣阙献《太平十二策》,帝不能用,罢归。通遂教授于河、汾[6]之间,弟子自远至者甚众,累征不起。杨素甚重之,劝之仕,通曰:"通有先人之弊庐[7],足以庇风雨,薄田足以具饘粥[8],读书谈道足以自乐。愿明公正身以治天下,使时和年丰,通也受赐多矣,不愿仕也。"或谮通于素曰:"彼实慢公,公何敬焉?"素以问通,通曰:"使公可慢,则仆得矣;不可慢,则仆失矣。得失在仆,公何预焉?"素待之如初。弟子贾琼问息谤[9],通

1　领将:统率全军的将领。
2　自许:自命,自我称赞。
3　一糠一粃:糠,稻、谷子等农作物子实的皮或壳。粃,通"秕",中空或不饱满的谷粒。
4　常平官:古官名,负责管理常平仓,调节米价。
5　龙门:古郡名,辖今山西省河津市地。
6　河、汾:黄河、汾水。
7　弊庐:破旧的草房。
8　饘粥:浓稠的粥。
9　息谤:平息诽谤。

曰："无辨[1]。"问止怨，曰："不争。"通尝称："无赦之国，其刑必平；重敛之国，其财必削。"又曰："闻谤而怒者，谗之囮[2]也；见誉而喜者，佞之媒也。绝囮去媒，谗佞远矣。"大业[3]末，卒于家，门人谥曰"文中子"。

胡氏曰：隋文在位二十有三年，其贤其否，固哲士[4]所量以行藏[5]其道者。使王通而不知，或知之而犹与之言，皆不足以为智矣。且通诚有太平之策，不待君之求之而登门自献，不惟自处之不重，亦岂所以养其君尊德乐道之心，而望之以大有为之功哉？

突厥启民可汗归国突厥步迦可汗所部大乱，铁勒仆骨等十余部皆叛，降于启民。步迦西奔吐谷浑。长孙晟送启民置碛口[6]，启民于是尽有步迦之众。

甲子**四年**（公元 604 年）

春，正月，帝如仁寿宫。

秋，七月，太子广弑帝于大宝殿而自立。遂杀故太子勇，流尚书柳述、侍郎元岩于岭南四月，帝不豫。七月，疾甚，卧与百僚辞诀[7]，握手歔欷。越[8]四日，崩于大宝殿。高祖性严重，令行禁止，勤于政事。虽啬于财，至于赏赐有功，即无所爱。爱养百姓，劝课农桑，轻徭薄赋。自奉俭素，乘舆御物，故弊者随令[9]补用。非享宴，不过一肉。后宫皆服澣濯[10]之衣。天下化之，丈夫率衣绢布，装带不过铜铁骨角，无绫绮[11]、金玉之饰焉。受禅之初，民户不满

---

1 无辨：不去争辩。
2 囮：读为"讹"，媒介。
3 大业：隋炀帝杨广的年号，存续时间为公元 605 至 618 年。
4 哲士：哲人，贤明的人。
5 行藏：出处或行止。语本《论语·述而》："用之则行，舍之则藏。"
6 碛口：古地名，位于今内蒙古巴彦淖尔市乌拉特中旗或达尔罕茂明安联合旗境。
7 辞诀：诀别。
8 越：经过。
9 随令：随时。
10 澣濯：洗涤。
11 绫绮：绫和绮，指薄而有花纹的丝织品。

四百万，末年，逾八百九十万。然猜忌苛察，信受谗口[1]，功臣故旧，无始终保全者，乃至子弟，皆如仇敌。初，文献皇后既崩，帝以陈高宗女为宣华夫人，有宠。及寝疾，仆射杨素、兵部尚书柳述、黄门侍郎元岩皆入阁侍疾，召太子入居殿中。太子虑帝有不讳，须预防拟[2]，手自为书，封出问素，素条录事状[3]以报。宫人误送帝所，帝览而大恚。陈夫人旦出更衣，为太子所逼，拒之得免。上怪其神色有异，问故，夫人泫然曰："太子无礼！"上恚，抵床[4]曰："畜生何足付大事！独孤误我！"乃呼柳述、元岩曰："召我儿！"述等将呼太子，上曰："勇也。"述、岩出阁为敕书[5]。素闻，以白太子，矫诏执述、岩系狱，追东宫兵帖上台宿卫[6]，门禁出入，并取宇文述、郭衍节度。令右庶子张衡入殿侍疾，尽遣后宫出就别室。俄而上崩。故中外颇有异论。陈夫人闻变，战栗失色。晡后，太子封小金合[7]，遣使者赐夫人。夫人以为鸩毒，惧甚，发[8]之，乃同心结也。夫人恚而却坐[9]，不肯致谢。诸宫人共逼之，乃拜使者。其夜，太子蒸[10]焉。明日，发丧，即位。会杨约来朝，太子遣约入长安，矫称高祖之诏，赐故太子勇死，缢杀之。然后陈兵集众，发凶问。追封勇为房陵王，不为置嗣[11]。除述、岩名，徙之岭南。令兰陵公主与述离绝，欲改嫁之。公主以死自誓，表请与述同徙，帝大怒。公主忧愤而卒。

胡氏曰：隋文疑所不当疑，而加以谋逆之名；信所不当信，而被其弑杀之祸，亦可为听牝鸡之晨[12]、忽主器之重者之永监[13]矣。柳述、元岩亲逢事会，则

1　信受谗口：信受，相信并接受。谗口，说坏话的嘴。
2　防拟：防备。
3　条录事状：把情况一条条写下来。
4　抵床：捶床。
5　敕书：皇帝颁给朝臣的诏书。
6　追东宫兵帖上台宿卫：调来东宫的兵士补充仁寿宫的防卫。帖，添补，增添。
7　金合：金盒。
8　发：开启。
9　却坐：离位。
10　蒸：娶父亲的妻妾或兄长的妻妾。
11　置嗣：立继承人。
12　牝鸡之晨：母鸡报晓，比喻妇女窃权乱政。
13　永监：永鉴，长久鉴戒。

当白帝，并召广、素，质问陈夫人，正其罪而废广，出诸外，熟议[1]故太子可立则召之，否则别命子孙之贤者。素若不从，请降诏旨，以军法从事，登时[2]而宗社定矣。乃出阁为诏，受制于贼，俄倾之间，转福为祸。述、岩死有余辜矣。

贬许善心为给事郎袁充奏："皇帝即位，与尧受命年合。"讽百官表贺。礼部侍郎许善心议以为："国哀甫尔，不宜称贺。"宇文述素恶善心，讽御史劾之。左迁，降品二等。

并州总管、汉王谅起兵晋阳。遣杨素击虏以归，杀之谅有宠于高祖，为并州总管，自山[3]以东至海，南距河，五十二州皆隶焉，特许以便宜从事。谅自以所居天下精兵处，见太子勇、蜀王秀得罪，常不自安，阴蓄异图。言于高祖，以突厥方强，宜修武备，于是缮治器械，招集私人，殆将数万。突厥尝寇边，谅御之不克，将帅多坐除解[4]。谅以其宿旧，奏请留之，高祖怒曰："尔为藩王，惟当敬依朝命，何得私论宿旧，废国家宪法邪？"咨议参军王颎者，僧辩之子，倜傥好奇略，与萧摩诃俱不得志，每郁郁思乱，皆为谅所亲善，赞其阴谋。会荧惑守东井，谅以仪曹[5]傅弈晓星历，问之，对曰："东井，黄道[6]所经，荧惑过之，乃常理耳。"谅不悦。及高祖崩，炀帝以高祖玺书征之。先是高祖与谅密约："若玺书召汝，敕字旁别加一点，又与玉麟符[7]合，则就征。"及发书无验，谅知有变，遂发兵反。司马皇甫诞流涕谏曰："窃料大王兵资[8]，非京师之敌，加以君臣位定，逆顺势殊，士马虽精，难以取胜。一旦陷身叛逆，欲为布衣不可得也。"谅怒，囚之。岚州[9]刺史乔钟葵将赴谅，其司马陶模

---

1 熟议：仔细计议。
2 登时：立刻，立即。
3 山：即崤山。
4 除解：除名解职。
5 仪曹：古官名，掌车服、羽仪、朝觐、郊庙、飨宴等礼仪。
6 黄道：地球一年绕太阳公转一周，而从地球上看好像是太阳一年在天空中由西向东移动一圈，所看到的太阳移动的路线，即地球公转轨道平面和天球相交的大圆，称为黄道。
7 玉麟符：刻有麒麟的玉质符信。
8 兵资：军需物资。
9 岚州：古州名，因境有岢岚山，故名，辖今山西省岚县、静乐、岢岚、兴县等县地。

拒之，曰：“汉王所图不轨，公荷国厚恩，当竭诚效命，岂得身为厉阶[1]乎？”钟葵临之以兵，辞气不桡，义而释之。于是从谅反者凡十九州。王颎说谅曰："王将吏家属尽在关西，若用此等，则宜长驱深入，直据京都，所谓疾雷不及掩耳。若但欲割据旧齐之地，宜任东人。"谅不能决，乃兼用二策，唱言杨素反，将诛之。兵曹[2]裴文安说谅曰："分遣羸兵，屯守要害，仍令随方略地。率其精锐，直入蒲津，顿于霸上，则京师震扰，兵不暇集，旬日之间，事可定矣。"谅大悦。于是遣诸将分道四出，署文安为柱国，与纥单贵、王聃等直指京师。谅简精锐数百骑，戴羃䍥[3]，诈称宫人还长安，径入蒲州，城中豪杰亦有应之者。文安等未至蒲津百余里，谅忽改图，令纥单贵断河桥，守蒲州，而召文安还。代州[4]总管李景发兵拒谅，谅遣乔钟葵率兵三万攻之。景战士不过数千，加以城池不固，攻辄崩毁，景且战且筑，士皆死斗，钟葵屡败。景司马冯孝慈、司法[5]吕玉并骁勇善战，仪同三司侯莫陈乂多谋画，善拒守，景推诚任之，己无所预，唯在阁持重，时出抚循而已。杨素将轻骑五千袭蒲州，夜，至河际，收商贾船，得数百艘，置草其中，践之无声，遂衔枚而济。迟明[6]，击之。单贵败走，聃以城降。诏以素为并州道行军总管，率众数万以讨谅。谅之初起兵也，妃兄豆卢毓为府主簿，苦谏不从，私谓其弟懿曰："吾匹马归朝，自得免祸，此乃身计，非为国也，不若且伪从之，徐伺其便。"毓兄贤言于帝曰："臣弟毓素怀志节[7]，必不从乱，臣请从军，与毓为表里，谅不足图也。"帝许之。贤密遣家人，以敕书谕毓。谅将往介州[8]，令毓与总管属朱涛留守。毓与涛谋出兵拒之，涛不可，毓追斩之，出皇甫诞，与谋。部分未定，谅闻之，还

1　厉阶：祸端。
2　兵曹：古官名，掌兵事。
3　羃䍥：妇人蔽身用的面罩。
4　代州：古州名，辖今山西省代县、繁峙、原平、五台等县地。
5　司法：古官名，司法参军事省称，掌刑事审判，督捕盗贼。
6　迟明：黎明，天快亮的时候。
7　志节：志向节操。
8　介州：古州名，辖今山西省汾阳、汾西、介休、孝义、离石等市县地。

击，毓、诞皆死。谅将綦良攻慈、相[1]，不克，遂攻黎州[2]，塞白马津[3]。余公理自太行下河内。帝以史祥为行军总管，军河阴。祥曰："公理轻而无谋，恃众而骄，不足破也。"乃于下流潜济[4]。公理闻之，引兵逆战。未及成列，祥击败之。遂趋黎阳，綦良军溃。帝将发幽州兵，疑总管窦抗有贰心，以李子雄为上大将军，又以长孙晟为相州刺史，发山东兵，与子雄共经略之。晟辞以男在谅所，帝曰："公体国之深，终不以儿害义。"子雄驰至幽州，止传舍，召募得千余人。抗来谒，子雄伏甲擒之，遂发其兵步、骑三万，自井陉西击谅。李景被围月余，诏朔州刺史杨义臣救之。义臣率马、步二万，夜出西陉[5]，乔钟葵悉众拒之。义臣自以兵少，悉取军中牛、驴，得数千头，令兵数百人，人持一鼓，潜驱之，匿于涧谷间。晡后，复战，兵合，命驱牛、驴者鸣鼓疾进，尘埃张天，钟葵军溃，纵击，破之。谅遣其将赵子开拥众十万，栅绝径路，屯据高壁[6]，布阵五十里。素令诸将以兵临之，自引奇兵潜入霍山[7]，缘崖谷[8]而进。营于谷口，使军司简留三百人守营。军士惮北军之强，多愿守营。素闻之，即召所留三百人，悉斩之。更令简留，无愿留者。素乃引军驰出北军之北，直指其营，鸣鼓纵火。北军不知所为，自相蹂践，杀伤数万。谅闻之，大惧，自将兵十万拒素。会大雨，欲引还，王颎谏曰："杨素悬军深入，士马疲弊，王以锐卒自将击之，其势必克。今乃望敌而退，是沮战士之心，而益西军之气也。愿王勿还。"谅不从。颎谓其子曰："气候[9]不佳，兵必败矣。"杨素进击谅，大破之，擒萧摩诃。谅退保晋阳，素进兵围之。谅穷蹙请降，颎自杀。群臣奏谅当死，帝不许，除名为民，竟以幽死。所部吏民坐死、徙者二千余家。

1　慈、相：慈州、相州。慈州，古州名，辖今山西省吉县、乡宁等县地。
2　黎州：古州名，辖今河南省浚县、内黄二县地。
3　白马津：古渡口名，位于今河南省滑县东北古黄河东岸，与西岸黎阳津相望。
4　潜济：偷渡。
5　西陉：古地名，位于今山西省忻州市代县西北雁门山上。
6　栅绝径路，屯据高壁：用栅栏堵塞山径小路，在高壁岭上屯兵据守。
7　霍山：古山名，亦名霍太山、太岳山，位于今山西省临汾市辖霍州市东南。
8　崖谷：山崖，山谷。
9　气候：比喻动向或情势。

胡氏曰：举兵必有其名，立事不可行诈。隋文之崩，中外异论，谅所被书，不如私约，即可用此申问大行寝疾、晏驾不明之故。以十九州附从之众，用王颎长驱深入之策，天不共戴，死生以之，岂不忠孝两得乎？而诡言素反，诈而无名，是自为逆也，而可乎？

初，高祖与独孤后甚相爱重[1]，誓无异生之子[2]，尝谓群臣曰："前世天子，溺于嬖幸，嫡庶分争，或至亡国。朕旁无姬侍[3]，五子同母，可谓真兄弟也，岂有此忧邪？"又惩周室诸王微弱，故使诸子分据大镇。及其晚节，迭相猜忌，五子皆不以寿终。

司马公曰：昔辛伯谂[4]周桓公曰："内宠并后[5]，外宠贰政[6]，嬖子配嫡，大都偶国[7]，乱之本也。"隋高祖知嫡庶之多争，孤弱之易摇，曾不知势钧位逼，虽同产至亲，不能无相倾夺。考诸辛伯之言，得其一而失其三乎！

冬，十月，葬泰陵[8]。

除妇人及奴婢、部曲之课[9]，令男子二十二成丁。

十一月，帝如洛阳章仇太翼言于帝曰："陛下木命，雍州为破木之冲，不可久居。又谶云：'修治洛阳还晋家。'"帝以为然，遂幸洛阳，留晋王昭守长安。

堑[10]龙门，达上洛，以置关防[11]发丁男数十万掘堑，自龙门东接长平、汲

---

1 爱重：喜爱尊重。
2 异生之子：别的姬妾生的儿子。
3 姬侍：侍妾。
4 谂：劝告。
5 并后：与王后并列，谓妾媵拟同于王后。
6 贰政：权位与执政的大臣相等。
7 大都偶国：大的城池与国都差不多大。
8 泰陵：隋文帝杨坚与文献独孤皇后的合葬陵墓，位于今陕西省咸阳市杨陵区城西五泉镇王上村。
9 课：赋税。
10 堑：挖掘。
11 关防：驻兵防守的要塞。

郡¹，抵临清关²，渡河至浚仪、襄城，达于上洛，以置关防。

陈叔宝卒赠长城县公，谥曰"炀"。

以洛阳为东京。

乙丑**炀帝大业元年**（公元 605 年）

春，正月，立皇后萧氏。

废诸州总管府。

立晋王昭为皇太子。

遣刘方击林邑群臣有言林邑多奇宝者。时天下无事，刘方新平交州，乃授方骧州³道行军总管，经略林邑。

二月，以杨素为尚书令敕有司大陈金宝、器物、锦彩、车马，引杨素及诸将讨并州有功者立于前，使奇章公牛弘宣诏，赐赉有差。以素为尚书令。

诏天下公除惟帝服浅色黄衫、铁装带⁴。

三月，命杨素营东京宫室诏杨素营东京，役丁⁵二百万人，徙洛州郭内居民及诸州富商大贾数万户以实之。敕将作大匠宇文恺与内史舍人封德彝等营显仁宫。发江、岭之间奇材异石，输之洛阳。又求海内嘉木、异草、珍禽、奇兽，以实苑囿。

开通济渠引汴水⁶，开邗沟⁷，置离宫，造龙舟诏曰："古者听采舆颂⁸，谋及庶民，故能审刑政之得失。今将巡历淮、海，观省风俗。"遂命尚书右丞皇

1　汲郡：古郡名，辖今河南省卫辉、新乡、辉县、获嘉、修武等市县地。
2　临清关：古关隘名，位于今河南省新乡市东北古黄河北岸。
3　骧州：古州名，辖今越南河静省和义安省南部。
4　铁装带：以铁器装饰的衣带。
5　役丁：服劳役者。
6　汴水：古水名，即汴河、汴渠，自今河南省荥阳市北引黄河水，东循狼汤渠至今开封市，又自开封东循汳水、获水至今江苏省徐州市转入泗水。
7　邗沟：古水名，又名邗江、邗溟沟、渠水、中渎水，自今江苏省扬州市南引江水北过高邮，自高邮直北达淮安。
8　舆颂：民众的议论。

甫议发丁百万，开通济渠，自西苑¹引谷、洛水达于河，复自板渚²引河入汴，引汴入泗，以达于淮。又发民十万，开邗沟入江。渠广四十步，旁筑御道，树以柳。自长安至江都，置离宫四十余所。遣黄门侍郎王弘等往江南造龙舟及杂船数万艘。官吏督役严急，役丁死者什四五。

　　夏，四月，刘方大破林邑。还，卒于师林邑王梵志遣兵守险，刘方击走之。师渡阇黎江³，林邑兵乘巨象四面而至。方战不利，乃多掘小坑，草覆其上，与战，伪北，林邑逐之，象多颠踬⁴。以弩射之，象却走，蹂⁵其阵。因以锐师继之，林邑大败。引兵追之，过马援铜柱南，八日至其国都。四月，梵志走入海。方入城，获其庙主⁶十八，皆铸金为之，刻石纪功而还。士卒肿足，死者什四五，方亦得疾，卒于道。初，尚书右丞李纲数以异议忤杨素、苏威，素荐纲为方行军司马。方承素意，屈辱之，几死。军还，威复遣纲诣南海，应接林邑，久而不召。纲自归奏事，威劾奏之，下吏，免官，屏居于鄂。

　　五月，筑西苑苑周二百里，其内为海，周十余里。为方丈、蓬莱、瀛洲诸山，高百余尺，台观宫殿，罗络⁷山上。海北有渠，萦纡⁸注海。内缘渠作十六院，门皆临渠。每院以四品夫人主之，穷极华丽。宫树雕落⁹，则剪彩为花叶缀之。沼¹⁰内亦剪彩为荷、芰、菱、芡，色渝¹¹则易以新者。十六院竞以殽羞精丽¹²相高，求市恩宠。上好以月夜从宫女数千骑游西苑，作《清夜游曲》，于马上奏之。

1　西苑：一名禁苑，位于今河南省洛阳市西。
2　板渚：古黄河渡口名，位于今河南省郑州市辖荥阳市北北邙乡牛口峪附近。
3　阇黎江：古水名，亦作阇梨江，即今越南中部平治天省北部之日丽河。
4　颠踬：跌倒。
5　蹂：踩，践踏。
6　庙主：宗庙里的牌位。
7　罗络：布列。
8　萦纡：盘旋环绕。
9　雕落：草木凋残零落。
10　沼：水池。
11　渝：改变。
12　殽羞精丽：殽羞，美味佳肴。精丽，精致漂亮。

秋，七月，废滕王纶、卫王集，徙之边郡帝待诸王恩薄，多所猜忌。纶、集忧惧，呼术者¹问吉凶，及章醮²求福。或告其怨望呪咀³，除名，徙边。

八月，帝如江都上幸江都。龙舟四重，高四十五尺，长二百尺，上重有正殿、内殿、朝堂，中二重有百二十房，皆饰以金玉，下重内侍处之。皇后乘翔螭舟，制度差小。别有浮景⁴九艘，三重，皆水殿⁵也。余数千艘，后宫、诸王、公主、百官、僧尼、道士、蕃客⁶乘之。共用挽士⁷八万余人，皆以锦彩为袍。卫兵所乘，又数千艘。舳舻相接，二百余里。骑兵翊⁸两岸而行。所过州县，五百里内皆令献食，多者一州至百举，极水陆珍奇。后宫厌饫⁹，将发之际，多弃埋之。

契丹寇营州。遣谒者韦云起以突厥兵讨平之契丹寇营州，诏通事谒者¹⁰韦云起护突厥兵讨之，启民可汗发骑二万，受其处分。云起分为二十营，四道俱引，营相去一里，不得交杂，闻鼓声而行，闻角声而止，自非公使¹¹，勿得走马，三令五申，击鼓而发。有纥干¹²犯约，斩以徇。于是突厥将帅入谒，皆膝行股栗，莫敢仰视。契丹本事突厥，不相猜忌。云起既入其境，使突厥诈云向柳城与高丽交易，敢漏泄事实者斩。契丹不为备，去其营五十里，驰进袭之，虏获甚众，以女子及畜产之半赐突厥，余皆收之以归。帝大喜，擢为治书侍御史。

铁勒叛西突厥，自立为莫何可汗初，西突厥阿波可汗为叶护可汗所虏，

<hr>

1 术者：术士。
2 章醮：拜表设祭，道教的一种祈祷形式。
3 呪咀：诅咒，咒骂。
4 浮景：宫廷舟名。
5 水殿：帝王所乘的豪华游船。
6 蕃客：古代对外国商旅的泛称。蕃，通"番"。
7 挽士：拉纤的人。
8 翊：通"翼"，辅佐。
9 厌饫：吃饱，吃腻。
10 通事谒者：古官名，隋炀帝把谒者与通事舍人合并，称通事谒者，掌出使慰劳、呈奏案章等。
11 公使：由朝廷派遣、负有一定使命的官员。
12 纥干：突厥姓氏。

国人立鞅素特勒之子，是为泥利可汗。泥利卒，子达漫立，号处罗可汗。其母向氏，本中国人，更嫁泥利之弟婆实特勒。开皇[1]末，俱入朝，留长安。处罗多居乌孙故地，抚御失道，国人多叛，复为铁勒所困。铁勒者，匈奴遗种，族类最多，有仆骨、同罗、契苾、薛延陀等部，其酋长皆号"俟斤"。大抵与突厥同俗，以寇钞为生，无大君长，分属东、西两突厥。是岁，处罗引兵击铁勒诸部，厚税其物，又忌薛延陀[2]，集其酋长数百人，尽杀之。于是铁勒皆叛，立俟利发俟斤契苾歌楞为莫何可汗，又立薛延陀俟斤字也咥为小可汗，与处罗战，屡破之。莫何勇毅[3]绝伦，甚得众心，为邻国所惮，伊吾、高昌、焉耆皆附之。

丙寅二年（公元 606 年）

春，正月，并省州县。

二月，新作舆服、仪卫诏牛弘等议定舆服、仪卫制度。以何稠为太府少卿，使之营造，送江都。稠参会[4]古今，多所损益。衮冕画日、月、星辰，皮弁以漆纱[5]为之。大抵务为华盛[6]，以称上意。课州县送羽毛，民求捕之，殆无遗类。乌程有高树，逾百尺，上有鹤巢，民欲取之，不可，乃伐其根。鹤恐杀其子，自拔氄毛投于地，时人或称以为瑞。役工十万人，费以巨亿计。

夏，四月，帝还东京二月，上发江都。四月，自伊阙陈法驾，备千乘万骑入东京。御端门，大赦。制五品以上文官乘车，在朝弁服[7]，佩玉；武官马加珂[8]，戴帻，服袴褶。文物之盛，近世莫及也。

六月，以杨素为司徒。

1　开皇：隋文帝杨坚的年号，存续时间为公元 581 至 600 年。
2　薛延陀：古代民族名，亦为汗国名，原为铁勒诸部之一，由薛、延陀两部合并而成。
3　勇毅：勇敢坚毅。
4　参会：参酌综合。
5　漆纱：用漆刷过的纱。
6　华盛：繁华兴盛。
7　弁服：古代贵族的帽子和衣服，随场合而异，有韦弁服、皮弁服、冠弁服、服弁服等。
8　珂：马笼头上的装饰。

秋，七月，制百官不得计考增级[1]制百官不得计考增级，必有德行、功能灼然显著者，进擢之。帝颇惜名位，群臣当进职[2]者，多令兼假[3]而已。时牛弘为吏部尚书，不得专行其职，苏威、宇文述、张瑾、虞世基、裴蕴、裴矩参掌选事，而与夺之笔，世基独专之，受纳贿赂，黜陟任意。

胡氏曰：炀帝非能惜名器也，特贪欲忌克，又有轻视士大夫之心，以谓莫足以当我之官爵尔。当是之时，兴唐才智之臣，皆如金玉隐于沙石之中，而莫之知也。则其靳惜名器，只足以失士，为他人之资耳。

太子昭卒元德太子昭自长安来朝，数月，将还，欲乞少留，不许。拜请无数，昭体素肥，因致疾，薨。帝哭之数声而止，寻奏声伎[4]，无异平日也。

始建进士科。

杨素卒越公杨素虽有大功，特为帝所猜忌，外示殊礼，内情甚薄。太史言隋分野有大丧，乃徙素为楚公，意楚与隋同分，欲以厌之。素寝疾，不肯饵药，谓弟约曰："我岂须臾[5]活邪？"

八月，封孙倓为燕王，侗为越王，侑为代王皆昭之子也。

冬，十月，置洛口、回洛仓[6]置洛口仓于巩[7]东南原[8]上，城周二十余里，穿三千窖。置回洛仓于洛阳北七里，城周十里，穿三百窖。窖皆容八千石。

征天下散乐初，齐高纬之世，有鱼龙、山车等戏，谓之散乐。周宣帝时，郑译奏征之。及高祖受禅，牛弘定乐，悉放遣之。帝以启民可汗将入朝，欲以富乐夸之。太常少卿裴蕴希旨，奏括天下前世乐家子弟皆为乐户，其六品以下至庶人有善音乐者，皆直太常[9]，帝从之。于是四方散乐大集东京。课京兆、河

---

1 计考增级：按正常的考核制度升级。
2 进职：晋升官职。
3 兼假：兼任，暂代官职。
4 声伎：歌舞等技艺。
5 须臾：极短的时间。
6 回洛仓：古粮仓名，位于今河南省洛阳市隋唐洛阳故城北。
7 巩：古地名，位于今河南省郑州市辖巩义市东北老城。
8 原：宽广平坦的地方。
9 直太常：到太常寺当差。

南制其衣，锦彩为空。帝多制艳篇，令乐正[1]白明达造新声播之，音极哀怨。

丁卯三年（公元 607 年）

春，正月，突厥启民可汗来朝启民请袭冠带[2]，帝大悦。

三月，杀故长宁王俨及其弟七人初，云定兴坐媚事[3]太子勇，与妻子皆没官为奴婢。上即位，多所营造，闻其有巧思，召之，使典其事。时宇文述用事，定兴以明珠络帐[4]赂述，述大喜，兄事之。荐使监造兵器，因谓之曰："兄所作器仗，并合上心，而不得官者，为长宁兄弟未死耳。"定兴曰："此无用物，何不劝上杀之？"述因奏请处分，帝然之。乃鸩杀长宁王俨及其七弟，襄城王恪之妃柳氏自杀。

夏，四月，诏颁新律帝以高祖末年法令峻刻，诏牛弘等造《大业律》十八篇，颁行之。民久厌严刻，喜于宽政。其后征役繁兴，民不堪命，有司临时迫胁，以求济事，不复用律令矣。旅骑尉[5]刘炫预[6]修令，弘尝从容问刘炫曰："周礼，士多而府史[7]少，今令史百倍于前，减则不济，其故何也？"炫曰："古人委任责成[8]，岁终考其殿最，案不重校，文不繁悉，府史之任，掌要目而已[9]。今之文簿，恒虑覆治[10]，若锻炼[11]不密，则万里追证百年旧案。故谚云：'老吏抱案死。'事繁政弊，职[12]此之由。"弘曰："魏、齐之时，令史从容而已，

1　乐正：古官名，负责管理宫廷音乐。
2　袭冠带：沿用隋朝服制。冠带，服制。
3　媚事：以谄媚事人。
4　明珠络帐：缀有明珠的帐幕。
5　旅骑尉：古官名，武职散官，与屯骑、骁骑、游骑、飞骑、武骑、云骑、羽骑一起称"八尉"。
6　预：参与。
7　府史：古时管理财货、文书出纳的小吏。
8　责成：指定专人或机构负责完成任务。
9　案不重校，文不繁悉，府史之任，掌要目而已：年终考核成绩，案卷不用重新审读，文牍不求繁多琐碎，吏员的责任，只是掌握工作的要点而已。
10　恒虑覆治：总是担心要重新审理考核。
11　锻炼：比喻锤炼文辞。
12　职：只，仅仅。

今则不遑宁处[1]，何也？"炫曰："往者州唯置纲纪，郡置守、丞，县置令而已。其余具僚[2]，则长官自辟。今大小之官，悉由吏部，纤介之迹，皆属考功[3]。省官不如省事，官、事不省而望从容，其可得乎？"弘善其言而不能用。

改州为郡。

更定官制改上柱国以下官为大夫。置殿内省，与尚书、门下、内史、秘书为五省。增谒者、司隶台，与御史为三台。分太府寺置少府监，与长秋、国子、将作、都水为五监。又增改左、右翊卫等为十六府。废伯、子、男爵。

六月，诏为高祖建别庙初，高祖受禅，唯立四亲庙，同殿异室而已。帝即位，命有司议七庙之制。礼部侍郎许善心等奏请为太祖、高祖各立一殿，准周文、武二祧，与始祖而三，余并分室而祭，从迭毁之法。帝谓柳䛒曰："今始祖及二祧已具，后世子孙处朕何所？"乃诏为高祖建别庙。既而方事巡幸，竟不果立[4]。

帝北巡，次榆林郡[5]。启民可汗及义成公主来朝，吐谷浑、高昌皆入贡车驾北巡。发河北十余郡丁男凿太行山，达于并州，以通驰道。过雁门，太守和丘献食甚精。至马邑，太守杨廓独无所献，帝不悦。以和为博陵太守，使廓至博陵观之。由是所至献食，竞为丰侈[6]。至榆林，遂欲出塞耀兵，径突厥中，恐启民惊惧，先遣长孙晟谕旨。启民奉诏，因召所部诸酋长咸集[7]。晟欲令启民亲除草，示诸部以明威重，乃指帐前草曰："此根大香。"启民遽嗅之，曰："殊不香也。"晟曰："天子行幸所在，诸侯躬自扫除，以表至敬之心。今牙内芜秽[8]，谓是留香草耳。"启民乃悟曰："奴之罪也！"遂拔所佩刀，自芟庭草。其贵人及诸部争效之。于是发榆林北境，东达于蓟，开为御道，长三千里，广百步。启民及义成公主来朝行宫。吐谷浑、高昌并遣使入贡。太府卿元

[1] 不遑宁处：没有闲暇的时候，指忙于应付繁重或紧急的事情。遑，闲暇。
[2] 具僚：特指一般官吏。
[3] 考功：考核工作成效。
[4] 既而方事巡幸，竟不果立：不久之后炀帝就忙于巡游之事，最后竟然没有建成。
[5] 榆林郡：古郡名，辖今内蒙古伊克昭盟东北部、呼和浩特市西部和托克托县地。
[6] 丰侈：丰盛奢侈。
[7] 咸集：全部聚在一起商议。
[8] 牙内芜秽：牙帐之内杂草丛生，脏乱不堪。

寿言于帝曰："御营之外，请分为二十四军，日发一军，相去三十里，使旗帜钲鼓，千里不绝。"定襄太守周法尚曰："不然，兵亘千里，动间山川，猝有不虞，难以相救，乃取败之道也。"帝不怿曰："卿意如何？"法尚曰："结为方阵，四面外拒，六宫及百官家属并在其内。若有变起，所当之面，即令抗拒，内引奇兵，出外奋击，车为壁垒，重设钩陈[1]。若战而捷，抽骑追奔；万一不捷，屯营自守，此万全策也。"帝曰："善！"因拜法尚武卫将军。令宇文恺为大帐，其下可坐数千人，以宴启民及其部落，作散乐，诸胡骇悦[2]。帝赐启民路车[3]乘马，鼓吹幡旗，赞拜不名，位在诸侯王上。

秋，七月，筑长城诏发丁男百余万筑长城。西距榆林，东至紫河[4]。苏威谏，不听。

杀太常卿高颎、尚书宇文弻、光禄大夫贺若弼帝之征散乐也，太常卿高颎谏，不听。退谓丞李懿曰："周天元[5]以好乐而亡，殷鉴[6]不远，安可复尔？"又以帝遇启民过厚，谓何稠曰："此虏颇知中国虚实，山川险易，恐为后患。"宇文弻私谓颎曰："天元之侈，以今方之，不亦甚乎？"贺若弼亦私议宴可汗太侈。并为人所奏。帝以为诽谤朝政，皆杀之。颎有文武大略，明达世务，以天下为己任。苏威、杨素、贺若弼、韩擒虎皆颎所荐。及死，天下莫不伤之。

免内史令萧琮、仆射苏威官琮以皇后故，甚见亲重。与贺若弼善，弼既诛，又有童谣曰："萧萧亦复起。"帝由是忌之，遂废于家，未几而卒。苏威以谏筑长城，故威亦坐免。

八月，帝至金河[7]，幸启民可汗帐车驾发榆林，甲士五十余万，旌旗辎

1　钩陈：一种用于防卫的仪仗。
2　骇悦：惊异欢喜。
3　路车：即辂车，古代天子或诸侯贵族所乘的车。
4　紫河：古水名，又作紫乾河，即今内蒙古呼和浩特市和林格尔县南、清水河县西北之浑河，为黄河支流。
5　周天元：即北周宣帝宇文赟。
6　殷鉴：殷人灭夏夏，殷人的子孙应该以夏的灭亡作为鉴戒。后泛指可以作为后人鉴戒的前人失败的事。
7　金河：古水名，古芒干水，今内蒙古呼和浩特市南大黑河。

重千里不绝。令宇文恺等造观风行殿，容数百人，离合为之[1]，下施轮轴。又作行城[2]，周二千步，以布衣板，楼橹悉备。胡人惊以为神。帝幸启民庐帐[3]，启民捧觞上寿，王侯以下，袒割帐前，莫敢仰视。帝大悦，赋诗曰："呼韩顿颡至，屠耆[4]接踵来。何如汉天子，空上单于台。"皇后亦幸义成公主帐，赐与甚厚。

还至太原，营晋阳宫。

宴御史大夫张衡宅上自太行开直道九十里，至济源[5]，幸衡宅，留宴三日。

遂还东都。

以杨文思为纳言。

冬，以裴矩为黄门侍郎，经略西域西域诸胡多至张掖交市[6]，帝使吏部侍郎裴矩掌之。矩知帝好远略[7]，访诸商胡[8]，以其国山川风俗，撰《西域图记》三卷，入朝奏之。仍别造地图，穷其要害，从西倾[9]以去，纵横所亘，将三万里，发自敦煌，至于西海，凡为三道。北道从伊吾，中道从高昌，南道从鄯善。且云："以国家威德，将士骁雄[10]，泛汜[11]而越昆仑[12]，易如反掌。况今羌、胡之国，并因商人密送诚款，引领[13]翘首，愿为臣妾。若服而抚之，务存安辑，混一戎、夏，其在兹乎？"帝大悦。矩因盛言："胡中多诸珍宝。"帝因是慨然[14]将通西域，以矩为黄门侍郎，复使至张掖，引致诸胡，啖之以利，劝令入朝。自是西域诸胡往来相继，所经郡县，糜费以万万计，卒令中国疲弊，以至于亡，矩倡之也。

1　离合为之：行殿可以分开或合起来。
2　行城：临时建成的城垣。
3　庐帐：毡帐，帐篷。
4　屠耆：匈奴语译音，意思是贤人。
5　济源：古县名，治所即今河南省济源市。
6　交市：互市，国与国之间或不同民族之间的通商贸易。
7　远略：经营治理远方。
8　商胡：到中国经商的胡人。
9　西倾：古山名，又称西强山，位于今青海省东部和甘肃省西南边境，黄河东岸。
10　骁雄：勇猛威武，勇猛雄武之士。
11　泛汜：渡过汜水。
12　昆仑：古山名，西起帕米尔高原，横贯新疆维吾尔自治区、西藏自治区间，为两地天然分界，东延入青海省。
13　引领：伸直脖子远望，形容殷切盼望。
14　慨然：毫不吝惜地。